환경 · 에너지 경제학

환경·에너지

경제학

홍성훈

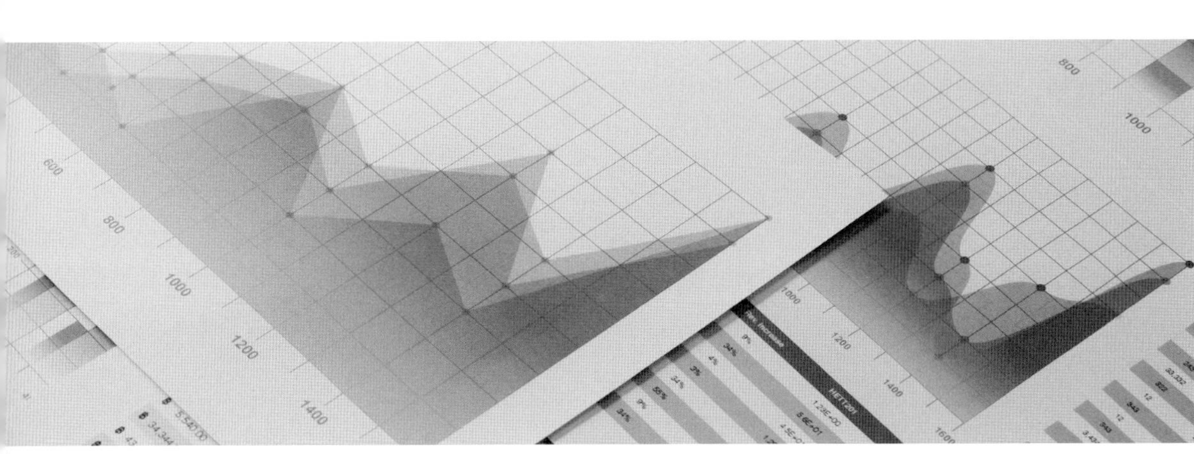

전북대학교출판문화원

머리말
PREFACE

필자가 대학에서 환경경제학 또는 환경 및 자원경제학이라는 과목명으로 환경에 대한 경제적인 접근방법에 대해 강의를 해온 지도 어언 27년의 세월이 흘렀다. 그동안 경제학의 발전과 궤를 같이하며 환경경제학 분야의 분석방법도 보다 더 정교하고 다양해졌으며 분석대상도 환경과 관련된 거의 전분야로 확대되었다. 정책적으로도 다수의 국가들이 생활폐기물종량제, 배출권거래제, 탄소세 등의 경제적 유인제도를 도입했거나 도입을 논의하고 있으며 공공투자 관련 편익비용분석에 있어서도 환경적 가치에 대한 평가를 적극 반영하는 추세에 있다.

그럼에도 불구하고 여전히 환경문제에 대한 경제적 분석을 이해하지 못하거나 동의하지 않는 일반인, 정치인, 정책담당자가 적지 않으며, 경제학자들 사이에서도 윤리적 관점과 분석방법의 차이로 인해 합치된 의견을 도출하지 못하는 경우가 종종 발생한다. 본서는 환경문제에 대한 경제적 분석이 왜 중요한지를 설명하는 것에서 시작해서 에너지자원의 이용과 환경문제에 대한 다양한 경제적 분석방법들을 서술하고 경제학자들 간에 대립되는 시각을 보이는 문제들에 대해서는 필자의 주관을 배제하고 균형있게 소개하려고 하였다.

전통적으로 환경경제학 교재들은 오염물질의 배출과 그로 인한 환경피해문제를 중점적으로 다루면서 환경의 주요 기능 중의 하나인 에너지와 물질자원을 채굴하여 생산요소로 투입하는 것, 즉 후생증가를 위한 경제활동을 수행하는 데 있어서 필수적으로 요구되는 에너지자원에 대해서는 소홀히 다루는 경향을 보여 왔다. 그러나 최근 전 세계적으로 핵심적 화두가 되어 있는 기후변화문제에서 보듯이 환경문제와 에너지자원의 이용과는 밀접하게 연관되어 있기 때문에 두 부분을 함께 다루는 것이 관련 문제의 핵심을 명확히 이해하는 데 도움이 될 것이다. 이러한 의미에서 본서의 제목을 환경・에너지경제학으로 정하고 환경관련 문제들 외에 에너지자원의 이용, 에너지시장, 에너지정책과 관련된 내용을 상당부분 포함하였다.

본서는 학부 수준에서 환경경제학의 선수과목인 미시경제학, 국제경제학, 후생경제학의 기초개념을 내용에 포함함으로써 이러한 과목들을 이수하지 않은 학생들과 경제학을 접해보지 않은 사람들도 충분히 읽고 이해할 수 있는 수준으로 작성하였다. 물론 모형과 분석결과가 그래프와 수식으로 표현되기 때문에 어느 정도의 수리적 지식이 필요하지만 계량분석기법과 관련된 내용들은 가능한 배제하였고 방정식, 미분, 적분, 수리최적화의 기본개념만 알면 본서를 이해하는 데 충분하도록 하였다.

본서는 환경경제학 강의를 수강하는 학생들에게 제공된 강의노트를 기반으로 만들어졌다. 학생들의 피드백을 통해 어느 정도의 난이도와 어떤 주제를 다루는 것이 적절할지를 가늠할 수 있었다. 그동안 환경경제학 강의를 수강한 학생들에게 감사한다. 또한 본서가 출간되기까지 도움을 준 전북대학교 출판문화원에 감사한다.

2019년 8월

홍 성 훈

목 차
CONTENTS

제1장 환경과 경제

환경 · 에너지 경제학

CHAPTER

01 환경과 경제

1.1 인류역사와 환경

지금으로부터 45억 년 전에 태양계의 일원으로 지구가 형성되기 시작하였다. 6,600만 년 전 백악기에는 운석이 지구에 떨어지면서 공룡을 비롯한 수많은 생물이 멸종되었다. 대멸종 위기에서 살아남은 포유류와 조류 등의 진화가 계속되어 20만 년 전에는 현대의 인류인 호모 사피엔스가 아프리카에 나타났다. 수렵과 채집을 보다 용이하게 하고 생산성을 높이기 위해 인류는 각종 도구를 만들었고, 집단적으로 주거지를 마련하고 정착하여 농사를 짓기 시작하였으며, 기원 전 4000~3000년경에는 수메르 지역에서 처음으로 문명이 발달하였다.

인류가 자연의 거대한 힘에 맞서 생존을 위한 여정을 시작한 원시시대에도 작은 규모일망정 환경문제는 존재했다. 거주지를 마련하는 과정에서 자연환경은 훼손되었고, 버려진 음식물과 인간의 배설물로 인한 전염병의 발병으로 인간의 건강은 위협을 받았다. 문명이 발달하고 인구가 증가하고 도시화가 진행되면서 환경문제는 점점 심화되었다. 오늘날 역사적 유물로 분류되고 있지만 석기시대, 청동기시대, 철기시대의 각종 도구와 주거시설 등은 당시에 쓰다 버려진 폐기물이라고 할 수 있다. 다만 인간이 만들어낸 화학물질이 아닌 자연자원을 가공하여 도구를 만들어 사용하고, 불을 피워 음식을 익히고, 난방을 위한 수단으로 주로 건초나 나무를 사용했기 때문에 심각한 오염수준에 이르지는 않았다.

인류의 생활방식을 근본적으로 변화시킨 것은 1700년대 후반 영국에서 시작된 1차 산업혁명이다. 증기기관 등의 발명에 따라 사람과 동물의 힘에 의존하여 생산하던 방식이 공장에서 기계를 사용하여 생산하는 방식으로 전환되면서 생산성이 크게 향상되었다. 농산물 생산량도 크게 증가하여 식량부족 문제를 해결하면서 세계 인구도 급증하기 시작하였다. 1900년대 초반부터 시작된 2차 산업혁명은 철도망과 전신망의 광범위한 확대를 통해 사람과 아이디어의 전례가 없는 이동이 가능하도록 하였고 이동조립라인을 통한 대량생산체계의 도입, 내연기관의 발명, 전기와 전화 등의 새로운 기술 시스템을 도입하였다. 1차 산업혁명 시기에는 증기생산을 위한 에너지원으로 석탄이 적극 활용되면서 석탄이 에너지원으로서 지배적인 위치를 점하게 되었으나 2차 산업혁명이 시작되면서 내연기관의 연료로 석유가 사용되면서 많은 유전이 개발되었고 1950년대 중반에 이르러서는 석유가 석탄을 추월하여 가장 많이 사용되는 에너지원으로 등장하게 되었다.

석탄, 석유 등의 화석연료가 대량으로 이용되면서 공장 굴뚝에서 내뿜는 오염물질로 인해 초기 산업화를 주도한 영국, 독일, 프랑스 등의 도시는 미세먼지와 스모그로 뒤덮였고, 정화되지 않은 폐수와 하수가 흘러들어 강은 검게 물들어갔으며, 각종 생활폐기물이 쌓여감에 따라 악취가 진동하였다. 하수 및 폐수 처리시설의 설치 및 확대와 수질오염 및 대기오염 개선을 위한 법안이 마련되기도 하였으나 산업화가 주는 빈곤탈피, 고용증대, 경제성장 등의 이득이 보다 더 매력적이었기 때문에 환경문제에 대한 국민적 관심은 낮았고 환경규제도 강력하게 시행되지 않았다.

소득수준이 일정 수준에 도달하여 선진국에 진입한 1970년대에 이르러서야 서구사회에서 환경문제에 대한 국민적 관심이 고조되고 정부의 환경규제도 강화되기 시작하였다. 1972년 뉴질랜드에서 세계 최초로 녹색당이 탄생하였으며 이어 유럽과 미국에서도 녹색당이 등장하고 그린피스, 시애라 클럽과 같은 환경단체가 속속 등장하게 되었다. 미국에서는 1970년 대기환경보전법(clean air act)이 수정되어 주요 오염물질에 대한 대기환경기준이 마련되었고, 환경규제를 시행하고 감독하는 연방정부기관으로 환경청(environmental protection agency)이 설치되었다. 1987년에는 유엔 산하 환경과 개발에 관한 세계위원회(world commission on environment and development: WCED)에서 우리 공동의 미래(our common future) 보고서를 발표하면서 지속적 성장(sustainable development)의 개념이 처음으로 제안되었다. 우리 공동의 미래 보고서에 의하면 지속적 성장은 자원의 이용, 투자의 방향, 기술발전의 시작, 제도의 변화가 현재의 필요뿐만 아니라 미래와 일관성이 있도록 변화하는 과정을 의미한다.

한국은 1960년대 초반부터 추진된 경제개발 5개년계획에 의해 산업화에 성공하고 1970년대와 1980년대에 고도성장을 이루면서 폐기물 배출량이 급증하고 환경오염과 환경훼손 문제가 심화되었다. 그러나 1인당 국민소득이 6천 달러를 넘어서고 생활수준이 향상된 1990년대에 이르기까지 환경오염 문제에 대한 국민적 관심이 크지 않았다. 1990년대 중반에는 1인당 국민소득이 1만 달러를 돌파하였고 동시에 낙동강 페놀 유출 사건, 시화호 방조제 완공에 따른 시화호의 수질악화와 같은 대형 환경 사고가 발생하면서 환경오염 문제에 대한 국민적 관심이 고조되었으며 환경단체들의 활동도 활발해지기 시작했다. 1990년 환경청은 환경처로 승격되고 이어 1994년 환경처는 환경부로 승격되었으며, 1990년대 들어 환경관련 법체계가 새로 정비되고 확대되면서 10여개 정도에 불과했던 환경관련 법률은 45개까지 증가하게 되었다. 그럼에도 불구하고 1997년의 외환위기와 2008년의 금융위기 등의 충격으로 경제가 어려울 때에는 환경규제가 강력하게 시행되지 못하고 오히려 후퇴하는 상황이 종종 발생하였다.

환경 문제에 대한 생태학적, 의학적, 기술적 접근은 오염원이 무엇이고, 어떤 경로를 통해 어떻게 인간의 건강과 생태계에 부정적인 영향을 미치며, 오염을 완화할 수 있는 수단과 방법은 어떠한 것이 있는지 등에 대한 유용한 정보를 제공해준다. 그러나 이러한 정보만으로는 환경과 인간활동과의 상호작용을 심층적으로 이해하기 어려우며, 환경문제를 둘러싼 이해관계의 조정이나 근본적인 해결책을 모색하는 데 있어서 제약이 있을 수밖에 없다. 환경을 보존하고 생태계의 파괴를 막자는 대 원칙에 반대할 사람은 없을 것이다. 그러나 환경오염과 생태계 파괴가 전혀 없는 세상에서 살기 위해서는 공장 가동과 자동차 사용 등을 중단해야 하고 따라서 대량 실직, 빈곤, 인구 감소를 피할 수 없다. 환경오염을 완화하기 위한 투자의 증가는 다른 대안적 용도에 대해 상응하는 만큼의 투자를 감소시켜야 한다. 결국 환경오염 문제를 올바르게 이해하고 적절한 정책수단이 모색되도록 하기 위해서는 환경보전과 환경오염의 완화가 공짜로 이루어지지 않고 많은 비용을 소요로 한다는 점을 우선적으로 이해할 필요가 있다.

1.2 환경의 기능

환경(environment)은 생명을 지지하는 생활권(biosphere)의 모든 생명체, 에너지 및 물질 자원, 성층권(stratosphere), 대류권(troposphere)을 포함한다. 환경정책기본법 제3조에서는 환경을 자연환경과 생활환경으로 구분하는데 자연환경은 지하 · 지표(해양 포함) 및 지상의 모든 생물과 이들을 둘러싸고 있는 비생물적인 것을 포함한 자연의 상태(생태계 및 자연경관 포함)를 의미한다. 생활환경은 대기, 물, 토양, 폐기물, 소음 · 진동, 악취, 일조 등 사람의 일상생활과 관계되는 환경을 나타낸다. 환경의 구성요소들은 서로 상호작용하는데, 특히 우리가 주목하는 것은 인간의 경제활동이 환경에 미치는 영향과 이것이 다시 인간의 후생에 미치는 영향이다.

환경과 경제활동과의 상호작용을 고려할 때 환경의 기능을 크게 4가지로 구분할 수 있다(그림 1.1). 첫째, 에너지원과 생산요소로서의 기능이다. 나무, 석탄, 석유, 천연가스, 광물 등의 에너지 및 물질자원은 원시상태 그대로나 가공과정을 거쳐 난방, 수송, 전기생산용 연료와 재화 생산을 위한 요소로 투입되며 이렇게 생산된 재화와 서비스는 사람들에게 소비를 통해 효용을 제공해준다.

둘째, 폐기물의 저장소로서의 기능이다. 자연자원의 채취와 가공, 재화와 서비스의 생산, 재화의 소비 과정에서 기체, 액체, 고체 형태의 폐기물이 발생한다. 일부가 재활용되어 다시 생산요소로 사용되지만 폐기물을 우주선에 실어 지구 밖으로 보내지 않는 한 결국 대기, 하천, 토양 등의 환경으로 돌아간다. 열역학 제1법칙에 따르면 물질은 창조되거나 파괴될 수 없기 때문에 에너지원이나 생산요소로 사용된 자원의 양은 폐기물의 양과 같아져야 하며, 에너지와 물질자원이 더 많이 채취되어 사용될수록 폐기물의 양은 증가한다. 환경은 폐기물을 분해하는 자정기능을 갖고 있으며 따라서 자정기능의 한도 내에서 폐기물이 배출된다면 사람, 동물, 생태계에 피해를 주지 않을 수 있다.

셋째, 심미적 편익 등 어메니티를 제공해주는 기능이다. 환경은 경치구경, 삼림욕, 등산, 낚시 등의 여가활동을 즐길 수 있도록 허용함으로써 인간에게 직접적인 효용을 제공해준다. 스모그나 미세먼지가 없는 쾌청한 대기는 멀리까지 가시거리를 확보할 수 있도록 함으로써 사람들에게 심미적 편익을 제공한다.

넷째, 범지구적 생명지지기반으로서의 기능이다. 환경은 지구상에서 생물이 생존할 수 있는 최상의 조건을 제공해준다. 대기의 최하층인 대류권은 질소(78%), 산소(21%), 아르곤(0.93%), 수증기와 수많은 미세가스로 구성되어 있는데 이러한 대기의 구성은 지구상에서 인간과 생물이 살아갈 수 있는 여건을 제공한다. 대기 중의 미세가스에 의한 온실효과가 없었다면 지표면의 평균 기온은 섭씨 -18도가 되어 지구에서 인간이 생존하기 어렵게 했을 것이다. 성층권의 오존층은 태양에서 지구에 도달하는 자외선의 대부분을 차단하여 피부암 등의 질병이 발생하는 것으로부터 사람들을 보호해준다. 또한 물의 존재는 지구상에서 생물이 살아갈 수 있는 기본적 토양을 제공해준다.

경제활동이 활발하지 않고 인구가 많지 않았던 시기의 환경은 인간이 필요로 하는 에너지 및 물질자원, 어메니티, 폐기물의 저장소, 범지구적 생명지지기반의 4가지 기능을 모두 충족시킬 수 있는 자유재로 여겨졌다. 그러나 산업혁명으로 인구가 급증하고 에너지 및 물질자원이 대량으로 생산과 소비에 이용되면서 환경은 네 기능이 상호 충돌할 수 있는 희소재로 변화하였다. 에너지 및 물질자원이 생산요소로 대량 이용되면서 배출된 폐기물은 이미 환경의 어메니티 기능과 범지구적 생명지지기반 기능을 훼손하고 있다. 지속가능성장과 범지구적 생명지

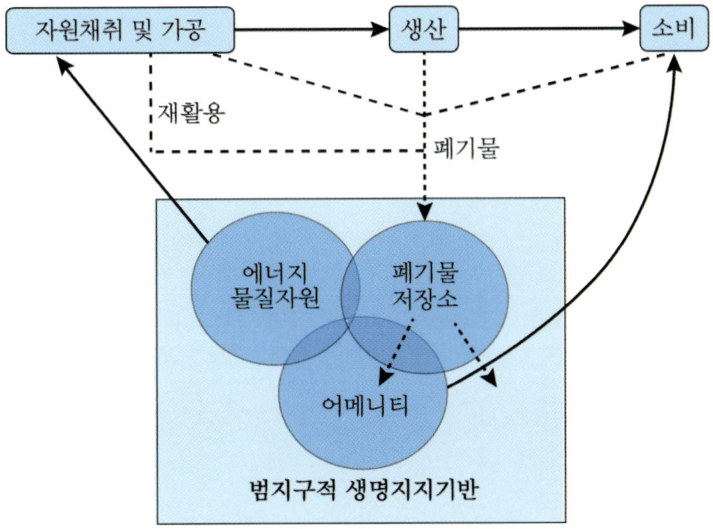

[그림 1.1] 환경의 4가지 기능

지기반을 유지하기 위해서는 폐기물 배출량을 감축하는 노력을 해야 하지만 이를 위해서는 에너지 및 물질자원의 생산요소로의 이용을 줄이도록 요구할 것이다. 나무를 베어낸 민둥산과 저수지에 설치하는 태양광발전시설로 인해 산림과 저수지의 어메니티 기능은 손상되고 있다.

제2장 경제적 기초개념

환경 · 에너지 경제학

CHAPTER

02 경제적 기초개념

2.1 수요공급의 원리

2.1.1 수요

사람들은 재화를 구매하여 소비함으로써 편익을 얻는다. 재화를 한 단위 추가 소비함에 따라 얻는 가치를 한계가치(marginal value: MV)라 하며 소비자가 한계가치에 상응하는 만큼을 기꺼이 지불하고자 할 것이기 때문에 한계지불의사액(marginal willingness to pay: $MWTP$)이라고도 한다. 소비자가 재화의 소비량을 늘려감에 따라 한계지불의사액은 점점 감소한다. 한계지불의사액이 재화의 가격보다 큰 경우에는 재화를 구매하는 것이 낫기 때문에 소비자는 한계지불의사액이 재화의 가격과 같아질 때까지 구매를 지속하고자 할 것이다. 소비자가 구매하고자 하는 재화의 양을 수요량이라 한다. 가격이 변화함에 따라 개인이 구매하고자 하는 수요량은 변화하게 되는데 가격과 개인의 수요량과의 관계를 나타낸 것을 개별수요곡선이라 한다.

[그림 2.1]은 어느 개인의 에너지 소비에 대한 한계가치(또는 한계지불의사액) 곡선을 나타낸다. 에너지의 처음 한 단위 소비로부터 얻는 한계가치는 200천원, 다음 한 단위 추가 소비로부터 얻는 한계가치는 120천원, 2단위 소비 후 다음 한 단위 추가 소비로부터 얻는 한계가치는 50천원, 3단위 소비 후 다음 한 단위 추가 소비로부터 얻는 한계가치는 5천원이다. 만일 에너지의 단위 당 가격이 200천원보다 높으면 그는 에너지를 한 단위도 구입하지 않을 것이다. 만일 가격이 200천원에서 120천원 사이이면 1단위, 가격이 120천원에서 50천원 사이이면 2단위, 가격이 50천원에서 5천원 사이이면 3단위, 가격이 5천원 이하이면 4단위의 에너지를 구입하고자 할 것이다. 따라서 그림에서 파란 선의 한계가치곡선이 개

별수요곡선이 된다.

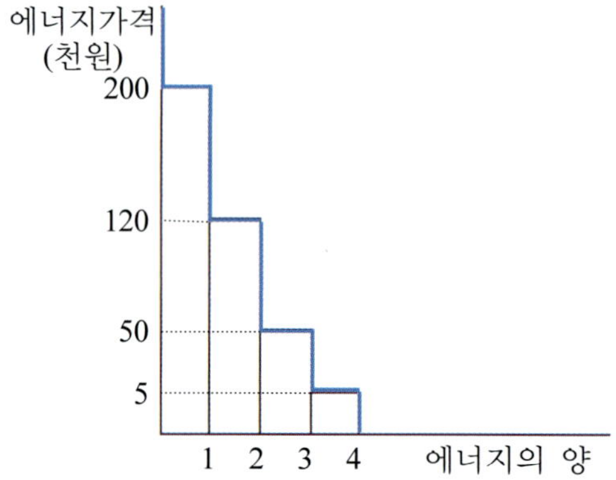

[그림 2.1] 에너지 소비에 따른 한계가치 곡선

재화를 매우 작은 단위로 나누어 소비할 수 있다고 가정하면 한계가치 스케줄, 즉 수요곡선은 [그림 2.2]와 같이 연속적인 곡선으로 나타낼 수 있다.

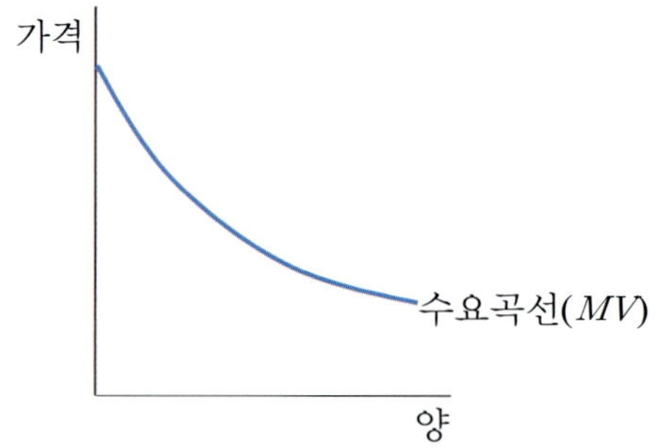

[그림 2.2] 개별 수요곡선

[그림 2.3]에서 재화의 가격이 p_0이면 재화 소비의 한계가치가 가격보다 큰 경우는 재화를 구입하여 소비하는 것이 이득이기 때문에 소비자는 q_0만큼 재화를 구입한다. 재화에 대한 총지불의사액에서 실제지불금액을 제외하고 남은 것을 소비자잉여(consumer surplus)라고 한다. 그림에서 소비자의 q_0만큼의 재화 구매에 대한 총지불의사액은 면적 $a+b$, 실제지불금액은 면적 b이기 때문에 소비자잉여의 크기는 면적 a가 된다.

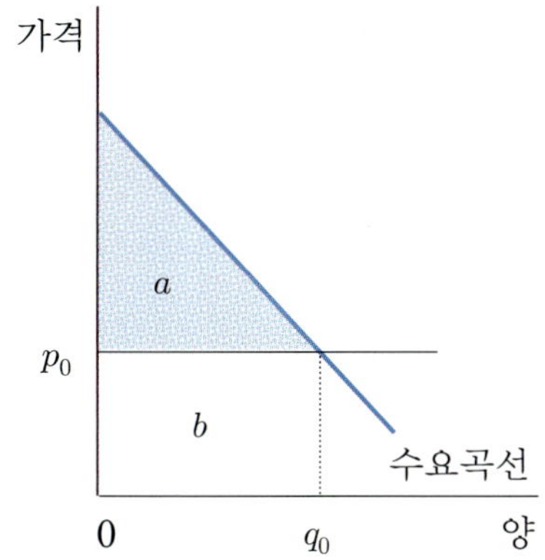

[그림 2.3] 소비자잉여

개인의 재화에 대한 수요는 그 재화의 가격뿐만 아니라 관련 재화의 가격, 소득, 기대가격, 기호 등 여러 요인에 달려있다. 함수식으로 표현하면 식 (2.1)과 같이 쓸 수 있다.

$$q_X = f(p_X, p_Y, I, Ta, p_X^e) \tag{2.1}$$

여기서 q_X는 X재에 대한 수요량, p_X는 X재의 가격, p_Y는 관련재화(Y재)의 가격, I는 소득, Ta는 기호, p_X^e는 X재에 대한 기대가격을 나타낸다.

가격 외에 다른 변수들을 고정하면 수요함수는 식 (2.2)와 같이 쓸 수 있다.

$$q_X = f(p_X) \tag{2.2}$$

경제학에서 보통 수직축에는 가격이나 액수를, 수평축에는 양을 표시하기 때문에 식 (2.2)는 $p_X = g(q_X)$와 같이 역수요함수 형태로 쓰기도 한다. [그림 2.2]의 수요곡선은 수요에 영향을 미치는 다른 요인들은 고정하고 가격이 변화함에 따라 수요량이 어떻게 변화하는지를 나타낸 것이다.

만일 관련재화의 가격, 소득 등의 수요에 영향을 미치는 다른 요인(외생적인 요인)이 변화하면 수요곡선 자체가 이동한다. 소득이 증가하면 수요량이 증가하는 재화를 정상재, 반대로 수요량이 감소하는 재화를 열등재라 하는데 정상재의 경우 소득이 증가하면 수요곡선이 우측으로 이동한다. Y재의 가격이 상승하면

X재의 수요량이 증가(감소)하는 경우 두 재화는 대체관계(보완관계)가 있으며 대체관계가 있는 경우 Y재 가격의 상승하면 X재의 수요곡선은 우측으로 이동한다.

시장 수요량은 개인들의 수요량을 합계한 것이다. 예를 들어, 시장에 A, B, C 3명이 있고 재화의 가격이 10일 때 A의 수요량이 5, B의 수요량이 7, C의 수요량이 12라면 가격이 10일 때 시장 수요량은 5+7+12 = 24가 된다. 개별수요곡선을 따라 특정 가격수준에서 각 개인의 수요량이 정해지고 이를 합하면 시장수요량이 되기 때문에 [그림 2.4]에서와 같이 개별수요곡선 D_A, D_B, D_C를 수평으로 합계하면 시장수요곡선 D가 유도된다.

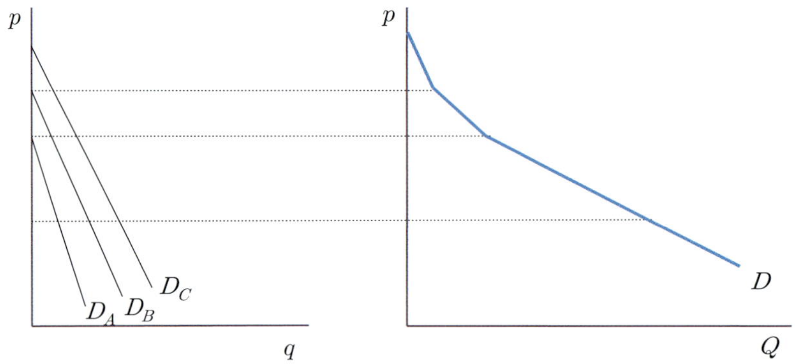

[그림 2.4] 시장 수요곡선의 유도

2.1.2 공급

재화의 생산에는 비용이 소요된다. 재화를 한 단위 추가적으로 생산하는 데 들어가는 비용을 한계비용(marginal cost: MC)이라 한다. 생산자가 재화를 한 단위 추가적으로 판매하려면 적어도 한계비용만큼은 받아야 손실을 보지 않기 때문에 한계비용은 생산자의 한계판매용의액수(marginal willingness to sell: $MWTS$)라고 할 수 있다. 생산자가 재화의 생산량을 늘려감에 따라 한계비용은 점점 증가한다. 한계비용이 재화의 가격보다 크지 않는 한은 재화를 생산해서 판매하는 것이 이득이기 때문에 생산자는 한계비용이 재화의 가격과 같아질 때까지 판매를 지속하고자 할 것이다. 생산자가 재화를 공급하고자 하는 양을 공급량이라 한다. 가격이 변화함에 따라 생산자가 공급하고자하는 공급량은 변화하게 되는데 가격과 개별 생산자의 공급량과의 관계를 나타낸 것을 개별공급곡선이라 한다.

[그림 2.5]는 어느 생산자의 에너지 생산에 대한 한계비용(또는 한계판매용의 액수) 스케줄을 나타낸다. 에너지의 처음 한 단위 생산에 소요되는 한계비용은 3천원, 다음 한 단위 추가 생산에 소요되는 한계비용은 7천원, 2단위 생산 후 다음 한 단위 추가 생산에 소요되는 한계비용은 15천원, 3단위 생산 후 다음 한 단위 추가 생산에 소요되는 한계비용은 30천원이다. 만일 에너지의 단위 당 가격이 3천원보다 낮으면 이 생산자는 에너지를 한 단위도 판매하지 않으려 할 것이다. 만일 가격이 3천원에서 7천원 사이이면 1단위, 가격이 7천원에서 15천원 사이이면 2단위, 가격이 15천원에서 30천원 사이이면 3단위, 가격이 30천원 이상이면 4단위의 에너지를 판매하고자 할 것이다. 따라서 그림에서 파란 선의 한계비용곡선이 개별공급곡선이 된다.

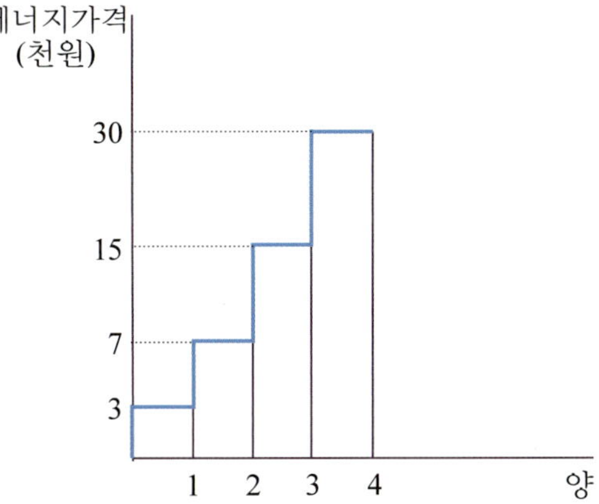

[그림 2.5] 한계비용과 공급곡선

재화를 매우 작은 단위로 나누어 판매할 수 있다고 가정하면 공급곡선은 [그림 2.6]과 같이 연속적인 곡선으로 나타낼 수 있다.

[그림 2.7]에서 재화의 가격이 p_0이면 생산자는 q_0만큼 재화를 생산한다. 생산자잉여(producer surplus)는 재화의 판매수입에서 판매용의액수(생산비용)를 뺀 것으로 그림에서 판매수입은 면적 $c+d$, 판매용의액수는 면적 d로 생산자잉여

의 크기는 면적 c가 된다.

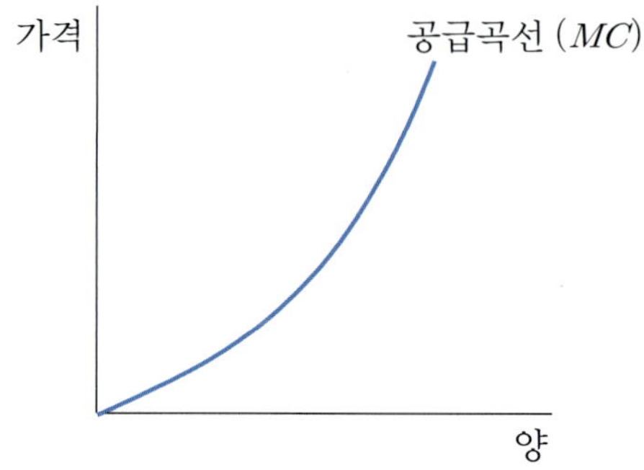

[그림 2.6] 개별 공급곡선

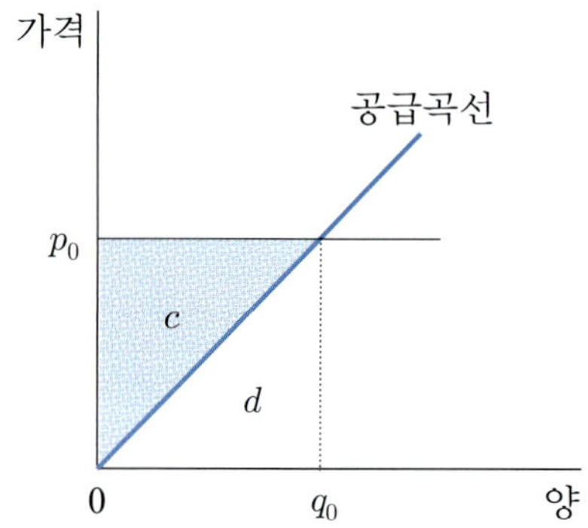

[그림 2.7] 생산자잉여

개별 생산자의 재화에 대한 공급은 재화의 가격뿐만 아니라 생산요소의 가격, 기술수준, 기대가격 등에 의해서도 영향을 받는다. 생산요소 가격이 상승하면 생산비용이 높아져 모든 가격수준에서 공급량이 감소하기 때문에 공급곡선이 좌측으로 이동한다. 기술진보는 공급곡선을 우측으로 이동한다. 가격이 오를 것으로 예상되면 현재보다는 나중에 판매하려하기 때문에 공급곡선이 좌측으로 이동한다. [그림 2.6]의 공급곡선은 공급에 영향을 미치는 다른 요인들을 고정하고 가격이 변화할 때 공급량이 어떻게 변화하는지를 나타낸 것이다.

개별공급곡선을 따라 특정 가격수준에서 각 생산자의 공급량이 정해지고 이를 합하면 시장공급량이 되기 때문에 [그림 2.8]에서와 같이 시장공급곡선 S는 개별공급곡선 S_1, S_2, S_3을 수평으로 합계한 것이다.

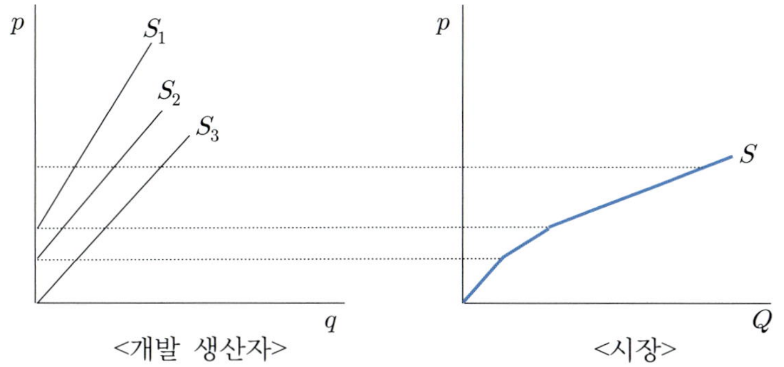

[그림 2.8] 시장 공급곡선의 유도

2.1.3 시장 메커니즘

시장(market)은 재화의 잠재적 및 실제적 구매자와 판매자가 모여 거래를 하는 곳이다. 시장은 개별 수요자나 공급자가 시장가격에 영향을 미칠 수 있는지의 여부에 따라 완전경쟁시장과 불완전경쟁시장으로 구분한다. 완전경쟁시장에서 시장참여자들은 시장에서 형성된 가격을 그대로 수용하여 재화의 수요량과 공급량을 결정한다. 불완전경쟁시장은 개별 구매자나 판매자가 시장지배력(market power)을 가지는 경우로 이들은 시장가격에 영향을 미칠 수 있다. 불완전경쟁시장은 재화의 공급자가 하나인 독점(monopoly), 재화의 수요자가 하나인 수요독점(monopsony), 2개 이상의 소수의 공급자가 시장을 분할하고 있는 과점(oligopoly), 대체성이 높지만 이질적인 재화를 생산하는 다수의 공급자가 있는 독점적 경쟁(monopolistic competition)으로 구분된다.

완전경쟁시장에서는 수요와 공급의 시장 메커니즘에 의해 재화의 균형 가격과 거래량이 결정된다. [그림 2.9]에서 가격이 p_1수준이면 수요량보다 공급량이 많아 시장에 초과공급이 발생한다. 생산자들은 초과공급량을 더 낮은 가격에 처분하고자 할 것이기 때문에 가격은 하락하게 된다. 가격이 p_2수준이면 공급량보다 수요량이 더 많아 시장에 초과수요가 발생한다. 구매자들은 더 높은 가격을 지불하고 재화를 구입하려 할 것이기 때문에 시장가격은 상승하게 될 것이다. 시장가격이 p^*이면 수요량과 공급량이 정확히 일치하여 가격은 그 수준에 머물게 되는데 이를 시장 균형가격(equilibrium price) 또는 시장 청산가격(market clearing price)이라 한다. 이때 Q^*는 균형 거래량이 된다. 이렇게 시장 메커니즘은 수요량과 공급량이 일치할 때까지 가격이 조정되도록 한다.

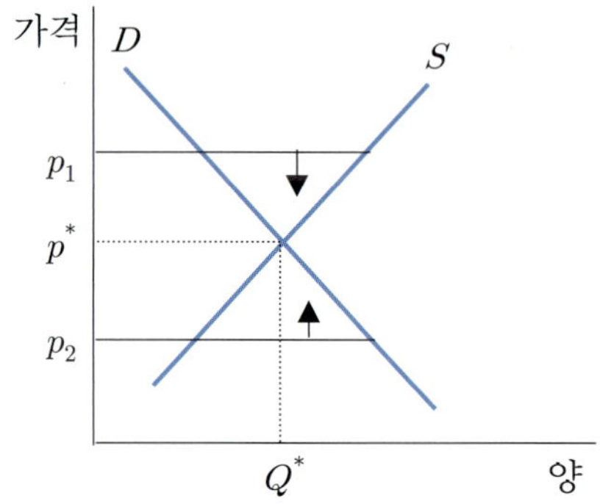

[그림 2.9] 시장 메커니즘

수요나 공급에 영향을 미치는 외생적 요인이 변화하면 균형가격도 변화한다. [그림 2.10]에서 초기 균형가격과 거래량은 각각 p_0와 Q_0이다. 이제 중동지역의 정치적 불안정으로 원유생산에 차질이 발생했다고 하면 에너지의 시장공급곡선은 S_0에서 S_1으로 이동하고 초기 균형가격 p_0수준에서 초과수요가 발생한다. 따라서 가격은 상승하게 되고 새로 수요량과 공급량이 일치하는 p_1에서 새로운 균형가격이 형성되며 균형 거래량은 Q_1이 된다.

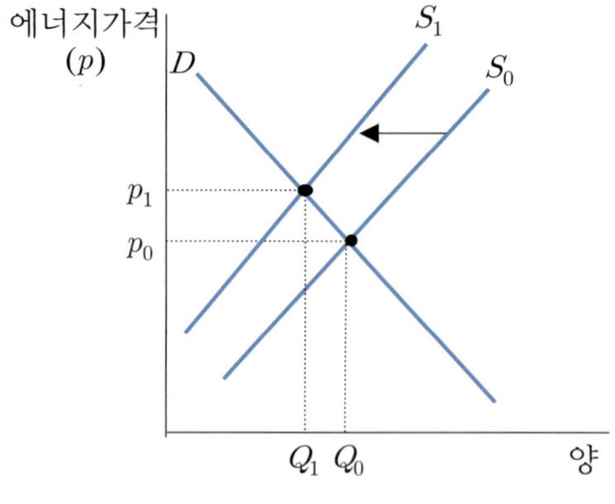

[그림 2.10] 공급변화와 새로운 균형

2.1.4 가격탄력성

가격이 변화하면 수요량과 공급량이 변화하는데 가격변화에 대해 수요량과 공급량이 얼마나 민감하게 반응하는지를 탄력성으로 측정한다. 수요의 가격탄력성은 식 (2.3)과 같이 수요량의 변화율을 가격의 변화율로 나누어 산출한다.

$$\epsilon_p = \frac{\text{수요량의 변화율}}{\text{가격의 변화율}} = \frac{\frac{dQ^D}{Q^D}}{\frac{dp}{p}} \tag{2.3}$$

여기서 ϵ_p는 수요의 가격탄력성을 의미하고 Q^D는 수요량을 나타낸다. $|\epsilon_p| > 1$이면 탄력적이라고 하고, $|\epsilon_p| = 1$이면 단위 탄력적, $|\epsilon_p| < 1$이면 비탄력적이라고 한다.

공급의 가격탄력성은 식 (2.4)와 같이 공급량의 변화율을 가격의 변화율로 나누어 산출한다.

$$\epsilon_S = \frac{\text{공급량의 변화율}}{\text{가격의 변화율}} = \frac{\frac{dQ^S}{Q^S}}{\frac{dp}{p}} \tag{2.4}$$

여기서 ϵ_S는 공급의 가격탄력성을 의미하고 Q^S는 공급량을 나타낸다.

[그림 2.11]은 기울기가 다른 수요곡선과 공급곡선을 보여준다. (가)에서 D_1의 수요곡선은 D_2의 수요곡선에 비해 상대적으로 가파른 기울기를 가지고 있다. 동일한 크기의 가격변화에 대해 D_1의 경우는 D_2에 비해 상대적으로 수요량의 변동이 작다는 것을 의미한다. 따라서 D_1은 비탄력적인 수요곡선, D_2는 탄력적인 수요곡선이라 할 수 있다. (나)의 공급곡선의 경우에도 S_1의 가파른 공급곡선은 비탄력적인 공급곡선, S_2의 완만한 공급곡선은 탄력적인 공급곡선이 된다.

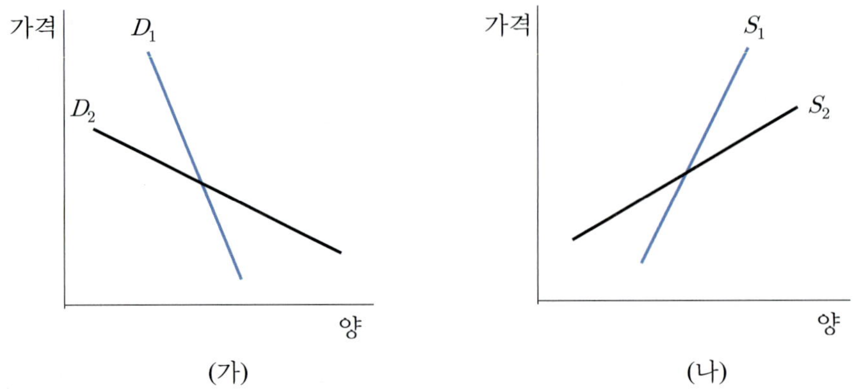

[그림 2.11] 수요 및 공급 곡선의 기울기와 탄력성

수요의 가격탄력성의 크기는 기본적으로 밀접한 대체재의 존재여부에 의해 결정된다. 밀접한 대체재가 존재하는 재화의 경우 재화의 가격이 상승하면 대체재로 수요가 쉽게 옮겨가기 때문에 수요량이 크게 감소하여 가격탄력성이 큰 반면, 대체재가 없는 경우에는 수요량의 감소가 크지 않아 가격탄력성이 작게 된다. 시간이 경과함에 따라 사람들의 가격변화에 대한 대응력이 커지고 소비습관의 변화도 가능하기 때문에 단기보다는 장기가 수요의 가격탄력성이 크다.[1) 공급의 가격탄력성의 크기는 생산자가 가격변화에 생산량을 얼마나 신축적으로 조정할 수 있느냐에 달려있다. 단기보다는 장기에 생산량 조정이 용이하기 때문에 장기가 단기보다 공급의 가격탄력성이 크다.

수요공급의 원리와 가격탄력성의 개념은 경제현상들을 설명하는 데 도움이 된다. 1990년대 후반부터 중국 등 신흥개발도상국의 고도성장에 따라 에너지수요가 급증하면서 원유가격은 1배럴당 100달러를 넘어서고 2000년대 중반에는 140달러 수준에 이르기도 하였으나 그 이후에는 고유가가 지속되지 못하고 있다. 고유가가 지속되지 못하는 이유는 단기에는 석유 수요와 공급이 가격에 대해 비탄력적이지만 장기에는 수요와 공급이 탄력적으로 변화하기 때문이다.

[그림 2.12]의 좌측은 석유시장의 단기 수요곡선과 공급곡선을 나타내고 우측

---

1) 이는 비내구재에 해당하는 경우이고 내구재는 오히려 장기보다 단기에 수요의 가격탄력성이 크다. 자세한 것은 Pindyck and Rubinfeld(2018)의 pp.62-63을 참조하라.

은 장기 수요곡선과 공급곡선을 나타낸다. 단기에는 석유를 대체하는 수단을 구하기 힘들고 석유 소비습관을 쉽게 바꾸기 어렵기 때문에 석유가격에 대해 수요가 비탄력적이다. 또한 석유 생산능력도 단기에는 쉽게 조정하기 어렵기 때문에 석유가격에 대해 공급도 비탄력적이다. 따라서 석유 수요가 D_0에서 D_1으로 증가하면 가격이 크게 상승한다. 그러나 장기에는 수요와 공급 곡선이 탄력적이어서 수요충격에 따른 가격변동이 크지 않다.

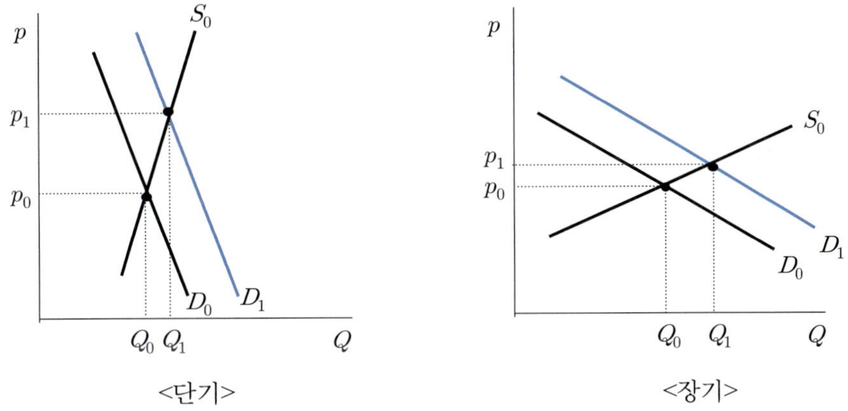

[그림 2.12] 석유 수요변화에 따른 단기 및 장기 가격변화

2.2 소비자의 의사결정

2.2.1 선호와 예산제약

1) 소비자의 선호

소비자는 한정된 예산으로 어느 재화를 얼마만큼 소비할 것인지를 결정해야 한다. 즉각적이고 충동적으로 선택이 이루어질 수도 있지만 대부분의 사람들은 숙고하여 최선의 선택을 하고자 한다. 경제학에서 소비자가 최선의 선택을 한다는 것은 소비자가 자기 자신의 만족 또는 효용을 극대화하는 선택을 한다는 것을 의미한다.

소비자가 최선의 선택을 하기 위해서는 재화에 대한 자신의 선호와 예산제약을 잘 이해해야 한다. 소비자의 선호가 합리적(rational)이라 가정하고, 많은 것을 더 적은 것보다 선호한다는 가정과 연속성, 미분가능성 등의 가정을 추가하면 선호를 효용함수나 무차별곡선으로 표현할 수 있다. 선호가 합리적이라는 것은 재화의 시장 바스켓들을 비교할 수 있고, 선호의 일관성이 유지된다는 것을 의미한다.

소비자가 X재와 Y재 두 재화만 소비한다고 가정하면 동일한 효용을 주는 X재와 Y재의 조합을 나타내는 곡선을 그릴 수 있는데 이를 레벨곡선(level curve) 또는 무차별곡선(indifference curve)이라 한다. 예를 들어, 효용함수를 $u = XY$라 하면 $X=1$과 $Y=10$으로 구성된 소비조합과 $Y=5$와 $X=2$로 구성된 소비조합은 10이라는 동일한 효용을 준다. 효용수준 10을 충족하는 모든 X와 Y의 시장 바스켓을 연결하면 [그림 2.13]에서와 같이 u_1의 무차별곡선으로 그려진다. u_2와 u_3는 각각 $u = 20$과 $u = 30$인 모든 X재와 Y재의 시장 바스켓을 포함한다.

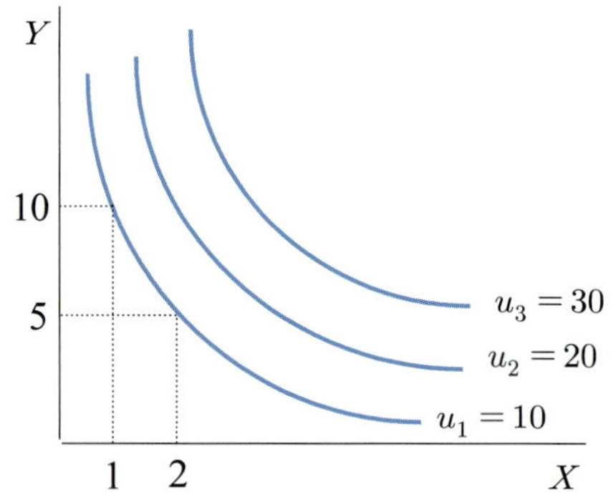

[그림 2.13] 무차별곡선

효용함수 $u = XY$가 $u = 10XY$로 변환되었다고 하면 각 무차별곡선의 효용수준이 u_1=100, $u_2 = 200$, $u_3 = 300$으로 단위만 달라질 뿐 시장 바스켓에 대한 순위는 달라지지 않기 때문에 두 효용함수는 동일한 효용함수로 간주할 수 있다. 효용함수를 $u = (XY)^2$ 또는 $u = \ln X + \ln Y$로 변환해도 $u = XY$일 때와 시장 바스켓에 대한 순위가 달라지지 않는다. 효용함수의 이러한 성질을 서수적 특성

(ordinal property)이라고 한다.

무차별곡선을 따라 X재의 소비를 증가시켜 가면 Y재 소비를 줄여야만 동일한 효용을 유지할 수 있다. 증가한 X재 소비량에 대해 동일한 효용을 유지하기 위해 포기해야하는 Y재 소비량의 비율을 한계대체율(marginal rate of substitution: MRS)이라 한다. [그림 2.14]의 (가)에서 무차별곡선 u_1을 따라 A점에서 B점으로 이동하면 X재 소비량은 $\triangle X$만큼 증가하고 Y재 소비량은 $\triangle Y$만큼 감소하는데 Y재를 X재로 대체하는 한계대체율은 두 점을 잇는 할선의 기울기 $-\triangle Y/\triangle X$로 나타난다. $\triangle X$가 순간적으로 아주 조금만 변화한다고 하면 MRS는 (나)의 그림에서와 같이 A점에서의 접선의 기울기를 의미하며 수학의 극한(limit) 개념을 도입하면 MRS는 식 (2.5)와 같이 규정된다.

$$MRS = \lim_{\triangle X \to 0}\left(-\frac{\triangle Y}{\triangle X}\right) = -\frac{dY}{dX} \tag{2.5}$$

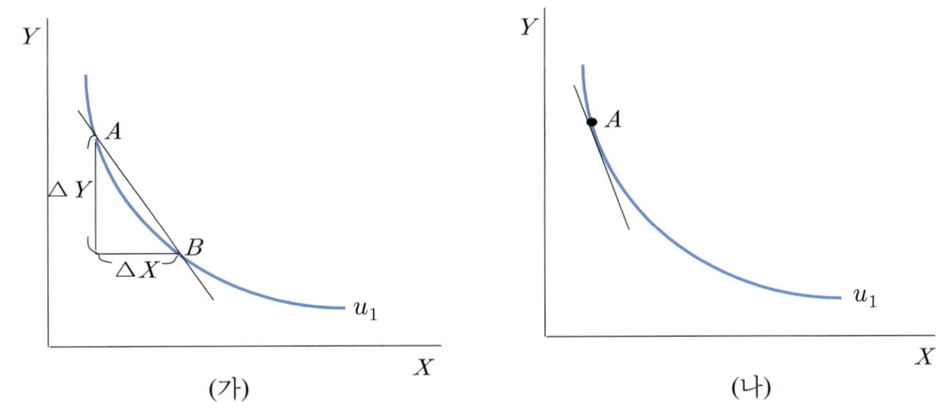

[그림 2.14] 한계대체율

소비자가 재화의 소비를 한 단위 변화시킬 때 변화하는 효용의 크기를 한계효용(marginal utility)이라 한다. X재의 한계효용을 MU_X, Y재의 한계효용을 MU_Y라 할 때 X재의 소비량이 dX, Y재의 소비량이 dY로 조금 변화하면 전체 효용 변화의 크기 du는 식 (2.6)에서와 같이 X재 소비의 변화로 인한 부분인 $MU_X \times dX$와 Y재 소비의 변화로 인한 부분인 $MU_Y \times dY$을 합계한 것이 된다.

$$du = MU_X \times dX + MU_Y \times dY \tag{2.6}$$

[그림 2.14]의 A점에서 무차별곡선을 따라 이동하면 전체 효용의 변화 du는 영이기 때문에 식 (2.6)의 좌변을 영으로 놓고 정리하면 식 (2.7)과 같이 한계대체율은 한계효용의 비율로 나타낼 수 있다.

$$-\frac{dY}{dX} = \frac{MU_X}{MU_Y} \tag{2.7}$$

예를 들어, [그림 2.14]의 A점에서 MU_X를 4, MU_Y를 2라고 할 때 무차별곡선을 따라 X재 소비를 1단위 증가하면 소비자의 효용이 4만큼 늘어나기 때문에 한계효용이 2인 Y재의 소비를 2단위 줄여 효용을 4만큼 감소시켜야 동일한 효용을 유지하게 된다. 이때 $-dY/dX = 2/1 = 2$는 $MU_X/MU_Y = 4/2 = 2$와 같다.

일반적으로 어느 재화의 소비를 늘려나가면 추가적으로 늘어나는 한계효용은 감소하고 반대로 소비가 줄어들면 한계효용이 증가한다. 즉, 무차별곡선을 따라 오른쪽으로 이동하면 MU_X는 감소하고 MU_Y는 증가한다. 따라서 한계대체율은 점점 감소하게 되어 [그림 2.14]에서와 같이 무차별곡선은 일반적으로 원점에 강볼록(strictly convex)하게 그려진다.

2) 예산제약

소비자는 재화를 보다 더 많이 소비해서 보다 더 상위에 있는 무차별곡선으로 가는 것을 추구하나 예산제약이 소비자의 선택을 제약한다. X재의 가격이 p_X, Y재의 가격이 p_Y, 소비자의 소득이 I이고 소비자가 두 재화만 소비한다고 가정하면 식 (2.8)에서와 같이 소비자의 두 재화에 대한 지출액은 소득을 넘어설 수 없다.

$$p_X X + p_Y Y \leq I \tag{2.8}$$

소비자가 두 재화 소비로부터 얻는 효용을 극대화하려면 소득을 두 재화 소비에 모두 지출해야하고 그러면 식 (2.9)가 성립하게 되는데 이를 예산선(budget line)이라 한다.

$$p_X X + p_Y Y = I \tag{2.9}$$

[그림 2.15]에서 예산선의 Y절편의 값은 X재 소비량이 영일 때 최대로 소비할 수 있는 Y재의 양으로 소득 I를 p_Y로 나눈 것이며, X절편의 값은 Y재의 소비량이 영일 때 최대로 소비할 수 있는 X재의 양으로 소득 I를 p_X로 나눈 것이다. 예산선의 기울기는 $-p_X/p_Y$이며 소비자의 두 재화에 대한 소비가능영역은 예산선과 그 안쪽 부분으로 한정된다.

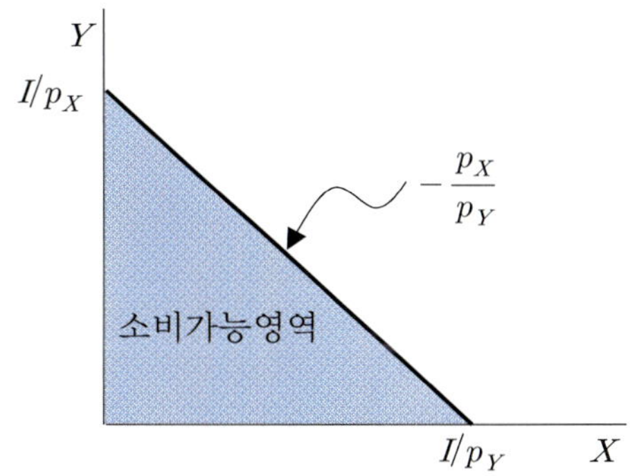

[그림 2.15] 예산선과 소비가능영역

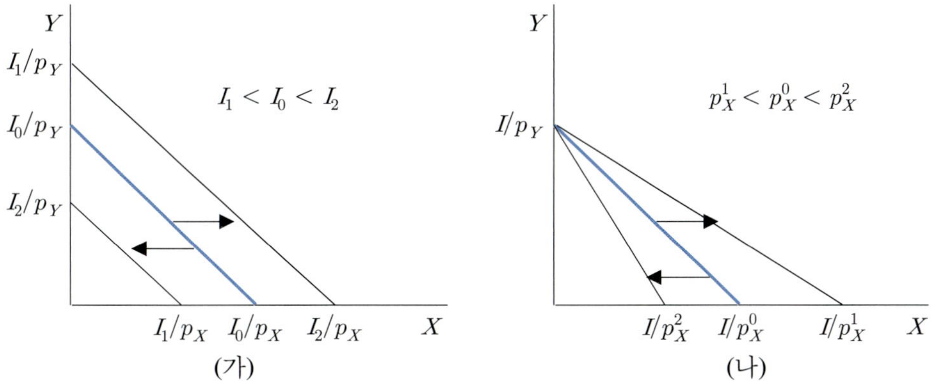

[그림 2.16] 소득 및 가격 변화에 따른 예산선의 이동

[그림 2.16]의 (가)는 소득변화에 따른 예산선의 이동, (나)는 가격변화에 따른 예산선의 이동을 보여준다. (가)에서 p_X와 p_Y를 고정하고 I를 증가시키면 예산

선의 기울기는 그대로이고 X절편과 Y절편의 값이 증가하여 예산선이 처음 예산선과 평행하게 우측으로 이동하고 소비가능영역이 확대된다. 반대로 소득이 감소하면 예산선이 평행하게 좌측으로 이동하고 소비가능영역이 축소된다. (나)에서 p_Y와 I를 고정하고 p_X가 하락하면 Y절편의 값은 변화가 없고 X절편의 값은 증가하여 Y절편을 중심으로 예산선이 우측으로 회전하며 소비가능영역이 확장된다. 반대로 p_X가 증가하면 Y절편을 중심으로 예산선이 좌측으로 회전하며 소비가능영역이 축소된다.

2.2.2 소비자의 최선의 선택

1) 효용극대화 문제

여기에서는 소비자의 선호와 예산제약을 결합해서 소비자가 어떻게 최선의 선택을 하는지를 알아본다. 소비자는 주어진 예산으로 효용을 극대화하는 것이 최선의 선택이 된다. 효용극대화를 이루기 위해서는 소비자는 예산을 남기지 말고 모두 재화 소비에 지출해야한다.

[그림 2.17]에서 예산선상에서 소비하면서 가장 상위의 무차별곡선에 도달할 수 있는 것은 예산선과 무차별곡선이 접하는 A점에서 X재를 X_0만큼, Y재를 Y_0만큼 소비할 때이다. 이때 무차별곡선 u_1의 접선의 기울기인 MRS와 예산선의 기울기인 p_X/p_Y은 같아진다. 예산선상의 다른 지점들에서는(예를 들면, B점) MRS와 예산선의 기울기가 같지 않다.

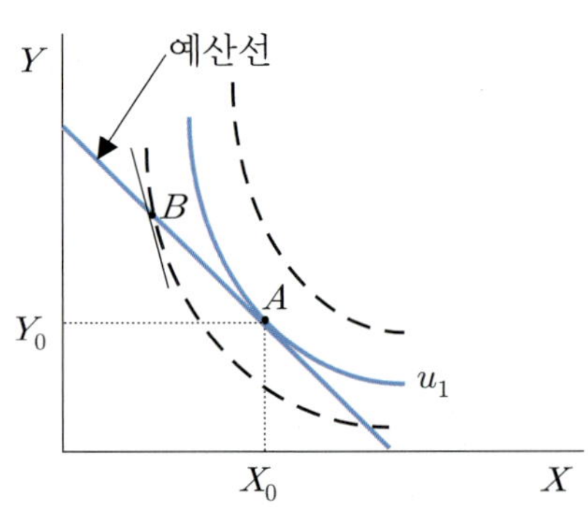

[그림 2.17] 효용극대화

따라서 소비자의 균형 또는 효용극대화 조건은 식 (2.10)과 같이 쓸 수 있다.

$$MRS = \frac{p_X}{p_Y} \tag{2.10}$$

식 (2.10)의 좌변 MRS는 소비자가 동일한 효용을 유지하기 위한 두 재화의 주관적인 교환비율을 나타내고, 우변 p_X/p_Y은 시장에서의 두 재화의 교환비율을 의미한다.

식 (2.7)에서 보는 바와 같이 한계대체율은 한계효용의 비율로 나타낼 수 있기 때문에 효용극대화의 조건은 식 (2.11)과 같이 나타낼 수도 있다.

$$\frac{MU_X}{MU_Y} = \frac{p_X}{p_Y} \qquad \text{또는} \qquad \frac{MU_X}{p_X} = \frac{MU_Y}{p_Y} \tag{2.11}$$

MU_X/p_X는 화폐 1단위당 X재의 한계효용으로 식 (2.11)은 X재와 Y재의 화폐 1단위당 한계효용이 같을 때 효용극대화를 달성한다는 것을 의미한다. 소비자가 여러 재화를 소비하는 경우 효용극대화의 조건은 각 재화 소비로부터 얻어지는 화폐 1단위당 한계효용이 같아지는 것으로 일반화할 수 있다.

예산제약하의 효용극대화 문제를 수리적으로 나타내면 다음과 같다.

$$\begin{aligned} \text{maximize} \quad & u(X, Y) \\ \text{s.t.} \quad & p_X X + p_Y Y = I \end{aligned}$$

여기서 'maximize'는 극대화, 's.t.'는 'subject to'의 약자로 제약조건을 의미한다. 라그랑주 승수법(the method of Lagrange multiplier)을 적용하면 위 문제는 식 (2.12)의 라그랑주 함수를 극대화하는 것과 같다.

$$\mathcal{L} = u(X, Y) + \lambda(I - p_X X - p_Y Y) \tag{2.12}$$

여기서 λ는 라그랑주 승수로 예산제약을 한 단위 완화했을 때 효용이 얼마나 변화하는가를 나타내는 것으로 소득의 한계효용(du/dI)이라고 한다.

극대화의 일계 필요조건은 다음과 같다.

$$\frac{\partial \mathcal{L}}{\partial X} = \frac{\partial u}{\partial X} - \lambda p_X = 0$$

$$\frac{\partial \mathcal{L}}{\partial Y} = \frac{\partial u}{\partial Y} - \lambda p_Y = 0 \tag{2.13}$$

$$\frac{\partial \mathcal{L}}{\partial \lambda} = I - p_X X - p_Y Y = 0$$

여기서 $\partial u/\partial X = MU_X$, $\partial u/\partial Y = MU_Y$를 의미한다. (2.13)의 첫 번째와 두 번째 식으로부터 식 (2.14)가 유도되는데 이는 식 (2.11)의 두 재화에 대한 한계대체율과 가격비율이 같아야한다는 조건과 동일하다.

$$\frac{\partial U/\partial X}{\partial U/\partial Y} = \frac{p_X}{p_Y} \tag{2.14}$$

(2.13)의 첫 번째와 두 번째 식은 다음과 같이 쓸 수도 있다.

$$p_X = \frac{\partial U/\partial X}{\lambda} \tag{2.15}$$

$$p_Y = \frac{\partial U/\partial Y}{\lambda}$$

식 (2.15)의 좌변은 각 재화 한 단위를 추가적으로 구입하기 위해 소비자가 지불해야하는 가격(또는 비용)을 나타내고, 우변은 각 재화 한 단위를 추가적으로 구입함으로써 얻어지는 효용의 화폐액수로 한계가치 또는 한계지불의사액이라 할 수 있다. 즉, 소비자가 효용을 극대화하기 위해서는 재화의 가격과 재화의 추가적 구매에 대한 한계지불의사액이 같아지도록 해야 한다.

(2.13)의 세 개의 식을 연립해서 풀면 다음과 같이 X재와 Y재에 대한 일반수요함수(ordinary demand function)를 재화의 가격과 소득의 함수로 구할 수 있다.

$$X = X(p_X, p_Y, I) \tag{2.16}$$

$$Y = Y(p_X, p_Y, I)$$

식 (2.16)을 효용함수에 대입하면 효용을 다음과 같이 재화의 가격과 소득의 함수로 나타낼 수 있는데 이를 간접효용함수(indirect utility function)라 한다.

$$u[X(p_X, p_Y, I),\ Y(p_X, p_Y, I)] = V(p_X, p_Y, I) \tag{2.17}$$

포락선정리(envelope theorem)에 의해 간접효용함수를 재화의 가격과 소득으로 각각 미분하면 다음의 결과가 얻어진다.

$$\begin{aligned} \frac{\partial V}{\partial p_X} &= -\lambda X(p_X, p_Y, I) \\ \frac{\partial V}{\partial p_Y} &= -\lambda Y(p_X, p_Y, I) \\ \frac{\partial V}{\partial I} &= \lambda \end{aligned} \tag{2.18}$$

따라서 간접효용함수를 재화의 가격으로 미분한 것을 소득으로 미분한 것으로 나누고 -1을 곱하면 다음과 같이 각 재화의 수요함수를 얻을 수 있는데 이를 로이 항등식(Roy's identity)이라 한다.

$$\begin{aligned} -\frac{(\partial V/\partial p_X)}{(\partial V/\partial I)} &= X(p_X, p_Y, I) \\ -\frac{(\partial V/\partial p_Y)}{(\partial V/\partial I)} &= Y(p_X, p_Y, I) \end{aligned} \tag{2.19}$$

2) 지출최소화 문제

위에서는 예산제약하에서 효용을 극대화하는 소비자의 선택을 살펴봤는데 주어진 효용수준을 최소 지출로 달성하는 것 또한 소비자의 최선의 선택으로 볼 수 있다. 재화의 가격이 주어졌을 때 같은 예산선에 있는 점들에 대한 소비 지출액은 동일하며 보다 더 상위에 있는 예산선에 있는 점들에서 소비하기 위해서는 더 많은 지출액을 요구한다. [그림 2.18]에서 소비 지출액 E_1으로는 효용수준 $\bar{u}$을 달성할 수 없기 때문에 $\bar{u}$을 달성하기 위해서는 지출액을 더 늘려야 하고 이에 따라 소비지출선(또는 예산선)은 오른쪽으로 평행하게 이동한다. $\bar{u}$를 가장 적은 지출로 달성할 수 있는 것은 무차별곡선에 접하게 되는 E_2의 소비지출을 할 때이다. 따라서 효용제약하에서 지출최소화의 조건 역시 식 (2.10)과 같이 쓸 수 있다.

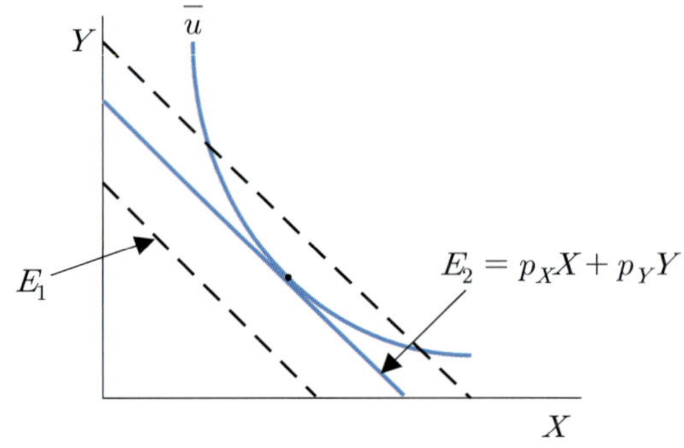

[그림 2.18] 지출최소화

수리적으로 지출최소화 문제는 다음과 같이 쓸 수 있다.

$$\begin{aligned} \text{minimize} \quad & E = p_X X + p_Y Y \\ \text{s.t} \quad & \bar{u} = u(X, Y) \end{aligned}$$

여기서 'minimize'는 최소화를 의미한다. 역시 라그랑주 승수법을 적용하면 지출최소화 문제는 식 (2.20)의 라그랑주 함수를 극소화하는 것과 같다.

$$\mathcal{L} = p_X X + p_Y Y + \mu[\bar{u} - u(X, Y)] \tag{2.20}$$

여기서 라그랑주 승수 μ는 효용제약을 한 단위 완화했을 때 지출액이 얼마나 변화하는지를 나타낸다.

극소화의 일계 필요조건은 다음과 같다.

$$\begin{aligned} \frac{\partial \mathcal{L}}{\partial X} &= p_X - \mu \frac{\partial u(X, Y)}{\partial X} = 0 \\ \frac{\partial \mathcal{L}}{\partial Y} &= p_Y - \mu \frac{\partial u(X, Y)}{\partial Y} = 0 \\ \frac{\partial \mathcal{L}}{\partial \mu} &= \bar{u} - u(X, Y) = 0 \end{aligned} \tag{2.21}$$

(2.21)의 첫 번째와 두 번째 식으로부터 지출최소화를 위해서는 재화의 가격비율이 MRS와 같아야한다는 식 (2.14)와 동일한 결과를 얻는다. (2.21)의 세 식을 연립해서 풀면 다음과 같이 X재와 Y재에 대한 보상수요함수(compensated demand function)를 재화의 가격과 효용의 함수로 구할 수 있다.

$$X^c = X^c(p_X, p_Y, u) \quad (2.22)$$
$$Y^c = Y^c(p_X, p_Y, u)$$

(2.22)를 지출식에 대입하면 지출함수 E는 p_X, p_Y, u의 함수로 나타낼 수 있다. 포락선정리를 적용하여 지출함수를 각 재화의 가격으로 미분하면 보상수요함수가 유도되는데 이를 셰퍼드의 보조정리(Shephard's lemma)라 한다.

$$\frac{\partial E(p_X, p_Y, u)}{\partial p_X} = X^c(p_X, p_Y, u) \quad (2.23)$$
$$\frac{\partial E(p_X, p_Y, u)}{\partial p_Y} = Y^c(p_X, p_Y, u)$$

지출최소화 문제에서 제약하는 효용수준이 [그림 2.17]의 u_1과 동일한 수준이라면 $E(p_X, p_Y, u_1)$은 소득 I와 같게 되고 지출최소화의 X재와 Y재의 소비량은 [그림 2.17]의 X_0 및 Y_0와 동일하다. 식으로는 다음이 성립한다.

$$X^c = X(p_X, p_Y, E(p_X, p_Y, u_1)) \quad (2.24)$$

위 식을 p_X로 미분하면 다음이 성립하는데 이를 슬러츠키 방정식(Slutsky equation)이라 한다.

$$\frac{\partial X^c}{\partial p_X} = \frac{\partial X}{\partial p_X} + \frac{\partial X}{\partial I}X \quad (2.25)$$

식 (2.25) 우변의 두 번째 항을 유도하는 과정에서 셰퍼드의 보조정리에 의해 $\partial E/\partial p_X = X^c$임을 이용하였다. 식 (2.25)를 재정리하면 다음과 같이 쓸 수 있다.

$$\frac{\partial X}{\partial p_X} = \frac{\partial X^c}{\partial p_X} - \frac{\partial X}{\partial I}X \quad (2.26)$$

식 (2.26)의 우변 첫 번째 항은 보상수요곡선의 기울기로 같은 무차별곡선에서의

p_X의 변화에 따른 X재의 변화의 크기를 나타내는데 이를 대체효과(substitution effect)라 한다. 두 번째 항은 p_X의 변화가 필요한 지출의 변화(구매력의 변화)를 통해 X재 소비에 미치는 영향으로 소득효과(income effect)라 한다.

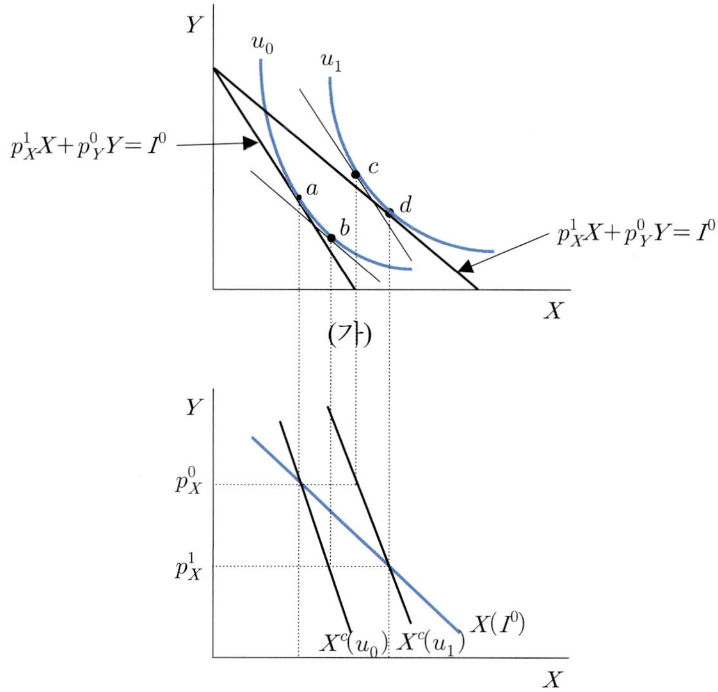

[그림 2.19] 대체효과와 소득효과

[그림 2.19]는 초기 (p_X^0, p_Y^0, I^0)에서 p_Y와 I는 변화가 없고 X재 가격이 p_X^1으로 하락하는 경우 가격변화의 효과를 대체효과와 소득효과로 구분하여 나타내고 있다. [그림 2.19]의 (가)에서 가격변화로 소비자의 균형은 a에서 d로 변화하고 있는데 u_0의 무차별곡선을 기준으로 a에서 b로의 변화는 대체효과, b에서 d로의 변화는 소득효과를 나타낸다. u_1의 무차별곡선을 기준으로 하면 a에서 c로의 변화는 소득효과, c에서 d로의 변화는 대체효과를 나타낸다. [그림 2.19]의 (나)에서 p_X^0에서 p_X^1으로의 가격변화에 따른 X재 수요량의 변화를 나타내는 일반수요함수는 $X(I^0)$, u_0의 효용수준을 유지하면서 X재 수요량의 변화를 나타내는

보상수요함수는 $X^c(u_0)$, u_1의 효용수준을 유지하면서 X재 수요량의 변화를 나타내는 보상수요함수는 $X^c(u_1)$이다.

2.3 생산자의 의사결정

2.3.1 비용최소화

기업의 생산함수는 최상의 조건에서 요소 투입물을 산출량으로 전환하는 기술을 나타내는 것으로 두 생산요소 노동(L)과 자본(K)을 생산에 투입한다고 하면 생산함수는 다음과 같이 쓸 수 있다.

$$q = f(L, K) \tag{2.27}$$

무차별곡선과 유사하게 2차원 공간에서 동일한 생산량을 생산할 수 있는 모든 L과 K의 조합을 연결한 선을 그릴 수 있는데 이를 등량선(isoquant)이라 한다. 등량선은 무차별곡선과 유사하게 음의 기울기를 가지고, 교차하지 않으며, 원점에 볼록한 특성을 갖는다. 등량선의 접선의 기울기는 동일한 생산량을 유지하면서 노동을 한 단위 추가할 때 대체할 수 있는 자본의 양으로 기술적 한계대체율(marginal rate of technical substitution: $MRTS$)이라 한다. 즉, $MRTS$는 다음과 같이 정의된다.

$$MRTS = -\frac{dK}{dL} \tag{2.28}$$

노동의 한계생산을 MP_L, 자본의 한계생산을 MP_K라고 할 때 등량선을 따라 노동이 dL, 자본이 dK로 조금 변화하면 전체 생산량의 변화의 크기 dq는 식 (2.29)와 같이 쓸 수 있다.

$$dq = MP_L \times dL + MP_K \times dK \tag{2.29}$$

등량선을 따라 움직이면 $dq = 0$이기 때문에 식 (2.29)의 좌변을 영으로 놓고 정리하면 $MRTS$는 다음과 같이 한계생산의 비율로 나타낼 수 있다.

$$-\frac{dK}{dL} = \frac{MP_L}{MP_K} \tag{2.30}$$

생산요소 L의 가격이 w, K의 가격이 v라고 하면 생산비용은 다음과 같다.

$$C = wL + vK \tag{2.31}$$

소비자이론에서 예산선과 유사하게 식 (2.31)은 특정 비용으로 구입할 수 있는 모든 L과 K의 조합을 연결한 선으로 등비선(isocost line)이라 하며 등비선의 기울기는 -w/v이다.

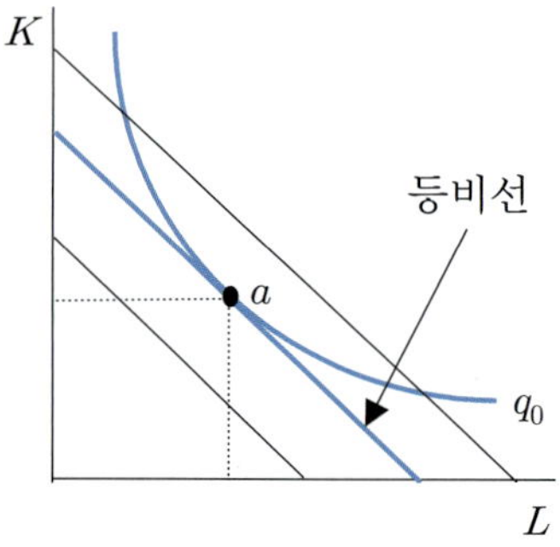

[그림 2.20] 비용최소화

기업은 주어진 생산량을 최소비용으로 생산할 수 있는 노동과 자본의 투입량을 선택하는 것이 최선이다. 비용이 증가할수록 등비선은 평행하게 우측으로 이동하기 때문에 [그림 2.20]에서 q_0을 최소비용으로 생산할 수 있는 곳은 등량선과 등비선이 접하는 a점이 된다. 따라서 비용최소화의 조건은 다음과 같이 쓸 수 있다.

$$MRTS = \frac{w}{v} \tag{2.32}$$

라그랑주 승수법을 적용하면 생산량제약하의 비용최소화 문제는 식 (2.33)의 라그랑주 함수를 극소화하는 문제와 같다.

$$\mathcal{L} = wL + vK + \lambda[q - f(L, K)] \tag{2.33}$$

여기서 λ는 라그랑주 승수로 생산량제약을 한 단위 완화했을 때 비용이 얼마나 변화하는가를 나타내는 것으로 한계비용(dC/dq)이라 할 수 있다.

극소화의 일계 필요조건은 다음과 같다.

$$\begin{aligned} \frac{\partial \mathcal{L}}{\partial L} &= w - \lambda \frac{\partial f}{\partial L} = 0 \\ \frac{\partial \mathcal{L}}{\partial K} &= v - \lambda \frac{\partial f}{\partial K} = 0 \\ \frac{\partial \mathcal{L}}{\partial \lambda} &= q - f(L, K) = 0 \end{aligned} \tag{2.34}$$

여기서 $\partial f/\partial L = MP_L$, $\partial f/\partial K = MP_K$를 의미한다. (2.34)의 첫 번째와 두 번째 식으로부터 다음이 유도된다.

$$\frac{MP_L}{MP_K} = \frac{w}{v} \tag{2.35}$$

식 (2.30)에서 보는 바와 같이 $MRTS = MP_L/MP_K$로도 정의되기 때문에 식 (2.35)는 식 (2.32)의 비용최소화 조건과 동일하다.

(2.34)의 세 식을 연립해서 풀면 요소가격과 생산량의 함수로 L과 K의 조건적 수요함수를 유도할 수 있다. 또한 조건적 수요함수를 비용 식에 대입하면 요소가격과 생산량의 함수로 비용함수가 유도된다.

$$\begin{aligned} L &= L(w, v, q) \\ K &= K(w, v, q) \\ C &= C(w, v, q) \end{aligned} \tag{2.36}$$

2.3.2 평균수익, 한계수익 및 이윤극대화

어느 기업의 생산량이 q, 재화의 가격이 $p(q)$라 하면 이 기업의 판매수익은 생산량과 가격을 곱해서 다음과 같이 된다.

$$R(q) = p(q) \cdot q \tag{2.37}$$

여기서 $R(q)$는 총수익을 나타낸다,

평균수익(average revenue: AR)은 생산량 한 단위당 수익으로 식 (2.38)에서 보는 바와 같이 $p(q)$와 같다. 따라서 평균수익은 기업이 직면하는 수요곡선이라 할 수 있다.

$$AR = \frac{R(q)}{q} = p(q) \tag{2.38}$$

한계수익(marginal revenue: MR)은 생산량의 한 단위 증가에 따른 추가적인 수익으로 식 (2.39)와 같이 쓸 수 있다.

$$MR = \frac{dR(q)}{dq} = \frac{dp}{dq}q + p = p\left[\frac{dp}{dq}\frac{q}{p} + 1\right] = p\left[\frac{1}{\epsilon_p} + 1\right] \tag{2.39}$$

여기서 ϵ_p는 수요의 가격탄력성을 나타낸다.

기업의 이윤은 총수익에서 총비용을 뺀 것으로 식 (2.40)과 같이 정의된다.

$$\pi = R(q) - C(q) \tag{2.40}$$

여기서 π는 이윤, $C(q)$는 총비용을 나타낸다. 이윤극대화의 일계 필요조건은 다음과 같다.

$$\frac{d\pi}{dq} = \frac{dR(q)}{dq} - \frac{dC(q)}{dq} = 0 \tag{2.41}$$

여기서 dC/dq는 한계비용을 나타낸다. 식 (2.41)은 이윤을 극대화하기 위해서는 한계수익(MR)과 한계비용(MC)이 같아지는 지점에서 재화를 생산해야함을 의미한다.

2.3.3 완전경쟁 기업의 생산량 결정

완전경쟁시장에서 각 기업과 소비자는 시장에서 결정된 가격을 그대로 받아들이는 가격순응자이다. 따라서 완전경쟁시장에서 시장 균형가격이 p^*이면 기업의 평균수익 p^*q/q은 p^*와 같으며 [그림 2.21]에서 보는 바와 같이 완전경쟁 기업은 p^*에서 수평인 완전탄력적인 수요곡선에 직면한다.

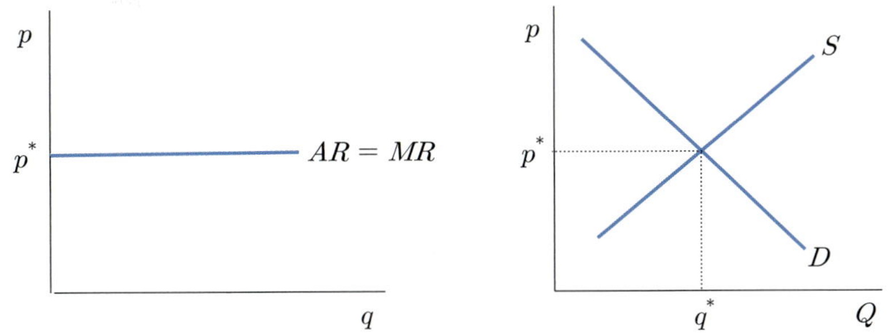

<기업> <시장>

[그림 2.21] 완전경쟁 기업의 평균수익과 한계수익

식 (2.39)에서 완전경쟁 기업이 직면하는 수요의 가격탄력성은 $\epsilon_p = -\infty$이기 때문에 한계수익 또한 시장가격과 같다. 따라서 시장가격이 p이면 완전경쟁시장에서 기업의 이윤극대화의 조건은 다음과 같이 된다.

$$p = MC \tag{2.42}$$

[그림 2.22]에서 MC는 기업의 한계비용곡선을 나타낸다. 완전경쟁시장에서 시장가격이 p_0일 때 기업은 이윤을 극대화하기 위해 가격과 한계비용이 같아지도록 하는 q_0를 생산하고 시장가격이 p_1이 되면 q_1을 생산한다. 이렇게 가격이 변화함에 따라 기업은 한계비용곡선을 따라 재화의 공급량을 결정하기 때문에 한계비용곡선이 기업의 공급곡선이 됨을 알 수 있다.

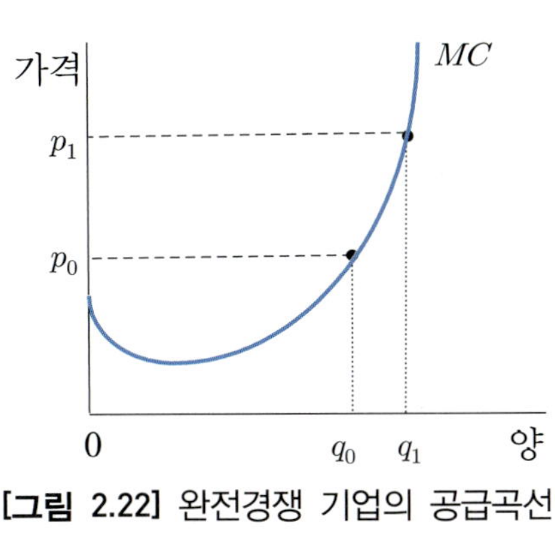

[그림 2.22] 완전경쟁 기업의 공급곡선

완전경쟁시장에서 장기에 기업들은 시장에의 진입과 탈퇴가 자유롭다고 가정된다. [그림 2.23]에서 LAC는 대표적인 기업의 장기 평균비용곡선, LMC는 장기 한계비용곡선을 나타낸다. 시장가격이 p_1일 때 기업은 이윤을 극대화하기 위해 q_1을 생산하며 이때 $p > LAC$ 이므로 이윤이 발생한다. 이 경우 다른 기업들도 이윤을 확보하기 위해 시장에 진입하면서 시장공급곡선은 우측으로 이동하며 장기 균형에 이르기 위해서는 시장가격이 p_2가 되고 이윤은 영이 되어야한다. 따라서 완전경쟁시장에서 장기 균형조건은 식 (2.43)이 된다.

$$p = LAC = LMC \tag{2.43}$$

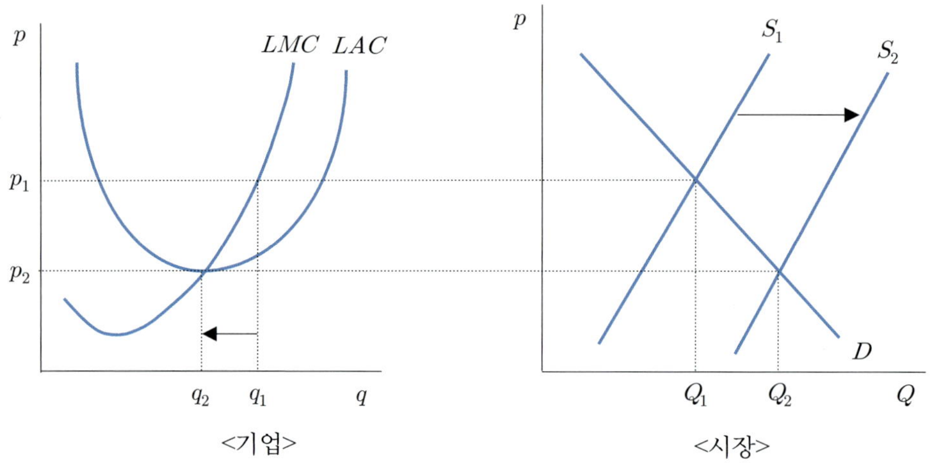

[그림 2.23] 완전경쟁시장에서 장기 균형

2.3.4 독점기업의 생산량 결정

시장지배력이 있는 불완전경쟁시장에서 기업은 음의 기울기를 가지는 수요곡선에 직면한다. 즉, 생산량을 줄이면 가격을 상승하도록 할 수 있고 생산량을 늘리면 가격을 하락하도록 할 수 있다. 식 (2.39)에서 $dp/dq < 0$이기 때문에 기업의 한계수익은 가격보다 작다($MR < p$).

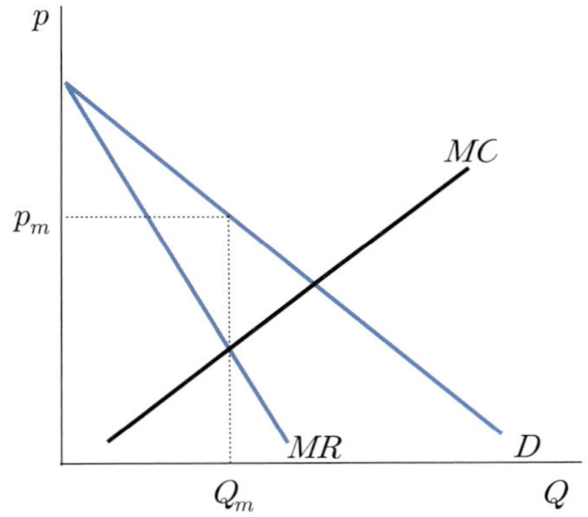

[그림 2.24] 독점기업의 생산량과 가격 결정

[그림 2.24]는 독점기업의 이윤을 극대화하는 생산량과 가격 결정을 보여준다. 독점기업은 시장 전체의 수요를 혼자서 감당하기 때문에 독점기업이 직면하는 수요곡선은 시장수요곡선이다. 독점기업은 MR과 MC가 같아지는 Q_m에서 생산하고 가격은 p_m에 설정한다. 이윤극대화의 생산량 수준 Q_m에서 가격은 MC보다 크다.

$$MR = MC < p \tag{2.44}$$

식 (2.39)와 (2.44)를 결합하면 $(p-MC)/p = -1/\epsilon_p$가 되는데 $(p-MC)/p$는 가격대비 얼마나 MC보다 가격을 높게 설정할 수 있는가를 측정하는 독점력지수를 의미한다. 즉, 기업이 직면하는 수요의 가격탄력성($|\epsilon_p|$)이 작을수록 독점력이 더 커지게 된다.

2.4 투자 결정

2.4.1 시간가치

생산시설, 발전소 등을 건설하는 프로젝트에 자본을 투자하는 것이 타당한 지를 판단하기 위해서는 현재 지출하는 투자액(비용)과 미래 여러 기간에 걸쳐서 발생하는 이윤(편익)을 비교해야 한다. 다른 시기에 발생하는 비용과 편익을 명확히 비교하기 위해서는 미래에 발생하는 편익의 흐름을 현재 시점의 가치로 환산할 필요가 있다.

연 이자율이 r이라고 할 때 M원을 1년간 저축하면 1년 후의 미래가치(future value: FV)는 $(1+r)M$원이 된다. 1년이 경과할 때마다 $(1+r)$씩 증가하므로 T년 후의 미래가치는 식 (2.45)와 같이 된다.

$$FV = M(1+r)^T \tag{2.45}$$

그렇다면 1년 후의 M원은 현재가치(present value: PV) 또는 현재할인가치(present discounted value)로 얼마가 될까? $M/(1+r)$원이 1년 후에 M원이 되기 때문에 M원의 현재가치는 $M/(1+r)$이 된다. 같은 원리로 T년 후의 M원의 현재가치는 식 (2.46)과 같이 된다.

$$PV = \frac{M}{(1+r)^T} \tag{2.46}$$

이제 내년부터 T년도까지 매년 A원의 연금을 받는다고 가정하자. T년도에 연금 총액의 미래가치는 다음과 같다.

1년 후 연금 A의 T년도 시점에서의 $FV = A(1+r)^{T-1}$
2년 후 연금 A의 T년도 시점에서의 $FV = A(1+r)^{T-2}$
....
$T-1$년 후 연금 A의 T년도 시점에서의 $FV = A(1+r)$
T년 후 연금 A의 T년도 시점에서의 $FV = A$

따라서 내년부터 T년도까지 매년 A원의 편익을 주는 투자 프로젝트의 미래가치의 합계는 식 (2.47)과 같이 산출할 수 있다.

$$\begin{aligned} FV &= A(1+r)^{T-1} + A(1+r)^{T-2} + \ldots\ldots + A(1+r) + A \\ &= A\left[\frac{(1+r)^T - 1}{r}\right] \end{aligned} \tag{2.47}$$

위 식에서 $\{(1+r)^T - 1\}/r$을 복리계수(compounding factor)라 한다.

역으로 T년 후에 식 (2.47)의 총액 FV 만큼을 받기 위해 T년간 매년 적립해야하는 액수는 A가 되며 식 (2.48)과 같이 나타낼 수 있다.

$$A = FV\left[\frac{r}{(1+r)^T - 1}\right] \tag{2.48}$$

위 식에서 $r/\{(1+r)^T - 1\}$을 감채기금계수(sinking fund factor)라 한다.

이제 M원의 자본을 투자한 다음 향후 T년 동안 매년 동일 액수를 회수하는 경우를 생각해보자. 현재 투자한 자본 M원의 T년 후의 미래가치는 $FV = M(1+r)^T$이기 때문에 식 (2.48)의 FV를 $M(1+r)^T$로 대체하면 된다. 즉, 매년 회수액 A는 다음과 같이 산출된다.

$$A = M(1+r)^T\left[\frac{r}{(1+r)^T - 1}\right] = M\left[\frac{r(1+r)^T}{(1+r)^T - 1}\right] \tag{2.49}$$

위 식에서 $\{r(1+r)^T\}/\{(1+r)^T - 1\}$을 자본회수계수(capital recovery factor)라 한다.

식 (2.47)에서는 미래가치를 산출하였는데 만일 T년간 매년 A원의 연금을 받는 경우 이를 현재가치로 환산하면 다음과 같이 구할 수 있다.

$$\begin{aligned} PV &= \frac{A}{(1+r)} + \frac{A}{(1+r)^2} + \dots + \frac{A}{(1+r)^T} \\ &= A\left[\frac{1 - \frac{1}{(1+r)^T}}{r}\right] \\ &= A\left[\frac{(1+r)^T - 1}{r(1+r)^T}\right] \end{aligned} \tag{2.50}$$

위 식에서 $\{(1+r)^T - 1\}/\{r(1+r)^T\}$를 현가계수(present worth factor)라 한다.

2.4.2 순현재가치법

자본투자에 대한 대표적인 의사결정방법 중의 하나는 순현재가치법(net present value: NPV)이다. NPV 기준은 투자로부터 발생하는 미래에 기대되는 현금흐름의 현재가치가 투자비용보다 크면 투자해야한다는 것이다. 예를 들어, 새로운 공장건설에 투자비용이 C원이 소요되고 향후 20년간의 공장가동으로 π_1, π_2,....π_{20}의 이윤이 발생한다면 순현재가치는 다음과 같이 산출된다.

$$NPV = -C + \frac{\pi_1}{1+r} + \frac{\pi_2}{(1+r)^2} + ... + \frac{\pi_{20}}{(1+r)^{20}} \tag{2.51}$$

여기서 r은 미래 현금흐름에 대한 할인율로 시장이자율이나 다른 수익률이 사용될 수 있다. $NPV > 0$일 때에만 기업은 투자해야 한다. 한정된 자본으로 인해 여러 투자대안 중에서 선택해서 투자하는 경우 순현재가치법은 NPV가 큰 순으로 투자의 우선순위를 가져야함을 의미한다.

순현재가치법은 할인율이 얼마냐에 따라 투자결정이 달라질 수 있다. 예를 들어, 20억원의 투자비용으로 내년에 10억원, 내후년에 15억원의 이윤이 발생하는 투자 프로젝트가 있다고 하자. 만일 할인율이 10%이면 NPV는 다음과 같이 양의 값을 가지기 때문에 투자해야한다.

$$NPV = -20 + \frac{10}{1+0.1} + \frac{15}{(1+0.1)^2} = 1.49 > 0 \tag{2.52}$$

그러나 할인율이 20%이면 NPV는 다음과 같이 음의 값을 가지기 때문에 투자하지 않아야한다.

$$NPV = -20 + \frac{10}{1+0.2} + \frac{15}{(1+0.2)^2} = -1.25 < 0 \tag{2.53}$$

따라서 미래 기대 현금흐름에 대해 적정 할인율을 적용하는 것이 중요하다. 기업이 현재 투자대상에 투자하지 않았으면 다른 투자로부터 다른 기대 현금흐름을 얻을 수 있기 때문에 할인율은 자본의 기회비용으로 볼 수 있다. 즉, 기업이 유사한 투자로부터 얻을 수 있었던 수익률이 적정 할인율이 된다.

순현재가치법은 프로젝트의 후반으로 갈수록 미래 기대 현금흐름을 더 크게 할인하기 때문에 일반적으로 이윤이 조기에 발생하는 투자사업의 NPV가 이윤이 나중에 발생하는 투자사업의 NPV보다 큰 경향이 있다.

NPV를 영으로 만드는 할인율 수준을 내부수익률(internal rate of return: IRR)이라 한다.

$$-C+\frac{\pi_1}{1+i}+\frac{\pi_2}{(1+i)^2}+....+\frac{\pi_{20}}{(1+i)^{20}}=0 \tag{2.54}$$

여기서 i가 IRR이 된다. 기업이 돈을 빌려서 투자할 때 지급해야하는 이자율(자기 자본을 투자하는 경우에도 이자 포기의 기회비용 발생)보다 높은 할인율을 적용해서 $NPV=0$이 되면 투자수익률이 지급이자율보다 높다는 의미이기 때문에 IRR이 지급이자율보다 높으면 타당한 투자사업으로 평가할 수 있다. 여러 투자대안이 있을 경우 IRR이 높을수록 투자의 우선순위를 부여한다.

2.4.3 실질옵션 접근법

에너지 투자프로젝트는 미래에 발생하는 현금흐름이 얼마가 될지 매우 불확실하고 투자가 비가역적(irreversible)이어서 투자 시점과 관련하여 기회비용이 발생한다. 투자결정에 직면해서 투자자는 지금 투자할 것인지 아니면 투자하지 않을 가능성을 열어놓은 채 기다릴 것인지 중에서 선택할 수 있다. 바로 투자하지 않고 기다리는 것은 불확실성을 완화하는 데 도움이 될 수 있기 때문에 가치(실질옵션가치)가 발생한다. 투자가 지금 이루어졌다면 잠재적으로 그의 투자결정을 다르게 조정하도록 이끌 수 있는 새로운 정보로부터의 편익을 얻을 수 없기 때문에 실질옵션가치는 영이 된다. 투자자 입장에서 이러한 가치를 반영하는 것이 보다 더 효율적이기 때문에 가능하다면 이를 순현재가치법에 통합하여 적용하는 것이 요구된다.

예를 들어, 250억원의 투자비가 소요되는 풍력발전 프로젝트가 있다고 가정하자. 이 프로젝트는 20년간 운영될 예정이며 정부에서는 20년간 풍력발전을 지원할 새로운 정책수단을 논의하고 있다. 이 정책수단이 도입되면 투자자에게 20년 동안 매년 50억원의 이윤이 보장되며, 그렇지 않을 경우에는 매년 10억원의 이윤만을 얻을 수 있다. 투자자는 이 정책의 도입가능성을 50%로 추정하고 있다. 할인율을 10%라고 할 때 풍력발전 프로젝트의 투자로부터 기대되는 이윤의 순현재가치를 NPV_0라 하면 NPV_0는 5.4억원으로 산출된다.

$$NPV_0 = -250 + \sum_{t=1}^{20} \frac{30}{(1+0.1)^t} = 5.4\text{억원} \tag{2.55}$$

투자자가 투자 시점을 기다릴 수 있는 옵션을 가지고 있다면 정책수단이 도입되는지를 알 때까지 기다리는 것이 더 나을 수 있다. 만일 1년을 기다리면 새로운 정책수단이 도입되는 것을 알 수 있다고 하면 이때 투자결정에 따른 이윤의 순현재가치 NPV_1은 79.9억원이 된다.

$$NPV_1 = (0.5)\left[-\frac{250}{1+0.1} + \sum_{t=2}^{21} \frac{50}{(1+0.1)^t}\right] = 79.9\text{억원} \tag{2.56}$$

식 (2.56)은 1년 동안에 정책이 이행될 확률 50%를 포괄하고 있다. 투자자는 1년을 기다림으로써 79.9 - 5.4 = 74.5억원의 추가적인 이윤을 얻는다. 따라서 투자자가 정책이 이행될지 여부를 알기 위해 지금 지불할 의사가 있는 74.5억원이 실질옵션가치가 된다.

2.4.4 균등화발전단가

순현재가치법과 실질옵션 접근법은 투자 프로젝트가 이윤이 발생하는지 여부와 기대이윤을 최대로 하기 위해 언제 얼마나 투자하는 것이 적절한지에 대한 통찰을 제공해주는 도구이다. 반면 균등화발전단가(levelized cost of electricity: $LCOE$)는 물리적 원리, 연료, 경제성이 있는 설비수명 등이 다른 여러 전력생산방법을 동일한 기준으로 비교하기 위한 비용 측정방법이다. 균등화발전단가는 발전소 건설에서부터 발전소 폐기의 전 생애기간 동안에 대해 단위당 비용으로 대안적 전력생산방식들을 비교하기 위해 고안되었다.

$LCOE$는 발전소의 생애기간동안 비용 흐름을 표준적 연금 공식을 사용해서 연간 동일한 단위원가로 전환하여 산출한다. 먼저 ₩/MW(또는 ₩/kW)의 시설용량단위로 측정되는 발전소 건설비용은 설비이용률(capacity factor) 개념을 사용해서 단위원가인 ₩/MWh로 전환한다. 설비이용률은 특정기간동안(보통 1년, 8,760시간을 기준으로 함) 발전소가 100% 가동됐으면 생산되었을 전력 대비 그

기간 동안 생산되는 전력의 비율을 의미한다. 단위원가로 전환된 발전소 건설비용을 경제적 수명기간 동안 매년 전력판매수입이 커버해야할 시설비용의 비율인 자본회수계수를 사용하여 균등화 건설비용($LCOE_I$)으로 전환한다.

$$LCOE_I = R\frac{I}{Hf} \tag{2.57}$$

여기서 $R = \{r(1+r)^T\}/\{(1+r)^T - 1\}$은 자본회수계수, I는 자본비용 또는 건설비용(₩/MW), H는 8,760시간, f는 설비이용률을 나타낸다.

발전소의 운영유지비용은 시간이 지남에 따라 증가한다. 운영유지비용이 일정비율(확대계수, escalation rate)로 증가하고 첫해의 비용이 M_0라고 하면 발전소 생애기간 동안의 운영유지비용의 현재가치(M)는 다음과 같다.

$$\begin{aligned} M &= M_0\left(\frac{1+e}{1+r} + (\frac{1+e}{1+r})^2 + ... + (\frac{1+e}{1+r})^T\right) \\ &= M_0\frac{(1+e)}{(r-e)}\left[1 - \left(\frac{1+e}{1+r}\right)^T\right] \end{aligned} \tag{2.58}$$

여기서 e는 확대계수를 나타낸다. 따라서 균등화 운영유지비용 $LCOE_M$은 다음과 같이 산출된다.

$$\begin{aligned} LCOE_M &= R\frac{M}{Hf} \\ &= l\left(\frac{M_0}{Hf}\right) \end{aligned} \tag{2.59}$$

여기서 $l = \dfrac{r(1+r)^T}{(1+r)^T - 1} \bullet \dfrac{(1+e)}{(r-e)} \bullet \left[1 - \left(\dfrac{1+e}{1+r}\right)^T\right]$으로 균등화계수(levelization factor)라고 한다.

화력발전, 원자력발전과 같이 연료비용이 소요되는 경우 연료의 첫해 비용이 F_0이고 시간이 경과함에 따라 e의 확대계수 만큼씩 상승하면 연료의 균등화비용 $LCOE_F$은 식 (2.60)과 같이 구해진다.

$$LCOE_F = l\frac{F_0}{Hf} \tag{2.60}$$

종합하면 균등화발전단가는 다음과 같이 산출된다.

$$LCOE = \frac{RI + lM_0 + lF_0}{Hf} \tag{2.61}$$

예를 들어, 풍력발전소의 건설비용을 125만원/kW, 설비이용률을 30%, 할인율을 10%, 경제적 수명기간을 25년, 첫해의 운영유지비용을 10만원/kW, 운영유지비용의 확대계수를 1%라고 하자. 이때 자본회수계수는 0.11, 균등화계수는 1.088로 산출된다.

$$R = \frac{0.1(1.1)^{25}}{1.1^{25} - 1} = 0.11 \tag{2.62}$$

$$l = 0.11 \cdot \frac{(1+0.01)}{(0.1-0.01)} \cdot \left[1 - \left(\frac{1+0.01}{1+0.1}\right)^{25}\right] = 1.088 \tag{2.63}$$

따라서 풍력발전소의 균등화발전단가는 93.72원/kWh로 산출된다.

$$LCOE = \frac{(0.11)(1{,}250{,}000) + (1.088)(100{,}000)}{(8{,}760)(0.3)} = 93.72 \tag{2.64}$$

보다 단순하게 $LCOE$를 산출하는 방식은 다음과 같다.

$$LCOE = \frac{\sum_{t=1}^{T} \frac{I_t + M_t + F_t}{(1+r)^t}}{\sum_{t=1}^{T} \frac{E_t}{(1+r)^t}} \tag{2.65}$$

여기서 E_t는 t년도의 전력생산량을 나타낸다.

균등화발전단가는 대안의 에너지 기술을 비교하는 데 있어서 널리 이용되고 있으나 보다 정확한 산출을 위해서는 다음과 같은 점이 보완될 필요가 있다. 첫째, 미래 연료비용의 불확실성과 같은 기술이나 시장에 대한 위험이 고려되어야 한다. 둘째, 풍력, 태양광, 조력과 같이 백업수단을 필요로 하는 간헐적 전력생산방식의 경우 백업수단에 대한 비용까지 포함하여야 한다. 셋째, 시설 사용이 종료된 후 발전소의 해체와 폐연료의 안전한 처리에 소요되는 비용까지 반영되어야 한다.

2.5 완전경쟁시장의 효율성

2.5.1 부분균형분석

시장수요곡선은 개인의 한계가치 스케줄(개별수요함수)을 수평으로 합계해서 유도하기 때문에 소비자들이 시장에서 재화를 구매하여 얻는 한계가치 스케줄이라 할 수 있다. 시장공급곡선은 개별 생산자의 한계비용 스케줄(개별공급곡선)을 수평으로 합계해서 유도하기 때문에 생산자들이 시장에 공급하는 재화를 생산하는데 추가적으로 소요되는 한계비용 스케줄이라 할 수 있다. 따라서 시장참여자들이 얻는 소비자잉여는 재화 구매로부터 소비자가 얻는 총가치에서 실제 지불한 금액을 뺀 것으로 정의할 수 있으며, 생산자잉여는 생산자들의 재화 판매로부터의 총수익에서 생산비용(변동비용)을 뺀 것으로 정의할 수 있다.

사회구성원 전체의 경제적 후생을 소비자잉여와 생산자잉여를 합계한 총잉여로 규정한다면 총잉여를 극대화하는 것이 효율적인 자원 배분이 될 것이다. 소비자가 지불한 금액과 생산자의 판매수익은 같기 때문에 총잉여는 다음과 같이 쓸 수 있다.

$$\text{총잉여} = \text{소비자의 총가치} - \text{생산비용} \tag{2.66}$$

[그림 2.25]에서 재화의 거래량이 시장수요곡선과 시장공급곡선이 교차하는 Q^*수준이면 소비자가 얻는 총가치는 면적 $a+b+c+d$이고 생산비용은 면적 $b+d$로 총잉여는 면적 $a+c$가 된다. 만일 거래량이 Q^*보다 적은 Q_1이면 소비자의 총가치는 면적 $a+b$이고 생산비용은 면적 b로 총잉여는 면적 a가 되어 Q^*일 때보다 총잉여가 면적 c만큼 적다. 만일 거래량이 Q^*보다 많은 Q_2이면 소비자의 총가치는 면적 $a+b+c+d+f$이고 생산비용은 면적 $b+d+e+f$로 Q^*일 때보다 면적 e만큼 총잉여가 적다. 결과적으로 거래량이 Q^*일 때 소비자잉여와 생산자잉여를 합계한 총잉여가 극대화되어 사회적으로 효율적인 거래량

수준이 된다.

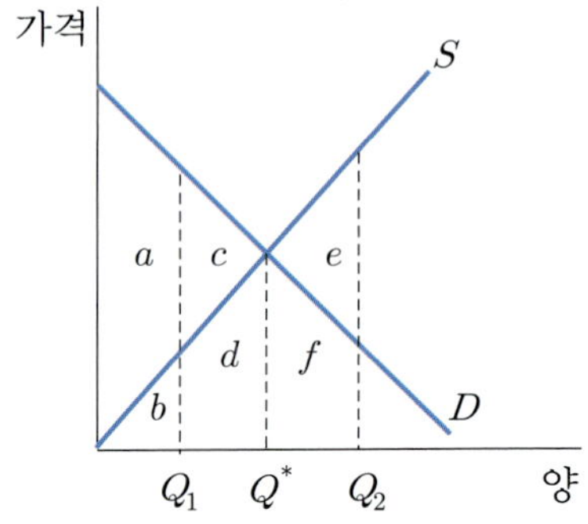

[그림 2.25] 총잉여 극대화

[그림 2.26]에서 시장 메커니즘에 의해 균형가격은 p^*, 균형거래량은 Q^*가 되며 이때 소비자잉여는 면적 g, 생산자잉여는 면적 h로 총잉여는 면적 $g+h$가 된다. 균형거래량 Q^*는 [그림 2.25]의 거래량 Q^*와 같으며 따라서 총잉여 $g+h$는 [그림 2.25]의 면적 $a+c$와 같다. 즉, 완전경쟁시장의 균형은 총잉여가 극대화하는 수준에서 재화의 소비량과 공급량이 결정되도록 한다.

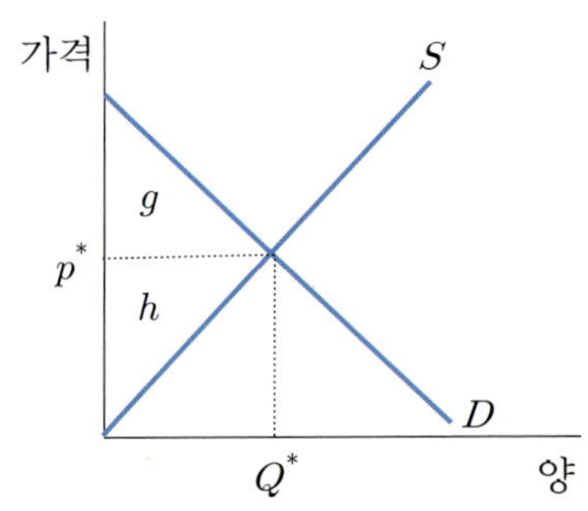

[그림 2.26] 완전경쟁시장의 효율성

2.5.2 일반균형분석

지금까지는 하나의 시장만 따로 분리시켜 놓고 시장균형을 다루었는데 이를 부분균형분석이라 하며 효율성의 개념으로는 시장가격을 기초로 하는 소비자잉여와 생산자잉여를 사용하였다. 그러나 실제 많은 시장들은 상호작용한다. 한

시장에서 생산된 재화가 다른 시장의 생산요소로 사용될 수도 있고 재화가 상호 보완 또는 대체 관계를 가질 수 있기 때문에 어느 시장의 조건이 변화하면 다른 시장의 가격과 거래량에 영향을 미친다. 여기에서는 이렇게 시장이 상호작용하는 것을 고려한 일반균형분석을 통해 완전경쟁시장이 왜 효율적인지에 대해 살펴본다. 또한 시장이 전혀 없을 때 오직 사람들이 재화와 생산요소를 상호 거래하는 것에만 적용하는 새로운 효율성 개념으로 파레토(Pareto)가 제시한 파레토 최적을 사용한다.

1) 교환에서의 효율성

파레토최적(또는 파레토 효율)은 다른 사람을 나쁘게 하지 않고는 어떤 사람을 나아지게 할 수 없는 재화의 할당을 의미한다. 만일 모든 사람을 나아지게 하거나, 다른 사람을 나쁘게 하지 않고 어떤 사람을 나아지게 할 수 있는 새로운 자원의 할당이 가능한 경우는 파레토개선(Pareto improvement)이 있다고 한다. 즉, 파레토최적은 파레토개선을 할 수 없는 재화의 할당 상태를 말한다.

논의를 단순화하기 위해 2명의 소비자 A와 B에게 두 재화 X와 Y를 할당하는 교환경제를 생각하자. X재의 총량은 20, Y재의 총량은 10이라 가정한다. [그림 2.27]의 에지워즈상자(Edgeworth box)에서 소비자 A는 O_A가 원점으로 북동쪽으로 재화의 소비가 옮겨가면 더 상위의 무차별곡선에 도달하여 효용이 증가한다. 소비자 B는 O_B가 원점으로 남서쪽으로 재화의 소비가 옮겨가면 더 상위의 무차별곡선에 도달하여 효용이 증가한다.

만일 두 소비자의 무차별곡선 u_A^1과 u_B^1이 교차하는 W점에서(소비자 A에게 X재 16, Y재 2, 소비자 B에게 X재 4, Y재 8) 재화가 할당되었다면 효율적으로 재화가 할당되었다고 할 수 없다. 왜냐하면 E점과 같이 무차별곡선이 교차하는 안쪽으로 옮겨가면 둘 다 더 상위의 무차별곡선으로 옮겨가 효용이 증가하기 때문에 두 소비자는 기꺼이 W점에서 E점으로 옮기는 거래에 동의할 것이다. 즉, 소비자 A가 B에게 X재를 일부를 주고 Y재 일부를 받는 거래를 함으로써 W점에서 E점으로의 이동은 둘 다 효용이 증가하는 파레토개선이 되도록 한다. W점에서 L 점 또는 M점으로 이동은 다른 사람의 효용을 동일하게 유지하면서 한 사람의 효용을 증가시킬 수 있기 때문에 이 또한 파레토개선이 된다.

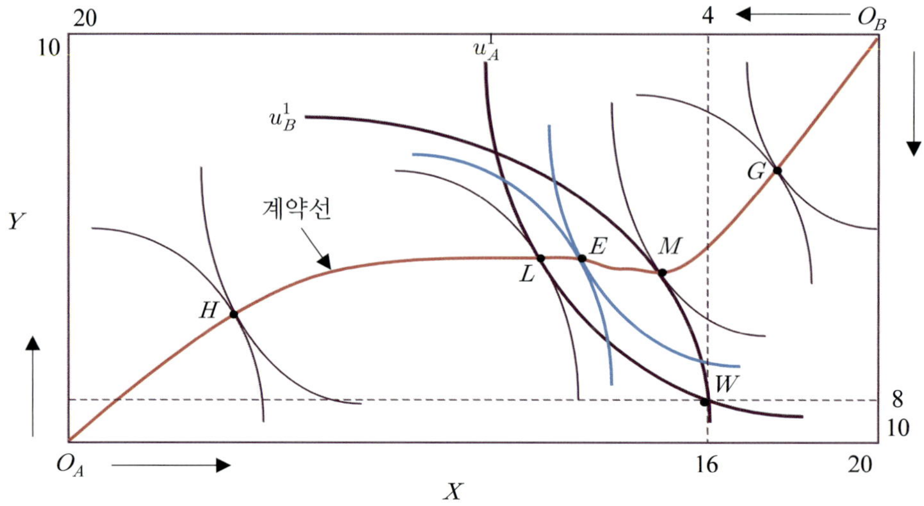

[그림 2.27] 교환에서 효율적인 재화의 할당

두 사람의 무차별곡선이 접하는 H, L, E, M, G와 같은 점에서 재화의 할당이 이루어졌다고 하면 이들 점에서의 이탈은 다른 사람의 효용을 감소시키지 않고는 한 사람의 효용을 증가시킬 수 없거나 둘 다 효용을 감소시키게 되므로 파레토최적이 된다. 이들 점에서 두 소비자의 무차별곡선을 분리시키는 공통의 접선을 그릴 수 있으며 무차별곡선의 접선의 기울기는 한계대체율이기 때문에 파레토최적인 재화의 할당이 이루어지는 점에서 소비자 A와 B의 한계대체율은 같아진다. 즉, 교환에서 효율적인 재화의 할당이 이루어지는 곳은 다음의 조건을 만족하는 지점이다.

$$MRS^A = MRS^B \tag{2.67}$$

[그림 2.27]에서 보듯이 두 사람의 무차별곡선이 접하는 파레토최적인 재화의 할당 지점은 무수하게 많으며, 이러한 점들을 연결한 선을 계약선(contract curve)이라 한다.

이제 완전경쟁시장이 왜 효율적인지를 알아보자. 완전경쟁시장에서 두 소비자는 동일한 시장가격 p_X와 p_Y에 직면한다. [그림 2.28]에서 초기에 W점에서 재화가 할당되었다면 소비자 A와 B가 할당받은 재화의 시장가치(소득)는 각각 $16p_X + 2p_Y$와 $4p_X + 8p_Y$가 되며 이 예산으로 각자 효용을 극대화하는 소비 결정을 하고자 한다. 두 소비자가 직면하는 예산선은 기울기가 p_X/p_Y이고 W와 E점을 통과하는 굵은 실선으로 주어져있다. 이러한 예산선에 직면해서 소비자 A는 자신의 효용을 극대화하기 위해 예산선과 무차별곡선이 접하는 E점에서 소비하기를 원하며 소비자 B 또한 E점에서 소비하기를 원한다. 즉, E점에서 소비할 때 소비자 A와 B는 다음의 조건을 충족한다.

$$MRS^A = \frac{p_X}{p_Y} = MRS^B \tag{2.68}$$

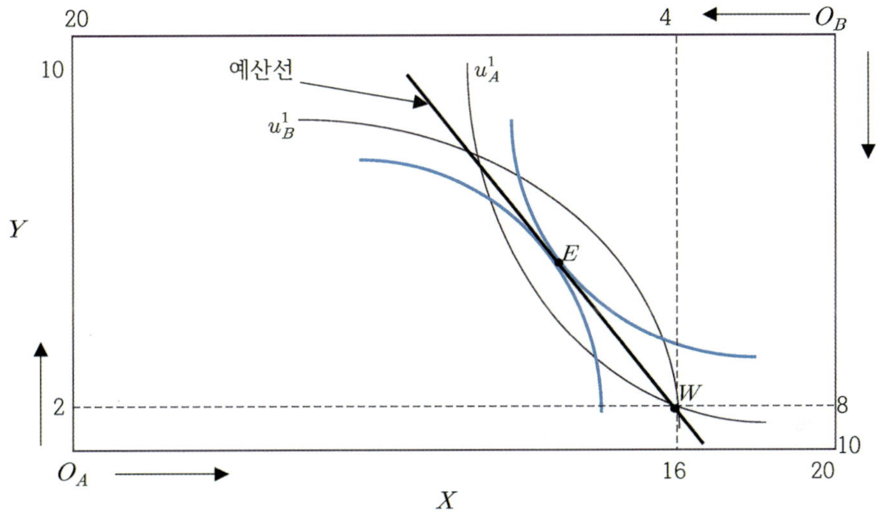

[그림 2.28] 완전경쟁시장의 균형

결과적으로 완전경쟁시장의 가격을 신호로 각 소비자는 자신의 효용을 극대화하는 선택을 함으로써 파레토최적인 재화의 할당에 이르게 되는데 이를 후생경제학의 제1정리(the first welfare theorem)라 한다.

[그림 2.29]는 계약선상에서 두 소비자가 얻을 수 있는 효용의 조합을 연결한 효용가능곡선(utility possibility curve: UPC)을 보여준다. O_A는 소비자 A의 두 재화에 대한 소비량은 영이고 소비자 B가 두 재화를 다 소비해서 최대의 효용을 얻을 수 있는 지점이다. [그림 2.27]의 O_A에서 출발해서 계약선을 따라 이동하면 소비자 A의 효용은 증가하고 소비자 B의 효용은 감소하며 O_B에 이르렀을 때 소비자 A는 최대의 효용을 얻고 소비자 B의 효용은 영이 된다. W와 같이 계약선

을 벗어난 점에서의 재화의 할당은 효용가능곡선 내부에 위치하며, W에서 L, E, M 지점으로 이동하면 소비자 A와 B 둘 다 효용이 증가하도록 할 수 있다.

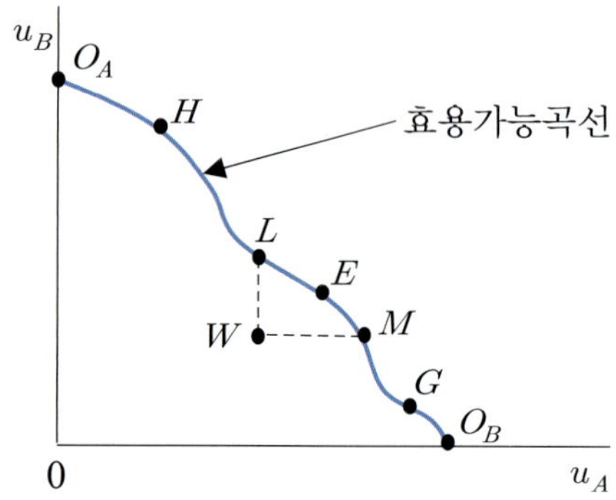

[그림 2.29] 효용가능곡선

2) 생산에서의 효율성

한정된 두 생산요소 L과 K를 투입해서 두 재화 X와 Y를 생산할 때 효율적으로 생산이 이루어지도록 요소를 할당하는 것은 교환경제에서의 경우와 유사하다. [그림 2.30]의 에지워즈상자에서 X재 생산기업은 O_X가 원점으로 북동쪽으로 요소투입량이 옮겨가면 더 상위의 등량선에 도달하여 생산량이 증가한다. Y재 생산기업은 O_Y가 원점으로 남서쪽으로 요소투입량이 옮겨가면 더 상위의 등량선에 도달하여 생산량이 증가한다. 등량선이 교차하는 J점에서 두 재화 생산을 위한 요소투입량이 할당되었을 경우에는 E점으로 옮겨가면 두 재화의 생산량을 모두 증가시킬 수 있기 때문에 파레토개선이 있게 된다. 따라서 J점에서는 파레토최적인 생산요소의 할당이 이루어지지 않고 있다.

그러나 E점에서와 같이 등량선이 접하는 곳에서 생산요소의 할당이 되었을 경우에는 X재와 Y재 둘 중 한 재화의 생산량을 증가시키기 위해서는 반드시 다른 재화의 생산량이 감소되어야 한다. 따라서 E점은 파레토최적인 생산요소의 할당 지점이 된다. 두 개의 등량선이 접하는 지점은 무수하게 많이 있고 이러한 지점을 연결한 선 역시 계약선이다. 이들 점에서 두 개의 등량선을 분리시키는 공통의 접선을 그릴 수 있으며 등량선의 접선의 기울기는 기술적 한계대체율($MRTS$)이기 때문에 파레토최적인 재화의 할당이 이루어지는 점에서 X재와 Y재 생산의 $MRTS$는 같아진다. 즉, 생산요소가 효율적으로 할당이 이루어지는 곳은 다음의 조건을 만족하는 지점이다.

$$MRTS^X = MRTS^Y \tag{2.69}$$

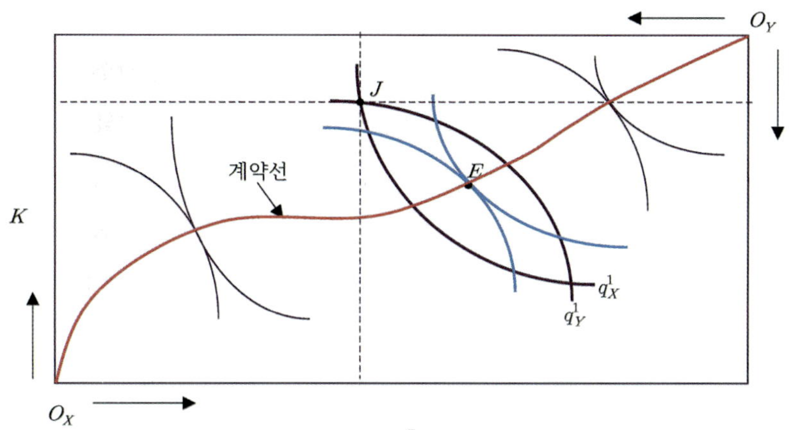

[그림 2.30] 생산에서 효율적인 생산요소의 할당

[그림 2.31]은 계약선상에서 효율적인 요소의 할당이 이루어졌을 때 생산할 수 있는 두 재화의 생산량 조합을 연결한 생산가능곡선(production possibility curve: PPC)을 보여준다. O_X는 두 요소가 X재 생산에는 전혀 할당되지 않고 모두 Y재 생산에 할당되어 최대로 Y재를 생산할 수 있는 지점이다. [그림 2.30]의 O_X에서 출발해서 계약선을 따라 이동하면 X재 생산량은 증가하고 Y재 생산량은 감소하며, O_Y에 이르렀을 때 X재 생산량은 최대가 되고 Y재 생산량은 영이 된다. J와 같이 계약선을 벗어난 점에서의 요소의 할당은 생산가능곡선

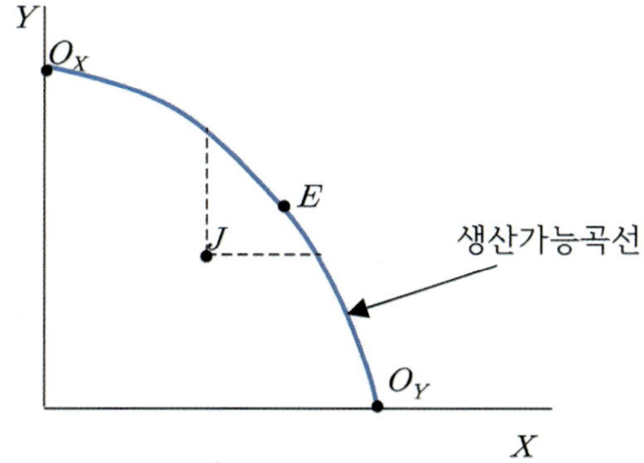

[그림 2.31] 생산가능곡선

내부에 위치하며, J에서 생산가능곡선의 E 지점으로의 이동은 두 재화 생산량을 모두 증가하도록 할 수 있다.

생산가능곡선의 어느 점에서 생산이 이루어지고 있을 때 X재 생산을 더 늘리기 위해서는 Y재 생산에 투입되고 있는 요소의 일부를 가져와 X재 생산에 투입해야 하므로 Y재 생산량은 감소하게 된다. X재 생산량을 한 단위 더 증가하기 위해 포기해야하는 Y재 생산량의 비율을 한계변환율(marginal rate of transformation: MRT)이라 한다. [그림 2.32]에서 생산가능곡선 A점에서 B점으로의 이동은 X재를 $\triangle X$만큼 증가하는 대신 Y재 생산량은 $\triangle Y$만큼 감소하도록 하는데 한계변환율은 $-\triangle Y/\triangle X$의 비율로 A와 B를 지나는 할선의 기울기를 나타낸다. A점에서 $\triangle X$가 순간적으로 조금만 변화한다고 하면 MRT는 A점에서의 접선의 기울기로 나타나는데 극한(limit) 개념을 사용하면 식 (2.70)과 같이 규정된다.

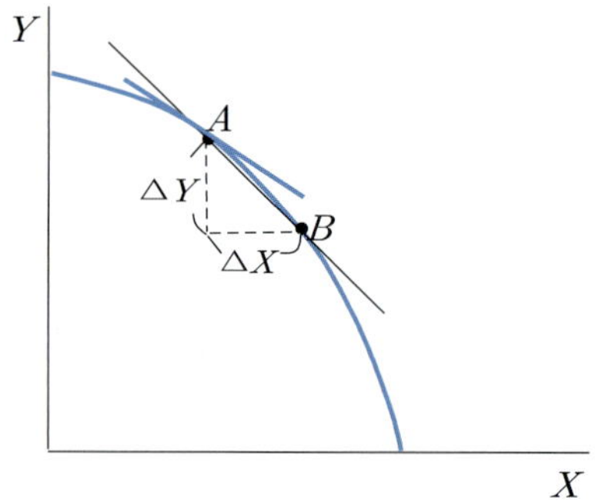

[그림 2.32] 한계변환율

$$MRT = \lim_{\triangle X \to 0}\left(-\frac{\triangle Y}{\triangle X}\right) = -\frac{dY}{dX} \tag{2.70}$$

X재를 한 단위 추가적으로 생산하는데 소요되는 한계비용을 MC_X, Y재를 한 단위 추가적으로 생산하는데 소요되는 한계비용을 MC_Y라고 하면 생산가능곡선을 따라 X재의 생산량이 dX, Y재의 생산량이 dY로 조금 변화하면 총비용의 변화의 크기 dC는 식 (2.71)에서와 같이 X재 생산량의 변화로 인한 부분인 $MC_X \times dX$와 Y재 생산량의 변화로 인한 부분인 $MC_Y \times dY$를 합계한 것이 된다.

$$dC = MC_X \times dX + MC_Y \times dY \tag{2.71}$$

생산가능곡선의 어느 점에서 생산하든 고정된 두 생산요소의 양이 모두 투입되고 있기 때문에 생산비용은 동일하다. 따라서 dC를 영으로 놓고 정리하면 식 (2.72)와 같이 한계변환율은 한계비용의 비율로 나타낼 수 있다.

$$-\frac{dY}{dX}=\frac{MC_X}{MC_Y} \tag{2.72}$$

생산가능곡선을 따라 X재 생산량이 증가하면 수확체감의 법칙으로 인해 동일한 X재의 양의 증가를 위해서는 점점 더 많은 생산요소의 투입이 요구되며 따라서 X재 생산의 한계비용이 증가한다. 반면 Y재 생산량은 감소하기 때문에 Y재 생산의 한계비용은 감소한다. 따라서 생산가능곡선을 따라 X재 생산량이 증가하면 한계변환율 MC_X/MC_Y가 증가하며 생산가능곡선은 원점에 오목한 형태가 된다.

완전경쟁의 생산요소시장에서 노동 L의 가격이 w, 자본 K의 가격이 v로 주어지면 X재와 Y재 생산기업은 [그림 2.30]의 J에서 할당된 노동과 자본을 투입하는데 소요되는 비용($wL+vK$)으로 생산량 극대화를 추구하는 것이 최선의 선택이다. 생산량을 극대화하기 위해서는 각 기업은 요소가격 비율 w/v이 등량선의 접선의 기울기인 $MRTS$와 같아지는 지점에서 생산량을 결정해야한다. 즉, X재 생산기업과 Y재 생산기업은 각각 $w/v=MRTS^X$, $w/v=MRTS^Y$가 되도록 생산 결정을 함으로써 $MRTS^X=MRTS^Y$인 파레토최적의 재화 생산이 이루어지도록 한다.

3) 교환과 생산에서의 동시적 효율성

교환과 생산에서 어느 경우에 동시적으로 파레토최적의 재화의 할당이 되는지를 알아보기 위해 생산자이며 동시에 소비자인 로빈슨 크루소 경제를 가정해보자. [그림 2.33]에서 로빈슨 크루소는 자신의 생산요소를 모두 투입하여 최대로 생산할 수 있는 두 재화 X와 Y의 조합을 연결한 생산가능곡선과 내부에서만 소비가 가능하다. 이러한 소비가능제약에서 로빈스 크루소는 자신의 효용을 극대화할 수 있는 E점에서 두 재화의 생산과 소비를 결정할 것이다. E점에서 생산가능곡선과 무차별곡선을 분리할 수 있는 공통의 접선을 그릴 수 있는데 이 접선의 기울기는 생산에서의 한계변환율이자 곧 소비에서의 한계대체율을 나타낸다. 즉, 교환과 생산에서 동시적으로 파레토최적인 재화 할당이 되기 위해서는 다음과 같아야 한다.

$$MRS = MRT \tag{2.73}$$

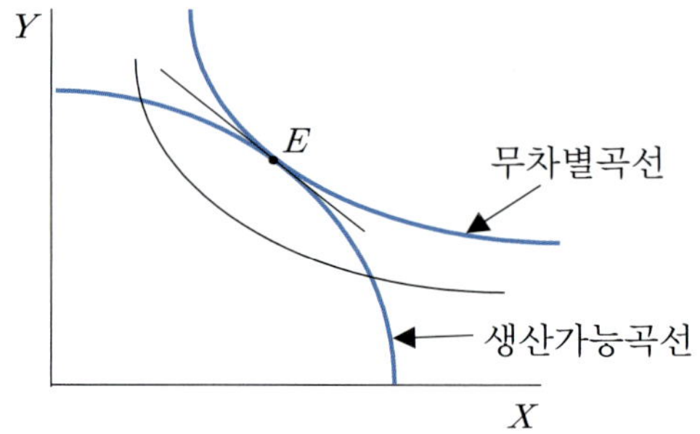

[그림 2.33] 로빈슨 크루소 경제에서의 효율적인 재화의 생산과 소비

[그림 2.34]는 생산된 두 재화 X와 Y를 두 소비자에게 할당하는 데 있어서 생산과 교환에서 동시적으로 효율적인 할당을 보여준다. 생산이 효율적이기 위해서는 O_B점과 같이 생산가능곡선에서 생산이 이루어져야 한다. 이렇게 생산된 X_0와 Y_0의 생산량을 두 소비자에게 할당하는 데 있어서 효율적이려면 계약선에서 재화가 할당되어야 한다. 그러나 교환과 생산에서 동시적으로 효율적이려면 무차별곡선의 접선의 기울기가 생산가능곡선의 접선의 기울기와 같은 E점에서 재화가 할당되어야한다. 즉, 식 (2.73)을 확장하여 다음과 같은 조건을 충족하는 점에서 재화의 할당이 이루어져야한다.

$$MRS^A = MRS^B = MRT \tag{2.74}$$

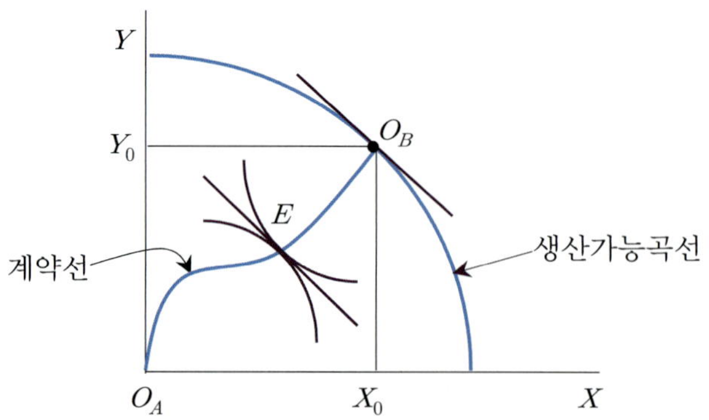

[그림 2.34] 교환과 생산에서 파레토최적인 재화의 할당

생산된 두 재화를 두 소비자에게 할당할 때 파레토최적의 재화의 할당은 다른 사람의 효용수준을 유지하고 효율적 생산조건을 충족하면서 어느 소비자의 효용을 극대화하는 문제를 푸는 것과 같다. 수리적으로 나타내면

$$\begin{aligned} &\text{maximize} \;\; u^A(X^A,\, Y^A) \\ &\text{s.t.} \quad u^B(X^B,\, Y^B) = \bar{u} \\ &\qquad\;\; F(X,\, Y) = 0 \end{aligned}$$

여기서 $F(X, Y) = 0$은 생산가능곡선을 음함수 형태로 나타낸 것이며, 생산된 재화의 양 X는 두 소비자의 소비량의 합계 $X^A + X^B$와 같고 Y는 $Y^A + Y^B$와 같다. 상기 극대화문제는 다음의 라그랑주 함수를 극대화하는 것과 같다.

$$\mathcal{L} = u^A(X^A, Y^A) + \lambda_1[\bar{u} - u^B(X^B,\, Y^B)] + \lambda_2[F(X, Y)] \tag{2.75}$$

극대화의 일계 필요조건은 다음과 같다.

$$\begin{aligned} &<1> \;\; \frac{\partial u^A}{\partial X^A} + \lambda_2 \frac{\partial F}{\partial X} = 0 \\ &<2> \;\; \frac{\partial u^A}{\partial Y^A} + \lambda_2 \frac{\partial F}{\partial Y} = 0 \\ &<3> \; -\lambda_1 \frac{\partial u^B}{\partial X^B} + \lambda_2 \frac{\partial F}{\partial X} = 0 \\ &<4> \; -\lambda_1 \frac{\partial u^B}{\partial Y^B} + \lambda_2 \frac{\partial F}{\partial Y} = 0 \\ &<5> \;\; \bar{u} - u^B(X^B, Y^B) = 0 \\ &<6> \;\; F(X, Y) = 0 \end{aligned} \tag{2.76}$$

(2.76)의 조건 <1>과 <2>로부터 다음이 유도된다.

$$\frac{(\partial u^A/\partial X^A)}{(\partial u^A/\partial Y^A)} = \frac{(\partial F/\partial X)}{(\partial F/\partial Y)} \tag{2.77}$$

위 식의 좌변은 MRS^A, 우변은 MRT이다.[2)] 같은 방법으로 (2.76)의 조건 <3>과

<4>로부터 다음이 유도된다.

$$\frac{(\partial u^B/\partial X^B)}{(\partial u^B/\partial Y^B)} = \frac{(\partial F/\partial X)}{(\partial F/\partial Y)} \tag{2.78}$$

위 식의 좌변은 MRS^B, 우변은 MRT이다. 따라서 교환과 생산에서 동시에 파레토최적인 재화 할당이 이루어지려면 식 (2.79)의 조건을 충족해야한다.

$$MRS^A = MRS^B = MRT \tag{2.79}$$

이제 완전경쟁시장에서의 균형이 어떻게 파레토최적의 재화 할당으로 이끄는지를 살펴보자. 완전경쟁시장에서 소비자와 기업은 동일한 시장가격 p_X와 p_Y에 직면한다. 소비자 A와 B는 예산제약하에서 효용을 극대화하기 위해 다음과 같이 재화를 선택한다.

$$MRS^A = \frac{p_X}{p_Y} \tag{2.80}$$

$$MRS^B = \frac{p_X}{p_Y}$$

X재 생산기업과 Y재 생산기업은 이윤을 극대화하기 위해 다음과 같이 재화를 생산한다.

$$p_X = MC_X \tag{2.81}$$

$$p_Y = MC_Y$$

식 (2.81)에서 다음이 도출된다.

$$\frac{p_X}{p_Y} = \frac{MC_X}{MC_Y} (= MRT) \tag{2.82}$$

---

2) $F(X, Y) = 0$을 전미분하면 $\frac{\partial F}{\partial X}dX + \frac{\partial F}{\partial Y}dY = 0$이 되며 이를 정리하면 $-\frac{dY}{dX} = \frac{(\partial F/\partial X)}{(\partial F/\partial Y)}$가 되기 때문에 $\frac{(\partial F/\partial X)}{(\partial F/\partial Y)}$는 MRT의 또 다른 표현이다.

따라서 식 (2.80)과 식 (2.82)를 결합하면 다음과 같이 파레토최적인 결과가 도출된다.

$$\frac{p_X}{p_Y} = MRS^A = MRS^B = MRT \tag{2.83}$$

다시 말하면, 완전경쟁시장의 가격을 신호로 소비자와 생산자가 각자 이기심에 의해 경제행위를 하면 파레토최적인 재화의 할당(후생경제학의 제1정리)을 결과한다.

후생경제학의 제2정리는 모든 소비자가 볼록 선호(convex preferences)를 가지는 경우 각 파레토최적인 배분은 주어진 재화의 할당에 대해 시장균형으로 결과된다는 것으로 제1정리의 역이라고 할 수 있다. 제2정리는 어떤 파레토최적의 재화의 할당을 원하든 시장가격기구에 의해 지지될 수 있고 후생의 배분에 관해 어떤 기준을 가지든 그것을 성취하는 데 경쟁시장을 사용할 수 있다는 것을 의미한다. 정책적으로는 재분배를 통한 형평성 문제를 다루는 데 있어서 가격결정기구에의 간섭은 불필요하고 초기 자원배분에서 구매력의 이전만이 필요함을 의미한다.

제3장 시장실패

환경·에너지 경제학

CHAPTER

03 시장실패

3.1 외부효과

3.1.1 소비에서 외부효과

시장실패(market failure)는 가격에 기반을 둔 사적 의사결정이 효율적으로 자원배분을 하지 못하거나 가격 자체가 존재하지 않아 효율적 자원할당의 메커니즘으로써 가격을 사용할 수 없게 되는 것을 말한다. 비효율성이 발생한다는 것은 다른 사람을 나빠지게 하지 않으면서 어떤 사람을 나아지게 할 수 있도록, 즉 파레토개선이 가능하도록 자원을 재할당할 수 있다는 것을 의미한다.

외부효과는 어느 소비자나 생산자의 자신을 위한 행위가 다른 소비자나 생산자에게 영향을 미치는 현상을 의미한다. 생산자 간, 소비자 간, 생산자와 소비자 간에 발생할 수 있으며, 한쪽의 행위가 다른 쪽에 긍정적 영향을 줄 수도 있고 부정적 영향을 줄 수 있다. 긍정적 영향을 줄 때를 외부경제(external economy)라 하며 부정적 영향을 줄 때를 외부불경제(external diseconomy)라 한다.

외부효과가 존재하는 경우에는 개별 소비자들이 얻는 사적 한계편익(marginal private benefit: MPB)이 사회적 한계편익(marginal social benefit: MSB)과 다를 수 있고, 개별 생산자들의 재화 생산의 사적 한계비용(marginal private cost: MPC)이 사회적 한계비용(marginal social cost: MSC)과 다를 수 있다.

흡연자는 자신의 만족을 얻기 위해 흡연행위를 하지만 흡연과정에서 비흡연자에게 간접흡연의 피해를 줄 수 있고 담배꽁초를 투기함으로써 부정적 외부효과를 야기한다. [그림 3.1]에서 MPB는 흡연에 따른 사적 한계편익으로 흡연자의 흡연에 대한 수요곡선을 나타낸다. MC는 흡연자가 담배소비에 지불하는 한계비용으로 담배 1개비당 담배가격 p_1과 같다. MEC는 흡연자가 흡연을 통해 룸메이트에게 부여하는 한계외부비용(marginal external cost)으로 흡연량 하나당 MEC는 일정하게 주어져있다. 이때 흡연에 따른 사회적 한계가치 MSB는 MPB에서 MEC를 뺀 것과 같다. 사회적으로 최적인 흡연량은 MSB와 MC가 같아지도록 하는 q^*이어야 하지만 흡연자는 사적인 이득만을 고려하여 q^*보다 많은 q_1만큼의 흡연을 하게 된다. 결과적으로 담배가격 p_1은 흡연자가 사회적으로 최적인 흡연을 하는데 요구되는 것보다 낮은 수준에 있으며, 효율적 흡연량 q^*을 소비하도록 하려면 가격이 p^* 수준이 되어야 한다. 담배가격이 p^*가 되도록 할 수 있는 방법은 담배 하나당 MEC만큼의 조세를 부과하는 것인데 이를 피구세(Pigovian tax) 또는 교정세(corrective tax)라 한다.

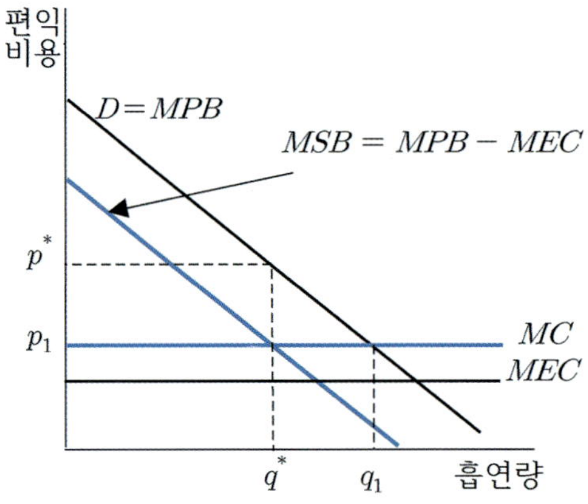

[그림 3.1] 소비에서 부정적인 외부효과

소비에서 외부경제가 발생하는 경우에는 MPB보다 MSB가 더 크며, 시장에서 재화가 할당되도록 하면 사회적으로 효율적인 수준보다 적은 재화의 소비가 이루어진다. 이 경우에는 한계외부편익(marginal external benefit: MEB) 만큼의 보조금을 지불하여 외부효과를 내재화(internalize)함으로써 사회적으로 효율적인 소비가 이루어지게 할 수 있다.

수리적 모형으로 나타내기 위해 두 재화 X와 Y를 소비하는 두 명의 소비자 A와 B가 있고 소비자 A는 소비자 B의 X재 소비로부터 외부비용을 부과 받고 있다고 가정하자. 이때 소비자 A의 효용함수는 $u^A(X^A, Y^A, X^B)$로 쓸 수 있고 다음이 성립한다.

$$\frac{\partial u^A}{\partial X^A} > 0,\ \frac{\partial u^A}{\partial Y^A} > 0,\ \frac{\partial u^A}{\partial X^B} < 0$$

파레토최적인 재화의 할당 문제는 다음과 같이 나타낼 수 있다.

$$\begin{aligned} \text{maximize} \quad & u^A(X^A,\ Y^A,\ X^B) \\ \text{s.t.} \quad & u^B(X^B,\ Y^B) = \overline{u} \\ & F(X,\ Y) = 0 \end{aligned}$$

위 문제는 다음의 라그랑주 함수를 극대화하는 문제와 같다.

$$\mathcal{L} = u^A(X^A,\ Y^A,\ X^B) + \lambda_1[\overline{u} - u^B(X^B,\ Y^B)] + \lambda_2[F(X,\ Y)] \tag{3.1}$$

극대화의 일계 필요조건은 다음과 같다.

$$\begin{aligned} &<1> \quad \frac{\partial u^A}{\partial X^A} + \lambda_2 \frac{\partial F}{\partial X} = 0 \\ &<2> \quad \frac{\partial u^A}{\partial Y^A} + \lambda_2 \frac{\partial F}{\partial Y} = 0 \\ &<3> \quad \frac{\partial u^A}{\partial X^B} - \lambda_1 \frac{\partial u^B}{\partial X^B} + \lambda_2 \frac{\partial F}{\partial X} = 0 \\ &<4> \quad -\lambda_1 \frac{\partial u^B}{\partial Y^B} + \lambda_2 \frac{\partial F}{\partial Y} = 0 \\ &<5> \quad \overline{u} - u^B(X^B,\ Y^B) = 0 \\ &<6> \quad F(X,\ Y) = 0 \end{aligned} \tag{3.2}$$

(3.2)의 조건 <1>과 <2>로부터 다음이 유도된다.

$$\frac{(\partial u^A/\partial X^A)}{(\partial u^A/\partial Y^A)} = \frac{(\partial F/\partial X)}{(\partial F/\partial Y)} \tag{3.3}$$

(3.2)의 조건 <3>과 <4>로부터 다음이 유도된다.

$$-\frac{(\partial u^A/\partial X^B)}{\lambda_1(\partial u^B/\partial Y^B)} + \frac{(\partial u^B/\partial X^B)}{(\partial u^B/\partial Y^B)} = \frac{(\partial F/\partial X)}{(\partial F/\partial Y)} \tag{3.4}$$

여기서 좌변의 첫 번째 항 $-(\partial u^A/\partial X^B)/[\lambda_1(\partial u^B/\partial Y^B)]$는 소비자 B가 A에게 부과하는 한계외부비용(MEC)이다.

식 (3.3)과 (3.4)로부터 외부효과가 있는 경우 파레토최적인 재화할당 조건은 다음과 같이 쓸 수 있다.

$$MRS^A = MRS^B + MEC = MRT \tag{3.5}$$

식 (3.5)가 의미하는 바는 외부효과가 있는 경우 소비자 B가 소비자 A에게 부과하는 외부비용을 의사결정에 고려해야 효율적인 재화 할당이 이루어진다는 것이다.

완전경쟁시장에서 소비자와 생산자는 주어진 재화의 시장가격 p_X와 p_Y에 대해 자신의 효용과 이윤을 극대화하기 위한 의사결정을 한다. 이때 시장균형 조건은 식 (2.83)과 같이 $p_X/p_Y = MRS^A = MRS^B = MRT$가 되는데 이것은 식 (3.5)의 효율적인 재화할당 조건을 충족하지 못한다.

3.1.2 생산에서 외부효과

이제 강의 상류에서 재화를 생산하고 있는 기업이 생산과정에서 폐수를 흘러내보냄으로써 하류에 있는 수산업 기업에 피해를 주는 것과 같이 생산에서 외부불경제가 발생하는 경우에 대해 생각해보자. 폐수배출 기업은 폐수와 다른 생산요소를 고정비율로 투입하는 생산함수를 가지고 있어서 폐수 배출량을 줄일 수 있는 유일한 방법은 생산량을 감소시키는 것이라고 가정한다. 또한 폐수배출 한 단위당 외부비용은 일정하다고 가정한다.

[그림 3.2]의 (가)는 완전경쟁 산업에서 기업 A가 폐수배출로 인한 외부비용을 발생하고 있는 경우이다. MPC_A는 기업 A의 한계비용, MEC는 폐수배출에 따른 한계외부비용을 나타낸다. 기업의 한계비용과 한계외부비용을 합계한 사회적 한계비용은 MSC이다. 사회적으로 효율적인 생산량은 시장가격과 MSC가 같아지도록 하는 q^*이어야 하지만, 기업은 자신의 이윤을 극대화하기 위해 시장가격이 MPC_A와 같아지도록 하는 q_0만큼을 생산한다.

[그림 3.2]의 (나)는 완전경쟁 산업의 모든 기업들이 동일한 방법으로 폐수를

배출하고 있는 경우이다. 산업 전체의 한계비용은 MPC_T, 산업 전체의 한계비용과 한계외부비용을 합계한 사회적 한계비용은 MSC_T이다. 사회적으로 최적인 산업 전체의 생산량은 수요곡선(한계가치 스케줄)이 MSC_T곡선과 교차하는 지점인 Q^*이어야 하지만, 완전경쟁 산업의 생산량은 수요곡선과 MPC_T곡선이 교차하는 지점인 Q_0에서 이루어진다.

재화 생산 단위당 MEC만큼의 교정세를 부과하여 기업이 직면하는 한계비용이 MSC와 같도록 하면 기업은 [그림 3.2]의 (가)에서 q^*만큼, 산업 전체적으로는 (나)에서 Q^*만큼 재화를 생산하게 된다.

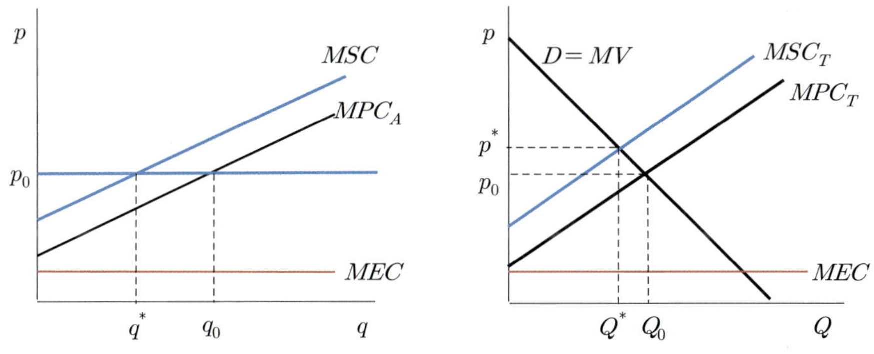

[그림 3.2] 생산에서 부정적인 외부효과

생산에서 외부경제가 발생하는 경우에는 MPC보다 MSC가 더 작아지며, 외부경제를 발생시키는 기업들은 사회적으로 효율적인 수준보다 더 적은 양의 재화를 생산하게 된다. 이 경우에는 한계외부편익(MEB) 만큼의 보조금을 지불하여 외부효과를 내재화함으로써 사회적으로 효율적인 생산이 이루어지게 할 수 있다.

하천의 상류에서 X재를 생산하는 기업이 흘러내려 보내는 폐수 W가 직접적으로 하류의 Y재 생산기업에 피해를 주고 있는 경우를 살펴보자. X재 기업의 비용함수(C_X)와 Y재 기업의 비용함수(C_Y)는 각 기업의 생산량과 폐수 W의 함수로 다음과 같이 주어진다.

$$C_X = C_X(X, W), \quad \frac{\partial C_X}{\partial X} > 0, \; \frac{\partial C_X}{\partial W} < 0 \tag{3.6}$$

$$C_Y = C_Y(Y, W), \quad \frac{\partial C_Y}{\partial Y} > 0, \; \frac{\partial C_Y}{\partial W} > 0$$

X재 생산기업이 폐수 배출량을 늘리면 폐수처리에 소요되는 비용이 감소하기 때문에 (3.6)에서 $\partial C_X/\partial W$는 음(-)이고 외부비용증가로 인해 Y재 생산기업의 비용은 증가하기 때문에 $\partial C_Y/\partial W$는 양(+)이다.

사회적으로 효율적인 생산이 이루어지기 위해서는 식 (3.7)과 같이 두 기업의 이윤의 합계를 극대화해야 한다.

$$\pi = p_X X - C_X(X, W) + p_Y Y - C_Y(Y, W) \tag{3.7}$$

이윤극대화의 일계 필요조건은 다음과 같다.

$$\begin{aligned} \langle 1 \rangle \; \frac{\partial \pi}{\partial X} &= p_X - \frac{\partial C_X(X, W)}{\partial X} = 0 \\ \langle 2 \rangle \; \frac{\partial \pi}{\partial Y} &= p_Y - \frac{\partial C_Y(Y, W)}{\partial Y} = 0 \\ \langle 3 \rangle \; \frac{\partial \pi}{\partial W} &= -\frac{\partial C_X(X, W)}{\partial W} - \frac{\partial C_Y(Y, W)}{\partial W} = 0 \end{aligned} \tag{3.8}$$

(3.8)의 조건 <1>과 <2>는 재화의 시장가격이 재화생산의 한계비용과 같아지는 지점에서 생산을 해야 함을 의미한다. 일계 필요조건 <3>은 X재 생산기업의 폐수 배출에 따른 한계편익 $-\partial C_X(X, W)/\partial W$이 한계외부비용 $C_Y(Y, W)/\partial W$과 같아져야함을 의미한다.

규제가 없는 경우 X재 생산기업은 생산과정에서 발생하는 폐수가 Y재 기업에 외부비용을 부과하는 것을 고려하지 않고 자신의 이윤극대화를 추구한다.

$$\pi_X = p_X X - C_X(X, W) \tag{3.9}$$

X재 생산기업의 이윤극대화의 일계조건은 다음과 같다.

$$< 4 > \; p_X - \frac{\partial C_X}{\partial X} = 0 \tag{3.10}$$

$$< 5 > \; - \frac{\partial C_X}{\partial W} = 0$$

(3.10)의 조건 < 4 >는 재화의 가격이 한계비용과 같아야한다는 것으로 (3.8)의 조건 < 1 >과 동일하지만, (3.10)의 조건 < 5 >는 폐수배출의 한계편익이 영일 때까지 폐수를 배출해야한다는 것으로 (3.8)의 조건 < 3 >에 비해 더 많이 폐수를 배출한다.

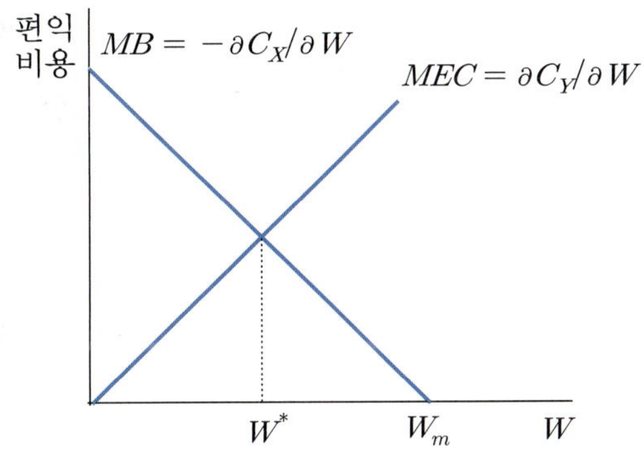

[그림 3.3] 최적 폐수배출량

[그림 3.3]에서 MB는 폐수배출의 한계편익을 나타내고 MEC는 폐수배출에 따른 한계외부비용을 나타낸다. $MB = MEC$를 충족하는 효율적인 폐수배출양은 W^*이나 X재 생산기업은 $MB = 0$이 되는 W_m만큼 폐수를 배출한다.

3.2 불완전한 재산권 구조

시장가격기구를 통해 효율적으로 자원할당이 이루어지기 위해서는 재화의 구매자와 판매자가 모든 잠재적 거래와 우연한 상황에서 자유롭게 재화를 교환할 수 있도록 재산권이 잘 정립되어 있어야 하고 거래비용이 영이어서 가격을 설정하는데 자원이 사용되지 않아야 한다.

재산권은 편익의 흐름에 대한 청구권이다. 재산권은 단순히 재산과 소유자와의 관계를 규정하는 것이 아니라 소유자가 편익의 흐름을 향유하는 권리를 다른 사람들이 인정한다는 것을 의미한다. 잘 정립된 재산권이란 자원의 이용에 대한 소유자의 특권과 책임을 잘 규정하고 있는 권리구조로서 다음과 같은 일반적 특성을 가진다(Bromley, 1991).

첫째, 소유권이 잘 규정되어야한다. 소유권은 임의의 자원 또는 대상을 사용할 권리를 주는 법적 장치로서 사유재산에 기반을 둔 시장경제에서 자원에 대한 지불은 소유권을 결과한다. 배타적 소유권은 가장 제약이 없는 권리구조로서 자원의 이용으로부터 얻어지는 모든 편익과 비용은 직접적으로 사용하여 발생하는 것이든 다른 사람에게 판매함으로써 발생하는 것이든 오직 소유자에게만 귀속되는 것을 의미한다.

둘째, 소유권이 어떤 제약이 있는 상태에서 사용되어야 하는 명시성을 갖춰야 한다. 예를 들어, 자원이 다른 사람에게 피해를 주는 용도로 사용되는 것은 금지되어야 한다. 소유권을 행사할 때 발생하는 분쟁을 해결하기 위해 재산권에 대한 명시성이 요구된다.

셋째, 재산권이 하나의 소유자로부터 다른 사람에게 자발적 교환을 통해 이전할 수 있도록 이전성을 가져야한다. 자원배분에 있어서 교환이 효율적이려면 권리가 이전될 수 있어야한다.

넷째, 다른 사람들에 의해 재산권이 침해를 당하지 않도록 안전성을 가져야한다. 소유권을 침해하는 위반자를 찾아내고 적절한 벌칙이 부과되는 등의 조치가 필요하다. 자원의 소유자는 자신의 통제 하에 있을 때에 자원을 관리하고 개선할 유인을 갖는다.

공유자원은 재산권 구조가 가장 불완전한 자원으로 아무도 소유권을 가지지 않아서 누구나 자원에 대한 접근이 가능하며, 어느 한 사람이 자원으로부터 편익을 취하면 다른 사람들은 편익이 감소하거나 편익을 얻을 수 없는 경합성이 있다. 예를 들어, 바다의 어장은 개인에게 배타적 소유권을 부여할 수 없다. 소유권을 부여하고자 하더라도 물고기가 이동하는 것을 막을 수 없고, 다른 사람의 접근성을 차단하기 위해서는 엄청난 비용이 소요되기 때문에 재산권을 정립하기 어렵다.

공유자원은 사용자들에게 맡겨두면 비효율적으로 자원을 이용하도록 하는데 비효율성이 발생하는 원인은 비배제성과 경합성을 가지는 공유자원의 특성에서 찾을 수 있다. 경합성으로 인해 각 어선들의 어획행위는 물고기의 양을 줄어들게 하고 이는 다른 어선들에게 동일한 양의 어획에 더 많은 노력과 비용이 소요되도록 하는 외부비용을 부과한다. 그러나 비배제성으로 인해 바다에 있는 어장에는 어떤 어선이든 들어가 어획행위를 할 수 있으며 자신이 물고기를 어획하지 않으면 다른 어선이 어획을 해버리기 때문에 다른 어선들에 부과하는 외부비용을 고려하지 않고 어획의 한계비용이 물고기 가격과 같아질 때까지 어획을 하게 된다.

[그림 3.4]에서 MPC는 어선의 어획에 따른 사적 한계비용, MSC는 외부비용을 포함한 사회적 한계비용을 나타낸다. 사회적으로 효율적인 어획량은 물고기 가격 p_0가 MSC와 같아지도록 하는 F^*이지만 어선은 p_0가 MPC와 같아지는 F_0만큼을 어획한다.

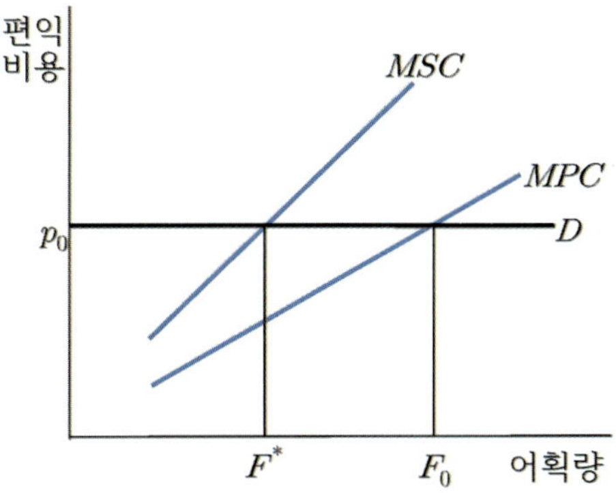

[그림 3.4] 공유자원의 이용

개인에게 사적으로 재산권을 할당할 수 없기 때문에 공유자원 문제를 부분적으로나마 해결하기 위해 정부는 연간 어획량을 일정수준으로 정해서 개별 어선에 어획량을 할당하는 방법을 사용할 수 있다. 또한 남획에 의해 어장이 황폐화되는 것을 방지하기 위한 방안으로 새끼를 나아하는 암컷 물고기를 어획하지 못하도록 하고 일정 크기에 도달한 물고기만 어획하도록 제한할 수 있다.

공유자원 문제는 '죄수의 딜레마' 게임으로도 나타낼 수 있다. <표 3.1>은 A와

B 두 어업회사가 공동어장에서 어획을 할 때 기업의 어선 수 선택에 따른 보수표를 나타낸다. 각 기업이 어선 1척씩만 어장에 보내도록 협조했으면 물고기 어획량이 낮아 높은 시장가격에 판매가 이루어져 각 기업의 이윤은 300만원이 된다. 만일 한 기업이 1척만 들여보내는 것으로 협조할 때 다른 기업이 3척을 내보내 협조를 깨면 3척을 내보낸 기업의 이윤은 400만원으로 증가하고 1척을 내보낸 기업의 이윤은 100만원으로 줄어든다. 둘 다 3척씩을 내 보낼 경우에는 어획량이 많아져 시장가격은 낮아지고 각 기업의 이윤은 150만원이 된다. 이 게임에서 각 기업은 3척을 들여보내는 것이 우월전략이 되어 둘 다 비협조하는 것이 게임의 균형이 되고 각 기업의 이윤은 150만원으로 귀결된다. 이와 같이 공유자원을 이용하는 기업들은 협조를 하지 못하고 자원을 많이 사용함으로써 자원의 고갈에 이르도록 할 수 있다.

〈표 3.1〉 공유자원과 죄수의 딜레마

		기업 B	
		협조(1척)	비협조(3척)
기업 A	협조(1척)	300, 300	100, 400
	비협조(3척)	400, 100	150, 150

3.3 공공재

대가를 지불하지 않는 사람들을 이용에서 배제할 수 없는 비배제성을 가지면서 경합성도 없는 재화를 공공재라 한다. 예를 들어, 대기나 하천의 물은 누구나 오염물질의 배출구로 사용할 수 있고 오염이 심화되어 사람들에게 피해를 주기 전까지는 경합성이 없는 공공재이다.

A와 B 두 사람이 공공재의 이용으로부터 가치를 얻고 있다고 하자. 공공재 이용에 따른 A의 한계가치곡선(수요곡선)은 $MV_A = 10 - Q$, B의 한계가치곡선(수요곡선)은 $MV_B = 15 - 0.5Q$ 이다. 이때 공공재의 비배재성과 비경합성의 특성으로 인해 사회 전체의 한계가치곡선 또는 시장수요곡선은 두 수요곡선

을 수직으로 합계한 것과 같다.

$$0 \leq Q \leq 10\text{인 구간에서,} \quad MV = 25 - 1.5Q \tag{3.11}$$
$$Q > 10\text{인 구간에서,} \quad MV = 15 - 0.5Q$$

[그림 3.5]는 공공재 생산의 한계비용이 19이고, 식 (3.11)의 공공재에 대한 시장수요곡선을 가질 때의 효율적인 공공재 수준을 보여준다. $MV = MC$가 되도록 4단위의 공공재가 제공되는 것이 효율적이며 이때 A가 얻는 공공재의 한계가치는 6, B의 한계가치는 13이 된다.

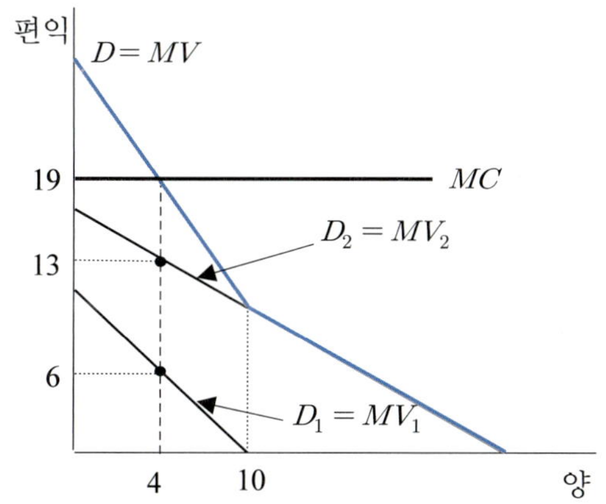

[그림 3.5] 효율적인 공공재의 제공수준

효율적인 공공재 제공수준인 4단위에서 A가 자신이 얻는 한계가치 6만큼을 비용으로 지불하고, B는 자신이 얻는 한계가치 13만큼을 비용으로 지불하면 공공재의 생산자는 한계비용 19를 커버할 수 있기 때문에 4단위의 공공재가 생산될 수 있다. 그러나 돈을 지불하지 않은 사람을 공공재 이용에서 배제할 수 없기 때문에 각 공공재 이용자는 무임승차(free ride)의 동기를 가지게 된다. 따라서 개인들에게 공공재 이용에 대한 부담을 하도록 맡겨두면 자신의 한계가치보다 적은 액수를 지불하고자 하거나 전혀 지불하지 않으려 하기 때문에 효율적인 수준의 공공재 생산이 가능하지 않게 된다.

무임승차를 완화하는 수단으로는 첫째, 사회적 압력이 작용하도록 하는 것이다. 이용자 그룹이 작을 경우에는 자발적으로 공공재 제공에 대한 기여에 참여하도록 사회적 압력이 작용할 수 있다.

둘째, 정부나 관리기관이 개입하는 방안이다. 예를 들어, 아파트 단지 내의 안전을 위해 CCTV나 조명등을 설치하는 경우 아파트 관리사무소에서 가구 당 일정액의 부담금을 지불하도록 강제하는 것이다. 지자체에서 지역 내에 관광객을 유치하기 위한 광고비용을 마련하기 위해 지역 내의 호텔이나 레스토랑에 세금을 부과하기도 한다.

셋째, 공공재를 사유화함으로써 이용료를 지불하지 않는 사람을 소비에서 배제하는 방안이다. 예를 들어, 공동주택에서 공용미터기를 달아놓고 수돗물을 사용하도록 하는 방식에서 개별 가정마다 미터기를 설치하고 수돗물을 사용하는 방식으로 변경하는 것이다.

공공재의 제공여부를 결정하는 방식으로 설문조사를 이용하는 방식이 있다. 설문조사 방식은 설문조사를 통해 공공재를 이용하는 사람들의 가치가 얼마인지를 평가하고 공공재 제공의 비용보다 큰 지를 판단하는 것이다. 설문조사 방식의 문제는 공공재가 자신에게 얼마나 가치가 있는 지를 판단하기 어렵고 만일 가치를 아는 경우에도 가치를 과장하거나 과소하게 표명할 수 있다는 점이다. 정부예산을 투입해서 공공재를 제공하고자 하는 경우 공공재 이용의 가치가 크다고 생각하는 사람은 정부가 공공재를 공급하도록 하기 위해 가치를 과장해서 표명할 수 있다. 공공재 이용의 가치가 작다고 생각하는 사람은 정부가 공공재를 제공하지 않도록 하기 위해 가치를 줄여서 표명할 수 있다.

또 다른 방법으로는 다수결 투표로 결정하는 방식이다. 다수결 투표결과는 중간 투표자(median voter)의 선호에 달려있으며 항상 효율적인 결과로 귀결되지는 않는다는 문제가 있다. 예를 들어, 300만원의 비용이 들어가는 공공재의 공급에 대한 투표를 실시하려고 한다고 가정하자. 다수결로 공공재를 제공하기로 결정되면 공공재 이용자인 A, B, C 3명은 각각 100만원씩 비용을 지불해야한다. 이용자 3명이 공공재 이용으로 얻는 가치는 <표 3.2>에 제시되는 바와 같다. Case I의 경우에는 B와 C가 찬성해서 공공재 제공이 통과되며 이때 세 사람의 가치의 합계가 300만원으로 비용 300만원과 동일하기 때문에 효율적인 결과가 된다. Case II의 경우에는 C만 찬성해서 부결되는데 가치의 합계가 370만원으로 비용

300만원보다 크기 때문에 부결된 결과는 비효율적이다. Case III의 경우에는 B와 C가 찬성해서 공공재 제공이 통과가 되는데 가치의 합계가 270만원으로 비용 300만원보다 작기 때문에 통과된 결과는 비효율적이다.

〈표 3.2〉 다수결에 의한 공공재 제공의 결정

Case	각 개인의 가치			가치의 합계	투표결과
	A	B	C		
I	50만원	100만원	150만원	300만원	통과 (효율적)
II	50만원	80만원	240만원	370만원	부결 (비효율적)
III	50만원	100만원	120만원	270만원	통과 (비효율적)

3.4 시장지배력

재화의 공급자 또는 구매자가 시장가격에 영향을 미칠 수 있는 시장지배력을 가질 때 시장은 재화를 효율적으로 할당하지 않는다. 구매자는 다수이고 공급자가 하나인 독점시장에서 독점기업의 총수익 $R(Q) = p(Q) \cdot Q$은 시장판매수익과 같고 평균수익 $AR = p(Q)$은 시장수요곡선이 된다. 독점기업은 더 많이 판매함으로써 가격을 낮출 수 있고 더 적게 판매함으로써 가격을 높일 수 있기 때문에($dp/dQ < 0$) 한계수익은 시장가격보다 작다.

$$MR = \frac{dR(Q)}{dQ} = \frac{dp}{dQ}Q + p < p \tag{3.12}$$

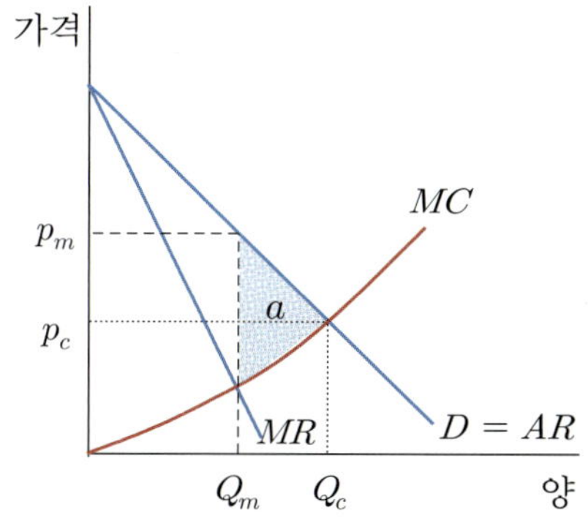

[그림 3.6] 독점의 비효율성(부분균형분석)

[그림 3.6]에서 이윤극대화를 추구하는 독점기업은 $MR = MC$가 같아지는 Q_m을 생산하고 가격은 p_m을 설정한다. 사회적으로 효율적이려면 소비자의 한계가치와 재화생산의 한계비용이 같은, 즉 수요곡선과 MC가 교차하는 Q_c의 생산량에 가격은 p_c이어야한다. 독점기업은 경쟁시장일 경우에 비해 더 높은 가격에 적게 생산함으로써 그림에서 면적 a만큼의 후생손실(deadweight loss)이 발생한다.

일반균형분석으로 독점의 비효율성을 살펴보기 위해 한정된 요소를 두 재화 X와 Y를 생산하는데 투입할 때 X재 생산기업이 독점력을 갖는다고 가정하자. X재 생산기업은 경쟁시장일 경우에 비해 더 적게 생산하기 때문에 X재 생산의 한계비용은 낮아지며 대신 X재 생산에서 이탈한 생산요소가 Y재 생산에 추가 투입됨으로써 Y재 생산의 한계비용은 증가한다. 따라서 X재와 Y재의 한계변환율 $MRT = MC_X/MC_Y$은 감소하며 생산가능곡선의 내부(예를 들면, [그림 3.7]의 A)에서 생산이 이루어지게 된다. 시장지배력을 가진 기업으로 인해 [그림 3.7]의 B점일 때에 비해 X재는 너무 적게 생산되고 Y재는 너무 많이 생산됨으로써 비효율성이 발생한다.

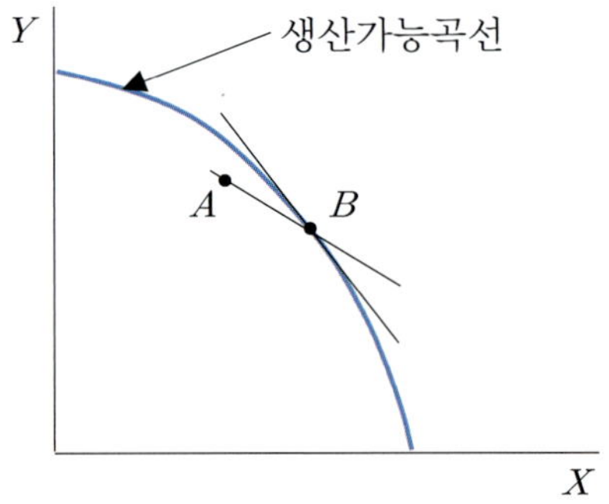

[그림 3.7] 독점의 비효율성(일반균형분석)

3.5 비대칭적 정보

비대칭적 정보는 거래나 사업관계의 어느 한쪽이 다른 쪽에 비해 정보를 보다 더 많이 가지는 경우를 의미한다. 예를 들어, 재화의 판매자(특히, 자신이 사용하던 재화의 판매자)는 구매자보다 재화의 품질을 더 잘 알고 있다. 고용된 근로자는 고용주에 비해 자신의 능력, 숙련도, 성실성에 대해 보다 더 잘 알고 있으며, 보험가입자는 자신의 건강상태와 사고대처능력 등에 대해 보험회사 보다 더 잘 알고 있다. 정보를 많이 가진 쪽은 정보를 덜 가진 쪽의 희생으로 더 이득을 얻게 되는 기회주의적 행태를 보이기 때문에 시장에서의 거래는 효율적으로 자원을 배분하지 못한다.

3.5.1 도덕적 해이

도덕적 해이(moral hazard)는 정보를 많이 가진 사람이 자신의 행동이 관찰되지 않는다는 점을 이용하여 지불을 수반하는 사고의 확률이나 지불액의 크기에 영향을 미칠 때 발생한다. 예를 들어, 어느 운전자가 자동차 사고와 관련된 모든 손실을 보상받을 수 있는 보험에 가입할 경우 보험사는 운전자에 대해 제한된 정보만을 가지게 된다는 점을 이용하여 보험가입자인 운전자는 함부로 운전함으로써 사고발생 확률을 증가시키고 사고가 발생할 경우 사고와 관련된 지불액의 크기를 증가시키는 행위를 하게 된다. 유조선이나 화학공장이 사고로 유해물질을 배출하여 피해가 발생하는 경우를 대비해 보험에 가입하거나 사고에 따른 배상책임의 범위를 한정하는 경우 사고를 방지하기 위한 활동을 등한시할 수 있다.

[그림 3.8]에서 MV는 자동차 운전자의 운전거리에 따른 한계가치곡선을 나타낸다. 운전거리가 길어짐에 따라 피로해지고 버스, 기차, 비행기 등 대중교통의 이용이 보다 편리할 수 있기 때문에 한계가치는 점차 감소한다.[3] MC_1은 운전자의 자동차 운전에 따른 비용으로 연료비와 사고발생시의 피해액을 포함한다. 운전자가 보험에 가입해서 사고발생시 피해액을 전액 보상받을 수 있고 보험사가 운전자의 자동차 운전거리에 따라 보험료를 차등 부과할 수 없으면 운전자는 자동차 운전거리와 관계없이 사고발생시의 피해액(또는 추가적 운행거리에 대한 보험료)을 영으로 인식한다. MC_2는 사고발생시의 피해액을 제외한 운전거리

---

3) 운전자의 도덕적해이와 관련된 예는 Pindyck and Rubinfeld(2018), p.658을 참조하였다.

당 연료비로 운전자는 $MV = MC_2$가 되는 Q_2까지 자동차를 운전함으로써 사회적으로 효율적인 Q_1보다 더 많이 운전한다.

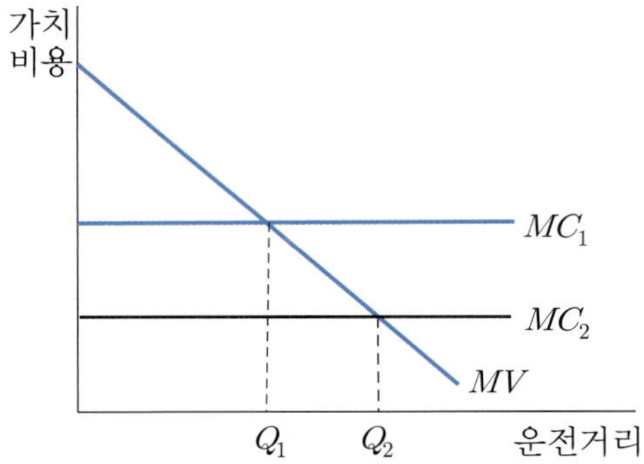

[그림 3.8] 도덕적 해이

도덕적 해이를 완화하기 위해서는 자동차보험의 경우 자동차 사용용도에 따라 예를 들면, 영업용은 출퇴근용보다 보험료를 높게 부과하는 방안이 있다. 이 방법은 완전하지는 않지만 영업용이 출퇴근용보다 일반적으로 운전거리가 길다는 점에서 운전거리에 따른 근사적 차등부과방식이 될 수 있다. 운전자가 사고를 내서 보험사에서 배상을 한 경우에는 차기부터 보험료를 인상함으로써 미래 운전거리를 줄이고 보다 안전하게 운전할 수 있도록 하는 유인을 제공한다. 생명보험가입자의 자살, 화재보험가입자의 자신의 위험한 행동에 의한 화재사고, 여행자보험가입자의 스스로 위험에 노출되는 행동에 따른 피해, 음주운전행위 등에 대해서는 보험사가 피해를 보상하지 않도록 하는 보험약관을 둠으로써 도덕적 해이를 완화할 수 있다.

고용주가 근로자의 행동을 감시할 수 없기 때문에 발생하는 도덕적 해이를 완화하는 방안으로는 생산량 또는 이윤에 연동하여 보수를 지불하는 방법이 있다. 이러한 방법은 과수원에서 과일을 따는 일과 같이 성과를 측정하기 용이할 때는 적용하기 수월하지만 일의 성과를 객관적으로 측정하기 어려운 경우에는 근로자에게 요구된 행동을 이끌어내고 성과에 연동된 계약을 받아들이도록 설득하기가 어렵다. 근로자의 행동을 감시하기 위해 비디오카메라를 설치하거나 컴퓨터에 로그인한 횟수를 검사하는 방법 등을 사용하는 것도 도덕적 해이를 완화할 수 있으나 근로자에 대한 감시활동은 근로자의 사기를 떨어트리고 비용을 감당하기 어려울 수도 있다.

전월세 계약시 집을 깨끗하게 사용하는 것을 담보하도록 하는 보증금, 이삿짐이나 보석 운반시 안전운전을 보장하는 보증금, 직업훈련시 중도포기에 대한 보증금을 예치하는 방안은 좋은 행동을 하도록 하는 유인을 제공함으로써 도덕적 해이를 완화할 수 있다. 시장 균형임금보다 더 높은 효율임금(efficiency wage)을 지급함으로써 근로자에게 열심히 일하도록 하는 유인을 제공할 수도 있다.

3.5.2 역선택

역선택(adverse selection)은 자신의 특성에 대한 정보를 가지지 못한 사람과 거래함으로써 이득을 취하는 기회주의적 행태를 의미한다. 예를 들어, 보험사가 일정한 보험료를 내고 구입할 수 있도록 하는 건강보험 상품을 판매하고자 할 때 건강한 사람보다는 건강하지 않은 사람이 보다 더 보험에 가입하고자한다. 이러한 역선택 때문에 보험사는 높은 보험료를 부과하거나 보험상품 자체를 내놓지 않음으로써 시장의 규모가 줄어들거나 시장이 존재하지 않도록 될 수 있다. 출산휴가 혜택이 좋은 기업에는 향후 아이를 출산할 예정인 사람들이 더욱 그 기업의 채용에 지원하고자할 것이며 이러한 역선택은 기업으로 하여금 아예 출산휴가혜택을 제공하지 않는 선택을 하도록 이끌 수 있다.

상대방의 특성을 구분하지 못해서 발생하는 기회주의적 행동에 의한 역선택을 통제할 수 있는 방법으로는 보편적 보험(universal coverage)에 가입하도록 강제하거나 정보의 동일화(equalizing information)를 추구하는 방법이 있다. 보편적 보험은 우리나라의 건강보험이나 운전자보험과 같이 모두가 강제로 보험에 가입하도록 하는 것으로 이를 통해 보험료를 낮추고 기회주의적 행동을 통제할 수 있다. 정보의 동일화는 정보를 가진 사람의 특성을 선별(screening)하거나 정보를 가진 사람이 가지지 못한 사람에게 정보를 보내는 신호보내기(signaling)를 통해 이루어질 수 있다. 상해보험이나 건강보험 가입대상자의 유병여부를 조사하는 것은 선별에 해당되고, 기업이 자사 제품에 대해 신뢰성 있는 기관으로부터 받은 평가결과를 공시하거나 구직자가 구인기업에 졸업증명서, 성적표, 자격증 등과 같은 자료를 제출하는 것은 신호보내기에 해당된다.

재화의 구매자가 재화의 품질을 구분하지 못함으로써 저급재화(lemons)가 양질의 재화를 시장에서 쫓아내는 현상도 역선택에 해당한다. 예를 들어, 중고차 판매자는 자신이 판매하고자 하는 중고차의 품질에 대해 정확히 알고 있지만 중고차 구매자는 품질을 알 수 없으며 중고차시장에서 구매하고자 하는 차종의 평균적인 품질에 대한 정보만 가지고 있다. 구매자가 평균적인 품질수준에서 형성된 중고차가격 이상으로 지불하려하지 않으려고 할 것이기 때문에 그보다 높은 품질의 중고차를 보유한 사람들은 중고차를 시장에 내놓지 않게 되고 더 낮은 품질의 중고차를 보유한 사람들은 중고차를 기꺼이 시장에 내놓고 팔려고 할 것이다. 시간이 경과함에 따라 중고차시장에서 중고차의 평균적 품질수준은 더욱 낮아지게 되고 이전의 평균적 품질수준보다는 낮으나 새로 형성된 평균적 품질수준보다 높은 중고차들도 제 가격을 받을 수 없기 때문에 중고차시장에서 철수를 하게 된다.

재화의 구매자가 품질을 구분하지 못해서 발생하는 역선택 문제를 통제하는 방안으로는 제조물책임법에 의해 저급상품의 판매를 제한하는 방법과 전문가나 이전의 재화 구매자로부터 상품에 대한 정보를 습득하여 소비자가 선별하는 방법이 있다. 또한 판매자가 보증서를 발행하거나 브랜드명(brand name)을 유지함으로써 소비자에게 신호를 보내는 방법이 있다. 소비자단체가 제공하는 재화에 대한 평가보고서 또한 공공재로서 역선택 문제를 완화할 수 있다.

제4장 에너지자원의 이용

환경·에너지 경제학

CHAPTER

04 에너지자원의 이용

4.1 에너지자원의 분류

에너지에 대해 명확하게 정의를 내리는 것은 어렵지만 일반적으로 일을 수행할 수 있는 능력이나 열을 생산하는 것을 에너지라고 한다. 나무, 석탄, 석유와 같이 연료를 태우거나 태양 빛을 포착해서 열을 생성하는 것, 댐에 저장된 물, 바람, 조수 등을 운동에너지로 변환시켜 일을 수행하는 것이 에너지에 포함된다.

에너지는 여러 물리적 상태에서 발견될 수 있는 매우 다양한 원천으로부터 포획하여 활용할 수 있다. 인류는 초기에 태양의 복사열, 흐르는 물, 대기 에너지를 원시적인 상태로 사용하며 생활을 영위해왔다. 불을 다룰 줄 알게 되면서 바이오매스를 에너지로 사용하기 시작하였고 수백년 전부터는 석탄, 석유, 천연가스를 에너지원으로 사용해왔다. 이후 과학기술이 발전함에 따라 태양 복사열, 바람, 파도 등의 에너지를 보다 집약적으로 활용할 수 있게 되었다.

경제학에서는 인간에게 편익을 주는 재화와 서비스를 생산하는데 사용되는 것을 자원(resources)이라 하는데 재화와 서비스 생산에 에너지가 투입되기 때문에 에너지 역시 자원에 포함된다. 에너지는 가공 또는 형질 변환 여부에 따라 1차에너지와 2차에너지로 구분된다. 1차에너지는 자연자원의 스톡에서 채굴되거나 유동하는 자원의 흐름으로부터 포획된 것으로 분리와 세척 외에는 어떠한 변형이나 전환을 하지 않은 것을 지칭한다. 예를 들어, 지하에서 채굴된 석탄, 석유, 천연가스, 태양 복사열의 포획, 지열의 포획 등이 1차에너지에 포함된다. 2차에너지는 변형이나 전환 과정을 통해 1차에너지로부터 얻어진 에너지를 지칭한다. 정제된 석유제품이나 발전기를 통해 생성된 전기는 2차에너지에 포함된다.

에너지의 재생여부에 따라 비재생에너지와 재생에너지로 구분된다(표 4.1). 비재생에너지는 석탄, 석유, 천원자원 등과 같이 한정된 자원의 양으로부터 채굴되는 1차에너지이다. 재생에너지는 태양 복사열, 바람, 조수와 같이 1차에너지를 지속적으로 이용할 수 있는 것을 의미한다. 나무는 베어서 사용하는 양이 자연적으로 자라서 다시 이용이 가능한 한도 또는 인위적으로 심어서 이용이 가능한 한도를 초과하면 비재생에너지가 되고 그것을 초과하지 않으면 재생에너지가 된다.

〈표 4.1〉 에너지 자원의 구분

구분 기준	예(yes)	아니오(no)
변형여부	2차에너지	1차에너지
재생여부	재생에너지	비재생에너지
시장거래여부	상업용에너지	비상업용에너지

에너지가 시장에서 거래되는지에 따라 상업용에너지와 비상업용에너지로 구분된다. 상업용에너지는 시장에서 모두 또는 거의 대부분이 거래되는 것으로 시장가격을 갖는다. 비상업용에너지는 시장에서 거래되지 않고 자가 소비되며 시장가격을 가지지 않는다.

그 외에도 에너지를 포획해서 활용하는 기술에 따라 전통적 에너지와 비전통적 에너지로 구분한다. 전통적 에너지는 일반적으로 사용되는 기술을 통해 포획되는 에너지를 의미하며 비전통적 에너지는 새로운 기술이나 원천을 사용하여 포획되는 에너지를 의미한다. 일반적으로 석탄, 석유, 천연가스는 전통적 에너지, 셰일오일, 셰일가스, 석탄액화, 메탄 하이드레이트는 비전통적 에너지로 분류되지만 시간이 지나면서 비전통적 에너지가 전통적 에너지로 포함되는 등 구분 경계가 모호하게 되기도 한다.

4.2 에너지 수요

4.2.1 가계의 에너지 소비 결정

에너지는 그 자체를 소비하기 위해서가 아니라 다른 장소로의 이동, 냉난방, 재화와 서비스의 생산 등 궁극적인 목표를 위해 사용하는 과정에서 수요가 파생된다는 점에서 에너지 수요는 파생수요(derived demand)이다. 가계에서도 자동차나 에어컨 등을 가동하여 이들 기기가 제공해주는 서비스 또는 효용을 얻기 위한 과정에서 에너지 소비가 발생한다.

가계가 기존에 사용하던 기기를 변경하지 않는 경우 에너지 소비는 일반적인 예산제약하의 소비자의 선택 문제와 동일하다. 예를 들어, 휘발유 소비량을 G, 휘발유를 제외한 다른 재화에 대한 지출액을 C, 휘발유 가격을 p_G, 가계소득을 I라고 하면 가계는 식 (4.1)의 예산제약하에 두 재화 소비로부터 얻는 효용 $u(G, C)$을 극대화하는 문제에 직면한다.

$$p_G G + C = I \tag{4.1}$$

이 경우 [그림 4.1]에서와 같이 가계의 효용극대화의 선택은 무차별곡선의 접선의 기울기 MRS와 예산선의 기울기 p_G가 같아지는 A점에서 이루어지고 G_0만큼의 휘발유를 소비한다.

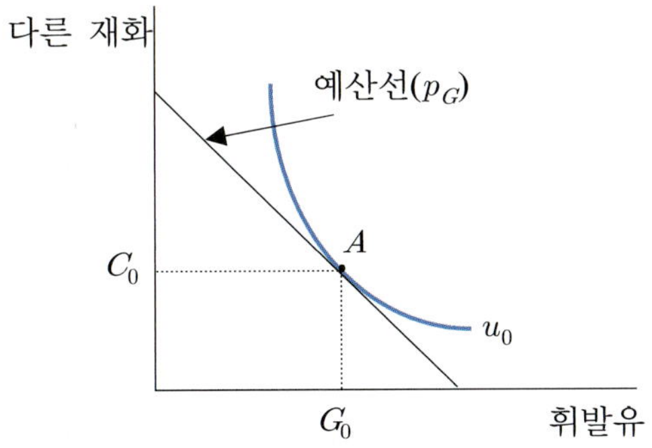

[그림 4.1] 에너지 소비 결정

효용극대화의 문제를 풀면 휘발유 수요는 휘발유 가격과 소득의 함수로 나타나는데 두 변수 외에도 교통 혼잡도, 직장의 변경과 같은 여러 외생적인 변수들이 휘발유 수요에 영향을 미친다. 가계의 휘발유 수요함수는 식 (4.2)와 같이 나타낼 수 있다.

$$G = G(p_G, I, X) \tag{4.2}$$

여기서 X는 휘발유 수요에 영향을 미치는 다른 외생적인 변수들을 나타낸다.

가계에서 여러 대안적인 에너지원을 이용할 수 있는 경우 각 에너지원에 대한 소비량은 에너지 소비에 대한 기본적인 모형을 2단계 예산할당 모형으로 변형하여 구하는 것이 필요하다. 예를 들어, 어느 가계에서 전기와 가스를 에너지원으로 사용한다고 가정하자. 가계의 에너지 그룹에 대한 소비지출이 비에너지 부문들에 대한 지출과 독립적이라고 가정하면 가계의 효용함수는 다음과 같이 약분리(weakly separable)가 가능하다.

$$u = u(\phi(Ga, El), x_1, x_2, \dots x_n) \tag{4.3}$$

여기서 ϕ는 가스(Ga)와 전기(El)로 구성된 에너지그룹에 의한 효용을 나타내고 $x_1, x_2, \dots, x_n$은 비에너지부문들에 대한 소비를 나타낸다. 예산제약식은 식 (4.4)와 같다.

$$p_{Ga}Ga + p_{El}El + p_1x_1 + p_2x_2 + \dots + p_nx_n = I \tag{4.4}$$

여기서 p_{Ga}는 Ga의 가격, p_{El}은 El의 가격, $p_1, p_2, \dots, p_n$은 각각 $x_1, x_2, \dots, x_n$의 가격을 나타낸다.

식 (4.4)의 예산제약하에서 식 (4.3)의 효용을 극대화하는 문제는 1단계에서 에너지부문과 비에너지부문으로 예산을 할당한 다음, 2단계에서 에너지부문의 예산으로 에너지부문의 효용을 극대화하기 위해 Ga와 El에 대한 소비를 선택하는 문제와 같다. 즉, 다음의 극대화 문제를 푸는 것과 같다.

$$\begin{aligned} &\text{maximize} \ \ \phi(Ga, El) \\ &\qquad \text{s.t.} \ \ p_{Ga}Ga + p_{El}El = I_E \end{aligned}$$

여기서 $I_E = I - p_1x_1 - p_2x_2 - \cdots\cdots - p_nx_n$는 에너지그룹에 대한 지출(또는 예산)을 나타낸다. 극대화의 일계조건으로부터 전기와 가스에 대한 수요함수는 전기가격, 가스가격, 에너지그룹 지출액의 함수로 유도된다.

에너지 가격의 큰 변화는 가계로 하여금 새로 기기를 구입하거나 기존의 기기를 처분하고 새 기기로 대체하도록 할 수 있다. 예를 들어, 휘발유가격이 상대적으로 낮아지는 경우 대중교통을 이용하던 가계가 새로 자동차를 구입할 수 있고 소형 자동차를 보유하고 있던 가계는 소형 자동차를 중형 자동차로 대체할 수 있다. 에너지 수요는 파생수요로 어떤 기기를 사용하느냐에 따라 수요량이 달라지기 때문에 기기구입과 기기 사용량을 함께 고려하는 소비모형으로의 변형이 필요하다. 1단계에서 가계는 새로운 기기를 구입할 것인지의 여부를 결정하고, 2단계에서 가계는 이러한 기기를 사용하여 얼마만큼의 에너지를 소비할 것인지를 결정한다.

기기는 내구재로 오랜 기간 동안 사용될 수 있기 때문에 1단계의 기기구입에 대한 의사결정은 기대사용연수 동안 기기사용으로부터 얻어지는 순편익의 현재가치가 영보다 클지 여부에 달려있다. 예를 들어, 2,000만원에 자동차를 구입한 후 5년 동안 사용하고 6년째에 중고자동차를 500만원 받고 처분할 계획을 세웠다면 자동차구입에 따른 순편익의 현재가치는 다음과 같다.

$$NPV = -2{,}000 + \sum_{t=0}^{6} \frac{(B_t - C_t)}{(1+r)^t} + \frac{500}{(1+r)^6} \tag{4.5}$$

여기서 B_t는 t기에 자동차가 제공해주는 서비스의 기대가치, C_t는 t기에 자동차 운행에 소요되는 연료비, 보험료, 수리비 등의 기대 운영비용, r은 할인율을 나타낸다. NPV가 영보다 크면 자동차를 구입하고 영보다 작으면 자동차를 구입하지 않는 것이 낫다, 따라서 자동차구입여부는 자동차가격, 서비스의 가치에 영향을 미치는 개별 가계의 특성, 운영비용, 중고차가격시세, 할인율 등의 변수에 달려있다.

2단계에서 에너지소비량은 단일 연료를 사용하는 기본모형이나 여러 연료를 사용하는 변형모형을 사용하여 도출한다. 데이터를 사용하여 2단계에서 유도된 에너지수요함수를 실증분석할 경우에는 1단계에서 기기를 구입한 가계에서만 에너지 소비량이 관찰될 것이기 때문에 샘플선택편의(sample selection bias) 문제를 교정하는 주의가 요구된다.[4)]

4.2.2 기업의 에너지 수요 결정

기업의 재화 생산과정에서 에너지는 생산요소로 투입된다. 에너지 가격이 상승하면 주어진 재화의 생산량을 최소비용으로 생산하기 위해 기업은 에너지 투입량을 줄이고 다른 생산요소의 투입량을 증가한다.

에너지(E)와 자본(K) 두 요소를 투입하여 재화를 생산하고 있는 기업을 가정하자. 생산함수가 $q = f(E, K)$, 에너지 가격이 p_E, 자본가격이 p_K일 때 $\bar{q}$의 생산량을 최소비용으로 생산하는 요소투입량의 결정은 제2장의 비용최소화의 원리를 적용하여 다음 문제를 푸는 것과 같다.

$$\begin{aligned} \text{minimize} \quad & C = p_E E + p_K K \\ \text{s.t.} \quad & \bar{q} = f(E, K) \end{aligned}$$

[그림 4.2]에서 보는 바와 같이 기업은 $\bar{q}$를 최소비용으로 생산하기 위해 등량선과 등비선이 접하는 A점에서 생산을 결정하며, 이때 에너지는 E_0, 자본은 K_0만큼 투입한다. 만일 에너지가격이 자본가격에 비해 상대적으로 상승하여 등비선의 기울기가 p_E'/p_K'로 변화하면 $\bar{q}$를 최소비용으로 생산하기 위해 기업은 에

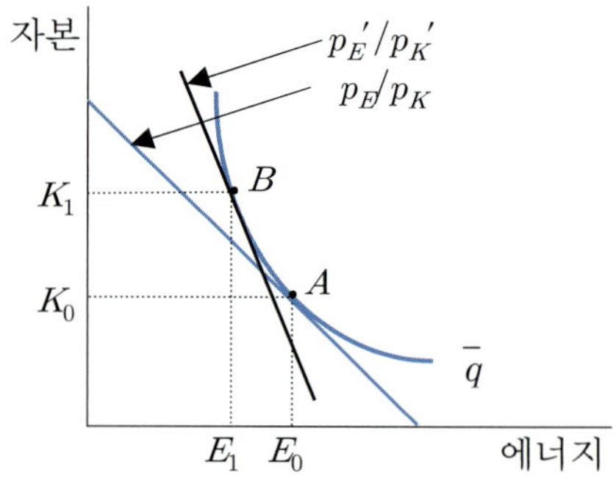

[그림 4.2] 비용최소화의 에너지 투입 결정

4) 샘플선택편이에 대해서는 Heckman(1979)을 참조하라

너지투입을 E_1으로 줄이고 대신 자본투입을 K_1으로 증가한다. 비용최소화의 일계조건으로부터 에너지의 수요는 에너지가격, 자본가격, 생산량의 함수, 즉 $E = E(p_E, p_K, q)$로 유도되는데 이를 에너지의 조건적 수요함수라 한다.

이제 이윤극대화를 추구하는 기업이 어떻게 재화의 생산량과 생산요소의 투입량을 결정하고 에너지가격의 변화가 에너지 수요에 어떻게 영향을 미치는지를 알아보자. 재화 및 생산요소 시장이 완전경쟁이라고 가정하면 생산함수를 이용해서 기업의 이윤함수는 다음과 같이 E와 K의 함수로 나타낼 수 있다.

$$\pi(E, K) = pq - C(q) = pf(E, K) - p_E E - p_K K \tag{4.6}$$

여기서 p는 재화의 가격을 나타낸다.

이윤극대화의 일계 필요조건은 다음과 같다.

$$\frac{\partial \pi}{\partial E} = p\frac{\partial f}{\partial E} - p_E = 0 \tag{4.7}$$

$$\frac{\partial \pi}{\partial K} = p\frac{\partial f}{\partial K} - p_K = 0$$

여기서 $\partial f/\partial E$는 에너지의 한계생산(MP_E), $\partial f/\partial K$는 자본의 한계생산(MP_K)을 나타낸다. 따라서 식 (4.7)은 이윤을 극대화하기 위해 각 생산요소의 한 단위 추가에 따른 추가적인 수입(한계수입생산)과 요소의 가격이 같아지도록 요소를 투입해야 함을 의미한다.

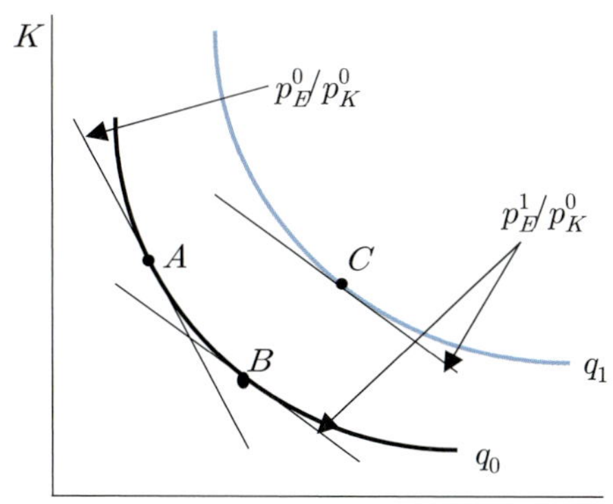

[그림 4.3] 대체효과와 생산량효과

에너지 가격의 변화는 두 가지 효과로 이윤극대화의 에너지 투입량에 영향을 미친다. 첫째, 대체효과로 에너지 가격이 하락하는 경우 상대적으로 비싸진 자본을 에너지로 대체하여 에너지투입량은 증가하고 자본투입량은 감소하는 효과이다. [그림 4.3]에서 에너지 가격이 p_E^0에서 p_E^1으로 하락하는 경우 등량선 q_0의 A점에서 B점으로의 이동이 대체효과를 나타낸다. 둘째, 생산량효과로 에너지 가격의 하락으로 재화 생산의 한계비용이 감소하여 생산량이 증가하기 때문에 에너지와 자본의 투입량이 증가하는 효과이다. [그림 4.3]에서 B점에서 C점으로의 이동이 생산량효과를 나타낸다. 에너지가격의 하락에 따른 대체효과는 자본투입을 감소하도록 하고 생산량효과는 자본투입을 증가하도록 하기 때문에 자본투입이 증가할지 감소할지는 알 수 없다.

4.2.3 요인분해에 의한 에너지 수요변화의 측정

가계와 기업의 에너지 수요결정이론에서 유도된 에너지 수요함수는 관련 변수들에 대한 횡단면, 시계열, 또는 패널 자료를 수집하여 계량경제학적인 기법에 의해 추정할 수 있다. 수요함수가 추정되면 에너지 가격, 소득 등의 외생적인 변화나 정부 정책의 변화가 에너지 수요에 미치는 영향을 분석할 수 있다.

요인분해(decomposition analysis)는 수요함수를 추정하지 않고 에너지 수요의 변화를 몇 가지 요인들의 변화로 설명하고자 한다. 경제활동의 변화, 산업부문에서 에너지사용의 기술적 효율성(에너지집약도)의 변화, 경제구조의 변화가 통상적으로 사용되는 요인들이며 요인분해는 각 요인이 에너지 소비의 변화에 대한 기여 정도를 측정하고자 한다. 특정 연도의 3가지 요인으로 구성된 에너지소비의 요인분해 식은 (4.8)과 같다.

$$E = Q \cdot \frac{E}{Q} = Q \cdot \sum_j \left(\frac{e_j}{q_j} \frac{q_j}{Q} \right) = Q \cdot \sum_j (EI_j W_j) \tag{4.8}$$

E = 총에너지소비,
e_j = j부문의 에너지소비
Q = 총경제활동(부가가치 또는 GDP)
q_j = j부문의 경제활동
EI_j = j부문의 에너지 집약도(e_j/q_j)
W_j = j부문이 총경제활동에서 차지하는 비중(q_j/Q)

t년도의 에너지소비가 기준년도(0)에 비해 어떻게 변화되었는지를 요인분해하기 위해 먼저 t년도와 0년도의 에너지소비를 나타내면 식 (4.9)와 같이 쓸 수 있다.

$$E^t = Q^t \sum_j EI_j^t W_j^t \tag{4.9}$$
$$E^0 = Q^0 \sum_j EI_j^0 W_j^0$$

두 기간 동안의 전반적인 경제활동 변화가 에너지소비에 미치는 효과($\triangle Q$)는 다음과 같다.

$$\triangle Q = (Q^t - Q^0) \sum_j EI_j^0 W_j^0 \tag{4.10}$$

두 기간 동안의 에너지집약도의 변화가 에너지소비에 미치는 효과($\triangle EI$)는 다음과 같다.

$$\triangle EI = Q^0 \sum_j (EI_j^t - EI_j^0) W_j^0 \tag{4.11}$$

두 기간 동안의 구조변화가 에너지소비에 미치는 효과($\triangle W$)는 다음과 같다.

$$\triangle W = Q^0 \sum_j (W_j^t - W_j^0) EI_j^0 \tag{4.12}$$

따라서 두 기간 동안의 총에너지소비의 변화($\triangle E$)는 식 (4.10), (4.11), (4.12)를 합계해서 다음과 같이 산출된다.

$$\triangle E = \triangle Q + \triangle EI + \triangle W \tag{4.13}$$

4.3 에너지 공급

4.3.1 에너지 프로젝트의 특성

환경에서 채굴된 에너지자원은 여러 단계의 경로를 거쳐 최종적으로는 유효에너지로 공급된다. [그림 4.4]는 채굴에서부터 유효에너지를 얻기까지의 비재생 에너지 공급경로를 보여준다. 환경에서 채굴되어 가공된 에너지자원은 해외로 수출되는 것을 제외하고 국내에 1차에너지로 공급된다. 국내에서 공급된 1차에너지와 외국에서 채굴 및 가공되어 수입된 1차에너지는 전환기술에 의해 2차에너지로 변환되고 운송시스템을 거쳐 최종에너지로 공급된다. 최종에너지는 최종사용기기를 통해 유효에너지를 공급한다. 에너지를 변환하고 변환된 2차에너지를 운송하고 최종사용기기를 통해 유효에너지를 공급하는 과정에서 에너지의 일부는 손실된다.

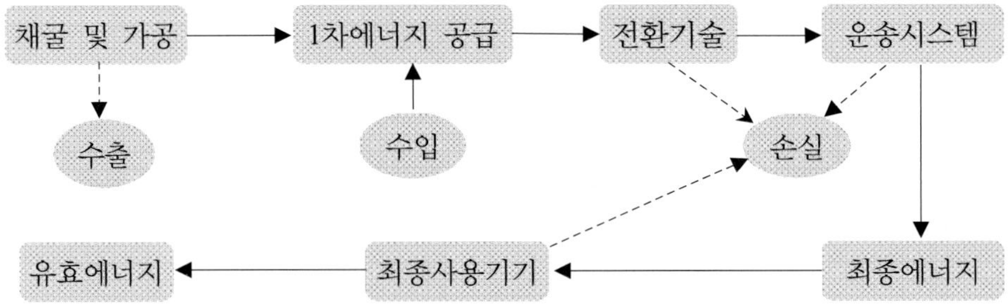

[그림 4.4] 에너지의 공급경로

에너지를 채굴해서 공급하는 프로젝트는 입지를 자유롭게 결정할 수 있는 제조업 생산시설과 같은 투자 프로젝트와는 차별되는 몇 가지 주요 특성을 가지고 있다.

첫째, 초기 투자비를 많이 요구하는 자본집약적 투자 프로젝트이다. 석유, 석탄, 천연가스의 화석연료를 채굴해서 공급하려면 사전에 탐사와 시추작업이 이루어져야 하고, 채굴시설과 화석연료의 매장지역까지 접근로도 확보되어야 하며, 정제시설도 갖춰야한다. 전력을 생산해서 공급하기 위해서는 발전소의 건설, 송전시설 및 변전소의 완공이 사전에 요구된다.

둘째, 에너지 프로젝트는 건설에 많은 기간이 소요되며 운영기간도 장기적이다. 따라서 자산이 필요한 시점에 적절히 조달되도록 미래시점에서 예상된 시장조건에 기초를 두고 투자결정이 미리 이루어질 것을 요구하는데 건설기간동안의 비즈니스 환경의 변화는 투자를 위험에 빠트릴 수 있다. 또한 운영기간이 길어질수록 미래 비용과 편익에 대한 불확실성이 증가한다.

셋째, 에너지 부문의 자산은 다른 대안적 용도로 이용하기 어려운 특정성을 가지고 있으며 이러한 자산 특정성으로 인해 상대적으로 위험에 취약하다.

넷째, 에너지 프로젝트는 보통 규모의 경제성을 가지기 위해 대규모가 되는 경향을 갖는다. 따라서 생산단위당 자본비용이 낮을 경우에도 총 자본투자액은 증가한다.

에너지 프로젝트의 이러한 특성은 사전에 세밀한 경제성 평가를 필수적으로 요구한다. 경제성 평가를 수행하기 위해서는 에너지 투자와 관련된 비용과 투자로부터 얻어질 편익을 평가하는 작업이 우선적으로 요구되며 투자의 타당성을 결정하는 방법으로는 2.4절에 제시된 순현재가치법, 내부수익률 등을 사용한다.

4.3.2 화석연료 공급

1) 탐사

화석연료를 공급하는 일반적인 과정은 [그림 4.5]에서 보는 바와 같다. 먼저 탐사를 한 다음에 경제성이 있는 것으로 판정되면 채굴이 이루어지며 채굴된 연료는 유전에서 임시 저장된다. 저장된 연료는 정제시설로 수송되어 가공 및 정제를 거치게 된다. 가공 및 정제된 원료는 그대로 배급처로 이송되거나 다른 에너지로 변환된 다음 배급처로 이송되어 최종 사용된다.

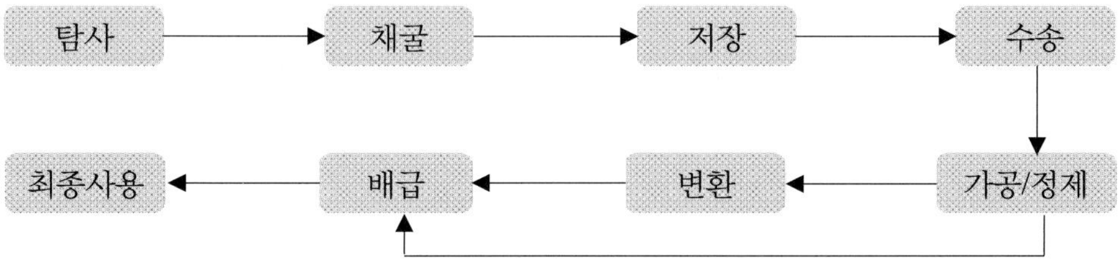

[그림 4.5] 화석연료의 공급경로

자료: Bhattacharyya(2011)

화석연료 자원은 지하에 매장되어 있기 때문에 채굴활동이 시작되기 전에 자원이 어디에 얼마나 있는지를 먼저 탐사해야할 필요가 있다. 자원 탐사에는 상당한 비용이 소요되며 실패할 가능성도 높다. 탐사 서베이 비용은 정교함의 수준에 따라 증가하기 때문에 최소비용옵션이 널리 이용되며 고가의 옵션은 선택적으로 사용된다. 화석연료 중에서 석유는 높은 열량을 함유하고 액체 형태여서 탐사에서 가장 주목을 끌며 가스는 석유를 탐사하는 과정에서 종종 발견된다. 석탄은 별도로 탐사가 이루어지기 보다는 다른 광물을 탐사하는 과정에서 발견돼왔다.

탐사 프로젝트의 목표는 최소의 노력으로 발견을 극대화하는 것이다. 투자자는 기존 유정(pool)에서 탐사공을 뚫거나, 그것을 확장하거나, 동일 유전에서 새로운 유정을 찾거나, 새로운 유전을 찾는 것을 결정해야한다. 화석연료를 찾는 비용은 다양한 서베이 및 연구 비용, 시추비용, 장비의 임대비용을 포함한다. 전망이 높은 지역이 먼저 탐사되고 점차 전망이 낮은 지역으로 옮겨가기 때문에 일반적으로 탐사의 한계비용은 탐사활동이 증가함에 따라 상승한다. 또한 탐사비용은 장소와 지질학적 특성에 따라 크게 다르다. 석유와 가스의 경우 해상보다는 평지의 사막 지역에서 탐사비용이 저렴하다.

탐사를 위한 투자는 많은 불확실성과 위험을 수반한다. 화석연료가 매장되었을 가능성이 높은 지리적 조건을 갖춘 지역에서 조차 자원이 부존되어 있지 않거나 드라이 홀이 발견될 위험이 존재한다. 따라서 탐사 의사결정에서는 정상적인 순현재가치(NPV) 대신 기대화폐가치(expected money value: EMV)를 사용할 필요가 있다(Bhattacharyya, 2011).

$$EMV = E[NPV] - C_{ex} \tag{4.14}$$

여기서 EMV는 기대화폐가치, $E[NPV]$는 발견된 유전지대의 개발에 따른 기대 순현재가치, C_{ex}는 탐사비용을 나타낸다.

예를 들어, 시추 성공확률이 25%이고 시추 성공시 낮은 부존량일 확률이 25%, 보통의 부존량일 확률이 50%, 높은 부존량일 확률이 25%이고, 각각의 경우 개발에 따른 순현재가치는 400억원, 600억원, 1,200억원이며, 시추 비용은 100억원이라고 가정하자. 이때 산출된 기대화폐가치는 75억 원으로 시추를 하는 것을 지지한다.

$$EMV = 0.25(0.25 \times 400 + 0.50 \times 600 + 0.25 \times 1,200) - 100 = 75 \tag{4.15}$$

사회기반시설이 부족한 경우에는 탐사 비용을 추가하도록 하고 실제 탐사를 실행하는 데 있어서 장애요인으로 작용할 수 있다. 그러나 투자 전망이 좋고 사회기반시설이 잘 갖춰져 있는 경우에도 계약 리스크와 상업적 리스크로 인해 탐사활동이 영향을 받을 수 있다. 대부분의 국가에서 지하자원의 관리주체는 정부이기 때문에 탐사를 진행하기 위해서는 계약을 해야 하고 정부의 허가를 받아야한다. 화석연료 개발자와 정부 간의 계약은 탐사와 관련된 위험과 보상의 배분을 통제하는 규칙을 제공하는데 화석연료의 발견이 이루어진 다음에 계약조건이 변경될 가능성으로 인해 계약 리스크가 발생한다. 상업적 리스크는 최초 가치에 대한 평가를 했을 때 기대했던 것 보다 새로 발견된 유정이 실제로는 덜 우호적인 상업적 전망을 가지게 됨을 알게 될 리스크를 의미한다. 유정의 규모, 생산물의 질, 지리적 조건이 예상한 것보다 나쁜 것으로 밝혀져서 상업적 리스크가 발생할 수도 있고 계약의 변화로 인해 발생할 수도 있다.

정부의 역할이 탐사활동 수준을 결정하는 핵심적 요인이 될 수 있다. 대부분의 국가에서 정부는 이윤의 분할에는 참여하지만 탐사와 관련된 어떠한 위험도 지불하지 않으려는 경향을 보인다. 이는 식 (4.14)의 의사결정 조건을 다음과 같이 변화시킴으로써 의사결정에 부정적으로 영향을 미칠 수 있다.

$$EMV = E[NPV] \times (1-s) - C_{ex} \tag{4.16}$$

여기서 s는 기대순현재가치에서 정부가 가지는 몫을 나타낸다. 식 (4.15)의 예에서 만일 s가 50%였다면 EMV는 -12.5억원으로 개발자는 탐사를 위한 투자를 하지 않으려 할 것이다. 만일 정부가 이윤뿐만 아니라 탐사비용도 일정 비율(s)을 부담하기로 계약을 맺었다면 기대화폐가치는 다음과 같이 된다.

$$EMV = (1-s) \times [E[NPV] - C_{ex}] \tag{4.17}$$

계약조건 외에도 조세규칙이나 가격을 포함한 기대시장조건이 탐사를 위한 투자결정에 영향을 미친다.

2) 필드개발

탐사를 통해 특정 화석연료가 존재하는 필드(field)가 발견되면 다음 단계는 이를 개발하여 생산할 것인지의 여부를 결정해야한다. 탐사 단계와는 달리 이

단계에서는 특정 화석연료의 존재여부에 대한 불확실성은 해소되었으나 필드의 규모나 연료 품질 등의 특성들은 완전히 파악되지 않았을 수 있다. 따라서 필드 개발의 주요 비용에는 유정의 경계를 결정하고, 필드의 특성, 경제적 유동률, 연료의 특성 등에 대한 정보를 파악하기 위한 평가시추 및 테스트 비용이 포함된다. 평가시추 및 테스트 비용은 수행 횟수에 따라 달라지겠지만 이미 탐사단계에서 시추와 테스트를 위한 장비들이 반입되어 있기 때문에 탐사단계에 비해서는 적게 소요된다.

필드개발투자 여부를 결정하기 위한 비용에는 평가시추 및 테스트 비용 외에도 채굴이 종료되는 기간까지의 필드의 관리비용과 화석연료의 채굴비용이 포함된다. 이들 비용은 연료의 특성, 환경규제의 강도, 필드 인근에 거주하는 주민들의 이주여부, 지질 조건, 개발 스케줄, 채굴시설의 규모와 강화된 채굴기술의 도입 여부, 연료를 수송하기 위한 지역의 사회기반시설의 가용성에 의해 영향을 받는다. 석유는 세계시장에 대한 접근성이 용이하기 때문에 석유의 발견은 일반적으로 천연가스나 석탄보다 산업계의 주목을 더 끈다. 천연가스의 개발여부는 유전의 위치, 시장접근성, 구매자의 존재유무에 크게 의존한다.

필드개발의 편익은 채굴된 연료의 세후 판매수입으로 채굴할 수 있는 화석연료의 양, 생산스케줄, 연료의 미래 시장가격, 국가의 조세 및 재정 제도에 달려있다. 탐사결정에서와 마찬가지로 편익과 비용을 비교한 기대화폐가치가 영보다 크면 필드를 개발하고 작으면 개발하지 않는 것으로 결정한다. 필드개발투자를 결정하는 시점에서는 비용과 편익 항목들에 대한 정확한 정보를 알 수 없기 때문에 채굴기업의 과거 경험과 전문가의 판단에 기초한 추정작업이 필요하다. 탐사단계에서 지출된 비용은 매몰비용(sunk cost)으로 필드개발의 의사결정에서 고려할 필요는 없다.

3) 채굴

필드개발이 이루어진 다음에는 채굴시설과 장비를 갖추고 화석연료를 매기 얼마나 채굴(또는 생산)할 것인지를 결정해야한다. 에너지 기업이 부존량이 한정된 재생불가능의 화석연료를 채굴해서 판매하는 경우에는 일반적인 재화의 생산기업과는 달리 화석연료를 지금 채굴하여 사용하면 미래에 그것을 이용할 수 없게 되는 기회비용에 직면한다. 이러한 기회비용을 자원의 사용자비용(user cost of resources)이라 하며 화석연료 한 단위 채굴의 기회비용은 가격에서 채굴비용을 뺀 자원지대(resource rent)로 측정한다.

(1) 호텔링의 사회적 최적 채굴모형

호텔링(Hotelling, 1931)은 매장량이 한정된 화석연료와 같은 재생불가능자원을 효율적으로 채굴하는 모형을 제시한다. 채굴하고자 하는 화석연료에 대한 산업은 음의 기울기를 가지는 수요곡선에 직면하고 있고, 전체 매장량에 대해 단위당 채굴비용은 일정하며, 매장량은 알려져 있고 화석연료의 품질은 동일하다고 가정한다.

t기의 화석연료에 대한 시장수요함수를 $p_t = a - bq_t$, 채굴비용을 c라 하면 t기에 q_t만큼을 채굴함으로써 사회가 얻는 총편익 $B(q_t)$는 식 (4.18)과 같으며 [그림 4.6]의 면적 $a+b$로 표시할 수 있다.

$$B(q_t) = \int_0^{q_t}(a - bq)dq = aq_t - \frac{1}{2}bq_t^2 \tag{4.18}$$

q_t에서 채굴의 한계편익 $B'(q_t)$는 p_t와 같다.

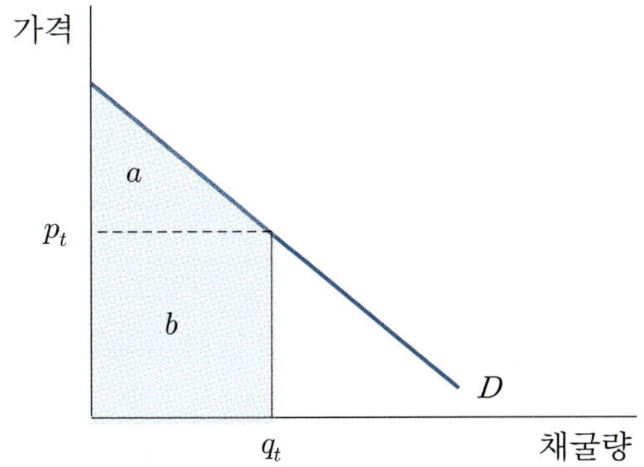

[그림 4.6] 화석연료 채굴에 따른 총편익

사회적 할인율을 r이라고 하면 t기 사회적 총편익에서 채굴비용을 뺀 사회적 순편익 $NB(q_t)$의 현재가치는 다음과 같다.

$$NB(q_t) = \frac{B(q_t) - cq_t}{(1+r)^t} \tag{4.19}$$

화석연료의 매장량을 S, 채굴의 최종시점을 T라 하면 선의의 계획자가 매장량 제약하의 사회적 순편익을 극대화하는 문제는 다음과 같다.

$$\text{maximize} \quad W = B(q_0) - cq_0 + \frac{B(q_1) - cq_1}{(1+r)} + \ldots\ldots + \frac{B(q_T) - cq_T}{(1+r)^T} \tag{4.20}$$

$$\text{s.t} \quad q_0 + q_1 + \ldots\ldots + q_T = S$$

이는 다음의 라그랑주 함수를 극대화하는 것과 같다.

$$\mathcal{L} = B(q_0) - cq_0 + \ldots\ldots + \frac{B(q_T) - cq_T}{(1+r)^T} + \lambda(S - q_0 - \ldots - q_T) \tag{4.21}$$

여기서 λ는 라그랑주 승수를 나타낸다.

극대화의 일계조건은 다음과 같다.

$$\frac{B'(q_t) - c}{(1+r)^t} - \lambda = 0, \qquad t = 0, 1, \ldots T \tag{4.22}$$

$$S - q_0 - \ldots - q_T = 0$$

$B'(q_t) = p_t$이고 매기 순편익의 현재가치는 λ와 같기 때문에 일계조건의 처음 $T+1$개의 식은 다음과 같이 쓸 수 있는데 이를 유량조건(flow condition)이라고 한다.

$$p_{t+1} - c = (1+r)(p_t - c) \tag{4.23}$$

또는

$$\frac{[p_{t+1} - c] - [p_t - c]}{p_t - c} = r$$

유량조건은 시간이 경과함에 따라 순편익(또는 자원지대)이 다른 자산의 수익률

(또는 시장이자율) r만큼 상승해야함을 의미하며 이를 호텔링의 규칙(Hotelling's rule)이라 한다. 만일 자원지대의 성장률이 다른 자산의 수익률보다 낮으면 기술적으로 가능한 한 빨리 화석연료를 채굴하여 다른 자산에 투자하는 것이 나을 것이다. 반대로 자원지대의 성장률이 다른 자산의 성장률보다 높으면 지금 채굴하지 않고 나중까지 기다렸다가 채굴하는 것이 낫다. 따라서 시간이 경과함에 따라 지속적으로 채굴이 이루어지려면 자원지대의 성장률이 다른 자산의 수익률과 같아야한다.

매장량이 감소함에 따라 화석연료의 가격은 상승하는데 선형의 수요함수를 가지는 경우 수요량이 영이 되게 하는 가격이 존재하며 이를 폐색가격(choke price)이라고 한다. 만일 마지막 한 단위의 화석연료가 폐색가격보다 낮은 가격에 팔린다면 이를 폐색가격에 이를 때까지 기다렸다가 판매하는 것이 낫고, 매장량이 모두 채굴되기 전에 폐색가격에 도달하면 남아있는 화석연료로부터 편익을 얻을 수 없기 때문에 사회적으로 손실이다. 따라서 최종시점에 화석연료의 가격은 폐색가격이 되어야한다.

[그림 4.7]은 시간경과에 따른 가격경로와 폐색가격을 나타낸다. 매년 자원지대 $R_t = p_t - c$는 이자율만큼 상승하고 최종시점 T에 가격은 폐색가격 $\bar{p}$에 이른다.

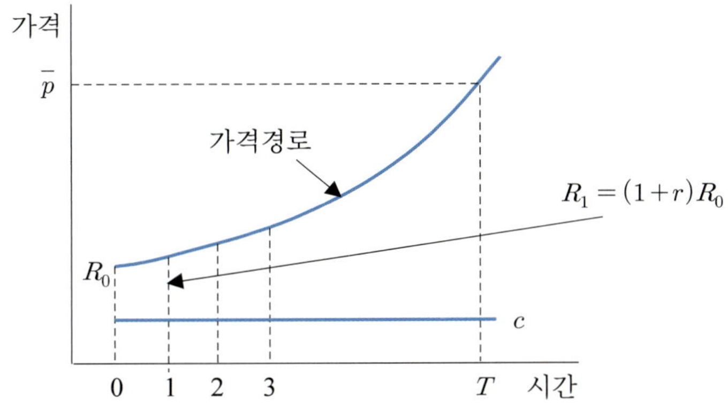

[그림 4.7] 시간경과에 따른 가격경로

폐색가격과 매장량 S를 알면 역산해서 초기생산량 q_0와 이자율 r로 증가하는 가격 경로를 찾을 수 있다. 예를 들어, 화석연료의 시장수요함수가 $q_t = 60 - p_t$이고, $c = 10$, $r = 10\%$, $S =$ 140이며 T기에 1단위가 판매된다고 하자. T기의 자원지대 49로부터 시작해서 역산하면 $T-1$기의 자원지대는 49/1.1 = 45, 여기에 채굴비용 10을 더하면 가격은 55, 60에서 55를 빼면 채굴량은 5로 산출된다. 이런 방식으로 역산을 계속하면 매장량 140은 9년에 걸쳐 모두 채굴되며 초기채굴량은 27이 된다(표 4.2).

〈표 4.2〉 채굴 예제

	T	$T-1$	$T-2$	$T-3$	$T-4$	$T-5$	$T-6$	$T-7$	$T-8$
p_t	59	55	50	47	43	40	38	35	33
p_t-c	49	45	40	37	33	30	28	25	23
q_t	1	5	10	13	17	20	22	25	27
$\sum q_t$		6	16	29	46	65	88	112	140

(2) 완전경쟁시장에서의 채굴

화석연료 산업이 완전경쟁일 경우 채굴기업들은 매기 주어진 시장가격에 이윤의 현재가치를 극대화하는 의사결정을 한다.

$$\text{maximize } \pi = \sum_{t=0}^{T} \frac{p_t q_t - c q_t}{(1+r)^t} \tag{4.24}$$

$$\text{s.t} \quad \sum_{t=0}^{T} q_t = S$$

이는 다음의 라그랑주 함수를 극대화하는 것과 같다.

$$\mathcal{L} = \sum_{t=0}^{T} \frac{p_t q_t - c q_t}{(1+r)^t} + \lambda(S - \sum_{t=0}^{T} q_t) \tag{4.25}$$

극대화의 일계조건은 다음과 같다.

$$\frac{p_t - c}{(1+r)^t} - \lambda = 0, \qquad t = 0, 1, \ldots T \tag{4.26}$$

$$S - q_0 - \ldots - q_T = 0$$

식 (4.26)의 일계조건으로부터 식 (4.23)의 호텔링의 규칙과 동일한 결과를 얻는다. 이는 완전경쟁시장에서 기업이 시간경과에 따라 이윤(또는 자원지대)이 시장이자율만큼 오르도록 채굴행위를 하면 이윤을 극대화하고 이는 곧 사회적으로 효율적인 결과로 귀결됨을 의미한다.

완전경쟁시장이 효율적인 가격경로를 가지게 되는 것은 다음과 같이 설명할 수 있다. 만일 화석연료 채굴기업들이 다음 기까지 채굴을 기다리는 것이 일반적 경향이면 현재의 화석연료 생산량은 감소하고 현재 가격은 상승한다. 이 경우 현재 시점의 자원지대가 시장이자율보다 크기 때문에 채굴기업들은 현재시점으로 채굴량을 옮기는 것이 이득이 된다. 반대로 채굴기업들이 현재에 채굴을 더 많이 하는 경향을 가지면 현재의 생산량이 증가하고 현재 가격이 하락하기 때문에 화석연료의 채굴을 다음 기까지 연기하는 것이 이득이다. 결국 완전경쟁 기업들은 시간경과에 따라 시장가격이 정확히 시장이자율 만큼 상승하도록 채굴을 하는 것이 이윤을 극대화한다.

최종시점에 화석연료의 가격은 폐색가격이 되어야한다. 만일 마지막 한 단위의 화석연료가 폐색가격보다 낮은 가격에 팔린다면 완전경쟁 기업은 다른 기업들이 남아 있는 매장량을 모두 채굴해서 판매함으로써 가격이 폐색가격에 이를 때까지 기다렸다가 판매하는 것이 이득이다. 만일 매장량이 모두 채굴되기 전에 폐색가격에 도달하면 남아있는 화석연료로부터 이윤을 얻을 수 없기 때문에 기업은 빨리 채굴하여 판매해야 한다.

채굴비용이 변화하는 경우 가격경로는 달라진다. [그림 4.8]에서 채굴비용이 c, 폐색가격이 $\overline{p}$일 때 가격의 최적경로는 aa'이다. 이제 채굴비용이 c에서 c'로 증가하면 aa'의 가격경로를 따르는 경우에는 자원지대의 상승률이 이자율보다 크기 때문에 이윤을 극대화하지 못한다. 즉, aa'의 경로를 따를 경우 $c < c'$이기 때문에 다음이 성립한다.

$$\frac{[p_1 - c] - [p_0 - c]}{p_0 - c} = r < \frac{[p_1 - c'] - [p_0 - c']}{p_0 - c'} \tag{4.27}$$

c'의 채굴비용을 가지는 경우 이윤을 극대화하기 위해서는 현재 생산량을 감소시켜 현재가격이 $p_0{}'$로 p_0보다 높아지도록 해야 한다. 그러나 매기 생산량을

줄여서 가격경로가 df가 되면 매장량이 다 채굴되지 않았는데도 불구하고 폐색가격에 도달하기 때문에 채굴 경로의 어느 시점부터는 생산량이 증대되어야 한다. 따라서 가격은 채굴비용이 c일 때보다 덜 빠르게 상승하도록 해야 하며 최적 가격경로는 dd'가 된다. 이와 같이 채굴비용의 상승은 화석연료의 고갈시점을 T에서 T'로 늦추도록 한다.

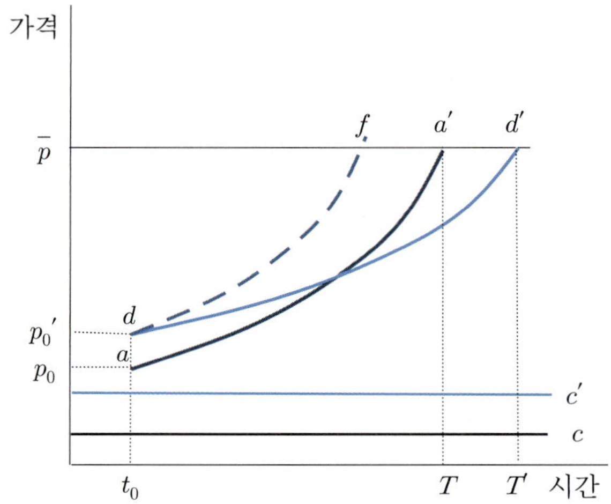

[그림 4.8] 채굴비용의 상승에 따른 가격경로의 변화

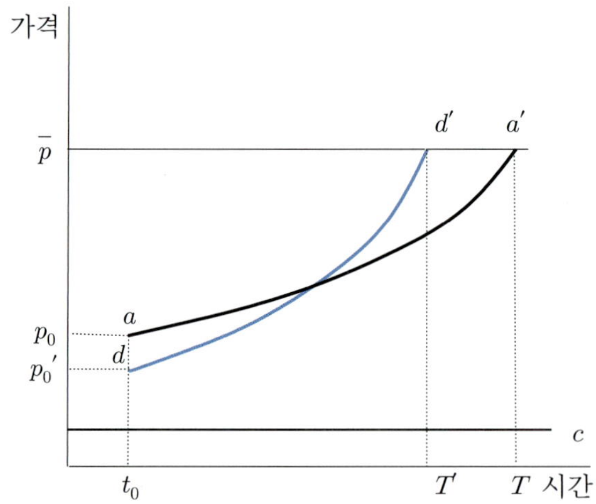

[그림 4.9] 이자율 상승에 따른 가격경로의 변화

다른 자산의 수익률 또는 시장이자율이 상승하는 경우 가격경로 또한 달라진다. [그림 4.9]에서 이자율 상승 전의 가격경로 aa'를 따라 채굴을 계속하면 화석연

료 채굴기업의 자원지대 상승률은 이자율보다 낮아진다. 따라서 기업은 채굴량을 초기시점으로 이동하여 초기 채굴량을 증가시키는 것이 낫게 되며 이에 따라 초기가격은 하락하게 된다. 이후 자원지대의 상승률이 새로운 이자율과 같아지도록 가격은 dd'의 경로를 따라 상승하며 채굴의 최종시점은 전보다 짧아진다.

(3) 독점시장에서의 채굴

화석연료 산업이 독점일 경우 균형 유량조건은 다음과 같이 변화한다.

$$MR_{t+1} - c = (1+r)(MR_t - c) \tag{4.28}$$

여기서 MR_t는 t기에 화석연료 한 단위 추가채굴에 따른 한계수익을 나타낸다. 식 (4.28)은 시간경과에 따라 화석연료 한 단위 채굴에 따른 이윤(또는 자원지대)이 시장이자율만큼 상승해야함을 의미한다. 완전경쟁시장에서와 같은 논리로 최종시점에 가격은 폐색가격이 되어야 한다.

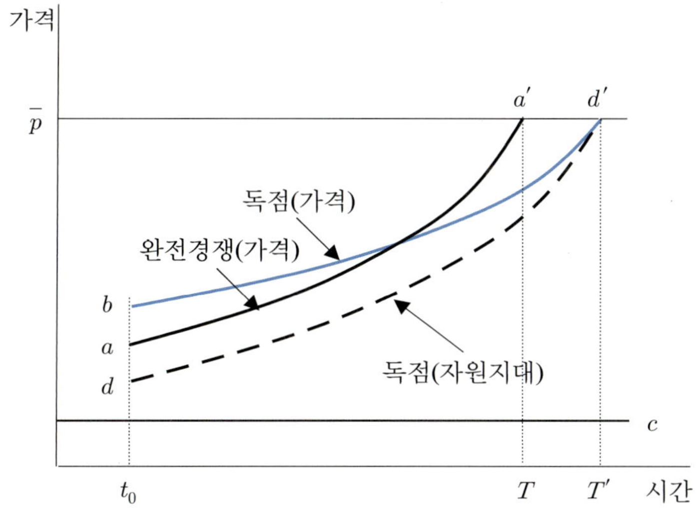

[그림 4.10] 독점시장에서 자원지대 및 가격 경로

[그림 4.10]에서 화석연료 산업이 독점일 때의 자원지대의 경로는 dd'이다. 독점시장에서 수요량이 영이 되는 폐색가격 수준에서만 가격과 한계수익이 같고 그 외의 지점에서는 한계수익이 시장가격보다 작기 때문에 가격경로는 bd'로

자원지대보다 완만한 형태가 된다. 완전경쟁시장에서 가격경로는 aa'로 초기가격은 독점일 때보다 낮은 수준에서 시작해서 독점일 때의 자원지대와 동일한 크기(시장이자율)만큼 가격이 상승하기 때문에 독점일 때에 비해 빠른 시점에 폐색가격에 도달한다. 따라서 화석연료 산업이 독점일 때가 완전경쟁일 때에 비해 자원이 더 늦게 고갈되도록 한다.

4) 경제적 지대

화석연료 공급기업들은 지리적 조건과 사회간접자본에 대한 접근성 등이 차별적인 지역에서 필드개발과 채굴을 하고 다른 기업과 차별되는 기술을 사용할 수 있기 때문에 기업들의 화석연료 채굴비용은 동일하지 않다. 따라서 어떤 기업들은 다른 기업들에 비해 화석연료의 화학적 및 물리적 특성이 우호적이거나 채굴비용과 수송비용이 적게 소요되는 곳에 위치함으로써 화석연료의 공급비용이 적게 소요되고 경제적 지대를 얻을 수 있다. 경제적 지대는 화석연료의 채굴에 요구되는 최소비용 이상으로 채굴기업이 얻는 화석연료의 판매수입을 의미한다.

화석연료 생산에서 발생하는 경제적 지대를 정부가 회수하기 위해 여러 대안적 정책수단을 사용할 수 있다. 첫째, 화석연료 채굴에 대한 권리를 획득한 투자자 또는 기업이 얻는 수익의 일정 부분을 정부가 회수하는 방안이다. 저비용의 대규모 유전지대의 경우 일반적으로 정부가 수익의 95~99%를 가져가고, 위험도가 중간정도인 경우에는 수익의 60~85%, 위험도가 높은 경우에는 수익의 40~60%를 정부가 갖는다(Van Meurs 2008).

둘째, 정부가 소유권을 가지고 공기업 형태로 관리함으로써 지대를 포획하는 방안이다. 그러나 숙련도와 전문성의 부족, 의사결정에서 있어서의 정치적인 영향, 공기업 재정과 정부 재정 분리의 어려움, 규제와 소유권 역할에 있어서의 이해의 상충성 등으로 인해 부정적인 결과를 나을 수 있다.

4.3.3 원자력에너지 공급

원자핵에 대한 구조적 연구는 1930년대부터 시작됐으며 1940년대 초반에 이르면서 물리학자들은 원자핵변환이 특정조건 하에서 화학 반응보다 원자당 수백만배의 에너지를 발산할 수 있음을 알게 되었다. 1942년 미국에서 최초로 원자로가 개발되었고 맨해튼 프로젝트를 통해 만들어진 2개의 원자폭탄이 일본의 히로시마와 나가사키에 투하되었다. 2차 세계대전 종료 후 냉전시대에 접어들면서 미국, 소련, 영국, 프랑스 등은 원자로 개발에 박차를 가하였다.

1954년 러시아의 오브닌스크(Obninsk) 원자력발전소는 최초로 전력망에 연결하여 전기를 공급하였다. 1956년 영국의 셀라필드(Sellafield)에 있는 콜더 홀(Caldr Hall)이 최초의 상업용 원자력발전소로 초기 용량은 50MW였고 이후 200MW로 확장되었다. 1세대 원자로는 일반적으로 250MW의 전기를 생산하며 1957년 미국 펜실베이니아의 쉬핑포트(Shippingport) 원자력발전소에 최초로 설치되었다. 1960년대 후반부터 가동된 2세대 상업용 원자로는 보통 40년 수명에 1GW의 전기를 공급한다. 세계적으로 약 440기의 2세대 원자로가 운영되고 있다. 2세대 원자로는 미국의 가압수형원자로(PWR)와 비등수형원자로(BWR), 캐나다의 가압중수형원자로(PHWR), 영국의 개량가스냉각로(AGR), 러시아의 가압수형원자로(WWER) 등이 있다.

1979년 미국 스리마일 섬(Three Mile Island) 원자력발전소에서 소량의 방사성 물질이 환경에 노출되었고 1986년 우크라이나의 체르노빌 원자력발전소에서 대형 사고가 발생하면서 원자력발전에 대한 의구심이 팽배해졌으며 이후 약 20년간 원자로 기술의 진화가 정체되었다. 2000년대에 접어들면서 기후변화에 대한 점증하는 우려 속에 화석연료의 대체수단과 에너지 수요에 대응할 수 있는 최적의 수단으로 원자력발전은 르네상스 시대를 맞이하였다.

2011년 지진과 해일로 일본 후쿠시마 원자력발전소의 원자로가 파괴되고 방사능 누출사고가 발생하면서 독일은 원자력발전을 완전 폐기하기로 하였고 일본, 대만 등은 일시적으로 원자력 발전소의 가동을 중단하였지만 전기료 상승과 전력 사정이 나빠지면서 일본과 대만은 원자력발전소를 다시 가동하고 있다. 또한 중국과 인도 등의 개발도상국가를 중심으로 세계적으로 50개 이상의 원자로가 건설 중에 있으며 여러 국가에서 원자력발전소가 계획되고 있다.

현재 건설 중인 원자로는 3세대 원자로로 연료기술의 증진, 우수한 열효율, 획기적으로 개선된 안전시스템, 관리 및 자본 비용 감소를 위한 표준화된 디자인을 갖추었다. 3세대 원자로는 1996년에 최초로 일본 니가타 현에 건설된 가시와 자키 가리와 원자력발전소에 설치되었다. 핀란드의 올킬루오토(Olkluoto) 원자력발전소는 2006년부터 원자로를 건설하기 시작하였는데 원자로에 연결하여 지하 400미터의 안정된 암석 구조에 핵폐기물시설을 같이 건설하였다.

원자력발전을 공급하기 위한 비용은 자본비용, 운영유지비용, 연료비용, 저장비용, 폐기비용으로 구분할 수 있다.5) 원자력은 자본집약기술로 자본비용이 중요 구성요소이다. 시설 규모가 클수록 단위당 자본비용이 감소하는 규모의 경제를 갖는다. 세계적으로 가장 보편화되어 있는 가압수형원자로기술의 자본비용은 kw당 2,500~4000유로로 균등화발전원가의 65~77%를 차지한다.

운영유지비용은 발전소 운영기간이 길어짐에 따라 증가하며 규제 변화에 의해 많은 영향을 받는다. 예를 들어, 후쿠시마 원전사고 이후 규제강화에 따라 운영유지비용이 증가하였다. 관리유지비용은 균등화발전원가의 11~25%를 차지한다.

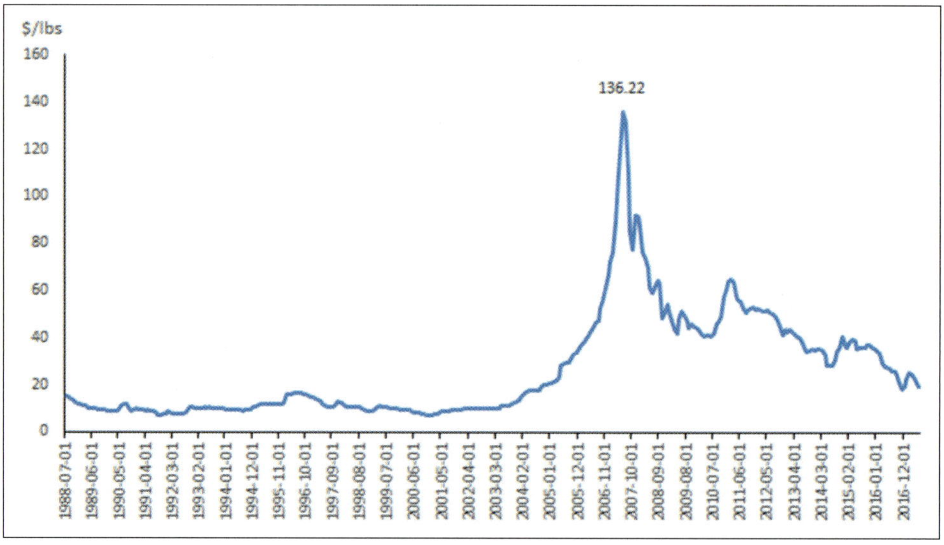

[그림 4.11] 우라늄 가격 추이

자료: www.indexmundi.com

원자력발전의 주요 원료는 우라늄이다. [그림 4.11]은 1988~2017년 기간의 우

5) 원자력발전 비용은 Narbel et al(2014)에서 주요 내용을 요약한 것이다.

라늄 현물가격 추이를 나타낸다. 수요와 공급의 변동에 따라 우라늄가격은 큰 변동성을 보여 왔다. 우라늄가격은 1988~2004년 기간 동안에는 별 변동 없이 파운드당 20달러 미만에 가격이 형성되었으나 이후 급등하여 2007년 6월에는 136달러가 되었다. 이후에는 다시 급격한 하락세로 돌아섰고 2010년에 일시적으로 반등하였다가 2011년 후쿠시마 지진과 해일에 의한 원자력발전소 사고 이후 다시 하락세를 보이고 있다.

현물가격의 큰 변동성에도 불구하고 실제 우라늄은 3~5년의 장기 계약에 의해 구매되기 때문에 우라늄 가격의 변동이 kw당 전기의 최종가격에 미치는 영향은 제한적이다. 연료비용은 균등화발전원가의 7~14% 정도이며 우라늄가격은 연료비용의 1/3만을 차지하고 나머지는 농축과 연료가공에 따른 비용이다. 따라서 원자력발전은 우라늄 가격 변화에 민감하게 반응하지 않으며 연료가격이 최종비용의 상당부분을 차지하는 화석연료 기술에 비해 더 유리한 구조를 가지고 있다.

[그림 4.12]는 핵연료 사이클을 나타낸다. 우라늄을 채굴하여 변환 및 농축한 다음 적절한 형태로 농축우라늄이 조달되고, 연료로 가공되어 원자로에 투입된다. 사용된 연료는 재처리를 거쳐 다시 전력생산을 위해 투입되거나 습식 또는 건식 방식으로 저장된다.

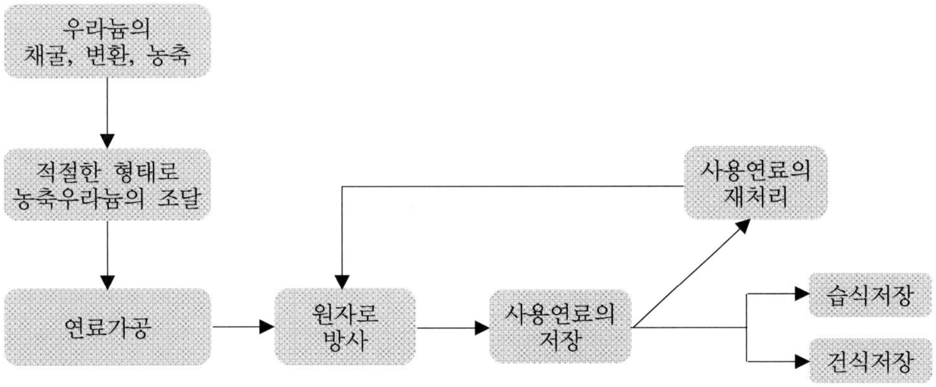

[그림 4.12] 핵연료 사이클

자료: Narbel et al., 2014

전 세계 원자로에서 2006년까지 배출된 사용 후 연료는 29만톤에 이르는 것으로 추정되며 이 중 1/3이 재처리되고 나머지는 장기적으로 안전을 확보할 수 있도록 엄격한 조건하에 저장되고 있다. 2020년까지 사용 후 연료 배출량은 45.5만톤에 이를 것으로 예상된다. 저장비용은 저장된 핵폐기물의 형태, 선택된 저장기술, 시설규모와 모듈방식에 달려있다. 높은 모듈일수록 장기적으로 경제성이 있고, 건식기술이 습식기술에 비해 더 높은 모듈화 정도를 가지며, 사용된 연료의 양을 추적하기가 쉬운 것으로 알려져 있다.

저장비용에는 자본비용, 사용된 연료의 선적, 감시, 하역을 포괄하는 관리비용, 시설 종료시 원상태로 복원하는 것과 관련된 오염제거 등의 비용이 포함된다. 저장비용은 원자력발전소에 의해 생산되는 전력의 kWh당 비용의 10%에 이르는 것으로 평가된다(IAEA 2012).

우라늄의 변형 이후의 핵분열 생성물은 방사성 반감기가 수일에서 수백년에 이르는 유해물질이 혼합되어 있고 핵연료봉은 지하 수백미터의 안전한 암반에 저장하는 것이 필요하기 때문에 최종 폐기하는 데 막대한 비용이 소요된다. 그러나 미래 발생하는 비용을 할인하여 현재가치로 계산하면 액수가 현저히 줄어든다.

차세대 핵에너지시스템의 실행가능성의 확립에 필요한 연구개발을 수행하기 위해 국제워킹그룹으로 4세대 국제포럼(generation IV's international forum: GIF)이 조직되었다. GIF에서는 4세대의 고속중성자로 개발을 위한 구상을 하고 있다. 고속중성자로는 U-238, Th-232와 현재 원자로에서 나오는 폐기물의 일부를 원료로 사용하며 에너지 생산 반응을 수행하기 위해 핵분열로부터 고속중성자를 조정하지 않고 사용한다. 고속중성자로는 핵폐기물의 저장문제를 완화하고 현재의 핵폐기물을 미래 연료로 사용함으로써 새로운 생명을 제공하며 플루토늄을 원자로에서 태움으로써 핵의 무기화문제를 해결할 수도 있다. 실험수준의 고속증식로는 미국, 영국, 프랑스, 러시아, 인도, 일본에 세워져 운영되고 있다. 향후 원자력발전의 확대여부는 에너지공급의 대안으로서의 활용가능성, 핵연료의 이용가능성, 핵폐기물처리문제, 핵 관련 사고의 발생여부, 새로운 핵 안전기술과 같은 요인들이 중요하게 영향을 미치게 될 것이다.

또 다른 대안의 하나로 핵융합 기술도 떠오르고 있다. 핵융합을 통한 에너지 생산은 가벼운 핵이 큰 화합물과 융합하여 에너지를 발산하는데 기반하고 있다. 연료로 수소를 사용하기 때문에 비용이 거의 들지 않고 자원은 무한하며 방사성

폐기물문제를 해소할 수 있다. 핵융합 기술이 증명되고 상업용 원자로로 개발되면 전력공급문제는 거의 해결될 것이지만 소규모 핵융합 원자로를 건설하는 작업은 원자로에 태양과 같은 안전한 조건을 창출해야하는 기술적 문제에 직면해 있다.

4.3.4 재생에너지의 공급

재생에너지는 수력발전과 같은 전통적 방식과 태양광, 풍력, 조력과 같은 현대적 방식으로 구분할 수 있다. 수력발전은 터빈을 이용하여 전력을 생산하며 19세기 후반부터 본격적으로 사용되기 시작하여 현재도 널리 이용되고 있다. 노르웨이는 총 전력생산에서 수력발전이 차지하는 비중이 96%로 대부분의 전력을 수력에 의존하며 베네수엘라, 브라질, 캐나다 등도 50% 이상을 수력발전에 의존하고 있다.

수력발전은 전기를 생산하기 위해 물을 사용한다. 물은 공짜이지만 수력발전소의 운영자는 저장시설인 저수지의 수용용량 제한과 불확실한 물 유입 조건 하에서 발전소의 이윤을 극대화해야하는 문제에 직면한다. 일반적인 물 유입 패턴은 알지만 유입이 기후에 크게 의존하기 때문에 유입량이 얼마가 될지 정확히 예측하기 어렵다. 지금 터빈을 통해 물을 흘려내려 보내면 발전소 운영자는 미래의 더 나은 시장조건으로부터 편익을 얻지 못할 위험에 직면한다. 물의 유입이 예상보다 나쁠 때는 더 나은 시장 조건을 기다리는 것이 오히려 발전소 운영자에게 손실이 발생되도록 할 수 있다. 수력발전은 온실가스를 배출하지 않기 때문에 환경 친화적인 것으로 대중에게 자주 인식되고 있지만 주변지역과 세계 전체의 환경에 유해한 영향을 미치기도 한다. 따라서 수력발전 프로젝트를 평가하는 데 있어서 프로젝트에 수반되는 환경적 비용과 사회적 비용도 함께 고려해야 한다.

태양력, 풍력, 조력과 같이 복잡한 전환과정을 요구하는 현대적 재생에너지는 공급비용이 비싸기 때문에 활용도가 낮았다. 그러나 1970년대의 오일쇼크로 인해 원유가격이 크게 상승하면서 재생에너지에 대한 새로운 관심을 불러일으켰다. 오일쇼크 이후에는 기후변화와 지속가능성장에 대한 세계적 관심이 고조되고 1990년대 중반이후 중국 등 신흥개발도상국의 에너지 수요의 증가와 함께 원유가격이 급등하면서 재생에너지 관련 투자를 위한 새로운 전기가 마련되었다.

현대적 재생에너지는 모든 시간대에 이용이 가능하지 않고 간헐적이라는 특성을 가지고 있다. 비용 효율적으로 대규모 저장이 가능하지 않기 때문에 전기가 생산되면 바로 사용되어야 하고, 설비이용률이 낮으며, 따라서 안정적으로 전기를 계속 공급하기 위해서는 백업 설비가 필요하다. 그러나 화석에너지에 비해 환경적 측면에서 우위에 있으며 전기를 생산하는 데 있어서 연료비용이 들어가지 않기 때문에 연료가격변동에 따른 위험에 직면하지 않는다는 장점이 있다.

1) 태양에너지 발전

인류는 로마제국 시대부터 햇빛을 물을 데우는데 사용하는 등 오래전부터 태양에너지 발전(solar power)을 이용해왔지만 현대적 태양에너지 발전의 역사는 1970년대의 오일쇼크를 거치면서 시작되었다. 전체 발전에서 태양에너지 발전이 차지하는 비중은 매우 작은 편이지만 2011년 이후부터는 재생에너지 부문에서 태양에너지 발전이 가장 빠르게 성장하고 있다.

현재 지구의 연간 에너지 소비량은 지구에 도달하는 태양복사력의 1시간에도 미치지 못하기 때문에 태양복사력의 활용 비율을 조금만 높여도 에너지 문제를 완전 해결할 수 있을 것이다. 문제는 태양광 발전소에 태양광 패널을 설치하기 위해서는 많은 면적이 필요하고 화력발전과 원자력발전에 비해 비용이 많이 소요된다는 점이다.

태양복사력을 에너지로 전환하는 방식은 크게 태양광발전(solar photovoltaic: PV)과 태양열발전(solar heat power)으로 구분된다. 태양열발전 방식은 다시 수동적 태양열발전(passive solar power: PSP)과 집중적 태양열발전(concentrated solar power: CSP)으로 구분된다.

태양열발전은 태양복사력의 에너지를 유체(보통 물)의 온도를 증가시키는 열로 전환하는 것이다. 가열된 뜨거운 유체는 건물 등의 직접적인 난방이나 전기를 생성하는 터빈의 작동 유체로 사용된다. 수동적 태양열발전은 평면 패널의 태양열 집열기를 햇볕이 잘 들어오는 곳에 설치하여 에너지를 얻는다. 물이 흐르는 통로를 에워싼 검은색 흡수성 물질이 여기에 도달하는 태양복사력을 거의 흡수한다. 집중적 태양열발전은 도달하는 태양복사력을 매개체로 가열을 강화시킴으로써 전환 효율성을 증가시키는 기술이다. 모든 도달하는 복사력을 유체를 포함한 아주 작은 집중지점을 향해 초점을 맞추도록 거울을 설치함으로써 거울 면적당 전환 효율성을 높인다.

태양광발전(PV)은 여러 개의 태양전지들이 붙어있는 태양광 패널을 이용하여 태양복사를 직류전기로 바꾸어 전력을 생산하는 방식이다. 태양광 패널의 물질로는 실리콘 또는 폴리실리콘이 주로 사용된다. 실리콘 와이퍼 기반 태양광은 1세대 기술로 14~22%의 효율성을 가지고 있고 주로 공간적으로 제약이 있는 곳에 사용되어 왔으며 2010년 현재 세계시장의 80%를 점유하고 있다. 2세대 태양광 기술은 박막필름으로 주로 지붕에 설치된다. 박막필름은 실리콘 와이퍼 기반 패널에 비해 가격이 절반 수준으로 저렴하지만 효율성은 4~12%로 낮다 (Nerbel et al., 2014).

1세대 및 2세대 기술 모두 가정용, 상업용 계통, 발전소용으로 설치될 수 있다. 가정용과 상업용은 지붕 또는 건물 벽면에 설치되고 주택과 건물 소유주에게 필요한 전력을 공급해주는데 주로 사용된다. 전력망에 연계되어 있으면 초과 생산된 전기를 판매할 수 있다. 발전소에 적용되기 위해서는 넓은 공간이 요구되기 때문에 지상에 집단적으로 설치된다. 대규모로 설치된 태양광 발전소로부터 전력을 송전하는 방법으로는 교류(alternating current: AC)와 직류(direct current: DC)의 2가지 송전방식이 있다. 교류송전은 자기유도 원리에 의존하기 때문에 보다 대중적이며 송전선의 볼트를 낮추거나 올리는 것이 간단하고 값이 싸지만 전력손실이 상당하고 효율성에 문제가 있기 때문에 800km 이상의 멀리 떨어진 발전소로부터 소비지점까지 연결하는 것은 실효성이 떨어진다. 일조량이 많은 사막지역 등에 대규모 태양광 발전소를 설치하고 원거리까지 전기를 송전하는 데는 차세대 전력송전기술인 초고압직류송전(high voltage direct current: HVDC) 방식을 활용할 수 있다. 초고압직류송전은 발전소에서 생산된 전기를 직류로 변환해 필요한 곳까지 송전한 뒤 다시 교류로 바꿔 수요자에게 공급하는 것으로 직류송전은 설치비용이 비싸서 외면을 받아 왔지만 직류송전에 필요한 핵심 반도체 기술이 발달하면서 가격 경쟁력이 높아지고 있다.

2) 풍력 발전

풍력에너지는 배를 운항하기 위해 수천년 전부터 사용되어 왔으며 150~200년

전 유럽에서는 수천 개의 풍차가 곡식을 갈고 관개수를 끌어올리는데 사용되었다. 바람은 주로 대기에서 들어오는 태양복사력의 에너지 흡수에 의해 일어나기 때문에 풍력에너지는 일종의 태양에너지라고 볼 수도 있다. 적도와 극 사이의 기온 경도는 2개의 주요 북반부와 남반부의 대규모 바람 순환 벨트를 유발한다. 또한 육지와 바다 면적의 분포와 결합된 지구의 자전은 풍향 패턴을 창출하는 중요 도구이다.

풍력 발전용 터빈에서 에너지 전환은 바람의 운동에너지가 회전날개와 충돌함으로써 가능해진다. 이러한 과정은 로터(rotor)의 회전 에너지를 증가시키거나 유지시키기 위해 바람의 속도를 제어하는 것을 포함한다. 풍력은 다음과 같이 산출된다.

$$풍력 = \frac{1}{2}\rho \cdot A \cdot v^3 \tag{4.29}$$

여기서 ρ는 바람 밀도, A는 회전날개의 교차하는 표면적, v는 풍속을 나타낸다. 총 풍력에 영향을 미치는 핵심 요인은 풍속으로 예를 들어, 풍속을 2배로 하면 8배의 동력이 발생한다. 풍력은 바람의 밀도와 회전날개로 형성되는 표면적에 선형 비례한다. 원의 반지름이 r일 때 원의 면적(표면적)은 $A = \pi r^2$이기 때문에 회전날개의 반경이 2배인 풍력 발전용 터빈은 4배의 풍력을 발생시킨다.

평균 풍속은 장소에 따라 다르고, 특정 지점에서 풍속도 시간, 일별, 주별, 계절별로 크게 다르다. 유럽 내륙에서 평균 풍속은 3~5m/s인데 반해 서부유럽의 해안지역에서는 5~7m/s, 일부 해안 및 해상지역에서는 8~10m/s에 이른다(Narbel et al., 2014).

풍력 발전용 터빈의 효율성에는 2개의 근본적인 제약이 있다, 첫째, 베츠의 법칙(Betz, 1966)이라는 것으로 한 무리 바람의 에너지 전체가 터빈에 의해 흡수될 수 없다는 것이다. 에너지 전부를 흡수하면 바람이 회전날개 뒤에 정지하도록 하기 때문에 더 많은 바람이 통과할 수 없도록 한다. 둘째, 바람이 터빈 뒤의 더 큰 흐름영역으로 갈라져 들어간다는 것이다. 이는 별도의 터빈을 설치한 풍력 발전시설보다 하나의 풍력 발전시설에 2개의 풍력 발전용 터빈을 근접하여 설치하는 것이 더 적은 전력을 생산하도록 한다는 것을 의미한다.

단위 면적당 전력은 회전날개의 반경과는 관계가 없다. 작은 크기의 터빈은 단위 면적당 더 많은 터빈을 설치하도록 함으로써 터빈 당 더 적은 전력생산을 보완할 수 있다. 더 큰 터빈은 작은 것보다 평균적으로 더 높은 고도에서 운행됨으로써 평균 풍속을 증가시킬 수 있다.

〈**표 4.3**〉 단위면적당 풍력의 전력 크기

효율성(%)	면적당 전력(W/m^2)	풍속(m/s)
30	1.25	6
40	1.65	6
40	3.92	8

자료: Narbel, Hanse, and Lien, 2014, p.164

<표 4.3>은 단위면적당 풍력의 전력 크기를 나타낸다. 만일 풍속 6m/s 지역에서 30% 효율성을 가진 터빈으로 1GW 용량의 풍력발전소를 건설하려면 약 1,250km^2의 면적이 요구된다. 이러한 규모의 풍력발전소를 건설하기 위해서는 동일한 시설용량의 태양광발전소를 건설하는데 필요한 부지면적보다 10배 이상이 커야 한다. 다만 풍력발전소는 터빈 아래의 용지를 농작물 생산이나 태양광패널 설치 등 다른 용도로 사용할 수 있다는 장점이 있다.

풍력 발전용 터빈은 점차 높이가 높아지고 날개의 반경도 더욱 커지고 있다. 초기 풍력발전용 터빈용량은 200kW였으나 1990년 이후에는 터빈용량이 계속 증가하여 2018년 덴마크와 일본의 합작회사 MHI베스타스는 10MW를 실용화하였고 미국의 GE 재생에너지는 12MW의 터빈 개발계획을 발표하였다. 더 높고 더 큰 터빈을 설치하면 하나의 터빈으로부터 추출할 수 있는 에너지의 양이 증가하지만 더 강한 구조물로 시설이 지지되어야 한다. 큰 터빈을 설치하기 위해서는 시설비용이 더 많이 소요되기 때문에 경제적 측면에서 더 큰 터빈을 하나 설치하는 것이 작은 터빈 여러 개를 설치하는 것보다 반드시 나은 것은 아니다.

설치된 풍력 발전용 터빈의 대부분은 전력망에 연결되어 산업용 및 가정용으로 판매되고 있으나 일부는 독립형 풍력 전력생산 또는 물 펌프를 위해 사용되기도 한다. 풍력 발전용 터빈은 타워와 나셀(발전기 및 로터 시스템으로 구성)로 구성된다. 연료비용은 없고 운영유지비용도 비교적 낮아서 발전기의 설치비용이 전체 비용의 68~84%를 점유하며 전력망에 연결하는 비용은 전체 비용의 2~10%를 차지한다. 유럽지역에서 내륙에 설치한 풍력발전은 kWh당 9.1~12.8유로, 해안에 설치한 풍력발전은 4.7~8.6유로의 균등화비용이 소요되어 내륙 풍력발전이 해안 풍력발전보다 발전단가가 비싸지만 내륙 지역이 해안보다 더 강하고 안정적인 바람을 얻기 때문에 내륙지역에 풍력발전기가 많이 설치되고 있다(Narbel et al., 2014).

3) 바이오매스

바이오매스는 에너지를 생산하는데 사용될 수 있는 식물성 물질로 규정된다. 많은 식물성 물질이 전기, 열, 연료로 전환될 수 있는데 바이오매스는 크게 고형바이오매스(밀짚, 나무), 액형 바이오매스(식물성 기름), 가스형 바이오매스(분해된 음식으로부터의 바이오가스)로 구분된다. 고형 바이오매스를 연료로 사용하는 발전소는 전력을 계속 일정률로 생산할 수 있기 때문에 기초부하로 사용될 수 있다. 가스형 바이오가스 발전소는 전력수요에 따라 전기를 생산할 수 있기 때문에 기초부하나 예비발전용으로 사용된다.

전통적으로 목재 바이오매스는 화석연료인 석탄, 석유, 천연가스 다음으로 많이 소비되는 에너지자원으로 직접적으로 난방이나 음식을 만들기 위해 주로 사용되어왔다. 그러나 많은 국가에서 목재를 직접 전력이나 열을 생산하기 위해 사용하는 것은 법으로 금지되어 있고 가구제조와 같이 다른 용도로 사용하는 것이 보다 더 경제적이기 때문에 현재에는 저소득국가를 제외하고 바이오매스를 직접적으로 에너지원으로 사용하지 않는다.

현대적 바이오매스는 전력 또는 열을 생산하는데 필요한 연료로 최적화한 식물을 재배하거나, 에탄올이나 바이오디젤과 같이 바이오연료로 전환시킬 수 있는 식물을 재배하거나, 농림축산업의 생산과정에서 발생하는 부산물이나 폐기물을 수거하여 사용한다. 목재를 가공하는 과정에서 발생하는 톱밥 등의 부산물과 가구 및 건설용 자재로 사용된 후 해체되어 가치가 대부분 손상된 것들은 합판 또는 바이오매스 발전소의 연료로 전환된다. 음식 폐기물, 동물의 배설물 등이 분해하는 과정에서 생성되는 바이오가스는 전력생산이나 수송을 위한 연료로 사용할 수 있다. 식물, 목재 등을 채취하여 사용하면 다시 식재하는 것이 가능하기 때문에 바이오매스는 지속가능 및 재생가능 자원에 포함될 수 있다.

에탄올은 휘발유를 대체하거나 휘발유와 함께 섞어서 사용할 수 있으며 바이오디젤은 디젤을 대체하거나 디젤과 함께 섞어서 사용할 수 있다. 바이오연료 생산의 주요 작물로 미국은 옥수수, 브라질은 사탕수수, 태국은 카사바를 사용한다. 이러한 작물은 바이오연료로 사용될 뿐만 아니라 인간이 섭취하는 농작물이라는 공통점을 가지고 있다.

미국은 휘발유와 혼합하는 에탄올 사용을 장려하기 위해 에탄올 보조금을 지불해왔고 에탄올의 의무사용량을 계속 확대해왔다. EU도 에탄올과 바이오디젤에 대한 보조금 지불을 통해 바이오연료 사용을 장려해왔다. 이러한 지원책에 힘입어 바이오연료에 대한 수요가 크게 증가하면서 바이오연료로의 전환이 가능한 옥수수 등의 작물가격이 크게 상승하였고 이들을 원료로 사용하는 식품가격 또한 크게 상승하였다. 바이오연료 전환가능 작물가격의 상승은 농민들에게 이러한 작물의 재배면적을 확대하고 다른 작물의 재배면적은 감소하도록 함으로써 다른 작물의 가격과 이것을 원료로 사용하는 식품가격도 상승하도록 이끌 수 있다.

식품으로도 사용될 수 있는 옥수수, 사탕수수, 카사바 등은 1세대 바이오연료로 분류되며 식품으로 사용되지 않는 밀짚, 흑액(black liquor), 조류(algae) 등은 2세대 바이오연료로 분류된다. 2세대 바이오연료는 다른 작물과 토지 할당 경쟁을 할 필요는 없으나 연료 사용을 위해 적합한 형태로 추출하는 것이 보다 더 어렵고 비용이 많이 소요된다는 단점이 있다.

4) 기타 재생에너지

(1) 지열에너지

지열에너지는 전기를 생산하기 위해 지각의 열을 이용한다. 지열에너지의 총량은 향후 50만년동안 현재의 세계 에너지 소비량을 충당하기 충분한 3.5×10^{15} TWh로 추정되고 있다. 그러나 지구의 단단한 지각이 지구 중심부의 열이 이탈하는 것을 방지하는 방어막 역할을 하기 때문에 지열에너지를 활용하기 위해서는 지상까지의 수송을 어렵게 하는 문제를 해결해야한다.

지하 100m에서 온도는 약 섭씨 15도로 안정적인데 여기에 열 펌프 저장소를 설치하고 열을 추출하여 가정에 공급하면 가정 소비전력의 30% 정도를 감소시킬 수 있으며 여름에는 저장소에 열을 저장하여 집을 냉각시킬 수 있다. 지구 일부 지역은 판상을 이루어 움직이는 지각의 표층인 판구조의 경계에 위치해 있다. 이곳은 지열에너지가 종종 간헐 온천과 화산의 형태로 발현되는데 이곳에서 지열에너지는 저렴하게 대규모로 이용될 수 있다. 강화지열시스템(enhanced geothermal systems: EGS)은 지하 깊이 굴착해서 250~300도의 물을 채굴한 후 증기로 변환하여 터빈을 돌리는 방식이다. EGS는 채굴과정에서 비용이 많이 소요되기 때문에 경제성이 있는 것으로 증명된 발전소는 아직 없다.

(2) 조력

조수(tides)에 전달되는 총 전력은 연간 약 3TW이고 일부 지역에서 조력발전의 세기는 3W/m^{2}로 풍력에너지와 비슷하지만 총 조력의 일부(0.1~0.3TW)만이 전 세계적으로 활용이 가능하다. 조수로부터 에너지를 추출하는 방법에는 2가지가 있다. 첫째, 만조 동안 인공 호수에 물을 저장하고 호수 밖의 조수 수준이 낮을 때 높이의 차이를 이용하여 수력발전소와 유사하게 에너지를 추출한다. 둘째, 일종의 풍력 발전용 터빈의 바다 아래 버전인 조류 생성기를 활용한다. 조수에너지 체계로부터 에너지 생산은 장비가 작동하는 한 정확하게 예상할 수 있기 때문에 조수 에너지는 안정적이다. 1966년 프랑스 랑스에 240MW의 조력댐이 건설되었고, 한국 시화호에 254MW의 조력발전소가 설치되어 있다.

조력발전의 비용은 대부분 선택된 기술과 조수의 범위에 달려있다. 모든 조력발전기술은 자본집약적이고 연료비용은 없다. 조류 발생기는 조력 댐에 비해 사용기간이 짧고 더 높은 운영유지비용이 소요되며 기술수준이 떨어지기 때문에 조력 댐에 비해 균등화발전단가가 높다. 그러나 조류발생기는 에너지 생산을 위해 댐을 건설할 필요가 없기 때문에 조력 댐보다 kW당 자본비용이 낮고 잠재력이 높다는 장점이 있다.

(3) 파도

파도에 저장되어 이송되는 에너지는 제3의 태양에너지로 불러진다. 태양에너지의 일부는 바람으로 전환되고 풍력에너지의 일부는 파도에 의해 수반되는 에너지로 전환된다. 파고와 파속은 풍속에 달려있다. 파도 에너지를 전기로 전환하는 장치를 바다에 설치해서 파도의 에너지를 시스템의 기계적 진동에너지로 전환하고 그러한 운동이 터빈을 돌려서 전력을 생산한다. 파도 에너지를 활용하여 전력을 생산하거나 물 담수화 목적으로 활용할 수 있다는 것은 오래 전에 알려졌으나 기술 문제와 경제성 문제로 개발에 지체되고 있으며 현재 수MW 수준의 파력 시설만이 운용되고 있다.

4.3.5 전력 공급

1) 전력계통 기초개념

전기는 생산되었을 때 소비자가 원하는 시간에 사용할 수 있도록 경제적으로 실현가능하게 저장하기 힘들다는 특징을 가지고 있다. 전력계통에 연결된 소비자가 도구를 켤 때마다 수요는 전력망(그리드)에서 포착된다. 특정시점에 전력계통에 대한 수요는 모든 소비자 수요의 합계이다. 소비자가 다른 도구를 사용하고 그것들이 동시에 사용되어 최대 가능한 부하를 발생시킬 수 있으나 다행히 대부분의 소비자가 동시에 모든 도구를 사용하지는 않는다. 또한 전력망에 연결된 모든 소비자가 동시에 그들의 전력 수요를 부과하지는 않는다.

부등율(diversity factor)은 계통의 최대 수용전력 대비 그 계통 내의 최대 소비자 수요의 합계의 비율을 나타낸다. 부하가 분산될수록 피크 수용 요구가 낮아지고 계통에 대한 투자수요가 감소한다. 부등율의 역을 동시율(coincidence factor)이라 한다.

$$\text{부등율} = \frac{\text{최대소비자수요의 합}}{\text{계통의 최대수용전력}}$$

전력망에 연결된 소비자에 의해 부과되는 수요는 일간, 주간, 계절별, 년별로 매우 다르다.

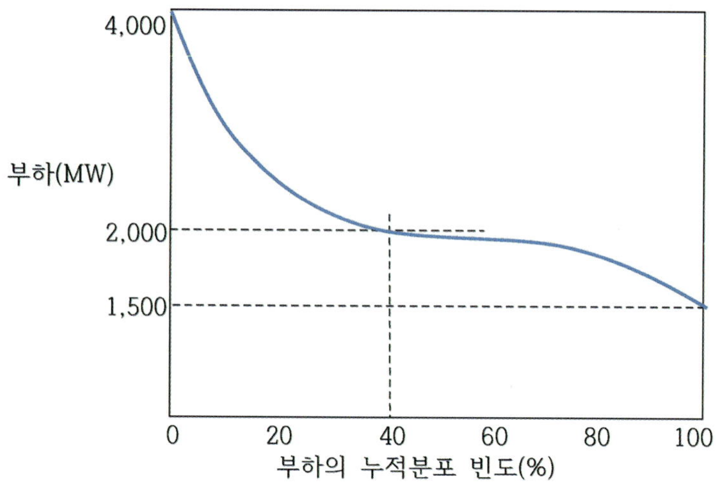

[그림 4.13] 부하지속곡선

부하지속곡선(load duration curve)은 어떤 기간 내의 부하를 시간적 순위에는 관계없이 크기의 순으로 배열한 곡선으로 얼마 동안 계통의 부하가 주어진 부하 수준을 초과하는 부하를 경험하는지를 보여준다. [그림 4.13]은 가상적인 부하지속곡선을 나타낸다. 이 그림에서 부하가 4,000MW를 초과하는 경우는 0%, 2,000MW를 초과하는 경우는 40%, 1,500MW를 초과하는 경우가 100%, 1,500MW를 하회하는 경우는 0%이다. 계통 부하가 모든 시간 동안 어느 작은 수준을 초과하는 경우를 베이스 부하라 하는데 여기서는 1,500MW가 베이스 부하가 된다. 전력 계통은 대부분의 시간 동안은 상대적으로 적은 부하, 즉 베이스 부하에 있고, 피크 부하에 있는 시간은 보통 20%이하이며, 베이스 부하에서부터 점차 수요가 증가하기 시작하여 피크에 이른다.

전력은 저비용으로 저장해 놓기 어려우며 공급량을 조절함으로써 수요를 충당해야하기 때문에 부하지속곡선은 발전소의 운영, 전력 서비스 비용, 전력계통의 효율성과 관련하여 중요한 의미를 갖는다. 계통작업을 매끄럽게 유지하기 위해서는 3가지 형태의 발전소가 요구된다. 첫째, 베이스 부하를 충족하기 위해 연중 계속 전기를 공급하는 발전소이다. 이러한 발전소는 일반적으로 공급이 수요에 따라 변동될 필요가 없으며 낮은 운영비용을 가진 발전소가 적합하지만 높은 자본비용이 소요될 수 있다. 둘째, 수요에 따라 수용능력을 가질 수 있고 운영하는 동안 자주 발전량을 조절할 수 있는 발전소이다. 셋째, 피크 기간 동안에만 전기 생산이 요구되는 발전소이다. 이러한 발전소는 단기간만 운용되기 때문에 높은 운영비용과 낮은 자본비용을 가진 발전소가 적합하다.

계통부하요인(system load factor: LF)은 부하지속곡선 아래 면적을 전체 1년 동안의 피크 부하로 형성된 직사각형 면적으로 나눈 것으로 다음 식에 의해 산출한다.

$$LF = \frac{\text{연간생산된 발전량(kWh)}}{\text{발전용량(kW)} \times 8760} \tag{4.30}$$

만일 계통부하가 전 기간 동안 피크 부하에 있었다면 계통부하요인은 100%가 된다. 계통부하요인이 100%에 가까울수록 발전소가 잘 활용된다는 것을 의미한다.

2) 전력생산방식

재래식 전력생산방식은 광의적으로 열(thermal)을 이용하는 방식과 물(hydro)을 이용하는 방식의 2개의 그룹으로 구분된다. 열 방식은 연료의 화학적 성질을 이용하여 연료를 증기터빈, 가스터빈, 또는 증기터빈과 가스터빈을 함께 사용하는 복합사이클 발전기에 통과시켜 전력을 생산한다. 원자력의 경우 연료의 화학적 성질이 다른 액체(주로 물)를 가열함으로써 전력을 생산한다. 수력발전은 물에 저장된 잠재적 에너지를 전기를 생산하는데 활용한다. 비재래식 전력생산방식은 태양, 바람, 지열과 같은 것을 포함하는 것으로 기계적 또는 다른 방법으로 전기를 생성하기 위해 에너지의 흐름(유동자원)을 활용한다.

석탄은 많은 국가에서 전력생산의 주 연료로 이용되어왔다. 석탄발전소는 규모가 클수록 효율성이 높으며 보통 800~1,000MW에서 가장 높은 효율성을 가진다. 따라서 석탄발전소는 자본비용이 많이 소요되지만 원료인 석탄을 낮은 가격에 이용하는 것이 가능하기 때문에 운영유지비용은 낮은 편이다. 수력발전소와 원자력발전소는 매우 높은 자본비용을 가지며 운영유지비용은 매우 낮다. 연료를 사용하는 발전소는 지속적으로 운영되는 반면 태양, 바람, 조수간만 등의 유동하는 에너지는 전력생산이 가능할 때 사용되기 때문에 다른 전력 생산량을 감소하도록 강제한다.

저장된 물을 사용하여 발전하는 수력발전소는 빠르게 운영될 수 있고 피크 전력에 이르는데 얼마 걸리지 않기 때문에 피크 부하 작업에 적절하다. 화력발전과 원자력 발전은 시동과 중단에 상당한 시간이 소요되기 때문에 부하가 변동적인 곳에는 적합하지 못하다. 가스발전소는 상대적으로 빠르게 운영할 수 있고 발전량이 감소할 때 효율성이 크게 떨어지지 않기 때문에 모듈식 사용을 가능하게 한다.

풍력, 태양력, 소수력의 재생에너지는 바람이 불고, 햇볕이 쨍쨍하고, 물이 충분할 때만 발전을 할 수 있는 간헐적 전력 생산기술이다. 이러한 간헐적 에너지원이 가지는 문제점은 전력을 필요할 때 생산하는 것이 아니라 생산이 가능할 때 전력을 생산할 수 있다는 것이다. 따라서 전력 수요와 공급을 매치시키기 위해서는 다른 전력생산 기술이 필요하다. 간헐적 에너지원을 연결하는 비용은 이것을 시장에 얼마나 침투하느냐에 따라 달라진다. 예를 들어, 대규모 전력계통에 하나의 풍력발전용 터빈을 연결하는 것은 단순하여 비용이 적게 소요되지만 20%의 풍력발전 침투수준을 가지기 위해서는 보다 확대된 사회기반시설이 필요하고 비용이 많이 소요된다. 어느 간헐적 전력 생산기술을 전력계통에 통합할 때 이것이 전력생산을 하지 못할 때를 대비해서 다른 백업 전력생산 수단을 반드시 준비해야 하는 것은 아니다. 풍력, 태양광, 조력, 소수력 등의 여러 간헐적 전력생산 수단들은 전력생산에 있어서 상관관계가 없기 때문에 상호 보완적으로 전력공급에 사용될 수 있다. 또한 발전기들이 지리적으로 분산되어 있는 경우에도 백업 수단의 수요를 감소시킬 수 있다.

특정 시점에 모든 발전소에서 전력생산이 가능한 것은 아니다. 일부는 예정된 점검보수를 해야 하고 일부는 예상치 못한 고장으로 작동하지 않을 수 있다. 고장이 나거나 수요가 낮아 발전소의 가동이 중단되면 공백기가 없이 곧바로 가동을 다시 시작할 수는 없으며 발전소를 다시 가동할 때마다 추가적인 비용이 발생한다. 따라서 갑작스런 수요 증가와 비상사태에 대처하기 위해서는 추가적인 발전용량(예비전력)이 유지되어야 한다. 예비발전용량(generation capacity reserve)은 어느 시점의 수요에 추가하여 유지되는데 요구되는 초과용량을 의미한다. 이런 예비발전용량은 전력계통에 있는 일부 발전소의 발전중단, 수요예측의 오류, 다른 오류에 대처할 수 있도록 한다.

예비발전용량은 운전예비력과 순시예비력의 2가지 형태를 갖는다. 운전예비력(spinning reserves)은 이미 전력망에 연결된 발전소 중 피크 부하 밑으로 운영하고 있는 발전소로부터 나온다. 예를 들어, 최대 1,000MW 발전용량을 가진 발전소가 어느 시점에 700MW로 운영되고 있다면 필요할 때 300MW는 운전예비력으로 제공된다. 운전예비력은 수요변화에 빠른 응답을 제공하고 가장 신뢰할 수 있는 옵션이다. 운전예비력은 발전소 하나에 할당하기 보다는 모든 약속된 발전소에 분산하여 배분하는 것이 위험을 줄일 수 있다.

순시예비력(quick-start reserves)은 빠르게 부하를 전달하고 수요를 충족하기 위해 시작될 수 있는 발전소에서 나온다. 일부 수력발전소는 몇 초 만에 운영에 동원될 수 있다. 가스터빈은 보통 몇 분 만에 운영될 수 있다. 이런 형태의 예비력은 적시에 발전이 시작되도록 하는데 실패할 가능성이 항상 존재하기 때문에 운전예비력보다 덜 신뢰된다.

3) 효율적 전력공급의 배정

전력 배정(dispatching)은 전력계통에 속한 각 발전소가 약속된 최소 운영비용을 달성할 수 있도록 전력을 생산하는 것을 목표로 한다. 여러 발전소를 가지고 있는 전력계통은 2가지 옵션을 가진다. 첫 번째는 전 기간에 걸쳐 부하(kW)와 에너지(kWh)를 공급하는 데 있어서 전력계통에 속한 모든 발전소를 이용하는 방식이다. 두 번째는 각 지역의 수요를 맞출 수 있는 발전소를 선택하는 방식이다. 어느 옵션을 사용하든 경제성을 이유로 요구되는 발전소의 수만 정상적으로 가동된다.

우선되는 발전소의 리스트를 선택하기 위해 성과주문(merit order)과 증분비용(incremental cost)과 같은 방법이 사용된다. 성과주문 방식은 임의의 선호 순서에 따라 발전기의 순위를 매기는 우선순위 리스트에 의존한다. 보통 사용되는 기준은 MWh당 연료비용으로 모든 발전기를 최저에서 최고까지의 연료비용에 따라 순위를 매기고 수요를 맞추는데 요구되는 발전기가 선택된다. 이는 정적인 단순한 규칙으로 운영비용은 발전량에 따라 변하지 않는다고 가정한다. 또한 송전 및 배전 제약이나 반응력을 선택하지 않는다. 사전에 정해진 순위는 시전 비용, 단전 비용, 최소 부하 조건 등을 고려해서 변경될 수 있다. 배정 의사결정은 매기 계통의 단기 한계비용을 결정한다. 한계비용을 기반으로 하는 전기가격제도에서 주어진 기간 동안 전력 생산에 사용되는 발전소 중 최고 비용을 가진 발전소의 운영비용이 단기 한계비용이 된다.

증분비용 방식은 전기를 추가적으로 한 단위 생산하는데 소요되는 비용으로 증분연료비용과 노동, 원료 등의 다른 비용이 포함된다. 증분비용방법에서는 최소 생산비용을 달성하기 위해 발전소 부하를 결정하는 것을 목표로 하며 식으로는 다음과 같이 나타낼 수 있다.

$$\text{minimize} \quad TPC = \sum_{i=1}^{n} C_i(Q_i)$$
$$\text{s.t.} \quad \sum_{i=1}^{n} Q_i = D$$

여기서 TPC는 총생산비용, Q_i는 발전소 i의 부하, $C_i(Q_i)$는 부하 Q_i를 가진 발전소 i의 생산비용, D는 충족해야할 수요를 나타낸다. 위 극소화 문제의 해는 각 발전소의 한계비용 MC_i이 같아지도록 발전 배정을 해야 한다는 것을 의미한다.

4) 전원별 전력생산비용의 비교

석탄, 가스, 원자력, 태양, 바람, 조수 등 다양한 전원을 사용하여 전력을 생산하고 있는데 여러 전력 생산 대안에 대한 전력생산비용을 비교하는 방법으로 균등화발전단가($LCOE$)를 사용한다. 국가 또는 지역마다 노동시장, 자본시장, 연료시장과 지형적 조건이 상이하기 때문에 동일한 연료 또는 원천을 사용하여 전력을 생산하더라도 발전생산비용이 다를 수밖에 없다.

<표 4.4>는 화력발전과 원자력발전에 대한 한국, 일본, 중국, 프랑스, 미국의 $LCOE$를 비교한다. 국제에너지기구, 원자력에너지기구와 OECD가 합동으로 산출한 것으로 2015년 시점에서 2020년 상업운전을 시작하는 발전소의 예상 비용을 평가한다. 전환 및 송전 비용은 제외하고 발전소 수준에서의 비용과 이산화탄소 배출에 따른 외부비용만을 포함한다. 5%의 할인율을 적용하여 2013년 기준 미국 달러로 산출하고 있다. 한국, 중국, 일본 모두 복합가스터빈의 $LCOE$가 가장 높고, 다음은 석탄화력이 높으며, 원자력이 가장 낮다. 프랑스도 복합가스터빈이 원자력보다 $LCOE$가 높다. 반면 미국은 석탄화력의 $LCOE$가 가장 높고

원자력과 복합가스터빈의 *LCOE*는 비슷한 수준으로 나타나고 있다, 한국과 중국의 원자력 *LCOE*는 약 34달러로 일본, 프랑스, 미국에 비해 절반 정도의 수준으로 나타나고 있는데 이는 상대적으로 인건비가 낮고, 규모가 크며, 연속적으로 연계된 원자력발전소를 건설하기 때문인 것으로 평가되고 있다. 복합가스터빈의 경우 미국은 세계 1위의 가스 생산국으로서 낮은 가격에 가스 이용이 용이하기 때문에 다른 국가에 비해 *LCOE*가 매우 낮은 것으로 나타나고 있다.

〈표 4.4〉 화력발전과 원자력발전의 균등화 발전단가

(단위: $/MWh, 할인율 = 5%)

	복합가스터빈	석탄화력	원자력
한국	120.29	78.81	34.05
중국	91.40	80.12	34.57
일본	135.65	100.61	73.80
프랑스	94.87	-	64.63
미국	63.22	87.83	64.81

자료: Projected Costs of Generating Elasticity, International Energy Agency, Nuclear Energy Agency & OECD, 2015

〈표 4.5〉 에너지원별 균등화 발전단가

(단위: $/MWh, 할인율 = 7%)

구분		독일	미국	한국	일본
복합가스터빈		102.56	65.95	122.34	138.42
석탄화력		76.11	93.79	82.10	107.42
원자력		-	77.71	40.42	87.57
태양광	가정용 지붕설치	223.23	156.12	216.67	301.60
	상업용 지붕설치	161.13	117.24	170.71	-
	대량 지상설치	127.14	79.84	142.07	239.43
육상풍력		93.53	53.47	147.45	181.10
해상풍력		183.68	143.05	274.63	-
수력		123.16	-	-	214.16
바이오매스		112.16	119.64	-	-
지력		336.35	84.87	-	-

자료: Projected Costs of Generating Elasticity, International Energy Agency, Nuclear Energy Agency & OECD, 2015

<표 4.5>는 7%의 할인율을 적용했을 때의 독일, 미국, 한국, 일본의 재생에너지를 포함한 에너지원별 $LCOE$를 나타낸다. 독일은 석탄화력이 MWh당 76.11달러로 발전단가가 가장 낮다. 재생에너지 중에서 육상풍력의 발전단가는 93.53달러로 복합가스터빈의 102.56달러보다 낮으며, 바이오매스, 수력, 대량 지상설치 태양광도 130달러 미만의 발전단가를 나타내고 있다. 미국은 복합가스터빈이 65.95달러, 원자력이 77.71달러, 석탄화력이 93.79달러로 주력 발전원 모두 100달러 미만의 발전단가를 나타내고 있다. 재생에너지 중에서는 육상풍력이 53.47달러로 복합가스터빈보다도 발전단가가 낮으며, 대량 지상설치 태양광과 지력도 100달러 미만의 낮은 발전단가를 나타내고 있다. 한국은 원자력의 발전단가가 40.42달러로 압도적 우위를 보이고 있고, 석탄화력이 82.10달러로 다음으로 낮은 발전단가를 보이고 있다. 복합가스터빈은 122.34달러로 주력 발전원 중에서 상대적으로 높은 발전단가를 가지고 있다. 태양광과 풍력의 재생에너지의 발전단가는 복합가스터빈의 발전단가보다도 높다. 일본도 원자력 발전단가가 87.57달러로 가장 낮으며 석탄화력이 107.42달러로 다음으로 낮다. 재생에너지의 발전단가는 상대적으로 높다.

4.4 에너지자원의 고갈 문제

4.4.1 자원고갈과 성장의 제약

1700년대 중반부터 시작된 산업혁명은 화석연료와 재생불가능의 광물자원을 생산요소로 대거 사용하면서 재화의 대량생산시대로 이행하게 하였다. 영국에서 산업혁명이 한창 진행되던 1798년 맬서스(Malthus)는 저서 '인구론'에서 미래 경제발전에 대해 비관적인 전망을 하였다. 맬서스는 다산성으로 인해 인구는 기하급수적으로 증가하는 데 반해 농산물 생산량은 한정된 토지에 노동투입이 증가하더라도 수확체감의 법칙으로 인해 체감적으로 증가하기 때문에 1인당 농산물 생산량은 감소할 것으로 전망하였다. 이전에 사용되지 않던 토지를 식량생산에 투입함으로써 식량생산량을 다소 증가시킬 수 있으나 나중에 사용되는 토지는 예전 토지에 비해 비옥도가 떨어지기 때문에 생산성이 낮아 식량 부족문제를 해결할 수 없고 따라서 임금은 생존수준으로 하락하고 인구 전체가 빈곤과 기아에서 벗어나지 못할 것으로 예측하였다.

맬서스의 인구론은 인구가 급증하는 반면 곡물수입에 대한 제한과 엔클로저 운동으로 농산물가격이 급등한 영국의 사회상을 논리전개의 기반으로 삼았다. 그러나 인구의 폭발적 증가와 토지의 제약에도 불구하고 산업혁명 이후 급속한 기술진보로 농산물 생산량이 크게 증가함으로써 산업화에 성공하지 못한 저개발국가의 국민들을 제외하고 인류는 빈곤과 기아에서 벗어나고 성장을 지속해 왔다.

2차 세계대전 이후에 전쟁으로 폐허가 되었던 독일과 일본의 경제가 다시 회복되고 한국, 싱가포르, 홍콩, 대만의 아시아 네 마리 용의 국가가 산업화에 성공하였으며 선진국 경제가 안정적인 성장을 유지하던 1970년대 초반에 로마클럽은 맬서스의 인구론과 유사하게 향후 경제발전에 비관적인 전망을 하는 '성장의 한계' 보고서를 발표하였다. 이 보고서의 핵심 주장은 지금까지의 자원 이용, 인구 증가, 산업화, 식량생산 추이가 지속된다면 자원고갈로 인해 향후 100년 이내에 지구의 성장은 한계에 도달한다는 것이다. 화석연료와 광물자원 등 주요 생산요소는 부존량이 한정된 재생불가능자원이기 때문에 이들 자원이 언젠가는 고갈되고 말 것이라는 시각에서 성장의 한계 보고서 작성자들의 주장은 일견 그럴듯해 보였지만 자원고갈에 따른 성장의 암울한 전망에 대해 곧바로 비판이 제기되었고 기술발전에 의해 성장을 낙관적으로 보는 시각이 우세해졌다.

고전학파의 생산함수는 토지, 노동, 자본을 3대 생산요소로 해서 다음과 같이 기술하였다.

$$Y = f(N, L, K) \tag{4.31}$$

여기서 Y는 생산량, N은 토지, L은 노동, K는 자본을 나타낸다. 토지는 자연자원을 대표하는 것으로 사용되었다.

고전학파 이후 신고전학파의 생산함수는 토지가 제외되고 노동과 자본의 함수로 다음과 같이 나타냈다.

$$Y = f(L, K) \tag{4.32}$$

토지가 제외되었다는 것은 토지가 더 이상 생산을 제약하는 중요한 요소가 아니라는 것을 의미한다. 농업부문에서의 토지의 부족은 다수확품종, 비료, 농업용 기계와 같은 자본투입을 통해 해결할 수 있고 부족한 공장용지는 지하 깊이 파고들어가거나 지상 높이 건축을 함으로써 충분히 극복할 수 있게 되었다.

인적자본론에 의하면 생산함수는 단지 자본의 함수로 쓴다. 여기서 자본은 물리적 자본과 인적 자본을 모두 포괄한다. 경제발전에 따라 비숙련노동자에 대한 수요는 감소하고 숙련노동자 또는 고급인적자원에 대한 수요는 크게 증대되고 있다. 인공지능의 발전은 인적자본이 고도로 축적된 연구개발인력을 더욱 필요로 하는 반면 생산을 제약하는 요소로서의 전통적인 노동의 기능은 점차 필요로 하지 않게 만들 것이다.

4.4.2 자원고갈의 측정 지표

어떤 재생불가능자원의 고갈여부를 측정하는 지표로는 가격, 채굴비용, 자원의 사용자비용이 주로 사용된다. 채굴비용은 일반적으로 자원 한 단위를 채굴하는데 필요한 노동과 자본의 양으로 측정한다. 한정된 자원의 양과 수확체감으로 인해 수요가 증가하고 자원의 채굴이 진행되어 감에 따라 남은 자원의 양은 감소하기 때문에 한계채굴비용이 증가할 것으로 예상된다. 그러나 한계채굴비용을 자원의 희소성 지표로 사용하는 데는 여러 문제가 있다. 첫째, 생산에 노동과 자본뿐 아니라 에너지 등의 다른 요소들도 투입이 되기 때문에 노동과 자본의 양으로만 한계채굴비용을 산출하는 것은 문제가 있다. 둘째, 기술진보는 한계채굴비용의 증가를 상쇄하고 오히려 한계채굴비용을 감소하도록 할 수 있다. 만일 기술진보로 채굴비용이 감소하는 것보다 자원에 대한 수요가 더 빠르게 증가한다면 실제 자원의 희소성은 더 커지는 데도 불구하고 관찰된 채굴비용은 희소성이 줄어든 것으로 잘못 진단할 수 있다.

자원의 사용자비용과 가격은 공급측면뿐만 아니라 수요측면, 미래수요 및 이용가능성에 대한 기대에 대한 정보를 포함하기 때문에 채굴비용에 비해 희소성 측정수단으로 선호된다. 자원의 사용자비용은 채굴되지 않은 자원의 희소성을 측정하는 가장 좋은 수단이지만 정확하게 측정하기 어렵다는 문제가 있다. 따라서 한계채굴비용과 자원의 사용자비용을 반영하고 시장에서 관찰이 용이한 자원의 가격을 희소성을 측정하는 가정 전형적인 방법으로 사용한다. 자원의 희소성이 커지는 경우 자원의 가격은 상승하는 것으로 나타날 것이다.

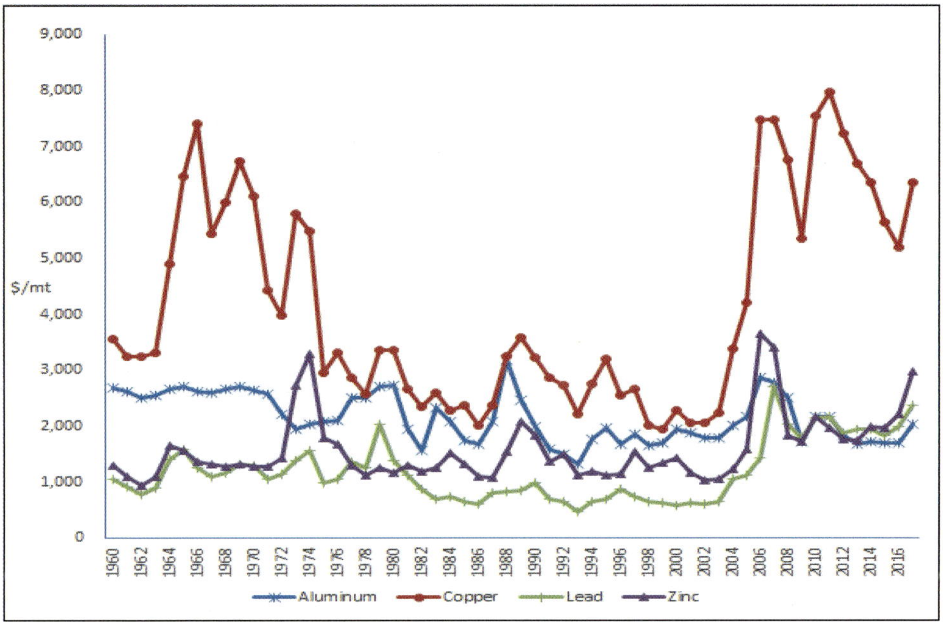

[그림 4.14] 알루미늄, 구리, 납, 아연의 가격변동 추이(2010년 기준 실질가격)

자료: world bank

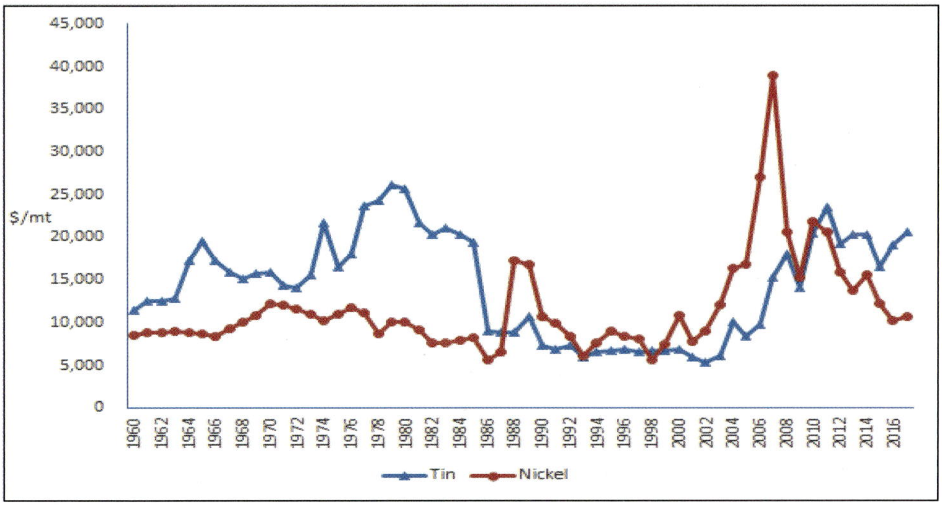

[그림 4.15] 주석, 니켈 가격변동 추이(2010년 기준 실질가격)

자료: world bank

[그림 4.14]와 [그림 4.15]는 세계은행(world bank)이 발표한 1960년 이후 광물 가격을 추이를 나타내고 있다. 단기적으로는 변동성이 크지만 장기적인 추세를 보면 광물가격이 상승한다는 신호를 찾기 어렵다.

4.4.3 자원고갈 문제와 과학기술의 발전

단기적으로는 외생적인 충격으로 의해 자원가격이 크게 변동할 수는 있지만 기본적으로 과학기술의 빠른 발전이 자원고갈에 대해 크게 염려하지 않도록 한다.

첫째, 자원 탐사 및 채굴 기술의 발전에 따라 자원의 검증매장량이 증가하고 있다. 1980년 원유의 세계 검증매장량은 6,835억 배럴이었으나 2017년에는 1조 6,966억 배럴로 약 2.5배가 증가하였다. 또한 새로운 기술발전은 셰일가스, 메탄 하이드레이트와 같은 새로운 에너지자원의 개발을 가능하도록 하고 있다. 셰일가스는 셰일층 위의 불투과 암석층의 미세한 틈새에 넓게 퍼져있는 것이 1800년대에 발견되었으나 경제성이 있는 채굴기술의 부재로 채굴되지 못하다가 혁신적인 수평채굴 및 수압균열법의 개발에 따라 생산비용이 낮아지면서 2000년대 들어 생산이 본격화되고 있다.

둘째, 재활용 기술의 발전으로 자원 이용의 효율성이 제고되고 있다. 종이, 고철, 유리, 캔과 같이 손쉬운 것부터 재활용하기 시작해서 이제는 플라스틱 재활용 기술이 보급되고 있다. 2015년 현재 호주의 폐기물 재활용률은 63%로 세계에서 가장 높으며 다음은 독일 62%, 타이완 60%, 싱가포르 59%, 벨기에 58%, 한국 49% 순으로 높은 재활용률을 나타내고 있다(Statista, 2018)

셋째, 특정 자원의 가격이 너무 높아지면 이를 대체하는 자원이나 신기술(backstop technology)이 개발되어 공급된다. 자원을 대체하게 되는 가격수준은 폐색가격이 되어 그 자원의 이용은 더 이상 필요하지 않게 된다.

넷째, 태양력, 풍력, 조력과 같이 자연적으로 계속 재생되는 에너지가 존재한다는 점이다. 기술개발과 규모의 경제를 실현하기까지 비용이 많이 소요되기 때문에 풍력을 제외하고는 아직 화석연료에 비해 경쟁력이 낮지만 화석연료가 고갈되고 가격이 높아지는 경우 충분히 경쟁력을 확보할 수 있다. 이들 현대적 재생에너지는 태양계가 존속하는 한 영원히 재생에너지로 활용될 수 있다.

제5장 에너지시장과 에너지정책

환경·에너지 경제학

CHAPTER 05

에너지시장과 에너지정책

5.1 에너지시장의 현황과 미래 전망

5.1.1 에너지 이용의 변화

산업혁명 이전까지 인류는 주로 바람, 물과 같은 자연적 에너지의 흐름이나 인간과 동물의 힘으로 유도되는 에너지를 활용해왔다. 4만년 이상 인류는 통제하여 다룰 수 있는 불을 주 에너지원으로 사용하여 왔으며 목재에 저장된 에너지를 열과 빛 에너지로 전환하기 위해 나무와 잔가지를 모으고 장작을 쌓아 태웠다. 기원전 4000년경에는 쟁기질을 하거나 물레방아를 돌리는데 동물의 힘을 활용함으로써 농업시대를 열었고 건초에 있는 화학적 에너지를 역학적 에너지로 전환하여 사용할 수 있게 되었다.

인류의 에너지 사용에 있어서 대전환기는 2차례에 걸쳐서 일어났다. 첫 번째 대 전환기는 산업혁명 초기 혁신적인 기술인 증기기관이 발명되고 석탄이 증기생산의 원료로 이용되기 시작하면서부터이다. 석탄은 9세기경에 스코틀랜드에서 수도원의 난방을 위해 최초로 연료로 사용되었으며 이후 양조업자와 금속세공업자들에 의해 주요 에너지로 채택되었다. 증기 생산에 석탄이 사용되면서 탄광에서 물을 끌어올리고, 배와 기차를 운행하고, 공장을 가동하는 등 다양한 분야의 혁신에 증기기관이 활용되면서 세계는 완전히 바이오연료에서 석탄시대로 전환하였다.

두 번째 대전환기는 수많은 혁신에 의해 공급옵션과 최종용도 기술의 다변화를 결과하면서 일어났다. 특히, 가장 중요한 혁신은 전기와 내연기관의 발명이었다. 전기는 에너지를 사용지점에서 쉽게 빛, 열, 일로 전환할 수 있도록 하였고 내연기관은 자동차, 비행기의 사용을 통해 개인적 및 상업적 용도로 이동이 가능하도록 하였다. 이러한 새로운 기술은 19세기 중반에 발견된 석유를 새로운 에너지 공급원으로 이용이 가능하도록 하였다. 기술발전에 따라 1950년대 중반부터 석유는 석탄을 추월하여 가장 주도적인 에너지 형태가 되었다.

[그림 5.1]은 연료별 세계 1차에너지 소비량의 추이를 나타낸다. 세계 에너지 소비량은 1965년 3,701.5Mtoe에서 2017년 13,511.2Mtoe로 52년 동안 약 3.7배가 증가하였다.[6)] 1965년의 각 연료별 소비 비중은 석유 41.9%, 석탄 37.5%, 천연가스 14.6%, 원자력 0.2%, 수력발전 5.6%, 재생에너지 0.1%로 석유와 석탄이 압도적으로 높은 비중을 차지하였고 원자력과 재생에너지는 1%의 점유율에도 미치지 못하는 낮은 수준에 있었다. 그러나 이후 석유와 석탄의 비중은 상대적으로 낮아지고 다른 연료의 비중이 높아지면서 2017년 석유의 비중은 34.2%, 석탄의 비중은 27.6%로 전에 비해 점유율이 크게 낮아진 반면 천연가스의 비중은 23.4%로 전에 비해 점유율이 크게 높아졌다. 2017년 원자력과 재생에너지의 비중은 각각 4.4%와 3.6%로 한자리 수로 올라섰으나 여전히 소비에서 차지하는 비중은 낮은 수준에 머물러있다.

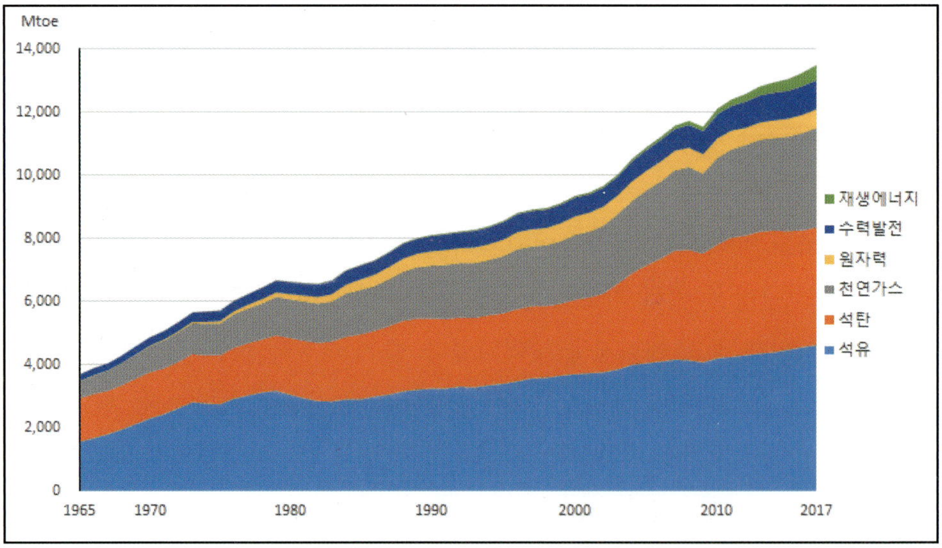

[그림 5.1] 연료별 세계 1차에너지 소비량 추이

자료: BP statistical review of world energy 2018

6) Mtoe는 million tons of oil equivalent의 약자로 백만 석유환산톤을 나타낸다.

<표 5.1>은 BP의 완속 전환 시나리오와 급속 전환 시나리오에 의한 세계 1차에너지 소비량에 대한 장기 전망을 보여준다. 1917년에서 2040년까지 1차에너지 소비량은 완속 전환 시나리오에 의하면 연평균 1.2%가 증가하고 급속 전환 시나리오에 의하면 연평균 0.8%가 증가한다. 재생에너지는 완속 전환 시나리오에서는 연평균 7.1%가 증가하고 급속 전환 시나리오에서는 연평균 9.6%가 증가하여 가장 성장률이 높을 것으로 전망된다. 특히, 급속 전환 시나리오에 따르면 2040년 재생에너지가 다른 연료들을 추월하여 가장 높은 점유율을 차지할 것으로 예측되고 있다. 반면 석탄은 연평균 5.3%포인트가 감소하여 1차에너지 소비에서 차지하는 비중이 크게 감소할 것으로 전망된다.

〈표 5.1〉 연료별 세계 1차에너지 소비량 전망

(단위: Mtoe)

완속 전환 시나리오(evolving transition scenario)					
	2017년	2020년	2030년	2040년	2017~2040 연평균증가율
합계	13,511	14,304	16,095	17,866	1.2%
석유	4,538	4,675	4,829	4,860	0.3%
천연가스	3,156	3,382	4,041	4,617	1.7%
석탄	3,731	3,779	3,647	3,625	-0.1%
원자력	596	673	739	770	1.1%
수력	919	993	1,164	1,245	1.3%
재생에너지	571	802	1,674	2,748	7.1%
급속 전환 시나리오(rapid transition scenario)					
	2017년	2020년	2030년	2040년	2017~2040 연평균증가율
합계	13,511	14,064	15,315	16,390	0.8%
석유	4,538	4,505	4,335	3,845	-0.7%
천연가스	3,156	3,493	4,058	4,343	1.4%
석탄	3,731	2,988	1,725	1,079	-5.3%
원자력	596	673	764	1,012	2.3%
수력	919	1,140	1,332	1,403	1.9%
재생에너지	571	1,265	3,102	4,708	9.6%

자료: BP energy outlook 2019

5.1.2 화석연료시장

1) 석유시장

세계 원유시장은 석유수출국기구(organization of the petroleum exporting countries: OPEC) 카르텔이 막대한 영향력을 행사해왔다. OPEC는 1960년 이란, 이라크, 쿠웨이트, 사우디아라비아, 베네수엘라의 5개국이 주도해서 만들었으며 이후 카타르, 리비아, UAE, 알제리, 나이지리아, 에콰도르, 앙골라, 가봉, 적도 기니, 콩고가 가입해 있다. OPEC가 영향력을 행사하는 근원은 전체적으로 검증된 원유매장량을 압도적으로 많이 보유하고 있고 다른 산유국들에 비해 낮은 비용에 채굴할 수 있는 원유가 풍부하다는 데에 있다.

〈표 5.2〉 10대 산유국의 검증 원유매장량

(단위: 10억 배럴)

	1980년	1990년	2000년	2010년	2017년
베네수엘라	19.5	60.1	76.8	296.5	303.2
사우디아라비아	168.0	260.3	262.8	264.5	266.2
캐나다	39.5	40.3	181.5	174.8	168.9
이란	58.3	92.9	99.5	151.2	157.2
이라크	30.0	100.0	112.5	115.0	148.8
러시아	-	-	112.1	105.8	106.2
쿠웨이트	67.9	97.0	96.5	101.5	101.5
UAE	30.4	98.1	97.8	97.8	97.8
미국	36.5	33.8	30.4	35.0	50.0
리비아	20.3	22.8	36.0	47.1	48.4
OPEC	426.0 (62.3)	764.3 (74.4)	852.9 (65.6)	1,167.6 (71.1)	1,218.8 (71.8)
Non-OPEC	257.5 (37.7)	263.2 (25.6)	448.0 (34.4)	475.4 (28.9)	477.8 (28.2)
세계	683.5	1,027.5	1,300.9	1,643.1	1,696.6

주: 괄호 안은 비중(%)
자료: BP statistical review of world energy 2018

<표 5.2>는 10대 산유국의 검증 원유매장량의 추이를 보여준다. OPEC 회원국인 베네수엘라, 사우디아라비아, 이란, 이라크, 쿠웨이트가 원유매장량이 많은

10대 국가에 포함되어 있다. 베네수엘라는 1980년에는 매장량이 195억 배럴에 불과하였으나 2017년에는 3,032억 배럴로 사우디아라비아를 추월하여 세계 1위의 원유매장량 국가가 되었다.

<표 5.3>은 주요 산유국의 1배럴당 원유 생산비용을 나타낸다. 사우디아라비아가 8.99달러로 가장 낮고 영국은 44.33달러로 가장 높다. 사우디아라비아는 대부분 육지에 유전이 위치해 있고, 원유저장소가 지표면 가까이에 있고 유량이 풍부하며, 경유와 저유황의 원유로 품질이 우수할 뿐만 아니라 수송도 편리하기 때문에 다른 국가보다 생산비용이 적게 소요된다. 노르웨이와 영국은 해저에 유전이 위치해 있어 대규모 해상채굴시설을 갖추어야하기 때문에 생산비용에서 자본비용이 차지하는 비중이 50%이상으로 높다. 캐나다는 유전이 주로 오일샌드로 모래에서 석유를 분리해야하기 때문에 채굴비용의 비중이 43%로 다른 국가에 비해 상대적으로 높다. 러시아의 석유 생산업체는 비교적 높은 세금을 부담하고 있는데 세금을 제외하면 중동 산유국과 생산비용의 차이가 크지 않다. 사우디아라비아와 이란 등 대부분의 중동 산유국들은 유전이 국유화되어 있어 원유

〈**표 5.3**〉 국가별 석유 1배럴당 생산비용

(단위: $)

	세금	자본비용	채굴비용	행정/수송비용	합계
사우디아라비아	0.00	3.50	3.00	2.49	8.99
이란	0.00	4.48	1.94	2.67	9.09
이라크	0.91	5.03	2.16	2.47	10.57
러시아	8.44	5.10	2.98	2.69	19.21
인도네시아	1.55	7.65	6.87	3.63	19.70
미국-non shale	5.03	7.70	5.15	3.11	20.99
노르웨이	0.19	13.76	4.24	3.12	21.31
미국-shale	6.42	7.56	5.85	3.52	23.35
캐나다	2.48	9.69	11.56	2.92	26.65
베네수엘라	10.48	6.66	7.94	2.54	27.62
나이지리아	4.11	13.10	8.81	2.97	28.99
브라질	6.66	16.09	9.45	2.80	35.00
영국	0.00	22.67	17.36	4.30	44.33

자료: Rystad Energy UCube(The Wall Street Journal, 2016.4.15)

채굴에 대해 세금을 내지 않지만 국가 재정수입을 원유에 크게 의존하고 있다.

OPEC는 이러한 원유 매장량, 생산량, 생산비용에 있어서의 우위를 바탕으로 [그림 5.2]의 유가추이에서 보는 바와 같이 1970년대에는 1차 및 2차 오일쇼크를 유발하였고 2010년대 중반에는 미국의 셰일업체를 시장에서 퇴출시키기 위해 가격전쟁을 불사하기도 하였다.

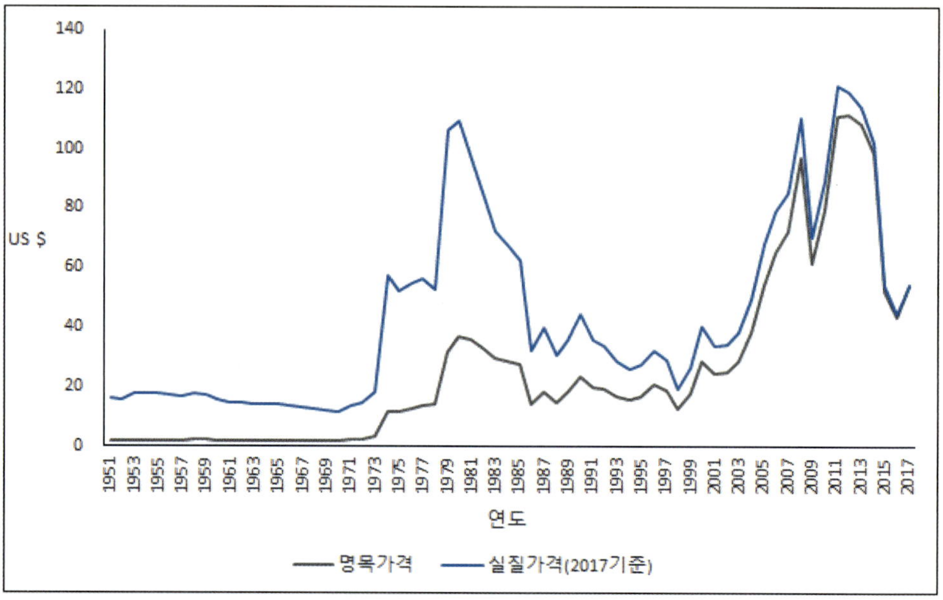

[그림 5.2] 원유가격 추이

자료: BP statistical review of world energy 2018

원유가격의 결정원리는 카르텔(또는 지배기업) 모형으로 설명할 수 있다. 카르텔을 형성하는 것은 회원국들이 담합을 통해 더 많은 이윤을 확보하기 위함이며 OPEC를 제외한 다른 산유국들은 OPEC가 설정하는 가격을 수용해서 생산량을 결정한다. [그림 5.3]에서 D_T는 원유에 대한 총수요곡선, S_f는 Non-OPEC 국가들의 공급곡선을 의미한다. OPEC가 직면하는 수요곡선 D_c는 $D_T - S_f$로 원유가격이 p_1일 때 Non-OPEC 국가들이 원유를 모두 공급하고 p_2일 때는 OPEC가 원유를 모두 공급한다. MR_c는 OPEC의 한계수익곡선, MC_c는 OPEC의 한계비용곡선으로 OPEC는 이윤을 극대화하기 위해 q_c만큼 생산하고 가격은 p_c로 설정한다. Non-OPEC 국가들은 p_c가격을 수용하여 q_f만큼 생산하며 이때 전체생산량은 $q_T = q_c + q_f$가 된다.

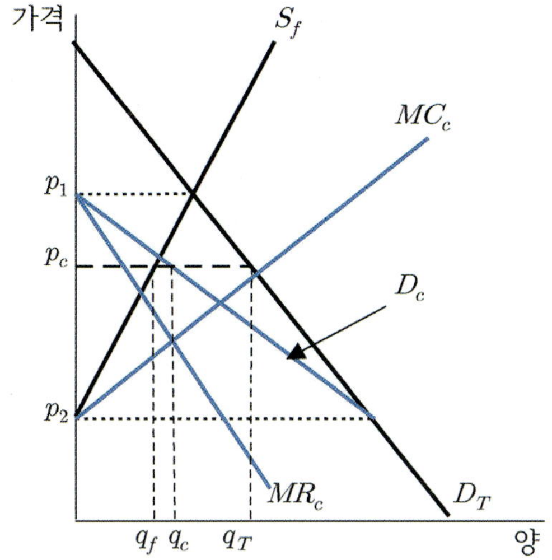

[그림 5.3] OPEC 카르텔의 가격결정

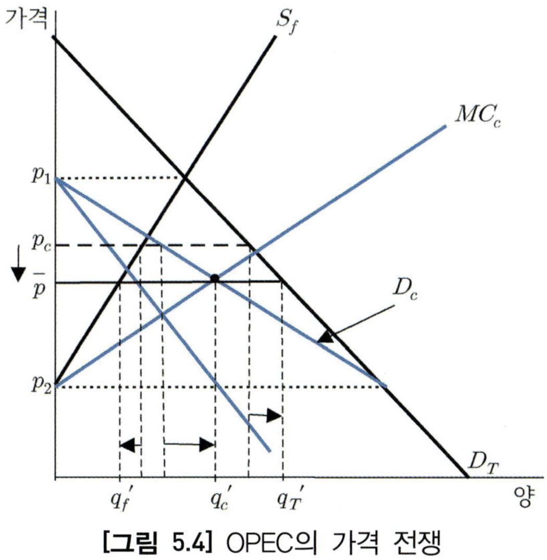

[그림 5.4] OPEC의 가격 전쟁

자료: Bhattacharyya, 2011

[그림 5.4]는 카르텔에 포함되지 않은 원유 생산자로부터의 경쟁에 직면해서 카르텔이 경쟁자를 시장에서 몰아내기 위해 가격전쟁을 수행하는 경우를 나타낸다. OPEC는 D_c와 MC_c가 교차하는 지점까지 생산량을 증가함으로써 가격이 $\bar{p}$

수준까지 하락하는 것을 용인하고 카르텔 외부의 가격 경쟁력을 상실한 생산자를 시장에서 퇴출시킨다. Non-OPEC의 생산량은 $q_f{}'$ 감소하며 OPEC의 전체생산량은 $q_c{}'$, 생산량은 $q_T{}'$로 증가한다.

OPEC의 위상은 최근 들어 다소 쇠퇴하는 양상을 보이고 있으며 상대적으로 다른 산유국들에 비해 낮은 원유 생산비용에도 불구하고 가격전쟁을 지속하기 어려운 상황이 되고 있다.

그 이유는 첫째, 기술발전에 따라 미국 셰일업체들의 손익분기점의 원유가격 수준이 지속적으로 하락하고 있다는 점이다. 미국 셰일오일의 평균 손익분기점 가격은 2013년에는 70달러가 넘었으나 2016년에는 40달러 이하로 떨어진 것으로 평가된다.7)

〈표 5.4〉 재정부문을 고려한 손익분기점의 원유가격

(단위: $/1배럴)

	2014	2015	2016	2017p	2018p
알제리	135.3	106.8	93.0	64.7	63.3
바레인	103.3	118.7	105.7	101.1	97.7
이란	100.0	60.1	73.1	51.3	58.8
이라크	101.2	58.5	46.1	54.3	56.5
쿠웨이트	54.5	47.2	46.5	49.1	50.4
리비아	206.0	199.9	212.8	71.3	90.6
오만	94.0	100.3	80.1	79.2	78.8
카타르	56.2	53.5	54.6	52.9	54.9
사우디아라비아	105.7	93.8	93.7	83.8	74.4
UAE	79.0	58.8	58.6	67.0	58.6

자료: IMF statistical appendix, 2017

둘째, 국가 재정지출의 많은 부분을 원유판매수입에 의존하고 있는 중동 산유국의 재정부문을 고려한 손익분기점의 원유가격이 상당히 높다는 점이다. <표 5.4>는 주요 산유국의 재정부문을 고려한 손익분기점의 원유가격을 보여준다. 2016년 사우디아리비아의 손익분기점의 원유가격은 1배럴당 93.7달러였으며,

7) www.rystadenergy.com, shale break even prices 2017.

2017년에는 83.8달러, 2018년에는 74.4달러로 다소 하락할 것으로 전망된다. 다른 중동 산유국들의 2018년 손익분기점의 가격은 50.4~97.7달러 수준에 있을 것으로 전망된다.

셋째, 미국, 캐나다의 원유 생산량이 크게 증가하면서 에너지 다소비국인 미국의 중동산 원유에 대한 의존도가 크게 감소한 반면 원유 수출량은 계속 증가하고 있으며, 원유를 대체할 수 있는 천연가스, 석탄, 원자력, 재생에너지 등 다른 에너지원의 활용이 증대하고 있다는 점이다. [그림 5.5]에서 보는 바와 같이 미국은 셰일 오일 및 가스 개발 붐에 따라 2000년대 중반이후 원유 생산량이 급증하여 2017년에는 1일 1,306만 배럴로 세계 1위의 원유 생산량 국가가 되었고 캐나다는 1일 생산량 483만 배럴로 세계 5위에 위치해있다.[8)] [그림 5.6]은 사우디아라비아, 러시아, 미국의 원유 수출량 추이를 나타내는데 미국의 원유 수출량은 2012년 이후 급속히 증가하여 2023년부터는 러시아를 3위를 밀어내고 사우디아라비아 다음으로 세계 2위의 원유 수출국이 될 것으로 예상되고 있다.

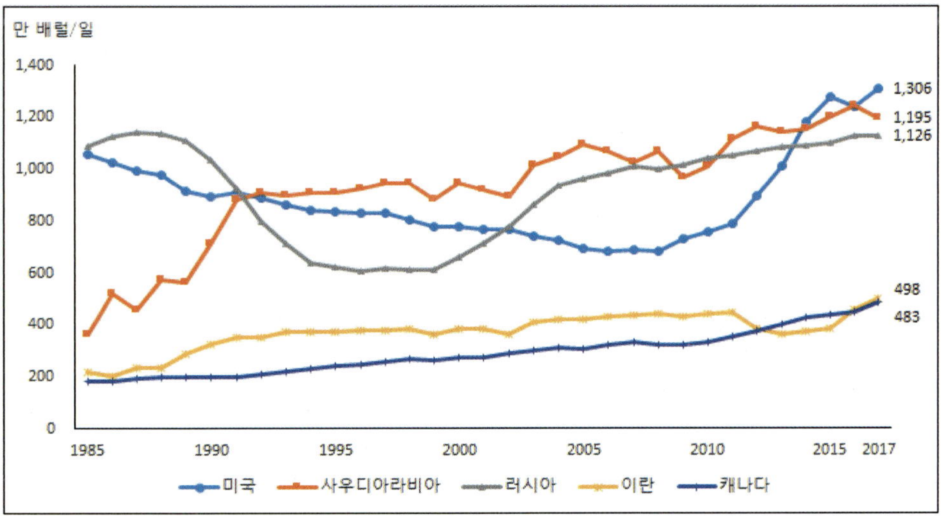

[그림 5.5] 주요 국가의 원유 생산량 추이

자료: BP statistical review of world energy 2018

---

8) 베네수엘라는 2017년 원유 매장량이 세계 1위지만 자국에 투자한 메이저 석유회사를 국유화하고 사회주의경제로 이행하면서 유전개발, 채굴, 정유시설에 대한 투자가 제대로 이루어지지 않음에 따라 원유 생산량은 2006년 1일 334만 배럴로 정점을 찍은 뒤 계속 감소하여 2017년에는 211만 배럴만을 생산하고 있다.

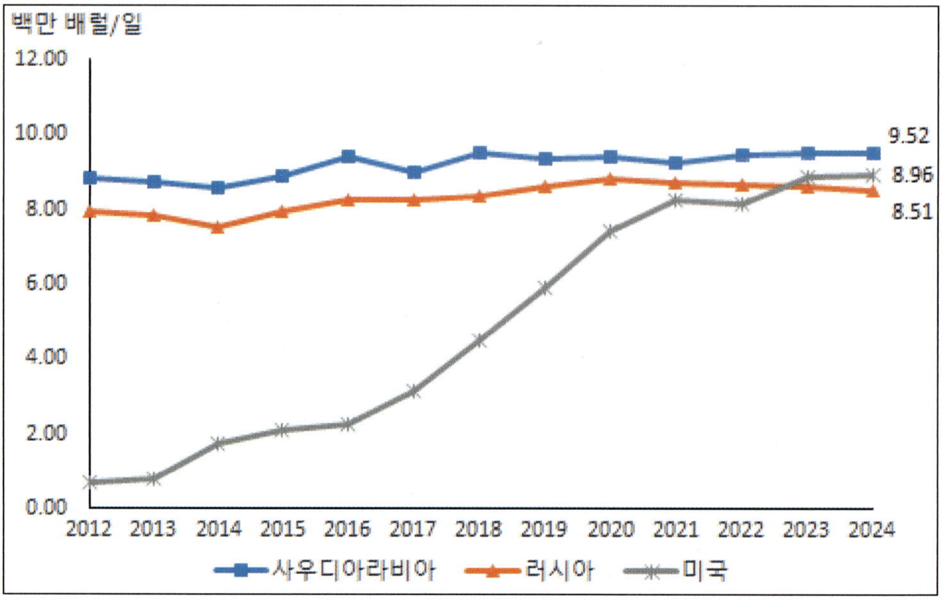

[그림 5.6] 주요 국가의 원유 수출량 추이

자료: international energy agency, 2019

세계 원유 수요는 중단기적으로는 계속 증가하지만 장기적으로 석유 수요와 가격이 어떻게 변화할 것인지는 세계 경제의 성장 전망, 각국 정부의 에너지 관련 정책, 온실가스감축과 지속가능성장에 대한 국제적 합의 여부, 혁신적 기술의 발전 속도 등 여러 요인에 달려있다.

세계에너지기구(2019)의 각국 정부의 새로운 정책과 목표를 포괄하는 새 정책 시나리오(new policy scenario: NPS)에 의하면 2040년까지 석유수요는 꾸준히 증가할 것으로 전망된다. 2017년에서 2040년까지 개발도상국의 1일 석유 수요량은 1,800만 배럴이 증가하고, 선진국은 1,000만 배럴이 감소하며, 국제 여객 및 화물 운송 부문에서 300만 배럴이 증가하여 전체적으로는 1,100만 배럴이 증가할 것으로 예상된다. 기후변화에 대한 정책적 개입이 포함되는 지속개발시나리오(sustainable development scenario: SDS)에 의하면 2020년경에 세계 석유수요는 정점에 이르고 모든 국가들이 2030년 이전에 석유수요가 정점에 이를 것으로 전망되고 있다.

원유가격은 석유제품에 대한 신흥개발도상국의 수요 증가와 세계 소득 증가에도 불구하고 선진국의 환경규제 강화, 대체에너지 사용의 증가, 전기자동차 이용의 증가와 클린 기술에 대한 개발도상국의 접근성 강화, 검증 원유매장량의 증가 추세 등으로 인해 향후 배럴당 60~80달러 수준은 넘지 않을 것으로 전망된다.[9)]

2) 천연가스 시장

천연가스는 원유와는 다른 종류의 탄화수소이다. 석유를 저장하는 지형보다는 훨씬 덜 견고한 지형적 조건에 존재하기 때문에 보다 더 풍부하고 세계 여러 국가에 광범위하게 퍼져있다. 천연가스 프로젝트를 추진하기 위해서는 사전에 대규모 소비자가 요구되고 생산자와 소비자를 연결하는 수송망이 필수적으로 개발되어야 한다. 천연가스는 수송이 어렵고 사고위험이 크기 때문에 수송망 개발에는 많은 자본투자가 요구된다. 따라서 석유 산업과는 달리 가스 산업은 시장이 국제적으로 형성되지 않으며, 수요와 공급이 적절히 맞춰질 수 있고 공급을 위한 사회간접시설이 가능한 여러 지역적 시장이 개발된다. 천연가스는 전속 시장이 없고 석탄, 중유, 전기와 같은 다른 연료와 경쟁을 해야 하기 때문에 가격경쟁에 있어서 우위를 확보하는 것이 필요하다.

<표 5.5>는 주요 국가의 천연가스 검증매장량의 추이를 보여준다. 세계 천연가스 검증매장량은 1980년 71.6조m^3에서 2017년 193.5조m^3로 37년간 2.7배가 증가하였다. 세계 5대 국가의 천연가스 검증매장량이 모두 증가하였으며 특히, 이란, 카타르, 투르크메니스탄의 검증매장량이 크게 증가하였다. 2017년 현재 러시아가 35.0조m^3의 검증매장량으로 18.1%의 점유율을 보이면서 세계 1위에 위치해있으며 다음은 이란으로 33.2조m^3의 검증매장량에 17.2%의 점유율을 나타내고 있다.

---

9) 세계은행에 의하면 평균원유가격은 2020~2030년 기간에 70달러 수준에서 안정되고, 캐나다 에너지 위원회(Canada energy board)에 의하면 브렌트유 가격은 2020~2040년 기간에 65~75달러 수준에서 안정될 것으로 전망된다.

〈표 5.5〉 주요 국가의 천연가스 검증매장량

(단위: 兆m^3)

국가	1980	1990	2000	2010	2017
러시아	-	-	33.2	34.1	35.0
이란	13.9	16.7	25.6	32.6	33.2
카타르	2.9	4.8	14.9	25.9	24.9
투르크메니스탄	-	-	2.6	11.3	19.5
미국	5.4	4.6	4.8	8.3	8.7
세계 합계	71.6	109.3	140.9	180.1	193.5

자료: BP statistical review of world energy 2018

[그림 5.7]은 주요 국가의 천연가스 생산량 추이를 보여준다. 미국의 2017년 천연가스 검증매장량은 8.7兆m^3로 러시아의 25% 수준에 불과하지만 2000년대 중반 이후 생산량이 급속히 증가하였으며 2012년부터는 러시아를 추월하여 세계 1위의 천연가스 생산량 국가가 되었다.

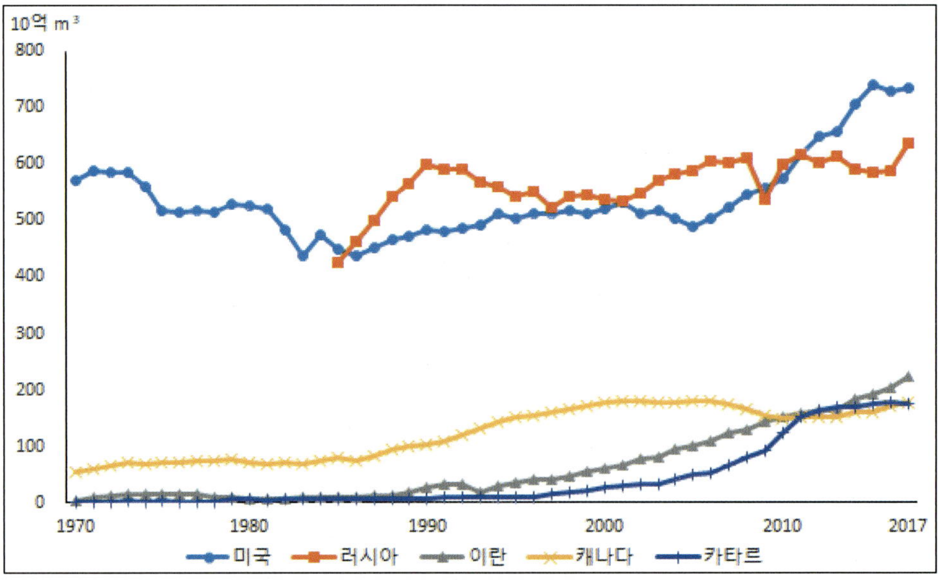

[그림 5.7] 국가별 천연가스 1일 생산량 추이

자료: BP statistical review of world energy 2018

미국의 천연가스 생산량이 크게 증가한 것은 [그림 5.8]에서 보는 바와 같이 셰일가스 생산 호황에 의한 것으로 볼 수 있다. 셰일가스 생산량은 2007년 370억 m^3에서 2017년에는 5,260억m^3로 10년 동안 약 14배가 증가하였다.

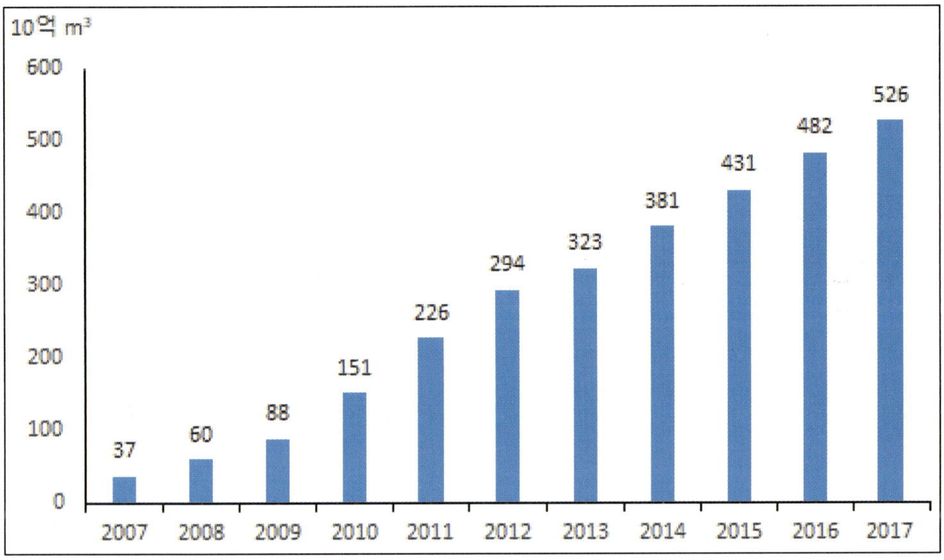

[그림 5.8] 미국의 셰일가스 생산량 추이

자료: U.S Energy Information Administration

<표 5.6>은 세계 주요 지역의 천연가스 소비량을 나타낸다. 천연가스 소비량은 세계 거의 모든 지역에서 증가하고 있는데 특히, 중동과 아시아태평양 지역에서 소비량이 크게 증가하고 있다. 전 세계 소비량은 1980년 1.4조m^3에서 2017년에는 3,7조m^3로 2.6배가 증가하였다. 국가별로는 2017년 미국의 소비량이 7,395억m^3로 가장 많고 다음은 러시아로 4,248억m^3를 소비하고 있다.

2017년 현재 천연가스는 전 세계 소비량의 약 31%인 1조 1,341억m^3만이 교역이 이루어지고 있다(BP, 2018). 천연가스 교역량이 상대적으로 적은 것은 수송이 어려운 특성에서 기인한다. 천연가스의 수송은 파이프라인을 통하거나 액화천연가스(liquified natural gas: LNG)로 전환하는 2가지 형태로 이루어진다. 2017년 현재 파이프라인을 통한 천연가스의 국가간 교역은 7,407억m^3로 65.3%를 차지하고 있고 LNG 형태에 의한 교역은 3,934억m^3로 34.7%를 차지한다. 유럽지역에

서는 파이프라인을 통한 교역이 99.7%에 이를 만큼 대부분의 소비가 파이프라인을 통해 이루어지고 있다. 유럽지역은 전체 소비량의 35.6%를 러시아로부터 파이프라인을 통해 수입한다. 일본, 중국, 한국, 인도, 타이완 등의 아시아태평양 지역 국가들은 2017년 총 수입량 3,464억m^3의 82%인 2,835억m^3를 LNG 형태로 수입하고 있다.

〈표 5.6〉 주요 지역 및 국가의 가스 소비량

(단위: 10억m^3)

	1980	1990	2000	2010	2017	2017 비중(%)
미국	533.7	517.1	628.4	648.2	739.5	20.1
유럽	280.7	360.8	484.0	567.7	531.7	14.5
러시아	-	414.2	366.2	422.6	424.8	11.6
중동	31.9	96.7	185.6	385.6	536.5	14.6
아시아태평양	73.6	152.0	298.2	578.3	759.6	21.0
세계	1,423.8	1,948.7	2,402.0	3,175.9	3,670.4	

주: Mtoe = Million ton of oil equivalent
자료: BP statistical review of world energy 2018

[그림 5.9]는 일본의 LNG수입가격과 독일의 파이프라인을 통한 천연가스의 수입가격 추이를 나타낸다. LNG는 가스를 액화하는 복잡한 공정을 거치고, 운송을 해야 하며, 다시 가스화해서 사용해야하기 때문에 일반적으로 파이프라인을 통한 가격보다 비싸다. 특히 2011~2014년 사이에 LNG와 파이프라인 천연가스와의 가격차이가 크게 벌어졌는데 이는 2011년 후쿠시마 원전사고로 인한 일본의 원자력발전의 중단과 아시아경제의 급속한 성장 등으로 LNG 수요가 급격히 증가한 반면 LNG 공급 증가가 원활하지 못했기 때문이다.

원유 가격과 천연가스 가격은 다음과 같은 이유로 밀접한 연관관계를 가지고 있다. 첫째, 수요측면에서 천연가스와 석유는 대체관계를 가지고 있다. 원유가격의 상승은 수요자들에게 전력생산, 산업용 원료, 석유제품의 소비에서 천연가스로 대체하도록 함으로써 천연가스의 수요를 증가하고 따라서 천연가스의 가격이 상승하도록 한다. 둘째, 공급측면에서 천연가스와 원유는 보완관계를 가지고 있

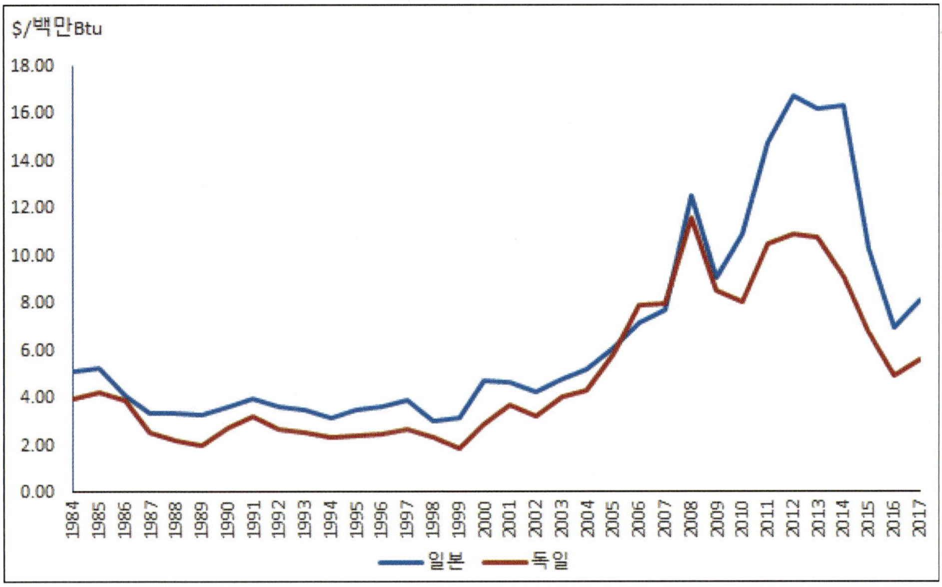

주: 일본의 LNG수입가격은 비용+보험료+화물운송료

[그림 5.9] 천연가스가격 추이

자료: BP statistical review of world energy 2018

다. 천연가스는 유정(oil well)에 연계되어있는 가스정에서 원유를 생산하는 과정에서 함께 생산되거나 원유와 관련이 없는 가스정에서 생산된다. 원유 수요증가에 의해 원유가격이 상승하면 원유생산의 증가와 함께 유정과 연계되어 있는 가스정에서의 천연가스 생산도 함께 증가한다.

[그림 5.2]의 원유가격 추이와 [그림 5.9]의 천연가스 가격 추이를 비교하면 매우 유사한 변동 추이를 나타내고 있는데 이러한 결과는 여러 실증분석에서도 확인되고 있다.[10] 특히, 원유 가격과 천연가스 가격의 변동이 유사한 것은 원유시장에서의 수요충격과 원유시장과 관계없는 에너지 총수요충격에 기인하는 것으로 밝혀지고 있다(Zamani, 2016). 원유시장은 세계적이고 천연가스시장은 국지적이기 때문에 원유시장에서의 충격이 원유 가격과 천연가스 가격에 영향을

10) 원유 가격과 천연가스 가격이 유사하게 변동하는 결과를 뒷받침하는 실증분석으로는 Zamani(2016) 외에도 Villar and Joutz(2006), Brigida(2014)가 있다. 일반적으로 원유가격이 천연가스 가격의 10배에 이른다는 10대 1의 어림규칙이 있으며, 일부에서는 6대 1의 어림규칙을 제시하기도 하는데 최근 일부 연구자들은 이러한 비율이 감소했을 것으로 추정하고 있다.

미치게 되는데 예상치 못한 원유수요의 증가(감소)는 원유와 천연가스의 가격을 상승(하락)하도록 한다. 또한 세계 경제의 변동성에 의한 에너지 총수요충격은 원유가격과 천연가스 가격을 유사하게 변화하도록 한다.

천연가스의 장점은 다른 화석연료보다 이산화탄소를 적게 배출하여 상대적으로 환경 친화적이라는 점이다. [그림 5.10]에서 보는 바와 같이 100만 Btu당 천연가스의 이산화탄소 배출량은 53.1kg로 무연탄 103.7kg의 51% 수준, 갈탄 97.7kg의 54% 수준, 휘발유 71.3kg의 74% 수준, 디젤 73.2kg의 73% 수준에 그치고 있다. 다른 연료와 충분히 경쟁할 수 있는 지역에서 가스시장이 형성돼 왔으나 환경적 측면에서의 장점으로 인해 가스시장은 더욱 확장될 것으로 전망된다.

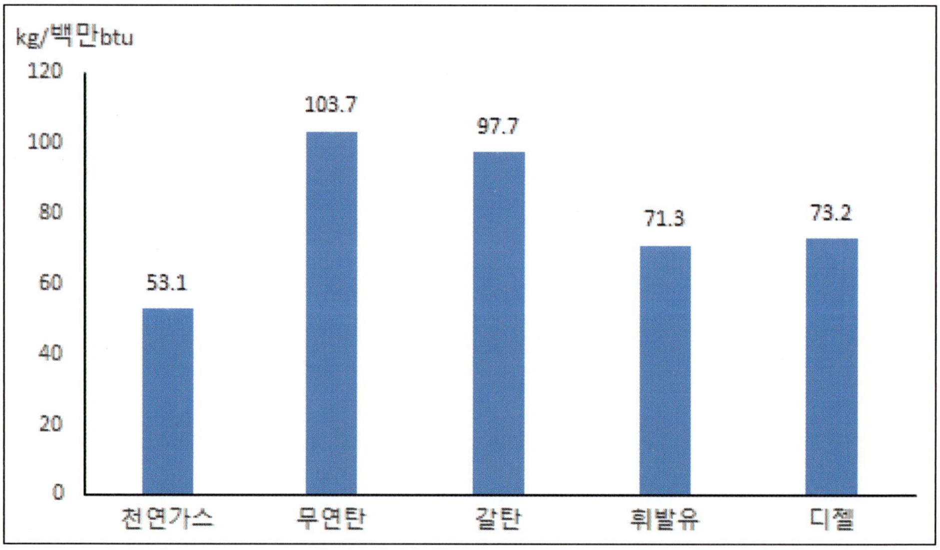

[그림 5.10] 연료별 이산화탄소 배출량

자료: U.S. Energy Information Administration

세계에너지기구의 NPS시나리오에 의하면 천연가스 수요량은 2017년 3.8조m^3에서 2025년에는 4.3조m^3, 2030년에는 4.6조m^3, 2040년에는 5.3조m^3로 증가할 것으로 예측된다. 특히, 중국의 천연가스 수요량은 급증하여 2040년에는 EU를 추월하여 세계 1위의 천연가스 수입국이 될 것으로 전망하고 있다.

3) 석탄 시장

석탄은 가장 오래 사용된 화석연료의 형태로 매장량이 많고 가격도 저렴한 편이어서 세계 각국이 널리 이용해왔다. BP통계자료(2019)에 의하면 2017년 현재 세계 검증매장량은 1조 350억톤에 이르며 세계 70여개 국가에 분포되어 있다. 석탄매장량은 미국이 24.2%의 점유율로 가장 높고 다음은 러시아 15.5%, 호주 14.0%, 중국 13.4% 순으로 높다.

석탄에서 배출되는 오염물질로 인한 피해에 대한 우려가 커지면서 2000년대 중반부터 선진국은 석탄 소비량을 크게 줄여왔으나 중국, 인도 등 신흥개발도상국의 소비량은 오히려 크게 증가하고 있다. BP통계자료에 의하면 2017년 현재 전 세계 석탄 소비량 중 50.7%를 중국이 점유하고 있고 다음은 인도가 11.4%의 높은 점유율을 보이고 있다. 그러나 기후변화 문제가 세계적으로 핵심 이슈로 대두되고 선진국을 중심으로 탄소배출의 억제를 위한 대책이 적극 강구됨에 따라 다른 화석연료에 비해 탄소집약도가 높은 석탄은 중대한 도전에 직면해있다.

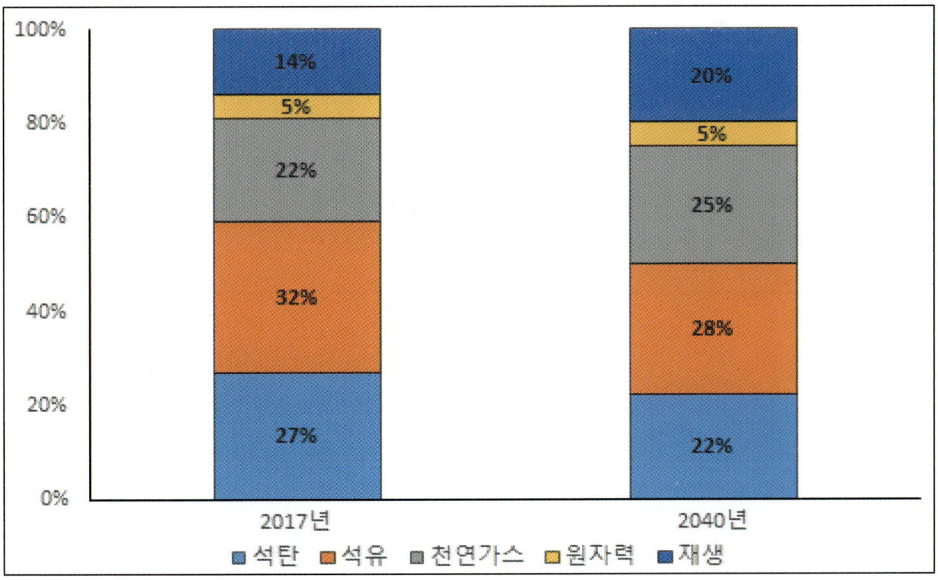

[그림 5.11] 연료별 구성비 전망(2017년과 2040년)

자료: International Energy Agency, World energy outlook 2018

환경문제에 대한 도전에 직면해서 석탄 산업계는 석탄가스화 복합화력발전, 탄소포획 및 저장, 지하 석탄가스화, 석탄액화, 석탄층 메탄 등의 오염물질 배출을 줄이는 새로운 기술을 채택하여 활로를 모색하고 있다. 이러한 노력에도 불구하고 석탄은 천연가스, 재생에너지와 같은 대체연료에 밀려 수요량이 감소될 것으로 전망된다. 세계에너지기구의 NPS시나리오에 의하면 석탄이 세계 1차에너지 소비에서 차지하는 비중은 2017년 27%에서 2040년에는 22%로 5%포인트 감소한다(그림 5.11). 반면 천연가스의 비중은 같은 기간 22%에서 25%로 3%포인트 증가하여 석탄을 추월하게 되며, 재생에너지의 비중은 14%에서 20%로 6%포인트 증가한다. 석유의 비중은 2017년 32%에서 2040년에는 28%로 4%포인트가 감소하지만 2040년에도 여전히 1위를 유지할 것으로 전망되고 있다.

5.1.3 전력시장

세계에너지기구(2018)에 의하면 세계 전력생산량은 1973년 6,131Twh에서 2016년 24,973Twh로 43년간 4배가 증가하였으며 연평균 증가율은 3.3%였다. 세계 금융위기로 극심한 경제침체를 겪었던 2008에서 2009년 사이를 제외하고는 전력생산량은 매년 지속적으로 증가하였다.

[그림 5.12]의 연료별 전력생산 비중을 보면 1973년에는 석탄의 비중이 38.3%로 가장 높았고 다음은 석유 24.8%, 수력 20.9%, 천연가스 12.1% 순으로 나타났다. 총 전력생산에서 차지하는 석탄, 석유, 천연가스의 화석연료 비중은 75.2%로 압도적으로 높았다. 원자력의 비중은 3.3%, 수력을 제외한 재생에너지와 폐기물

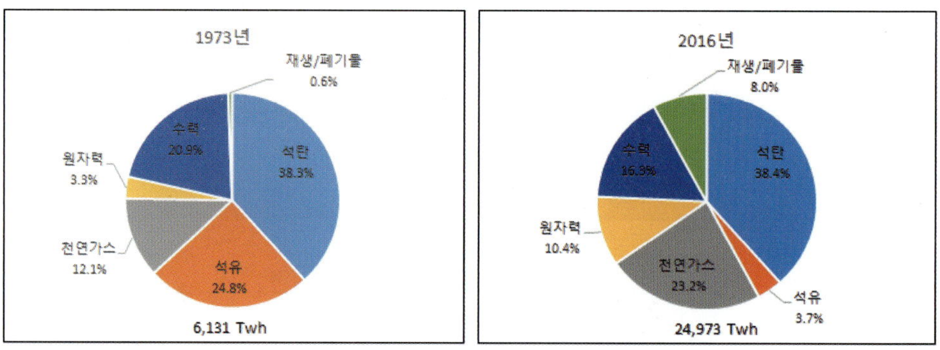

[그림 5.12] 연료별 세계 전력생산량

자료: International Energy Agency, Key world energy statistics 2018

의 비중은 0.5%에 불과하였다. 2016년 석탄의 비중은 38.4%로 1973년과 거의 차이가 없었으나 천연가스, 원자력, 재생에너지 및 폐기물의 비중은 1973년에 비해 크게 증가하였다. 반면 2016년 전력생산에서 차지하는 석유의 비중은 3.7%로 1973년에 비해 21%포인트가 감소하였다.

<표 5.7>은 2017년 중국, 미국, 독일의 연료별 전력생산 현황을 나타낸다. 세계 1위의 전력생산국인 중국은 석탄의 비중이 67.1%로 압도적으로 높으며 수력발전이 17.8%로 다음으로 비중이 높다. 세계 2위의 전력생산국인 미국은 셰일가스 생산량의 폭발적인 증가에 힘입어 석탄을 2위로 밀어내고 전력생산에서 차지하는 천연가스의 비중이 32%로 1위가 되었다. 원자력발전 비중은 19.8%로 전력생산에서 원자력발전에 대한 의존도가 상당히 높은 편이다. 중국과 미국의 재생에너지 의존도는 10%에 미치지 못하고 있다. 독일은 석탄의 비중이 37%로 가장 높으며, 탈원전을 추진하고 재생에너지에 대한 정부의 적극적인 지원정책에 힘입어 재생에너지 발전비중이 30.3%에 이르고 있다.

〈표 5.7〉 중국, 미국, 독일의 연료별 전력생산

(2017년, 단위: Twh, %)

	석유	천연가스	석탄	원자력	수력	재생	기타	합계
중국	14.9 (0.2)	196.2 (3.0)	4,360.9 (67.1)	248.3 (3.8)	1,155.8 (17.8)	471.7 (7.3)	47.4 (0.7)	6,495.1 (100.0)
미국	22.7 (0.5)	1,368.7 (32.0)	1,314.0 (30.7)	847.3 (19.8)	296.5 (6.9)	418.9 (9.8)	13.6 (0.3)	4,281.8 (100.0)
독일	5.7 (0.9)	86.0 (13.1)	242.2 (37.0)	75.9 (11.6)	19.7 (3.0)	198.1 (30.3)	26.6 (4.1)	654.2 (100.0)

주: 기타는 양수발전과 폐기물을 포함함
자료: BP statistics review, 2018

원자력은 사고시 예상되는 위험에 대한 두려움과 방사성폐기물의 처리문제에 대한 우려가 상존하고 있지만 발전소 운영비용이 상대적으로 싸고 기후변화에 대응할 수 있는 매력적인 수단으로 여겨지면서 특히, 중국, 인도, 러시아 등에서 활발히 발전소 건설이 추진되고 있다. <표 5.8>은 주요 국가의 원자력발전 현황 및 향후 계획을 보여준다. 2017년 현재 원자력발전에 의한 세계 전력생산량은 2,490Twh로 전력공급의 10.6%를 차지하고 있다. 2016년 현재 운영 중인 원자로

수는 447기, 2017년 9월 1일 현재 건설 중인 원자로 수는 56기, 계획 중인 원자로 수는 160기, 제안되고 있는 원자로 수는 351기이다. 2017년 세계 우라늄 수요량은 65,014톤에 이른다. 미국이 운영 중인 원자로 수와 발전량이 가장 많지만 국가 전력생산에서 원자력발전 비중이 가장 높은 국가는 프랑스로 72.3%에 이르고 있다. 2016년 현재 중국이 운영중인 원자로 수는 37기로 미국, 프랑스, 일본에 이어 세계 4위에 머물러 있으나 현재 가장 많은 원자로를 건설하고 있고 계획된 원자로와 제안된 원자로도 가장 많다.

〈표 5.8〉 주요 국가의 원자력발전 현황 및 향후 계획

국 가	전력생산량*		운영 원자로	건설 원자로	계획 원자로	제안 원자로	우라늄** 수요량(톤)
	TWh	비중(%)					
벨기에	41.3	51.7	7	0	0	0	987
캐나다	97.4	15.6	19	0	2	0	1,592
중국	210.5	3.6	37	20	40	143	8,289
체코	22.7	29.4	6	0	2	1	649
핀란드	22.3	33.7	4	1	1	0	494
프랑스	384	72.3	58	1	0	0	9,502
독일	80.1	13.1	8	0	0	0	1,480
인도	35	3.4	22	6	19	46	843
일본	17.5	2.2	42	2	9	3	662
한국	154.2	30.3	24	3	2	6	4,730
러시아	179.7	17.1	35	7	26	22	5,380
스페인	56.1	21.4	7	0	0	0	1,275
스웨덴	60.6	40	8	0	0	0	1,188
스위스	20.3	34.3	5	0	0	3	497
우크라이나	81	52.3	15	0	2	11	1,944
영국	65.1	20.4	15	0	11	2	1,772
미국	805.3	19.7	99	2	14	21	18,996
세계 합계	2,490	10.6	447	56	160	351	65,014

주: *전력생산량은 2016년, **우라늄수요량은 2017년 현황임.
자료: International Atomic Energy Agency, power reactor information system, 2017/9/1.

[그림 5.13]은 수력과 재생에너지(수력 제외)의 세계 발전량 추이를 나타낸다. 수력발전은 1970년에서 2017년 기간 동안 2.7%의 연평균증가율을 보였고 태양광, 풍력, 조력 등의 재생에너지는 같은 기간 9.9%의 연평균 증가율을 보였다. 특히, 재생에너지는 2000년대 중반이후 빠르게 증가하고 있다.

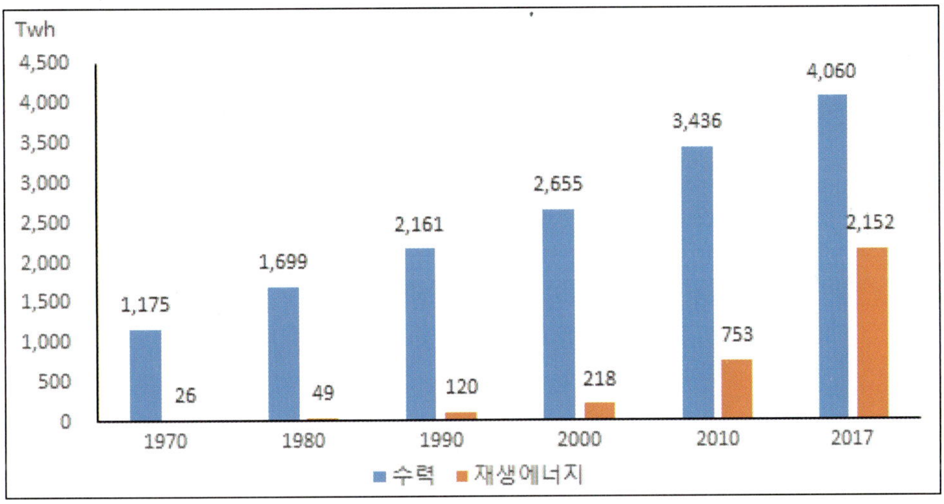

주: 재생에너지는 수력을 제외한 태양력, 풍력, 조력 등의 재생에너지를 의미

[그림 5.13] 세계 수력 및 재생에너지 전력생산 추이

자료: BP statistical review of world energy 2018

중국, 인도 등의 개발도상국가는 높은 경제성장률과 인구증가로 인해 향후에도 전력수요가 크게 증가하겠지만 선진국은 전기사용도구의 지속적인 효율성 개선으로 인해 전력수요가 상대적으로 정체될 것으로 예상된다. 세계에너지기구(2018)의 NPS시나리오는 전력생산에서 현재 가장 높은 비중을 나타내고 있는 석탄은 시간이 경과하면서 점차 천연가스로 대체되고 2025년에는 1위 자리를 천연가스에 내줄 것으로 전망하고 있다. 태양광은 비용감소와 정부의 우호적인 정책으로 인해 크게 증가하여 2025년에는 풍력을 추월하고 2030년대 중반에는 석탄을 추월하여 천연가스 다음으로 시설용량에서 2위로 도약할 것으로 전망된다. 수력을 포함한 재생에너지 전체가 전력생산에서 차지하는 비중은 2017년 25%에서 2040년에는 41%에 도달할 것으로 전망되며, 원자력발전 시설용량은 약간 증가할 것으로 예상되지만 지리적으로 상당한 이동이 있을 것으로 예상되

고 있다.

<표 5.9>는 2040년 주요 국가의 원자력발전 설비용량에 대한 예측을 보여주는데 기존의 원자력발전을 주도해왔던 미국, EU, 일본의 원자력발전 설비용량은 감소하고 대신 중국, 러시아, 인도의 원자력발전 설비용량은 크게 증가할 것으로 전망된다. 미국은 2017년 105GW에서 2040년에는 44GW로 61GW가 감소하고, 같은 기간 유럽연합은 80GW, 일본은 25GW가 감소할 것으로 예측된다. 반면 같은 기간 중국은 37GW에서 148GW로 111GW가 증가하며, 러시아는 11GW, 인도는 32GW가 증가할 것으로 예측되고 있다.

〈표 5.9〉 주요 국가의 2040년 원자력발전 용량 예측(NPS시나리오)

국가	2017년(A)	2040년(B)	$B-A$
미국	105	44	-61
유럽연합	102	22	-80
일본	33	8	-25
중국	37	148	+111
러시아	28	39	+11
인도	7	39	+32

자료: International Energy Agency, World energy outlook 2018

5.2 가격규제정책

에너지시장은 완전경쟁시장의 원리를 적용하지 못하도록 하는 여러 형태의 시장실패가 나타나고 있으며 이를 교정하기 위해 정부의 개입을 요구한다. 시장실패 외에도 에너지 이용과 관련한 사회적 갈등과 형평성 문제, 에너지 공급의 안정성 확보 문제 등으로 인해 에너지시장에 정부가 광범위하게 개입하고 있다. 여기에서는 에너지시장에서 나타나는 시장지배력과 에너지의 수요 및 공급 관리와 관련된 문제에 대해 초점을 맞춘다. 에너지사용 과정에서 나타나는 부정적 외부효과인 환경오염문제에 대해서는 제6장에서 자세히 다룰 것이다.

5.2.1 자연독점의 규제

에너지 부문의 자본집약성은 대규모 투자를 요구하며 보다 큰 규모의 시설설치로 규모의 경제(economies of scale)가 제공되기 때문에 에너지 시장에서는 소수의 공급자가 시장을 지배하는 경향을 보인다. 규모의 경제는 생산량이 x배 증가하면 비용은 x배 보다 더 적게 증가하여 생산량이 증가함에 따라 장기 평균비용이 감소하는 것을 의미한다. 규모의 경제로 하나의 공급자에 의한 재화의 생산이 최소비용으로 재화의 공급을 보장하는 상황을 자연독점(natural monopoly)이라 한다.

[그림 5.14]는 자연독점 기업의 생산량 결정과 그에 따른 후생손실을 보여준다. 그림에서 D는 시장수요곡선을 나타내고 MR은 자연독점 기업의 한계수익곡선, AC는 평균비용곡선, MC는 한계비용곡선을 나타낸다. 생산량이 증가함에 따라 평균비용이 감소하기 때문에 한계비용곡선은 평균비용곡선 아래에 위치하게 된다. 독점기업은 이윤을 극대화하기 위해 $MR = MC$가 되도록 하는 Q_m을 생산하고 가격은 p_m에 설정한다. 사회적으로 효율적인 생산량은 Q_c로 자연독점 기업은 사회적으로 최적인 것보다 적게 생산함으로써 음영면적 만큼의 후생손실(deadweight loss)이 발생하도록 한다.

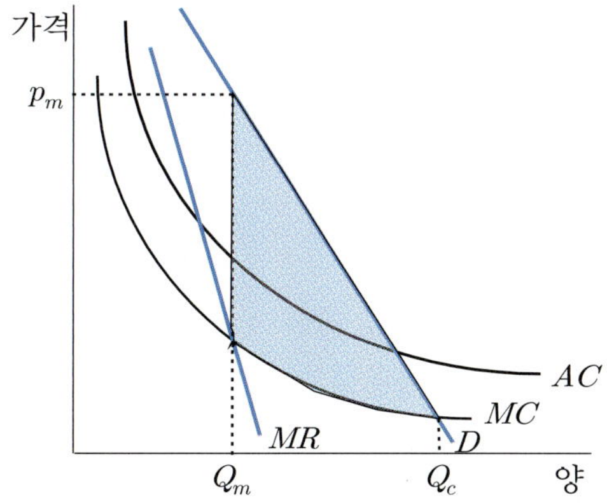

[그림 5.14] 자연독점 산업에서 생산량과 가격 결정

자연독점으로 인한 비효율성을 제거하기 위해서는 가격을 한계비용과 같도록 설정해야한다. [그림 5.15]에서 단위당 가격을 p_c로 규제하면 Q_c수준의 생산이

이루어지며 이때 한계비용은 p_c와 같아진다. 이러한 가격규제방식을 한계비용가격제(marginal cost pricing)라고 한다. 그러나 재화의 생산량 Q_c에 가격 p_c를 곱한 판매수입은 Q_c에 평균비용 $\overline{MQ_c}$를 곱한 총비용보다 적기 때문에 기업은 음영면적 만큼의 손실을 보게 되며 이와 같은 가격규제가 지속되면 기업은 생존할 수 없다는 문제가 있다.

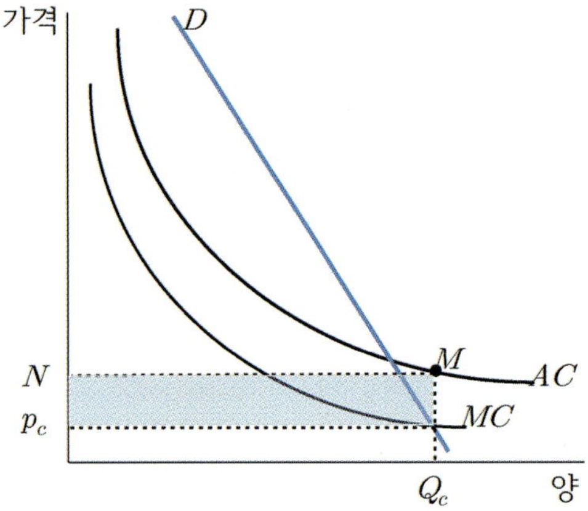

[그림 5.15] 한계비용가격제에 의한 자연독점의 규제

대안적인 가격규제방법으로 고정요금과 단위당 가격을 결합하는 이부가격제(two-part tariff)가 사용될 수 있다. 이부가격제는 단위당 가격은 한계비용가격제처럼 MC와 같도록 하고 손실을 커버할 수 있도록 고정요금을 부과하는 것이다. 고정요금은 총손실액을 재화 또는 서비스를 이용하는 소비자 숫자로 나누어 설정한다. 이부가격제는 사용량이 적고 고정요금이 높다고 생각하는 일부 소비자로 하여금 재화 이용을 중단하도록 만들 수 있다는 문제가 있다.

이부가격제를 변형한 블록가격제(block pricing) 또한 대안적 가격규제방법으로 사용될 수 있다. 블록가격제(또는 누진제)는 [그림 5.16]에서와 같이 재화의 다른 소비량에 대해 다른 가격을 부여하는 것이다. 초기 $0 \sim Q_1$의 소비량 구간에 대해서는 한계비용 수준의 낮은 가격 p_1을 부과하고, 손실을 보전하도록 $Q_1 \sim Q_2$의 소비량 구간에서는 단위당 가격을 p_2, Q_2이상의 소비량 구간에서는 단위당 가격을 p_3로 높여서 부과한다. 블록가격제는 공급이 제한적인 재화의 수요를 억제하기 위한 수단, 특히 피크부하를 완화하기 위한 수단으로도 활용된다.

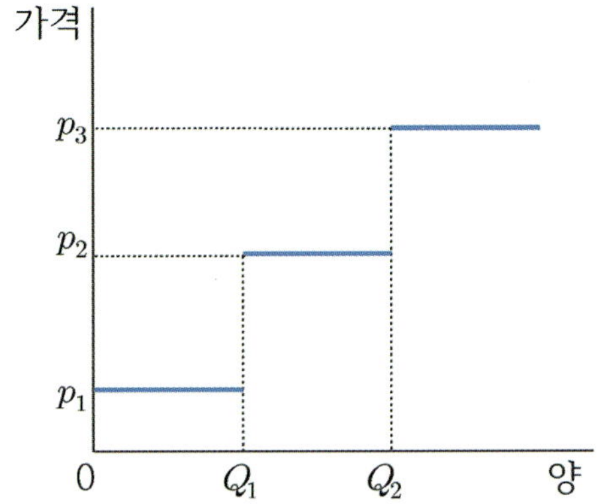

[그림 5.16] 블록가격제

평균비용가격제(average cost pricing)도 자연독점에 대한 가격규제방식의 하나로 활용된다. 평균비용가격제는 [그림 5.17]에서와 같이 가격을 평균비용과 같도록 규제하는 것으로 이때 생산량은 Q_a가 된다. 사회적으로 효율적인 생산량 Q_c보다는 적게 생산되어 음영면적 만큼의 후생손실이 발생하지만 자연독점일 때에 비해 후생손실이 크게 줄어들고 판매수입과 생산비용이 같기 때문에 공급자의 손실이 발생하지 않는다.

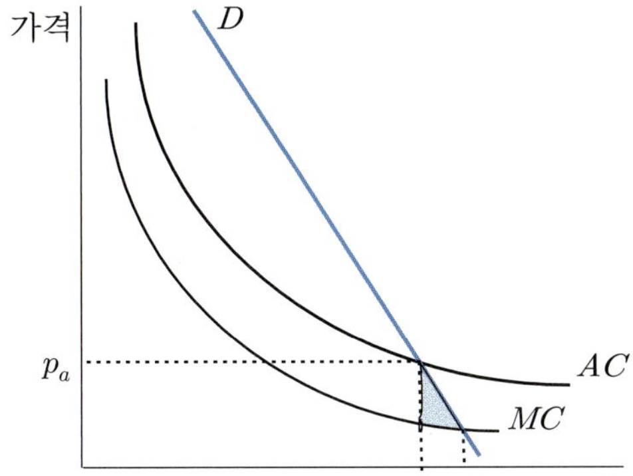

[그림 5.17] 평균비용가격제에 의한 자연독점의 규제

한계비용가격제, 이부가격제, 평균비용가격제를 적용하기 위해서는 수요곡선과 AC 또는 MC 곡선의 스케줄을 알아야 하며 최소한 수요곡선과 AC 또는 수요곡선과 MC곡선이 교차하는 지점에 대한 정보가 필요하다. 이부가격제는 고정요금을 산출하기 위해 추가적으로 기업 손실의 크기에 대한 정보가 필요하다. 블록가격제는 소비구간을 몇 단계로 설정하고 각 소비구간의 단위당 가격은 얼마로 설정하는 것이 적절한지를 결정하는 것이 쉽지 않다.

자연독점 기업에 대한 또 다른 대안적 가격규제방식으로는 기업이 얻을 기대수익률을 기초로 해서 규제기관이 허용하는 최대가격을 식 (5.1)과 같이 설정하는 방식이 있다. 식 (5.1)에서 AVC는 평균변동비용, d는 감가상각액, T는 조세액, K는 자본스톡, s는 규제기관이 허용하는 공정 수익률 수준을 나타낸다. 이러한 규제방식은 자본의 가치를 측정하기 어렵고 공정 수익률 수준에 대한 합의가 쉽지 않기 때문에 비용과 시장조건변화에 빠르게 가격을 조정하기 어렵다는 문제가 있다.[11)]

$$p = AVC + \frac{d + T + sK}{Q} \tag{5.1}$$

자연독점에 대한 다른 해결책은 정부가 소유권을 가지고 공기업 형태로 운영하는 것이다. 공기업은 이윤극대화가 아닌 사회적 후생 극대화를 추구할 수 있다는 점에서 타당한 논리적 배경을 갖는다. 그러나 역으로 에너지 부문에서의 규제완화에 대한 논의도 활발하게 전개되고 있는데 그 이유는 다음과 같다.

첫째, 에너지 부문에서의 기술혁신으로 인해 자연독점적 특성이 완화되고 있다는 점이다. 전력 생산의 경우 대규모 발전소의 설치로부터 얻어지는 기술적 이득이 정점에 도달하여 발전소의 규모 증가에 의해 이러한 이득이 성취될 수 없게 되고 있다. 또한 기술혁신으로 소규모 시설도 충분히 효율적으로 사용하는 것이 가능하게 되었고 재생에너지의 생산비용이 크게 하락하여 전통적 화석에너지와 충분히 경쟁할 수 있는 여건이 조성되어가고 있다.

둘째, 정부 규제가 실패하고 있고 공기업 운영의 비효율성이 크다는 점이다.

---

11) Pindyck and Rubinfeld(2018)가 제기한 이러한 공정수익률 규제방식의 문제점 외에도 Snyder and Nicholson(2012)은 공정수익률 규제법이 과잉설비투자로 이끄는 문제가 있음을 지적한다.

발전부문에서의 공정 수익률 규제는 최상의 효율성을 가진 발전소에 충분한 유인을 제공하지 못할 수 있으며 매우 비효율적인 발전소에 충분한 벌칙을 제공하지 않을 수 있다. 정부의 재정지원을 받는 재생에너지 발전시설이 사후적으로 경제성이 없는 것으로 나타나기도 한다. 정부가 소유한 발전소는 노동생산성이 떨어지고, 고정 설비와 장비가 노후화되었으며, 적절한 투자가 이루어지지 않고 있고, 서비스의 질이 낮으며, 만성적인 적자에 시달리고 있는 것으로 조사되고 있다(World Bank, 2005). 공기업의 비효율적 운영은 기본적으로 주인-대리인 문제로부터 야기된다. 공기업은 주인인 정부의 대리인으로서 정부에 의해 할당된 목표를 수행하는 것으로 가정된다. 그러나 대리인인 공기업은 할당된 목표와는 매우 다른 자신의 의제를 가지고 있으며 이러한 충돌의 결과로 공기업은 비효율적으로 운영되고 나쁜 실적을 결과할 수 있다.

5.2.2 부하관리와 피크 로드 가격

특정 에너지 재화의 수요는 일중 또는 계절적으로 변동성이 크다. 예를 들어, 전기는 무더운 여름의 오후나 추운 겨울의 저녁에 수요가 피크에 이른다. 수요의 변동성에 대처하기 위해 석유, 석탄, 가스는 저장시설을 갖추고 수요가 작을 때는 저장하였다가 피크 수요에는 이를 끌어내어 사용한다. 그러나 전기와 같이 저장이 어려운 에너지 재화의 경우에는 발전용량의 제약으로 인해 피크 기간에 전력 생산의 한계비용이 높다.

부하관리는 피크(peak) 시기의 수요량을 줄임으로써 새로운 피크 능력 확대를 위한 투자수요를 억제하고, 오프피크(off-peak) 시기에 설비의 활용도를 증가함으로써 생산비용을 감소하는 것을 목표로 한다. 부하관리에는 직접적 부하통제 방식과 간접적 부하통제 방식이 있다. 직접적 부하통제는 최종 장치의 작동을 중단, 재연결, 변경함으로써 직접적으로 수요를 감소시킨다. 건물의 사무실에 설치된 에어컨이나 난방기의 가동온도 및 가동시간의 중앙통제, 전력예비율이 일정 수준이하로 떨어질 때 일부 지역의 전기 공급의 중단, 피크시간대에 교통이 혼잡한 도로에의 자동차 진입 억제 등이 직접적 부하통제 방식에 포함된다. 직접적인 수요 억제는 연료비용을 절약하고 생산, 수송, 배전 관련 비용을 감소하지만 수요 감소와 에너지판매 감소에 따른 공급업체의 손실과 직접통제시스템을 관리하기 위한 비용이 발생하기 때문에 직접적 부하통제 방식의 적절성에 대한 편익비용분석이 필요하다.

간접적 부하통제는 수요자에게 가격 시그널을 통해 에너지 수요패턴을 변경하도록 유도하는 방법을 의미한다. 피크 로드 가격(peak load pricing)은 수요가 높은 피크 기간의 가격은 높게, 수요가 낮은 오프피크 기간에는 한계비용에 근접하게 가격을 낮게 부과함으로써 경제적 효율성을 증가하도록 한다. [그림 5.18]에서 독점 공급자는 낮은 수요인 D_1에 직면했을 때는 $MR_1 = MC$가 되도록 Q_1의 양을 생산하고 가격은 p_1에 설정하며 높은 수요인 D_2에 직면했을 때는 $MR_2 = MC$가 되도록 Q_2의 양을 생산하고 가격은 p_2에 설정함으로써 이윤을 극대화한다. 피크 기간의 가격이 오프피크 기간의 가격보다 높기 때문에 소비자는 피크 기간의 소비량을 줄이고 오프피크 기간의 소비량을 증가시킬 유인을 갖는다. 간접적 부하통제가 효과가 있으려면 소비자가 시간대에 따라 가격 차이가 있음을 충분히 인지하여야 한다.

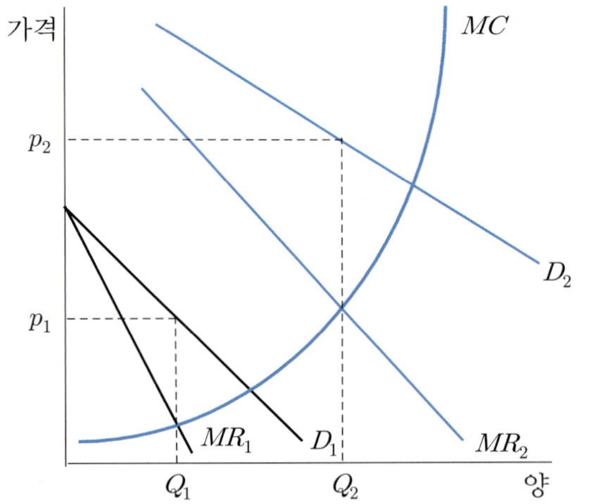

[그림 5.18] 피크 로드 가격

독점 공급자가 이윤극대화를 추구하는 경우 피크 가격과 오프피크 가격의 역전현상이 발생할 수 있다. [그림 5.19]는 단일 발전기술을 사용하여 전력을 공급하는 독점기업이 피크 기간에 매우 비탄력적인 수요에 직면하는 경우를 나타낸다. 1년 동안 kW당 전력 생산에 소요되는 운영비용(변동비용)은 c, 연간으로 환

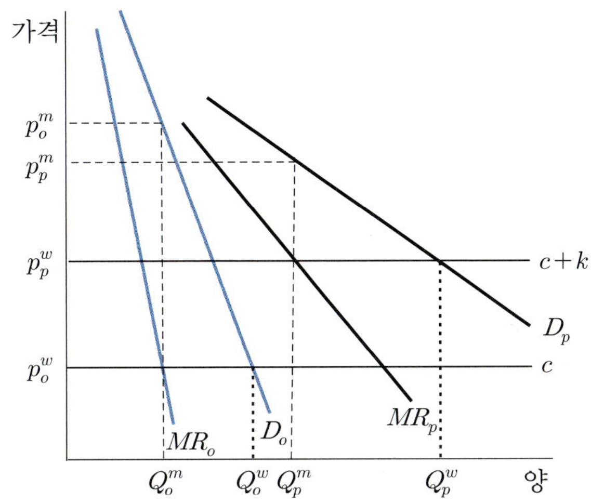

[그림 5.19] 피크 로드 가격과 가격역전

산한 발전시설의 자본비용(고정비용)은 k로 고정되어 있다고 하면 오프피크 기간의 kW당 전력공급의 한계비용은 c, 피크 기간의 한계비용은 $c+k$가 된다. 그림에서 D_p와 MR_p는 각각 피크 기간의 수요곡선과 한계수익곡선, D_o와 MR_o는 각각 오프피크 기간의 수요곡선과 한계수익곡선을 나타낸다. 이윤극대화의 의사결정을 하는 경우 그림에서와 같이 오프피크 기간의 수요가 매우 비탄력적일 경우에는 전력공급의 한계비용이 낮은데도 불구하고 오프피크 가격(p_o^m)이 피크 가격(p_p^m)보다 높은 가격역전 현상이 일어난다.

가격역전은 가격정책이 전력서비스의 가치에 기반을 두는 경우에 가능하다. 일중 피크 부하는 저녁에 전력을 이용하는 주택용 소비자보다는 상업용 및 산업용 소비자에 의해 주로 발생한다(Bailey and White, 1974). 주택용 소비자는 전력서비스에 대해 높은 가치를 부여함으로써 보다 더 비탄력적 수요함수를 가지는 반면 상업용 및 산업용 소비자는 자가발전시설이나 대안적 에너지원으로의 전환이 가능하기 때문에 보다 더 탄력적인 수요함수를 갖는다. 가격역전은 가격정책이 배전비용에 기반을 두는 경우에도 발생할 수 있다. 일반적으로 주택용 소비자에 대한 배전비용은 상업용 및 산업용 소비자에 대한 배전비용보다 높다.

그러나 소비자잉여와 생산자잉여를 합한 후생의 극대화를 추구하는 경우에는 자동적으로 피크 가격이 오프피크 가격보다 높게 설정되도록 한다. [그림 5.19]에서 오프피크 가격은 관련 비용 c와 같은 p_o^w, 피크 가격은 관련 비용 $c+k$와 같은 p_p^w에 설정된다. 이때 공급 발전용량은 Q_p^w, 전력수요량은 $Q_o^w + Q_p^w$가 되며, 전력기업의 수익과 비용은 같다.

앞에서는 단일 전력기술을 가정하였으나 저장이 제한적인 전력으로 수요를 충족하기 위해 공급자는 여러 다른 전력생산 방식 또는 전원 믹스를 사용한다. 오프피크 기간에는 원자력, 화력 등의 기저부하 발전소가 전력을 공급하는 데 사용되며 피크 기간에는 예비력의 발전소가 기저부하 발전소의 전력 공급을 보충하기 위해 가동된다. 각 전력생산 방식은 비용 특성이 다르며 전력 공급자는 최소 비용에 수요 패턴을 충족할 수 있는 발전용량 조합을 선택하는 것이 중요하다.

오프피크 발전소의 연간 kW당 운영비용을 c_o, 연간으로 환산한 발전시설의 자본비용을 k_o, 피크 기간에 가동되는 발전소의 운영비용을 c_p, 자본비용을 k_p라 하면 일반적으로 $c_p > c_o$이고 $k_p < k_o$이며 $c_p + k_p > c_o + k_o$이다. [그림 5.20]은 단순화한 부하지속곡선을 나타낸다. t시간 동안에는 최소한 피크 수요 Q_2를 충족하는 발전용량이 필요하다. T는 1년 8,760시간을 나타내며 따라서 연간 t/T의 비율만큼 피크 수요를 충족할 수 있어야 한다. 기저발전용량(base capacity)은 Q_1이다.

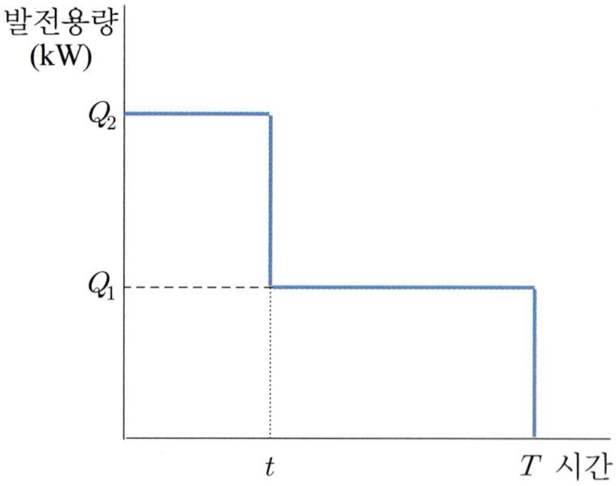

[그림 5.20] 부하지속곡선 예시

설치된 발전용량이 완전히 사용되었다고 가정할 때 t시간 동안 기저발전소의 1kW 용량을 사용할 때의 한계비용은 다음과 같다.

$$MC_o = k_o + (\frac{t}{T})c_o \tag{5.2}$$

피크발전소의 1kW 용량을 사용할 때의 비용은 다음과 같다.

$$MC_p = k_p + (\frac{t}{T})c_p \tag{5.3}$$

두 가지 형태의 발전소의 비용을 갖아지도록 하는 시간을 t^*라 하고 $r = t^*/T$라 하면 다음이 성립한다.

$$r = \frac{t^*}{T} = \frac{k_o - k_p}{c_p - c_o} \tag{5.4}$$

t^*시간을 피크발전소로 공급하는 것에 대한 총비용은 다음과 같다.

$$C = Q_1(k_o + c_o) + (Q_2 - Q_1)(k_p + rc_p) \tag{5.5}$$

설치된 발전용량이 완전히 사용되고 피크 수요가 1kW 변화하면 기저발전용량은 변화가 없고 피크발전용량이 1kW 증가해야하기 때문에 변화된 비용의 크기는 다음과 같다.

$$\triangle C_p = k_p + rc_p \tag{5.6}$$

피크 기간 동안의 추가적인 수요는 운영비용뿐만 아니라 발전설비의 고정비용도 증가시키며 비용 효율적이려면 피크 기간의 소비자가 이러한 비용을 부담해야한다.

기저발전소의 발전용량이 완전히 사용되고 있을 때 오프피크 수요가 1kW 증가하면 기저발전소의 발전용량이 1kW 증가해야하고 이것이 피크 부하에도 사용될 수 있기 때문에 피크발전소의 발전용량은 1KW가 감소해도 된다. 따라서 이때 비용변화의 크기는 식 (5.4)로부터 $k_o - k_p = r(c_p - c_o)$을 이용하면 다음과 같이 정리된다.

$$\triangle C_o = (k_o + c_o) - (k_p + rc_p) = c_o(1 - r) \tag{5.7}$$

오프피크 시기의 추가적 수요에 대한 비용은 오프피크 시간 동안($T-t^*$) 오프피크 발전소의 운영비용만을 포함하며 오프피크 동안에 전력을 사용하는 소비자는 이 비용만을 추가적으로 부담하면 된다.

전 기간에 걸쳐 1kW의 수요가 증가하면 기저발전소의 발전용량이 1kW 증가하면 되기 때문에 비용증가의 크기는 다음과 같다.

$$\triangle C = k_o + c_o \tag{5.8}$$

이 경우에는 전력망에 연결된 모든 소비자가 추가적 공급비용 $\triangle C$를 부담해야 한다.

5.3 에너지 수요관리수단

5.3.1 수요관리의 필요성

에너지 부문의 주된 관심사는 주어진 외생적 수요에 맞춰 어떻게 공급을 충족할 것인지에 있었으나 1970년대 오일쇼크로 인한 고유가는 에너지 수요관리에 대해 관심을 불러일으키는 계기가 되었다. 초기 수요관리 프로그램은 에너지 절약방법과 에너지수요에 대한 보다 나은 이해에 대한 정보제공을 통해 에너지를 보존하고 부하를 관리하는 데 초점이 맞춰졌다. 또한 중동 산유국의 원유수입 대신 자기 지역에서 얻을 수 있는 연료로 대체하고 원자력발전소의 건설을 통해 화력발전에 대한 의존도를 줄이고자 하였다. 1980년대에는 전력분야에서 통합적 자원관리 프로그램를 확대하는 등의 노력이 있었지만 전 세계적으로 원유가 안정적으로 공급되고 원유가격도 배럴당 20달러 이하 수준에서 유지되었기 때문에 수요관리가 적극적으로 이루어지지는 않았다.

수요관리에 대한 요구가 다시 표면화되기 시작한 것은 1990년대 중반부터이다. 그 이유로는 첫째, 주요 에너지원인 원유가격의 변동성이 확대되었다는 점이다. 중국, 인도, 브라질 등 신흥개발도상국의 고성장에 따른 에너지수요의 급증과 함께 2000년대 중반까지 에너지가격은 폭발적으로 상승하였으며 동시에 신흥개발도상국 산업구조가 에너지 집약적으로 되면서 에너지수요의 가격탄력성은 보다 비탄력적으로 변화하였다. 수요가 보다 비탄력적으로 변화했다는 것은 조그만 공급충격에도 가격변동성이 크다는 것을 의미한다. 한편 에너지가격 폭등에 따라 에너지개발이 활발하게 이루어지고 이전에는 채굴과 정제비용이 높아 채산성이 떨어지던 유전(예를 들면, 캐나다의 오일샌드)까지 개발되어 시장에 들어오게 됨에 따라 에너지공급의 가격탄력성도 보다 비탄력적으로 변화하였다. 에너지공급이 비탄력적으로 되었다는 것은 조그만 수요충격에도 가격이 크게 변화한다는 것을 의미한다. 2000년대 들어 중동, 아프리카, 남미 등 주요 산유국 지역의 정치적 불안전성의 증가, 금융시장에서 에너지 상품에 대한 투기적 수요의 증가, 빈번한 테러와 경제위기 등으로 인해 에너지가격의 변동성은 심화되었다. 따라서 한국, 일본 등과 같이 에너지에 대한 해외의존도가 높은 국가들은 안정적인 에너지 확보 측면에서 수요예측과 관리에 보다 더 관심을 기울이지 않을 수 없게 되었다.

둘째, 기후변화 문제와 같이 에너지 사용이 장기적으로 환경의 범지구적 생명지지기반으로서의 기능에 부정적인 영향을 미치는 것에 대해 무시할 수 없게 되었다는 점이다. 1992년의 브라질 리우데자네이루에서의 환경과 개발에 관한 유엔회의 이후 기후변화협약의 체결, 교토의정서 합의 및 2015년 파리협정에 이르기까지 온실가스감축을 위한 완전한 국제적 합의에는 이르지 못하고 있다. 그럼에도 불구하고 기후변화에 대한 국제적 관심은 증폭되었고 세계 각국이 온실가스배출을 감축하기 위한 정책을 속속 도입하고 있으며 이 과정에서 에너지 수요억제를 위한 방안도 활발히 논의되고 있다.

셋째, 다양한 에너지원이 에너지시장에 들어오면서 에너지 운영에 있어서 단기적 분석이 중요해졌다는 점이다. 예를 들어, 석탄, 석유, LNG의 화력발전과 수력발전 중심에서 원자력, 풍력, 태양광 등으로 발전수단이 다양화되면서 시간 또는 일 단위로 어떤 발전수단에서 전기를 얼마나 생산하도록 할 것인지를 결정해야 하는데 합리적 의사결정을 위해서는 단기적으로 정확한 수요예측이 요구되고 있다.

넷째, 에너지 관련 프로젝트의 설계에서 시설완공까지는 짧지 않은 기간이 요구되는데 에너지시설에 대한 님비현상으로 환경영향평가와 주민의견수렴 요구가 확대됨에 따라 에너지 프로젝트의 고안에서 시설완공 및 가동까지 더 긴 기간이 요구되고 있으며 시설의 안정성 추가와 주민보상비용까지 포함하면 프로젝트 관련 투자비도 크게 증대되었다는 점이다. 원자력발전소나 수력발전소와 같이 건설에 보통 7~10년이 소요되는 에너지 관련 프로젝트에는 대규모 자본이 사전에 조달되어야 하고 프로젝트가 완성되기 까지는 생산이나 수익이 발생하지 않기 때문에 의사결정자는 미래 수요를 잘 예측해서 투자계획을 수립해야할 필요가 있다.

5.3.2 조세부과

에너지에 대한 조세는 정부의 재정수입 창출, 외부효과의 내재화, 거시경제적 고려, 소득 재분배, 수요관리 등 여러 목적을 위해 부과된다. 에너지자원의 채굴권에 대한 로얄티, 에너지자원에 대한 요소세, 에너지재화에 대한 소비세 또는 상품세, 에너지기업의 이윤에 대한 소득세 등 조세부과의 형태도 다양하다. 여기에서는 에너지재화에 대한 조세부과가 소비자의 효용과 소비량에 미치는 영향에 대해 살펴보고 완전경쟁시장에서의 조세부과가 누구에게 조세가 귀착되도록 하는지에 대해 살펴본다.

에너지재화에 대한 조세부과의 방법으로는 재화의 수량을 기준으로 부과하는 종량세(specific tax), 부가가치세와 같이 재화의 거래금액에 부과하는 종가세(ad valorem tax)가 있다. 제4장 가계의 에너지 소비결정의 예에서 휘발유(G)와 다른 재화(C)를 소비하는 가계가 직면하는 예산제약식은 $p_G G + C = I$였다. 이제 휘발유에 한 단위당 t만큼의 종량세가 부과되었다고 하면 소비자(또는 가계)의 예산제약식은 다음과 같이 변화한다.

$$(p_G + t)G + C = I \tag{5.9}$$

휘발유 소비금액에 θ만큼의 종가세(백분율로 10% 종가세의 경우 $\theta = 0.1$)가 부과되었다고 하면 예산제약식은 다음과 같이 변화한다.

$$(1+\theta)p_G G + C = I \tag{5.10}$$

종량세는 휘발유 가격을 p_G에서 $p_G' = p_G + t$로 종가세는 $p_G' = (1+\theta)p_G$로 상승하도록 하기 때문에 종량세나 종가세 부과 모두 [그림 5.21]에서와 같이 예산선을 안쪽으로 회전하도록 한다. 휘발유세 부과 후에 소비자는 효용을 극대화하기 위해 B점에서 소비를 선택하며 휘발유 소비량은 G_0에서 G_1으로 감소하고 효용수준은 u_0에서 u_1으로 감소한다.

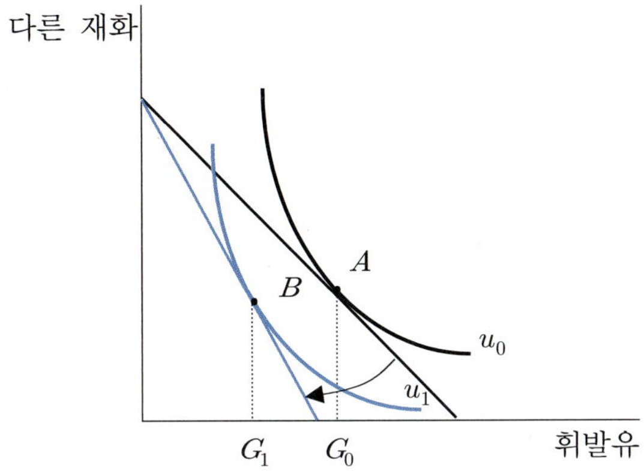

[그림 5.21] 휘발유세 부과의 효과

휘발유세 부과는 소비자의 후생을 감소시키기 때문에 형평성 차원에서 사회적 약자에 대해서는 낮은 세율을 적용하거나 조세부과로 거둔 금액을 리베이트 형태로 되돌려주는 정책이 시행되기도 한다. [그림 5.22]는 휘발유세 부과와 리베이트를 연계한 정책의 효과를 나타낸다. 휘발유세 부과로 거둔 조세금액을 리베이트로 소비자에게 되돌려주는 경우 소비자의 효용극대화의 소비지점은 D가 되며 이때 휘발유 소비량은 G_2가 된다. 리베이트에도 불구하고 휘발유세 부과 전보다 소비자의 휘발유 소비량은 감소하며 조세부과 전보다 효용수준이 낮아진다.

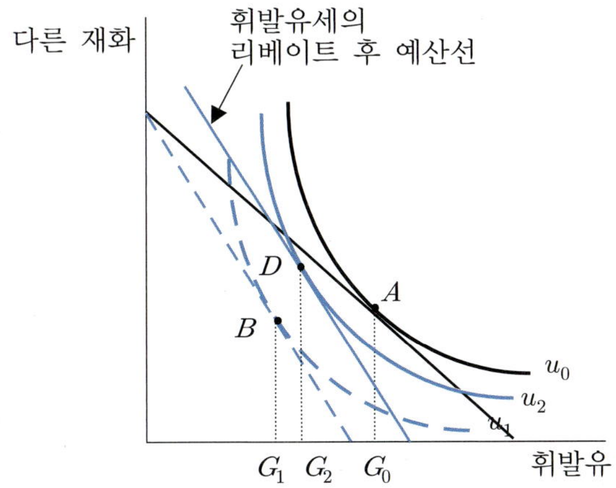

[그림 5.22] 휘발유세 부과와 리베이트의 효과

[그림 5.23]은 완전경쟁의 에너지재화 시장에서 공급자에게 한 단위당 t만큼의 조세를 부과하는 경우의 효과를 나타낸다. 초기 시장균형은 수요곡선 D와 공급곡선 S가 교차하는 지점에서 성립하며 시장균형가격은 p_0, 균형거래량은 Q_0이다. 이제 생산자에게 조세가 부과되면 기업의 한계비용이 t만큼 상승하기 때문에 공급곡선이 S'로 이동하며 소비자 지불가격은 p_b, 균형 거래량은 Q_t가 된다. 공급자 수취가격은 소비자 지불가격에서 조세 t를 뺀 p_s가 된다. 조세부과로 소비자잉여는 면적 $a+c$만큼 감소하고 생산자잉여는 면적 $b+d$만큼 감소한다. 정부의 조세수입은 단위당 조세액 t에 거래량 Q_t를 곱하여 면적 $a+b$만큼 발생한다. 따라서 조세부과로 면적 $c+d$만큼의 후생손실이 발생한다. 재화 한 단위당 소비자에게 귀착되는 조세의 몫은 (p_b-p_0)이고, 공급자에게 귀착되는 조세의 몫은 (p_0-p_s)이다. 공급자 대신 소비자에게 단위 당 조세 t를 부과하면 소비자의 재화소비에 따른 한계가치가 t만큼 감소하여 수요곡선이 아래로 이동하며 공급자에게 조세를 부과하는 것과 동일한 결과를 얻는다.

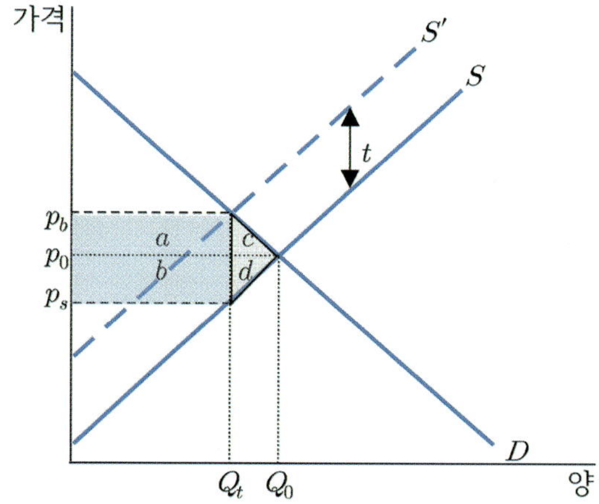

[그림 5.23] 완전경쟁시장에서 조세부과의 효과

누구에게 조세가 더 많이 귀착하는지는 수요곡선과 공급곡선의 상대적 기울기에 달려있다. 공급곡선에 비해 수요곡선이 더 가파른 [그림 5.24]의 (가)의 경우에는 소비자가 공급자보다 조세부담 몫이 더 크다. 반면 수요곡선에 비해 공급곡선이 더 가파른 (나)의 경우에는 공급자의 조세부담 몫이 더 크다. 즉, 가격변화

에 보다 더 민감하게 반응하는 측(보다 더 탄력적인 곡선을 가진 측)이 더 적게 조세를 부담하고 덜 민감하게 반응하는 측이 조세를 더 많이 부담한다.

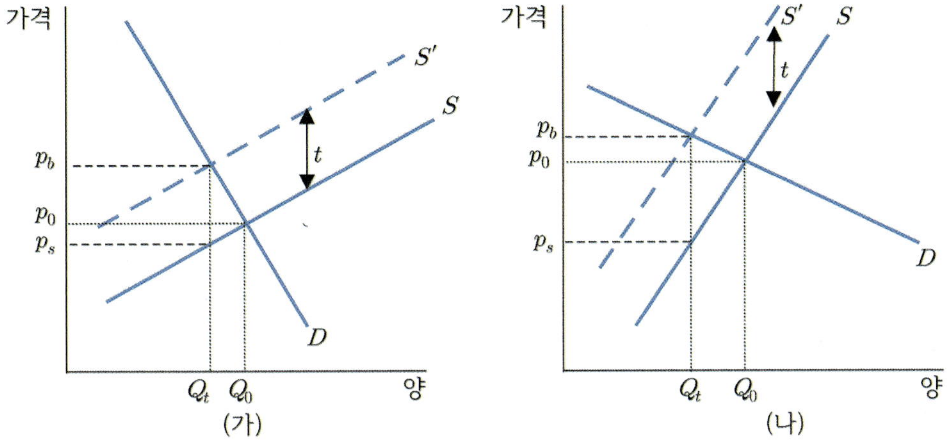

[그림 5.24] 조세귀착 비교

5.3.3 에너지 효율성의 개선

에너지 효율성의 개선은 에너지를 소비하는 기기 또는 장비의 에너지 효율을 개선함으로써 에너지 수요를 감소하고 에너지를 보전하는 것을 목표로 한다. 에너지 효율성은 일반적으로 어떤 과정에서의 에너지 투입량 대비 유용한 산출량의 비율로 측정하지만 경제활동 부문에 따라 다양한 지표가 활용된다. 주택 및 빌딩에서의 에너지 효율성은 단위 면적당 에너지 투입량, 승객수송부문에서의 에너지 효율성은 단위거리 및 1인당 에너지 투입량, 화물수송부문의 에너지 효율성은 단위거리 및 화물 톤당 에너지 투입량을 지표로 사용한다. 산업부문에서의 에너지 효율성은 생산된 재화의 톤당 또는 kg당 에너지 투입량을 지표로 사용한다. 전체 경제활동이나 산업부문별 경제활동의 에너지효율성은 에너지집약도(에너지투입량/산출량)나 에너지투입량을 부가가치나 생산액으로 나눈 에너지 원단위를 지표로 사용하기도 한다.

생산함수와 비용최소화의 원리를 사용해서 에너지 효율성 개선의 개념을 파악할 수 있다. 제4장 [그림 4.2]에서 에너지가격의 상승은 동일한 재화의 양을 생산하는 데 있어서 자본투입으로 에너지투입을 대체하도록 하였는데 에너지가격의 상승은 생산단위당 에너지투입량을 감소시켜 에너지효율성이 개선되도록 이끈다.

기술혁신은 동일한 양의 재화를 더 적은 에너지의 투입으로 생산하도록 함으로써 에너지효율성을 개선시킬 수 있는데 [그림 5.25]는 이러한 경우를 보여준다. 그림에서 기술혁신으로 동일한 양을 생산하는 등량선은 $\bar{q}$에서 $\bar{q}'$로 이동하고 자본과 에너지의 가격비율은 그대로 유지되고 있다. 이때 주어진 생산량을 최소비용으로 생산하는 지점은 A에서 C로 이동하여 더 적은 에너지를 투입하여 동일한 양을 생산하도록 한다.

에너지 효율성의 개선은 에너지의 낭비적 이용을 줄이기 때문에 타당한 정책적 목표가 될 수 있으나 에너지 효율성이 반드시 경제적 효율성과 일치하는 것은 아니다. 에너지 효율성은 재화생산에 있어서 에너지라는 하나의 요소만을 고려하는 공학적 개념인 반면 경제적 효율성은 가장 적절한 생산요소들의 결합을 선택하는 것을 목표로 한다. 제4장 [그림 4.2]의 경우 에너지가격이 상대적으로 상승하고 자본이 에너지를 대체함으로써 에너지효율성은 개선이 되었으나 동일한 $\bar{q}$의 양을 생산하는 데 있어서 전보다 더 많은 생산비용이 소요되어 경제적 효율성은 악화될 수 있다. [그림 5.25]의 경우에는 에너지 효율성의 개선과 경제적 효율성의 개선이 일치하는 결과를 나타낸다.

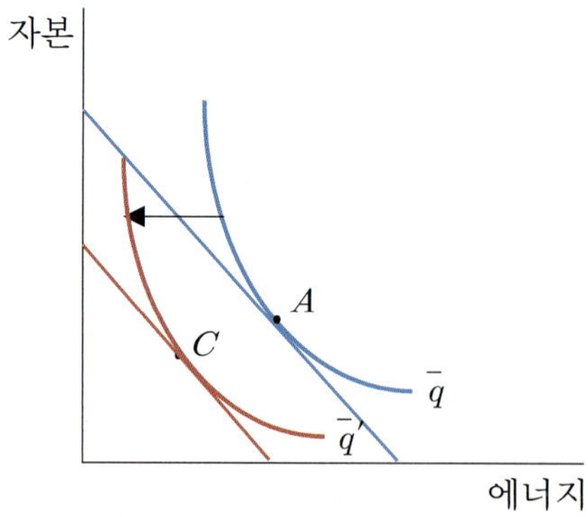

[그림 5.25] 에너지절약의 기술혁신

에너지효율성에 초점을 맞춘 투자는 에너지 효율성-경제적 효율성과 관련하여 4가지 가능성을 갖는다; ① 경제적 효율성을 개선하는 에너지 효율성 투자, ② 에너지 효율성을 개선하지만 경제적 효율성이 악화되는 투자, ③ 경제적 효율성을 개선하지만 에너지 효율성은 악화하여 거부되는 투자, ④ 에너지 효율성과 경제적 효율성을 둘 다 악화시켜 거부되는 투자. 에너지 효율성에만 초점을 맞춘 정책은 ②와 ③의 결과로 이끌 수 있기 때문에 신중을 기해야 한다.

경제적 효율성 문제 외에도 에너지 효율성의 개선은 오히려 더 많은 에너지의 소비로 이끄는 반등효과를 가져올 수 있다는 문제가 있다. 예를 들어, 조명능률의 개선이 다른 기기의 전력소비를 증가시키거나, 자동차 연비개선이 자동차 운행거리를 늘려 연료사용을 증가하는 결과를 낳을 수 있다. 반등효과는 직접적 반등효과, 간접적 반등효과, 제3의 반등효과로 구분할 수 있다(Herring, 2006). 직접적 반등효과는 에너지 효율성 개선으로 에너지가격이 하락하여 에너지 소비가 증가하는 효과를 의미한다. 간접적 반등효과는 소비자가 에너지 효율성 개선으로 인한 에너지관련 지출의 절약분을 다른 재화와 서비스를 더 많이 소비하도록 함으로써 에너지 소비가 증가하는 효과를 의미한다. 제3의 반등효과(또는 일반균형 효과)는 전 부문의 모든 소비자와 생산자가 포함되는 수요와 공급의 조정 결과로 에너지 소비가 증가하는 효과를 의미한다.

부하관리와 에너지 효율성 개선 외에도 어떤 연료를 다른 연료로 대체하는 연료대체, 새로운 지역이나 소비자에게 에너지를 사용할 수 있도록 허용하는 에너지접근성 강화도 에너지 수요관리수단에 포함된다.

5.4 재생에너지 지원정책

5.4.1 발전차액지원제도

환경오염과 기후변화 문제에 대처하기 위해 많은 국가들이 화석연료 사용을 줄이고 대신 풍력, 태양광, 바이오매스 등 재생에너지 사용의 확대 특히, 발전부문에서의 재생에너지 사용의 확대를 적극 추진하고 있다. 발전차액지원제도(feed-in tariff: FIT)는 재생에너지원에 대해 일정기간동안 보장된 가격을 제공함으로써 재생에너지 기술에 대한 투자를 활성화시키기 위한 지원정책이다. 지불가격은 기술 형태, 시설규모, 자원의 질, 프로젝트 수행지역 등에 따라 다르다. FIT는 재생에너지 프로젝트를 개발하는데 요구되는 비용에 기반해서 가격이 설정되고 장기간 지불이 보장되기 때문에 재생에너지기술 투자에 대한 위험을 완화하고 빠르게 재생에너지 시장이 성장할 수 있는 여건을 제공해준다. 일반적으로 재생에너지에 대한 보상은 별도의 정부 재정지원(납세자의 부담)이 아닌 전력망서비스를 이용하는 전기사용자에 의해 이루어진다.

FIT는 시장 독립형 모형과 시장의존형 모형으로 구분된다(Couture and Gagnon, 2010). [그림 5.26]에서 보는 바와 같이 시장 독립형 모형은 전력의 시장가격과는 관계없이 고정가격을 지불하는 방식이고, 시장 의존형 모형은 시장가격에 할증액(premium)을 더해서 지불하는 방식이다.

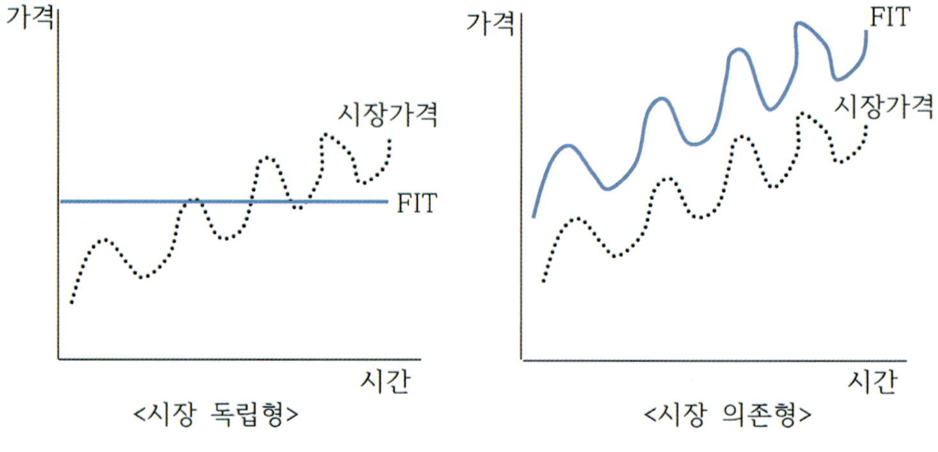

[그림 5.26] 시장 독립형 FIT와 시장 의존형 FIT

1) 시장 독립형 FIT

시장 독립형 FIT는 전기요금과는 관계없이 재생에너지로 생산된 전기를 전력생산 전 기간 동안 고정가격에 구입하는 것을 보장함으로써 투자자에게 믿을 수 있고 충분히 예측할 수 있는 수익의 흐름을 제공하기 때문에 안정적인 투자환경을 제공해준다. 이러한 투자환경은 투자자에게 낮은 비용에 자본을 조달할 수 있도록 함으로써 재생에너지를 보다 낮은 비용에 배치할 수 있도록 하며 재생에너지가 빠르게 성장할 수 있도록 한다. 또한 구매가격이 시장가격의 변동성에 의해 영향을 받지 않기 때문에 재생에너지에서 생산된 전력에 대해 위험을 분산할 수 있도록 해준다.

그러나 독립형 FIT는 시장 전기요금과는 독립적으로 재생에너지에 대한 보상이 이루어지기 때문에 경쟁시장의 전기요금을 왜곡하는 문제가 있다. 예를 들어, 어떤 요인에 의해 전기가격이 대폭 하락하는 경우에도 재생에너지에 대한 보상은 그대로 유지되기 때문에 전기소비자가 더 높은 가격을 지불하도록 만든다. 독립형 FIT의 또 다른 단점은 일중 전력수요가 낮을 때나 높을 때나 재생에너지에 동일한 가격을 지불하기 때문에 수요가 낮을 때에 재생에너지로 전기가 공급되도록 함으로써 전력공급자의 비용을 상승시키고 전기사용자가 더 높은 가격을 부담하도록 한다는 점이다.

시장 독립형 FIT의 기본모형은 현실적인 상황을 고려하여 다음과 같이 변형할 수 있다. 첫째, 고정가격을 지불하는 시장 독립형 FIT에서 물가상승률이 높을 경우 투자자 수입의 실질가치가 낮아져 투자 안정성을 저해할 수 있기 때문에 고정가격에 인플레이션을 부분 또는 완전 조정해주는 방식이 사용된다. 둘째, 재생에너지는 프로젝트 초기에는 개발비용, 고정비용, 이자부담이 많이 소요되고 후기에는 이자와 비용 부담이 낮아지기 때문에 초기 일정기간동안은 높은 고정가격을 지불하고 그 이후에는 감액된 고정가격을 지불하는 방식으로 설계되기도 한다. 셋째, 재생에너지에 대한 기준가격을 정하고 재생에너지 발전에 의해 공급한 전기의 소매가격(또는 전력거래가격)이 기준가격보다 낮은 경우에는 차액을 지원하는 방식도 사용된다. 이러한 방식은 재생에너지의 시장가격을 고려하지만 궁극적으로 재생에너지 발전사업자는 정해진 기준가격으로 보상받기 때문에 시장 독립형 FIT의 일종이라고 볼 수 있다.

2) 시장 의존형 FIT

시장 의존형 FIT은 일반적으로 연료비용이나 전력에 대한 수요와 공급에 따라 전기요금이 계속 변동하는 규제가 없는 전력시장에서 적용된다. 시장 평균가격 이상으로 프리미엄을 제공하는 것은 재생에너지의 프로젝트 비용, 환경에 우호적인 속성 등을 반영한 것으로 재생에너지 개발자에게 지불되는 가격은 [그림 5.26]에서 보는 것처럼 시장상황에 따라 변동한다.

시장 의존형 FIT는 전력 현물시장에서 전기가 판매되고 전력수요가 커서 전기요금이 상승할 때 재생에너지에 대한 총보상액이 높아져 가장 필요로 할 때 재생에너지를 공급할 유인을 가지게 되기 때문에 시장 독립형 FIT보다 규제가 없는 경쟁적 전력시장에 더 적합하다. 시장 의존형 FIT는 일중 가격변동성이 큰 지역과 피크 가격과 오프피크 가격의 차이가 상당한 지역에서 피크 수요를 돕는데 재생에너지를 사용하도록 한다는 점에서 장점이 있다. 또한 장기적으로 재생에너지 개발자가 경쟁시장에 전기를 공급하여 전통적인 전력과 재생에너지의 차이를 효과적으로 제거함으로써 전력시장을 통합하도록 이끈다.

시장 의존형 FIT의 단점은 첫째, 향후 전력 시장가격을 정확히 예측할 수 없기 때문에 재생에너지에 대한 보상가격도 예측하기 어려우며 따라서 투자자와 개발자의 입장에서는 더 큰 불확실성에 직면하도록 한다는 점이다. 둘째, 재생에너지 가격을 시장가격에 연계하기 때문에 재생에너지의 대규모 확대에 의한 잠재적인 시장가격 하락의 이득을 잃게 한다. 셋째, 정해진 양을 프리미엄을 지불하고 구매할 때 시장가격이 크게 상승하면 재생에너지에 과잉보상 함으로써 비효율적인 시장결과를 야기할 가능성이 높아진다.

시장 의존형 FIT의 기본모형 또한 현실적인 상황을 고려하여 변형될 수 있다. 과소보상 또는 과잉보상 문제를 해결하기 위해 시장가격이 높아짐에 따라 프리미엄이 낮아지도록 설계함으로써 시장가격과 프리미엄을 합한 보상가격의 하한과 상한을 정하는 신축형 프리미엄을 방식을 적용할 수 있다.

시장 독립형 FIT는 수익 변동성에 적응할 수 없는 새로운 기술에 보다 더 적합하고 시장 의존형 FIT는 수익 변동성에 적응이 용이한 상용화된 기술에 보다 더 적합하다.

5.4.2 재생에너지의무할당제

재생에너지의무할당제(renewable portfolio standard: RPS)는 발전사업자에게 의무적으로 발전량의 일정 비율을 재생에너지로 공급하도록 하는 제도이다. FIT가 가격에 기반을 둔 정책인데 반해 RPS는 양에 기반을 둔 정책이다. 의무공급량은 3가지 방식으로 충당할 수 있다. 첫째, 발전사업자가 직접 재생에너지 발전시설을 설치하여 생산한다. 둘째, 외부에서 물리적으로 재생에너지 발전량을 구매한다. 셋째, 재생에너지로 생산한 발전량에 따라 부여되는 그린인증서(green certificates) 또는 재생에너지인증서(renewable energy certificates: REC)를 구매하여 충당한다. 인증서는 인증서보유자로부터 직접구매하거나 인증서 시장을 통해 구매할 수 있다.

RPS 프로그램은 국가에 따라(미국의 경우 주에 따라) 경제성장, 에너지공급의 다양성, 환경에 대한 관심 등 정책목표가 다르기 때문에 다양한 형태를 갖는다. 특정 기술의 전원을 전략적으로 육성하기 위해 전원별 가중치(credit multiplier)를 부여하기도 하며 의무할당 비율과 시행기간도 다르게 설정된다. 일부 프로그램에서는 REC를 저축해서 미래에 사용할 수 있도록 허용하며 REC를 빌려서 현재의 의무공급량을 채우는 것을 허용하기도 한다.

RPS는 양을 규제하기 때문에 재생에너지의 공급규모를 예측하는 데 있어서 FIT 정책보다 용이하다. 또한 발전사업자들이 가장 비용이 적게 소요되는 수단을 사용하여 의무공급량을 충당하려고 시도할 것이며 REC 거래시장이 활성화되기 때문에 재생에너지 발전의 효율성을 제고할 수 있다는 장점이 있다. 그러나 이러한 시장경쟁과 가격이 보장되지 않는 위험으로 인해 미래 잠재력은 풍부하나 현재에는 경쟁력이 없는 전원은 투자되기 어려우며 기술개발의 유인을 제공하지 못한다는 단점이 있다.

FIT와 RPS 외에도 재생에너지 이용 확대를 위해 조세감면을 통해 재정적 유인을 제공하는 정책이 사용된다. 조세유인정책은 재생에너지 발전시설에 대한 투자비에 대해 세액공제(tax credit)를 해주거나 바이오매스와 같은 재생에너지로 생산된 연료에 대해 조세감면의 혜택을 제공하는 것을 포함한다. 화석연료에 대해 탄소세를 부과함으로써 화석연료 사용에 대한 비용부담을 높이는 것 또한 재생에너지에 대한 투자를 장려하도록 하는 유인을 제공해준다.

환경 · 에너지 경제학

제6장 환경규제정책

환경·에너지 경제학

CHAPTER

06 환경규제정책

6.1 오염물질의 배출과 최적오염수준

6.1.1 오염물질의 구분과 피해비용함수

에너지와 광물 자원을 채굴하여 재화 생산을 위한 생산요소로 사용하고 생산된 재화를 소비하는 과정에서 각종 오염물질이 배출된다. 환경의 자정능력을 초과하는 오염물질의 배출은 인간, 동물, 생태계에 물리적인 피해를 준다. 오염물질은 축적 여부에 따라 축적오염물질, 비축적오염물질, 유기물질로 구분된다. 축적오염물질은 방사능 폐기물처럼 배출되면 분해되는데 오랜 기간이 걸리고 축적되는 물질을 의미한다. 비축적오염물질은 소음・진동과 같이 배출되고 나서 바로 사라지는 오염물질을 의미하고, 유기물질은 축적과 비축적의 경계를 넘어드는 오염물질을 의미한다.

축적오염물질은 바로 없어지지 않고 오랜 기간에 걸쳐 여러 사람이 피해에 노출될 수 있기 때문에 장기적으로 엄밀한 관리가 필요하고 관리에 많은 비용이 소요된다. 비축적오염물질은 오염물질이 배출되는 시점에 피해가 발생하기 때문에 배출 시점에서 외부효과 문제를 해결하고 미래의 외부효과 발생을 예방하는 것이 필요하다. 유기물질은 오염물질이 배출되면 분해되기 시작해서 일정 시간이 지나면 피해가 발생하지 않기 때문에 분해가 완료되기까지의 피해에 따른 문제해결이 필요하다.

오염물질은 피해를 미치는 범위에 따라 오염물질이 배출된 주변에서 피해가 국한되는 국지적 오염물질, 국경을 넘어서 피해를 미치는 월경성 오염물질, 세계적으로 광범위하게 피해를 미치는 범지구적 오염물질로 구분된다. 국지적 오염물질의 경우에는 소수의 오염원인자와 피해자가 관련되기 때문에 외부효과에 따른 문제의 해결이 비교적 용이하다. 피해의 범위가 넓어질수록 다수의 오염원인자와 피해자가 관련되기 때문에 외부효과 문제의 해결이 용이하지 않으나 피해범위가 특정 지역이나 국가의 경계 내로 국한되는 경우에는 지방정부나 중앙정부가 문제해결을 위한 정책적 수단을 적용할 수 있다. 국경을 초월하는 월경성 오염물질의 경우에는 국가 간 협조가 필요하다. 온실가스와 같은 범지구적 오염물질의 경우에는 세계정부가 없기 때문에 세계 모든 국가 또는 주요 국가가 참여하는 다자간 협약이 필요하지만 국가 간 경제적 이해관계가 상충되기 때문에 합의를 이끌어내기가 쉽지 않다.

오염물질이 배출되는 원천의 구분여부에 따라 오염물질은 점오염원, 비점오염원, 이동오염원으로 구분한다. 점오염원(point source pollution)은 오폐수 배수관이나 공장의 굴뚝 등 오염물질이 배출되는 출구의 구분이 가능한 오염원을 의미한다. 오염물질이 배출되는 출구를 구분할 수 있기 때문에 점오염원은 오염규제와 정책수단의 적용이 보다 용이하다. 비점오염원(nonpoint source pollution)은 오염원의 배출구를 명확히 구분하기 어려운 오염원으로 배출구를 명확히 알 수 없기 때문에 배출 이후에 규제하는 것이 용이하지 않다. 이 경우 오염물질의 유해성여부를 판단하여 배출 이전에 규제하는 것이 보다 적절할 수 있다. 이동오염원(mobile source pollution)은 오염물질의 배출구를 알 수 있으나 고정된 지점이 아닌 자동차, 선박, 비행기처럼 이동하면서 오염물질을 배출하는 오염원을 나타낸다. 이동하는 오염원을 포획하여 배출량을 측정하고 규제하는 것이 용이하지 않기 때문에 이동오염원은 재화의 제작단계에서 연비규제를 하거나 정기적으로 배기가스 테스트를 의무화하는 등의 규제방식을 일반적으로 적용한다.

그 밖에도 환경의 어느 부문에 영향을 미치느냐에 따라 오염물질은 대기오염물질, 수질오염물질, 토양오염물질 등으로 구분한다. 기체 상태의 오염물질은 대기 환경에 피해를 주고, 액체 상태의 오염물질은 하천, 호수, 토양 등에 피해를 준다. 고체 상태의 오염물질은 고형폐기물로 폐기물매립장 등의 땅 속에 묻히는 경우에는 토양오염, 태우는 경우에는 대기오염, 하천이나 바다에 버려지는 경우에는 수질 또는 해양 오염을 유발한다.

[그림 6.1]은 오염피해비용함수의 유형을 나타낸다. (가)는 오염량이 증가함에

따라 피해비용이 비례해서 증가하는 경우이다. (나)는 w_1까지의 오염배출에 대해서는 환경의 자정능력에 의해 피해가 발생하지 않으나 그 이상으로 배출되면 오염량에 비례해서 피해비용이 증가하는 경우이다. (다)는 w_1까지의 오염배출까지는 피해가 발생하지 않으나 그 이상으로 배출되면 피해비용은 체증적으로 증가하는 경우를 나타낸다. (라)는 w_1까지의 오염배출에 대해서는 피해가 없으나 w_1이상으로 축적되면 c_1만큼의 피해가 발생하고 w_2이상으로 축적되면 c_2만큼으로 피해가 상승하는 경우를 나타낸다. 수은, 납과 같이 몸에 일정이상 축적되면 병이 발병되고 그 이상의 일정한도를 초과하여 축적되면 암이 유발되거나 죽음에 이르게 되는 오염물질의 경우가 (라)에 해당된다.

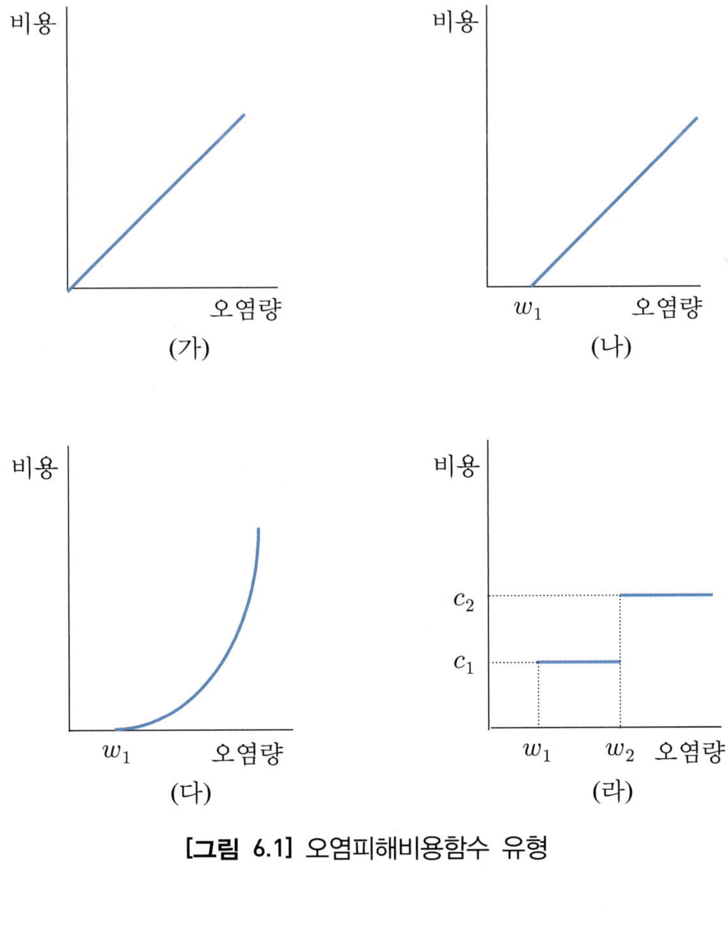

[그림 6.1] 오염피해비용함수 유형

6.1.2 최적오염수준

1) 총비용과 최적오염수준

재화의 생산과정이나 소비과정에서 배출되는 오염물질로 인한 피해는 외부불경제로 생산자나 소비자가 제3자에게 외부비용(external cost)을 부담하도록 한다. 여기에서는 기업의 생산활동 과정에서 발생하는 오염문제를 중심으로 분석하며 오염물질의 배출에 따른 외부비용과 오염저감활동에 소요되는 비용은 모두 화폐액수로 산출이 가능하다고 전제한다. 오염물질로 인한 피해는 오염물질에 얼마나 노출되느냐에 달려있기 때문에 오염배출량을 기준으로 사회적으로 최적인 오염수준에 대해 살펴본다. 오염배출량은 생산량의 감소, 생산요소의 대체, 오염저감시설의 설치를 통해 저감할 수 있다.

[그림 6.2]에서 TAC는 총오염저감비용(total abatement cost), TEC는 총외부비용(total external cost) 곡선을 나타낸다. 총외부비용은 배출량이 증가함에 따라 체증적으로 증가하고 총오염저감비용은 오염저감활동이 증가할수록(오염량이 줄어들수록) 체증적으로 증가하는 것으로 가정한다. 사회가 지불해야할 총비용은 두 비용을 합계한 $TAC+TEC$이며, 총비용이 최하가 되도록 하는 오염량 w^*이 사회적으로 최적인 오염수준이다.

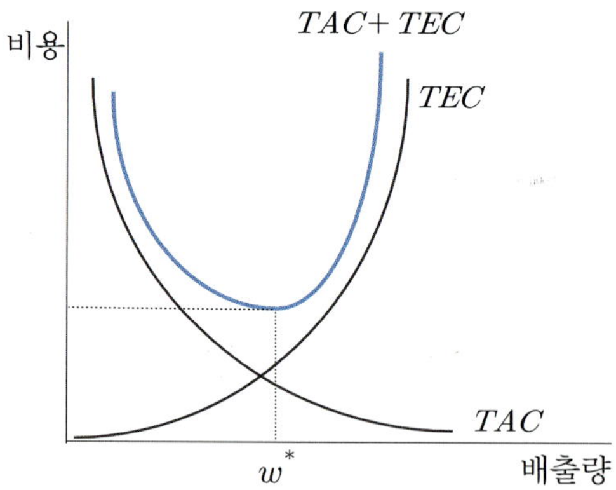

[그림 6.2] 총비용과 최적오염수준

[그림 6.2]에서 알 수 있는 것은 오염량이 영이 되는 것을 추구하는 것은 사회

적으로 올바른 선택이 아니라는 것이다. 오염량이 영이 되면 피해가 발생하지 않기 때문에 총외부비용은 영이지만 총오염저감비용이 막대하게 소요되기 때문에 w^*의 오염수준에 비해 사회가 지불해야할 총비용이 더 커진다.

2) 한계비용과 최적오염수준

이제 한계외부비용(marginal external cost: MEC)과 한계오염저감비용(marginal abatement cost: MAC) 개념을 사용하여 최적오염수준에 대해 알아보자. MEC는 오염량의 한 단위 증가에 따라 추가되는 외부비용으로 TEC곡선상의 각 점에서의 접선의 기울기를 나타낸다. TEC가 오염량에 대해 체증하고 있기 때문에 오염량에 대해 MEC 곡선은 양의 기울기를 갖는다. MAC는 오염저감활동의 한 단위 증가에 따라 추가되는 저감비용으로 TAC곡선상의 각 점에서의 접선의 기울기를 나타낸다. 오염저감활동의 증가(오염량 감소)에 따라 TAC가 체증하고 있기 때문에 오염량에 대해 MAC 곡선은 음의 기울기를 갖는다.

오염량이 한 단위 증가하면 오염저감활동이 한 단위 감소함으로써 저감비용이 절약되기 때문에 MAC는 오염배출에 따른 한계편익이라고 할 수 있다. 반대로 오염저감활동이 한 단위 증가하면 오염량이 한 단위 감소하여 피해가 줄어들기 때문에 MEC는 오염저감에 따른 한계편익이라고 할 수 있다.

[그림 6.3]에서 MB는 오염배출의 한계편익곡선(또는 MAC곡선)을 나타낸다. 그림에서 $MB = MEC$이 가 되도록 하는 w*수준의 오염량일 때가 사회적으로 최적인 오염수준이 된다. w^*보다 적은 오염수준에서는 $MB > MEC$ 이기 때문에 오염량이 증가하는 것이 사회적으로 이득이다. w^*보다 많은 오염수준에서는 $MB < MEC$이기 때문에 오염량을 줄이는 것이 사회적 손실을 줄일 수 있다.

[그림 6.2]와 비교하기 위해 [그림 6.3]에서 총외부비용과 총오염저감비용의 개념을 도입해보자. w^*의 오염수준일 때 총외부비용은 원점에서 w^*까지의 MEC 아래면적 $a+c$이고, 총오염저감비용은 최대오염수준 w_m에서 w^*까지의 MAC곡선 아래면적 $e+f$로 두 개의 비용을 합한 총비용은 면적 $a+c+e+f$이다. 만일 w^*보다 적은 w_1의 오염량이 배출된다면 총외부비용은 면적 a이고 총오염저감비용은 면적 $b+c+e+f$로 총비용은 면적 $a+b+c+e+f$가 되어 w^*의

오염량일 때에 비해 면적 b만큼의 비용이 더 발생한다. w^*보다 많은 w_2의 오염량이 배출된다면 총외부비용은 면적 $a+c+d+e$이고 총오염저감비용은 면적 f로 총비용은 면적 $a+c+d+e+f$가 되어 w^*의 오염량일 때보다 면적 d만큼의 비용이 더 발생한다. 따라서 w^*의 오염수준일 때가 총비용이 가장 작으므로 사회적으로 최적인 오염수준은 [그림 6.2]에서와 동일하게 w^*가 된다.

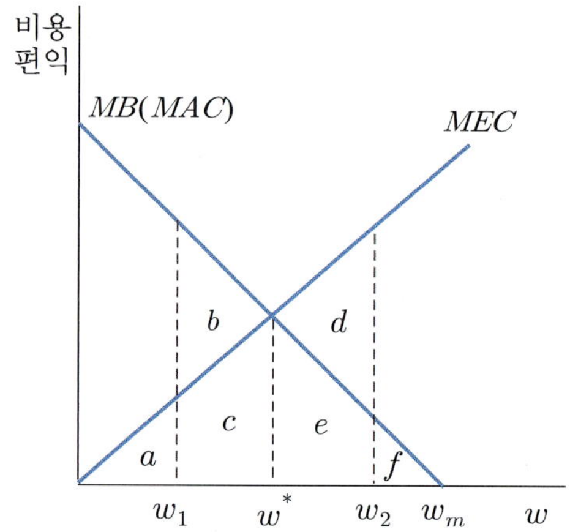

[그림 6.3] 한계비용과 최적오염수준

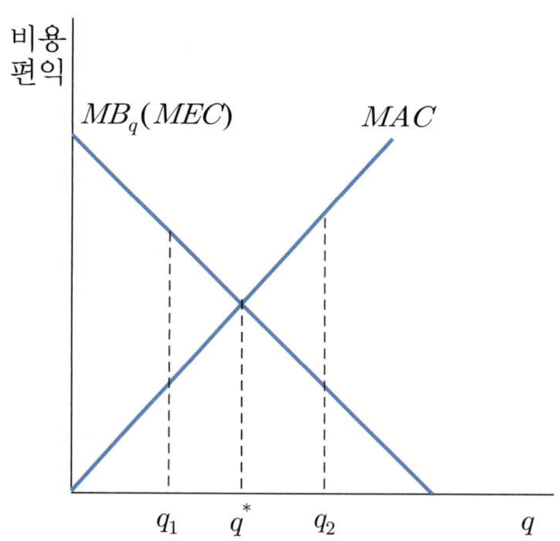

[그림 6.4] 최적 오염저감수준

오염배출량 대신 오염저감활동을 기준으로 사회적으로 최적인 오염저감수준에 대해 살펴보자. [그림 6.4]에서 q는 오염저감활동 수준, MB_q는 오염저감의 한계편익곡선(또는 MEC)을 나타낸다. q_1의 오염저감활동 수준에서는 $MB_q > MAC$이므로 오염저감활동을 증가하는 것이 이득이다. q_2의 오염저감활동 수준에서는 $MB_q < MAC$이기 때문에 오염저감활동을 감소하는 것이 이득이다. 결국 $MB_q = MAC$가 되도록 하는 q^* 수준일 때 사회적으로 최적의 오염저감수준이 된다.

3) 둘 이상의 오염원인자에 대한 오염배출량의 최적할당

동일한 오염물질을 배출하는 오염원인자 또는 기업이 둘 이상인 경우에는 전체 오염량을 기업들에게 어떻게 배분하느냐가 중요하다. 예를 들어, 동일한 오염물질을 배출하는 기업이 2개가 있다고 가정하자. 기업1의 오염배출에 따른 총편익을 $TB(w_1)$, 기업2의 총편익을 $TB(w_2)$, 오염으로 인한 총외부비용을 $TEC(w)$, $w = w_1 + w_2$이라고 하면 오염배출과 관련된 사회적 후생(SW)은 다음과 같다.

$$SW = TB(w_1) + TB(w_2) - TEC(w) \tag{6.1}$$

사회적 후생 극대화의 일계 필요조건은 다음과 같다.

$$MB_1 = MB_2 = MEC \tag{6.2}$$

여기서 MB_1과 MB_2는 각각 기업1과 기업2의 오염배출의 한계편익, MEC는 오염배출에 따른 한계외부비용을 나타낸다. 식 (6.2)는 각 기업의 오염배출의 한계편익이 같아지도록 기업에게 사회적 최적의 오염배출량을 할당해야한다는 것을 의미한다.

[그림 6.5]에서 MB_1과 MB_2는 각각 기업1과 기업2의 오염배출의 한계편익곡선이며 두 기업의 한계편익곡선을 수평으로 합계한 전체 한계편익곡선은 MB이다. MEC는 두 기업이 배출하는 오염물질로 인한 한계외부비용곡선을 나타낸다. 이때 사회적으로 최적의 오염배출량은 w^*이며 $MB_1 = MB_2 = MEC$가 되도록 기업1은 w_1, 기업2는 w_2 수준의 오염량을 배출해야한다. 만일 w^*를 각 기

업에 $w^*/2$만큼씩 할당 했다면 $MB_2 > MB_1$가 되어 기업1의 오염배출량을 한 단위 줄이고 기업2의 오염배출량을 한 단위 증가하도록 하면 전체 배출량은 w^*를 유지하면서 전체적으로 $MB_2 - MB_1$만큼의 편익이 증가한다. 이와 같이 한계편익이 작은 쪽에서 한계편익이 큰 쪽으로 오염배출량을 옮겨가면 사회 전체적으로 편익이 증가하기 때문에 $MB_1 = MB_2$가 될 때까지 두 기업에 대한 오염배출량의 할당이 조정되어야 한다.

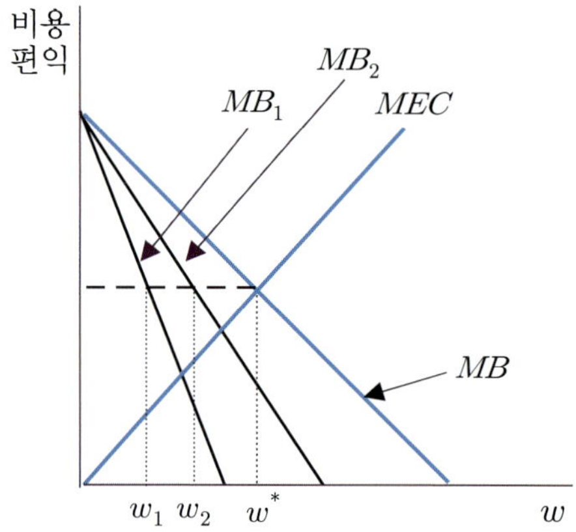

[그림 6.5] 기업별 최적 오염량의 할당

동일 오염물질을 배출하는 다수의 오염원인자에 대한 최적 오염배출량의 할당 예시

2개의 기업이 배출하는 같은 오염물질로부터 외부불경제가 발생하고 있다고 가정하자. 기업1과 기업2의 오염배출에 따른 한계편익과 오염배출로 인한 한계외부비용은 다음과 같다.

$$MB_1 = 150 - 2w_1$$
$$MB_2 = 150 - w_2$$
$$MEC = w, \; w = w_1 + w_2$$

$w_1 = 75 - 0.5MB$이고 $w_2 = 150 - MB$이므로 두 기업의 한계편익을 수평으로 합계한 사회 전체의 한계편익은 다음과 같다.

$$w = w_1 + w_2 = 225 - 1.5MB \quad \text{또는} \quad MB = 150 - \frac{2}{3}w$$

$150-(2/3)w = w$로부터 최적 오염배출량은 $w^* = 90$이 된다. $w^* = 90$에서 $MEC = 90$이므로 $MB_1 = MB_2 = MEC = 90$이 되도록 하는 각 기업의 배출량 수준은 $w_1^* = 30$,

$w_2^* = 60$이 된다.
만일 두 기업에 오염배출량을 똑같이 45만큼 할당하면 $MB_1 = 60 < MB_2 = 105$가 되어 비효율적이다. 이때 총오염저감비용은 $(30(60)/2) + (105(105)/2) = 6{,}412.5$으로 효율적 배출량 수준인 $w_1 = 30$, $w_2 = 60$일 때의 $(45(90)/2) + (90(90)/2) = 6{,}075$보다 더 많이 소요된다.

4) 수리적 모형

생산에서의 외부효과에 대한 단순 모형을 통해 최적오염수준을 알아보자. 완전경쟁시장에서 어느 기업이 재화의 생산과정에서 부산물로 오염물질을 배출하고 있다. 이 기업이 재화를 q만큼 생산하면서 w만큼의 오염을 배출하는데 소요되는 최소비용은 $c(q, w)$, 오염으로 인한 외부비용은 $D(w)$라고 할 때 $c_q = \partial c/\partial q > 0$, $c_w = \partial c/\partial w < 0$, $D_w = \partial D/\partial w > 0$이다. 선의의 규제자는 다음의 사회적 후생을 극대화하는 것을 추구한다.

$$SW = pq - c(q, w) - D(w) \tag{6.3}$$

여기서 SW는 사회적 후생을 나타내고, p는 재화의 가격이다.

극대화의 일계조건은 다음과 같다.

$$\frac{\partial SW}{\partial q} = p - c_q = 0 \tag{6.4}$$
$$\frac{\partial SW}{\partial w} = -c_w - D_w = 0$$

(6,4)의 첫 번째 식은 생산에서 일반적인 이윤극대화의 조건인 가격과 한계비용이 같아야함을 의미한다. 두 번째 식은 오염배출에 따른 한계편익($-c_w$)이 한계외부비용(D_w)과 같아야함을 의미한다.

오염배출량에 초점을 맞추기 위해 $q(w)$를 주어진 오염배출량 w에서 이윤을 극대화하는 생산량이라고 규정하자. 즉, $q(w)$는 다음을 만족한다.

$$p - c_q(q(w), w) = 0 \tag{6.5}$$

이때 오염배출량 w수준에서의 최대이윤은 다음과 같이 정의된다.

$$\pi(w) = pq(w) - c(q(w), w) \tag{6.6}$$

이제 사회적 후생은 다음과 같이 오염배출량의 함수로 쓸 수 있다.

$$SW = \pi(w) - D(w) \tag{6.7}$$

식 (6.7)의 극대화의 일계조건은 다음과 같다.

$$\pi'(w) = D'(w) \tag{6.8}$$

또는

$$-\pi'(w) = -D'(w)$$

여기서 $\pi'(w) = \partial\pi/\partial w$은 오염배출의 한계이윤(편익), $D'(w) = \partial D/\partial w$는 오염배출의 한계외부비용(피해), $-\pi'(w)$는 오염저감의 한계비용(또는 한계오염저감비용), $-D'(w)$는 오염저감의 한계편익을 나타낸다. 따라서 (6.8)의 첫 번째 식은 오염배출의 한계편익과 한계외부비용이 같아야함으로 의미하고, 두 번째 식은 한계오염저감비용이 오염저감의 한계편익과 같아야함을 의미한다.

6.2 사적 수단에 의한 외부효과의 내재화

6.2.1 기업 간 합병과 사회적 규범

사적 수단에 의해 외부효과를 내재화한다는 것은 정부의 외생적인 정책수단 없이 오염원인자와 피해자가 자율적으로 외부효과문제를 해결하는 것을 의미한다. 제3장의 3.1.2절에서 제시된 사례와 같이 강의 상류지역에 위치한 기업의 생산활동 과정에서 배출된 오염물질이 강의 하류지역에 위치한 기업에 외부비용을 부과하고 있는 경우에는 상류와 하류 지역의 두 기업 간 합병이 외부효과 문제를 해결할 수 있다. 두 기업이 하나의 기업으로 합병되면 합병 기업은 두 기업 이윤의 합계를 극대화하는 의사결정을 하게 되며 3.1.2절에서 살펴본 바와 같이 이 경우 사회적으로 최적인 오염량을 배출하게 된다.

기업 간 합병은 이론적으로는 가능하지만 실제 기업 입장에서는 타 기업의 인수여부를 결정할 때 외부효과의 내재화보다는 시너지 효과를 통해 더 많은 이윤을 확보할 수 있느냐가 더 큰 관심사이다. 외부효과로 얽혀있는 기업을 인수하는 것보다 더 큰 이윤을 안겨줄 수 있는 다른 대안적 투자가 있다면 당연히 그러한 투자를 선택할 것이다. 또한 기업합병을 통해 외부효과의 내재화로 얻을 수 있는 이득보다 다른 비용이 더 많이 소요된다면 기업합병을 추진할 이유가 없다.

법과 제도로 명시되지 않았다고 하더라도 공중도덕이나 사회적 규범이 사람들에게 공공장소에서의 흡연행위나 쓰레기, 담배꽁초 등의 무단투기를 억제할 수 있다. 또한 교육이나 캠페인 등을 통해 사람들이 양심과 사회적 규범에 따른 행위를 하도록 유도함으로써 일부 외부효과를 내재화할 수도 있다. 환경단체와 같은 비정부기구에 기부를 하거나 환경적으로 보전할 만한 가치가 있는 생태지역을 구입해서 개발을 방지하는 것도 외부효과를 내재화하는 수단으로 사용될 수 있다. 그러나 사회적 규범이나 윤리의식 고취 등의 수단에 의존해서 이기심에 의한 경제행위로부터 발생하는 외부효과들을 모두 내재화하는 데는 한계가 있다.

6.2.2 코우즈의 정리

코우즈 정리(Coase theorem)는 오염원인자와 피해자 어느 쪽이든 재산권만 잘 부여하면 자발적인 협상을 통해 외부효과를 내재화할 수 있다는 원리이다. 단, 거래비용(transaction cost)이 영이고 소득효과가 없다는 것을 가정한다. 거래비용은 어떤 오염물질에 의해 피해가 발생했는지, 오염원인자들이 누구인지, 누가 피해를 입고 있는지를 아는데 소요되는 정보비용, 협상테이블에 함께 앉아서 합의하고 계약서를 작성하고 공증하는 등의 절차에 들어가는 계약비용, 계약이 잘 지켜지는지를 감시하고 위반할 경우 제재하는데 소요되는 실행비용 등을 모두 포함한다.

오염원인자와 피해자가 각각 1명이라고 가정하자. 먼저 오염원인자에게 재산권이 부여되어 마음대로 오염물질을 배출할 수 있다면 오염원인자는 [그림 6.6]에서 오염배출의 한계편익이 영이 되는 w_m까지 오염량을 배출한다. 이때 오염피해자는 오염원인자에게 오염배출량을 줄이면 보상하는 것을 제의할 수 있다.

각 오염배출량 수준에서 배출량의 한 단위 감소에 대한 오염피해자의 최대지불의사액은 MEC이고 오염원인자의 최소보상용의액수는 MB이다. 오염피해자의 최대지불의사액이 오염원인자의 최소보상수용액수보다 작지 않은 이상, 즉 $MEC \geq MB$인 한 오염피해자와 오염원인자는 오염배출량을 줄이는 합의에 도달함으로써 사회적 최적의 오염량 w^*가 달성된다.

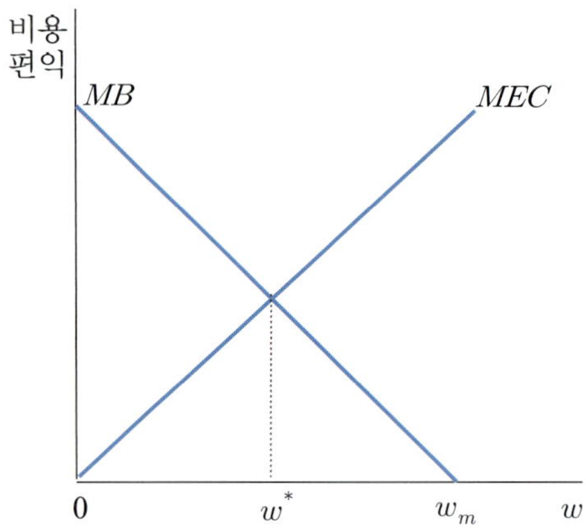

[그림 6.6] 코우즈 정리와 사회적 최적 오염수준 달성

만일 오염피해자에게 재산권을 부여하면 오염원인자의 오염물질 배출량은 영이 된다. 이 경우에는 오염원인자가 오염을 배출하는 것에 대해 피해자에게 보상을 제의할 수 있다. 오염원인자의 배출량 한 단위 추가에 따른 편익 MB가 최대보상용의액수가 되고 오염으로 인한 한계외부비용 MEC는 피해자의 최소보상수용액수가 된다. 오염원인자의 최대지불의사액이 오염피해자의 최소보상수용액수보다 작지 않은 이상, 즉 $MEC \leq MB$인 한 오염원인자와 피해자는 오염배출량을 늘리는 합의에 도달함으로써 사회적 최적인 오염량 w^*가 달성된다.

이와 같이 코우즈 정리는 시장실패에 대해 정부가 개입하지 않고도 자발적 협상을 통해 효율적인 결과가 가능하다는 강력한 메시지를 주고 있지만 거래비용과 소득효과가 없는 이상적인 상태에서만 가능한 것이고 실제에 있어서는 재산권의 정립과 자발적인 협상을 통한 문제의 해결이 쉽지 않다.

첫째, 소수의 사람들만이 관련된 외부효과문제의 경우에도 협상당사자가 사적 정보를 가지고 있다면, 즉 정보가 완전히 대칭적으로 상호 공유되지 않는다면 효율적인 협상이 가능하지 않다. 사람들이 서로의 선호나 경험을 모른다면 협상은 길게 연장되고 비용이 많이 들며 성공가능성도 높지 않다.[12)]

둘째, 환경문제에 있어서는 많은 수의 사람들이 관련되는 것이 일반적이고 이 경우 오염원인자 집단과 오염피해자 집단 간의 협상을 하는 데 있어서 막대한 거래비용이 소요된다. 거래비용은 재산권이 없는 협상청구자가 부담하게 되는데 이 경우 재산권이 누구에게 있느냐에 따라 최적의 오염배출량 수준이 달라진다. 만약 협상청구자가 지불하게 되는 거래비용이 막대해서 협상의 기대수익보다 클 경우에는 협상을 청구하지 않는 것이 낫다. 이 경우 재산권이 오염원인자에게 있으면 w_m의 배출량 수준, 재산권이 오염피해자에게 있으면 영의 배출량 수준이 최적이 된다.

막대한 거래비용의 존재는 단지 환경오염 또는 외부효과 문제가 있다는 이유로 경제적 효율성 측면에서 무엇인가를 해야 하는 것은 아니라는 것을 의미한다. 또한 왜 환경오염 문제에 대해 정부개입이 일어나는 지에 대해 설명해준다. 즉, 높은 거래비용은 현재 나타나고 있는 외부효과가 최적이라는 것을 의미하기보다는 정부개입이 보다 비용을 적게 들이고 효율적으로 외부효과를 내재화할 수 있다는 것을 의미한다.[13)]

6.3 오염규제수단

6.3.1 오염규제수단의 분류

환경오염문제에 대한 정부개입수단은 크게 직접규제와 경제적 유인제도로 구분된다. 직접규제는 불법적인 것과 합법적인 것을 규정하는 법률의 제정을 통해

---

12) 자세한 것은 Farell(1987)을 참조하라.

13) 코우즈 정리로 명명되고 있지만 코우즈 자신은 환경오염문제의 경우 자발적인 협상이든 정부개입에 의한 해결책이든 거래비용이 발생함을 지적하고 자발적 협상이 정부개입보다 거래비용이 적게 소요되면 자발적 협상을, 반대의 경우에는 정부개입에 의한 해결을 모색해야 한다고 주장하였다(Coase, 1960).

산업이나 활동을 직접 규제하는 것으로 정부 명령에 오염원인자가 따르도록 하는 방식이다. 환경기준, 배출허용기준, 기술기준에 의해 환경질 개선이나 오염물질의 배출을 통제하고자 한다. 경제적 유인제도는 오염원인자에게 조세 또는 보조금과 같은 적절한 경제적 유인을 제공하여 오염원인자 스스로가 외부효과를 내재화하도록 유도하는 방식이다.

<표 6.1>은 직접규제와 경제적 유인제도의 형태와 적용대상을 보여준다. 직접규제 방식으로는 환경기준, 배출허용기준, 기술기준, 사용금지, 포괄적 생산자 책임제, 오염원인자와 협상을 통한 규제가 있으며, 경제적 유인제도로는 조세부과(배출부과금, 요소세, 상품세, 이용자세, 행정세), 보조금 지불, 배출권거래제, 폐기물예치금제, 법적배상제도 등이 있다.

〈표 6.1〉 직접규제와 경제적 유인제도의 형태와 적용대상

	규제수단	적용대상
직접규제	환경기준	대기, 수질, 소음 · 진동
	배출허용기준	대기, 수질
	기술기준	모든 폐기물
	사용금지	유해폐기물
	포괄적 생산자 책임제	고형폐기물
	오염원인자와 협상을 통한 규제	모든 폐기물
경제적 유인제도	배출부과금	대기, 수질
	요소세	생산요소
	상품세	재화
	이용자세	공원, 유원지
	행정세	유해폐기물
	보조금	대기, 수질, 처리시설
	배출권거래제	대기, 수질
	폐기물예치금제	고형폐기물
	법적배상제도	모든 폐기물

환경규제 도입 초기에는 직접규제가 주류를 이루고 폐기물이 최종 배출되는 하위단계에 규제의 초점이 맞춰졌다. 그러나 직접규제 방식이 행정적비용과 규제순응비용이 많이 소요되는 것으로 밝혀지면서 일부 경제적 유인제도가 채택되

어 혼용되고 있으며 폐기물이 최종 배출되기 이전인 상위단계에도 규제가 도입되고 있다.

[그림 6.7]은 물질의 흐름 단계별 적용될 수 있는 규제수단을 열거하고 있다. 생산요소의 채취 및 가공 단계에서 오염을 차단할 수 있는 시설을 설치하도록 규제하거나 환경 친화적인 요소투입을 장려하기 위해 유해한 요소에 대해 요소세를 부과할 수 있다. 생산단계에서는 생산기술과 포장기술 규제를 통해 원천적으로 폐기물의 발생량을 줄일 수 있다. 재화의 소비단계에서는 상품세 부과로 재화소비의 억제를 통해 폐기물의 배출량을 감소하고 환경마크제를 도입하여 환경 친화적인 상품의 소비를 유도할 수 있다. 폐기물부담금제와 폐기물예치금제는 환경기금의 마련과 재활용 활성화 목적으로 사용할 수 있다. 재활용품의 생산요소로의 활용도를 높이기 위해 재활용업체에 보조금을 지불할 수 있다. 폐기물이 배출시설을 거쳐 환경으로 최종 배출되는 단계에서는 배출시설에 대한 시설규제, 보조금 지불, 배출허용기준, 배출부과금, 법적배상제도를 적용할 수 있다. 오염물질의 배출로부터 인간, 동물, 생태계를 보호하기 위한 최소한의 안전장치로서 대기, 수질, 토양, 소음, 진동 등에 대해 환경기준을 설정할 수 있다.

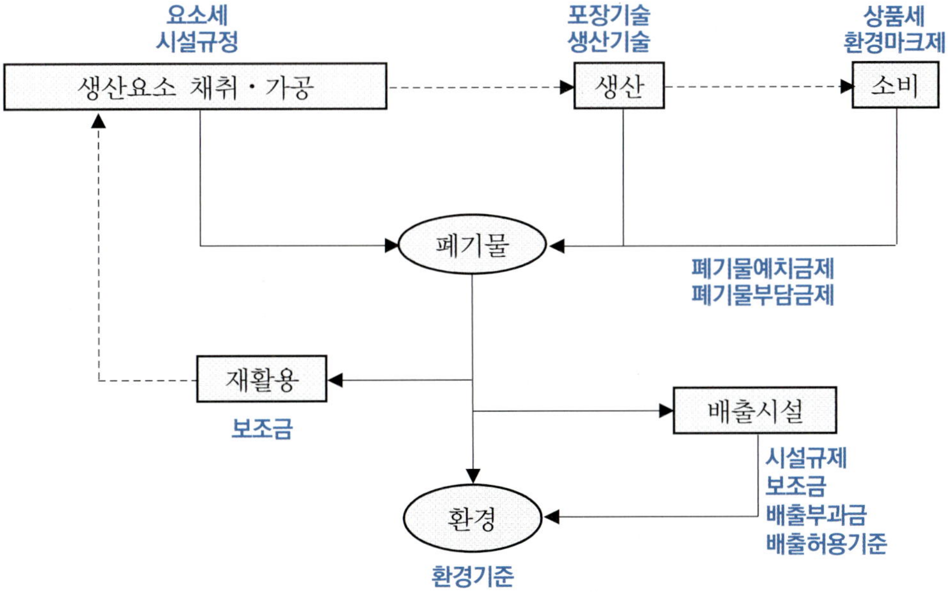

[그림 6.7] 단계별 환경규제수단

6.3.2 오염규제수단의 평가기준

오염규제수단의 분류에서 살펴본 바와 같이 정부가 오염물질의 배출량을 감소하기 위해 사용할 수 있는 환경규제수단은 다양하다. 이러한 규제수단들 중에서 정부는 어느 것을 선택하는 것이 좋을 것인가? 적절한 규제수단을 선택하기 위해서는 먼저 환경규제수단의 평가기준을 정립할 필요가 있다.

평가기준은 첫째, 사회적으로 최적오염수준을 달성할 수 있는 규제수단인가의 여부이다. [그림 6.3]에서 본 바와 같이 최적오염수준은 오염배출의 한계편익과 한계외부비용이 같아지는 지점에서 결정된다. 한계편익곡선과 한계외부비용곡선을 정확하게 알고 있다면 최적오염수준을 달성하도록 하는 규제수단들을 찾아내는 것은 어려운 일이 아니다. 그러나 실제 세계에서 MB와 MEC에 대한 정보를 정확히 아는 것은 쉽지 않으며 따라서 어떤 규제수단을 사용하더라도 최적오염수준을 달성하는 것은 불가능하다. 이 경우에는 2가지 대안을 고려할 수 있는데 하나는 최적오염수준을 달성하지 못하는 것에서 발생하는 비효율성의 크기를 최소화할 수 있는 규제수단을 선택하는 방법이고, 다른 하나는 특정 목표를 세우고 이를 최소비용을 달성할 수 있는 규제수단, 즉 비용효율성의 규제수단을 선택하는 방법이다. 6.3.4절에서는 불완전정보하에서 규제수단의 선택에 대해 알아볼 것이다.

둘째, 정보 및 계산 수요이다. 최적오염수준 또는 비용효율성을 달성하는 규제수단들 중 실제 시행하는 데 있어서 더 적은 자료와 계산을 요구하는 규제수단이 보다 더 선호된다.

셋째, 감시와 집행(monitoring and enforcement)의 용이성이다. 다른 조건이 동일하다면 감시와 집행이 보다 용이한 규제수단이 선호된다. 오염원인자들이 규제를 얼마나 잘 수용할 것인지의 여부는 감시와 집행이 얼마나 용이한가에 달려있다.

넷째, 시간변화에 따른 규제수단의 신축적 적용가능성이다. 사람들의 선호, 기술, 이용 가능한 자원, 경제활동 등 외생적 조건이 변화하면 초기에 설정된 목표를 유지할 수 있도록 규제수단이 신축적으로 적응할 수 있어야한다. 신축적인 규제수단은 제도변화에 따라 수반되는 정치적 간섭이나 편익과 비용을 재산정하는 것을 회피할 수 있다. 또한 선택된 규제수단이 장기적으로 새로운 오염저감기술의 개발유인을 제공할 수 있는지의 여부도 중요하다.

다섯째, 사회가 규제수단을 수용할 수 있는 기반이 갖춰져 있는가의 여부이다. 효율적인 규제수단이라 하더라도 규제기관이 이를 제대로 수행할 능력이 없거나 오염원인자들이 규제를 수용할 수 있는 준비가 되어 있지 않다면 그것을 실제 적용하는 것은 어렵다. 따라서 선택된 규제수단이 자료수집, 모델설정, 문제해결, 감독, 시행, 수익의 처리와 같은 기술적 능력을 어느 정도 갖출 것을 요구하는지를 알 필요가 있다. 또한 규제를 받는 오염원인자들이 생산 공정과 오염물질을 통제할 수 있는 기술적 능력은 얼마나 가지고 있는지를 고려해야 한다.

여섯째, 정치적 측면에 대한 고려이다. 어떤 규제수단이 효율적이고 일반적 제도의 수용능력도 갖추고 있다고 하더라도 특정 그룹에 편익이나 비용이 집중되고 형평성에 심각한 문제가 있는 경우에는 정치적으로 수용하기 어렵다. 따라서 선택된 규제수단이 각 하위그룹에게 비용과 편익을 어떻게 배분할 것인지를 사전에 평가할 필요가 있다.

6.3.3 완전정보하의 오염규제

여기에서는 규제자가 오염배출의 한계편익곡선과 한계외부비용곡선에 대한 정보를 완전히 알고 있다고 가정한다. 따라서 규제자는 사회적으로 최적의 오염배출량 수준을 정확히 알고 있다.

1) 배출허용기준

직접규제 수단의 하나인 배출허용기준(또는 오염총량제)은 규제자가 전체 오염배출 총량을 정하고 그 수준을 넘지 않도록 규제하는 것이다. [그림 6.8]에서 MB는 사회 전체의 오염배출에 따른 한계편익곡선, MEC는 한계외부비용곡선을 나타낸다. 규제자는 오염배출 총량을 w^*로 정하고 이를 각 오염원인자에게 할당한다. 사회 전체의 MB곡선에 대한 정보는 완전하다고 하더라도 규제자가 각 오염원인자의 MB곡선을 정확히 알기는 어렵기 때문에 배출량의 할당은 과거의 생산규모나 매출액 등을 기준으로 어림잡아 하는 것이 일반적이다. 따라서 배출허용기준은 최적오염수준 w^*를 달성하더라도 개별 오염원인자의 한계편익이 같아지도록 배출량을 할당하기 어렵다는 점에서 효율적이지 못하다. [그림 6.5]에서 동일한 오염물질을 배출하는 다수의 오염원인자가 있을 경우 개별 오염원인자에게 오염배출의 한계편익이 같아지도록 오염량을 할당해야 효율적임을 보였다.

배출허용기준의 또 다른 문제는 할당된 배출량을 지키도록 별도의 감시와 위반자에 대한 처벌수단이 마련되지 않으면 실효성이 없다는 점이다. 역으로 오염원인자가 순응하도록 감시와 집행을 제대로 수행하기 위해서는 막대한 비용이 수반되며 직접규제 방식 대신 경제적 유인제도의 도입을 고려하는 이유 중의 하나도 이러한 규제순응비용이 많이 수반된다는 점 때문이다.

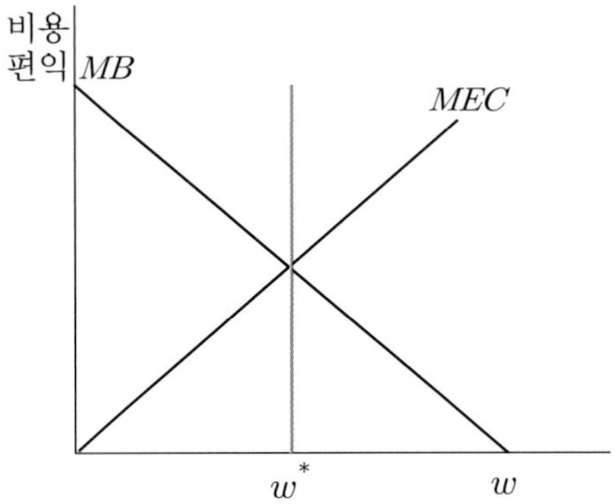

[그림 6.8] 배출허용기준

2) 배출부과금

배출부과금(emission tax)은 오염배출 단위당 조세를 부과하는 종량세이다. [그림 6.9]에서 MB_1은 기업1의 오염배출에 따른 한계편익곡선, t_1은 단위당 배출부과금, w_m은 배출부과금이 부과되지 않았을 때의 기업1의 오염 배출량 수준을 나타낸다. t_1의 배출부과금에 직면해서 기업1은 배출량이 $\overline{w}$보다 적은 지점에서는 오염배출의 한계편익이 t_1보다 크므로 배출량을 추가하는 대신 배출부과금을 내는 것이 이득이다. 반대로 배출량이 $\overline{w}$보다 많은 지점에서는 오염배출의 한계편익이 t_1보다 작으므로 배출량을 줄이는 것이 이득이다. 따라서 배출부과금 t_1에 직면해서 기업 1은 $\overline{w}$만큼의 오염을 배출하는 것이 최선이다.

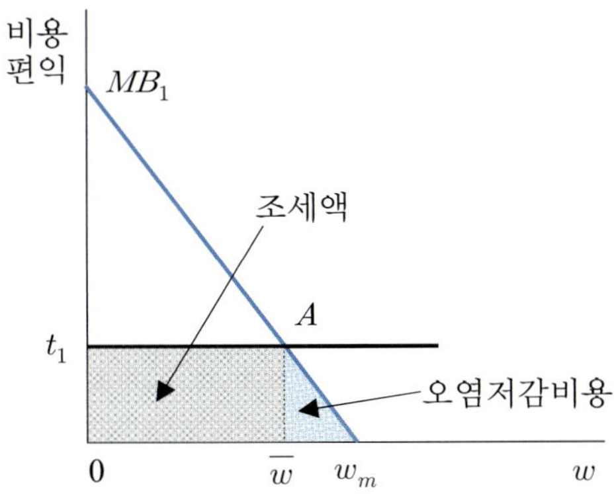

[그림 6.9] 배출부과금과 기업의 오염배출량의 선택

$\overline{w}$의 배출량 수준에서 기업이 지불해야할 총비용은 w_m에서 $\overline{w}$까지 배출량을 줄이는데 소요되는 오염저감비용(삼각형 $A\overline{w}w_m$의 면적)과 t_1에 $\overline{w}$를 곱한 총조세액(사각형 $0t_1A\overline{w}$의 면적)을 합계한 것이다.

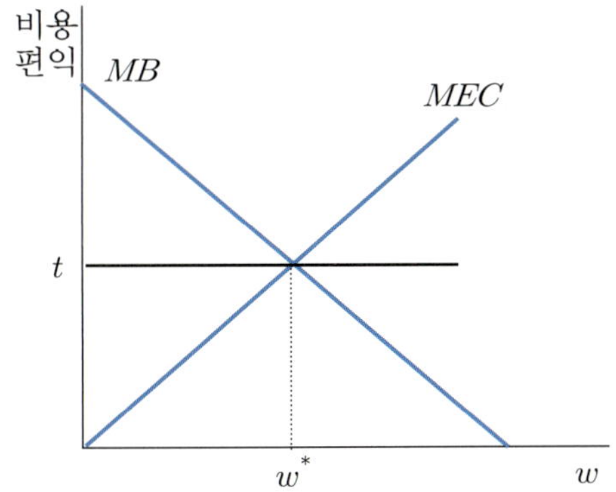

[그림 6.10] 오염원인자가 하나일 때 최적 배출부과금

[그림 6.10]은 오염원인자가 하나인 경우 최적 배출부과금을 나타낸다. MB는 오염원인자의 오염배출의 한계편익이자 곧 사회전체의 오염배출의 한계편익이다. $t = MB = MEC$로 배출부과금을 설정하면 오염원인자는 w^*의 오염수준을 선택하기 때문에 사회적 최적의 오염수준이 달성된다.

6.1.2절의 수리적모형의 연장선상에서 오염물질을 배출하는 완전경쟁기업에

오염 한 단위당 t만큼의 배출부과금이 부과되면 기업의 이윤은 다음과 같이 된다.

$$\phi(w) = pq(w) - c(q(w), w) - tw = \pi(w) - tw \tag{6.9}$$

이때 이윤극대화의 일계조건은 다음과 같다.

$$\frac{\partial \phi}{\partial w} = \pi'(w) - t = 0 \tag{6.10}$$

따라서 배출부과금을 한계외부비용과 같도록, 즉 $t = D'(w)$로 설정하면 식 (6.10)은 식 (6.8)의 사회적 후생 극대화의 오염배출량 조건과 같아진다.

[그림 6.11]에서 MB_1은 기업1의 오염배출에 따른 한계편익곡선, MB_2는 기업2의 오염배출에 따른 한계편익곡선, MB는 기업1과 기업2의 한계편익을 합계한 사회 전체의 오염배출의 한계편익곡선을 나타낸다. 사회적으로 최적의 오염배출량은 오염배출의 한계편익과 한계외부비용이 같아지도록 하는 w^*이며, 이를 달성하기 위해서는 단위 당 t만큼의 배출부과금이 부과되어야 한다. 즉, $MB = MEC = t$가 되도록 배출부과금을 설정한다. 이때 기업1은 w_1만큼, 기업2는 w_2만큼의 오염량을 배출하며 w_1과 w_2를 합계한 것이 w^*가 된다. 각 기업의 오염배출량 수준에서 오염배출의 한계편익이 같기 때문에 t수준의 배출부과금은 사회적 효율성을 달성한다.

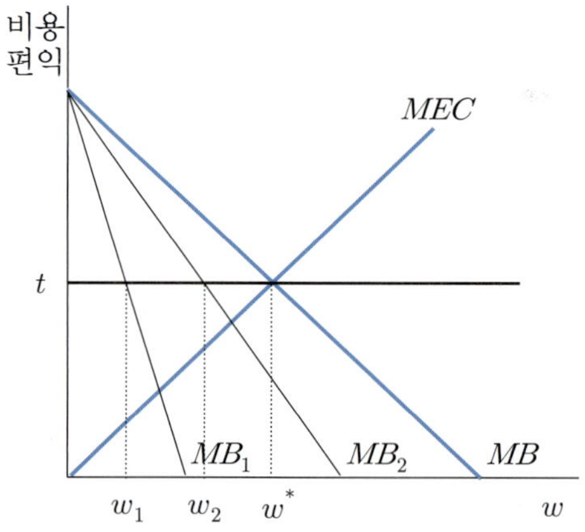

[그림 6.11] 오염원인자가 다수일 때 최적 배출부과금

배출부과금은 정태적으로 효율적일뿐만 아니라 동태적으로 시장 전체의 오염 배출량을 감소하도록 하고 오염원인자에게 기술개발의 유인을 제공하는 장점이 있다. 배출부과금을 부과했을 때 재화의 판매수익에서 생산비용을 뺀 이윤이 오염관련해서 기업이 지불해야하는 총비용(오염저감비용+총조세액)보다 작은 기업들은 장기적으로 시장에서 퇴출될 것이기 때문에 시장전체의 오염배출량은 감소한다.

[그림 6.12]는 배출부과금이 부과될 경우 기업의 오염저감기술의 개발에 따른 효과를 보여준다. MB는 기존의 오염저감기술에 의한 오염배출의 한계편익곡선으로 t수준의 배출부과금이 부과되면 이 기업의 오염배출량은 w_0가 된다. 이제 새로운 오염저감기술의 개발로 한계편익곡선이 MB'가 되었다면 w_m에서 w_0까지 배출량을 줄이는데 소요되는 오염저감비용이 이전보다 삼각형 EBw_m의 면적만큼 감소한다. 또한 배출부과금이 t수준에 그대로 유지된다면 이 기업은 배출량을 w_1수준까지 더 줄이게 되기 때문에 추가적으로 삼각형 AEB의 면적만큼 순편익(= 조세감소액 - 오염저감비용)을 얻게 된다. 따라서 이 기업이 새로운 오염저감기술을 개발하는데 소요되는 비용이 두 삼각형 면적을 합계한 것보다 크지 않다면 기술을 개발할 충분한 유인을 가지게 된다.

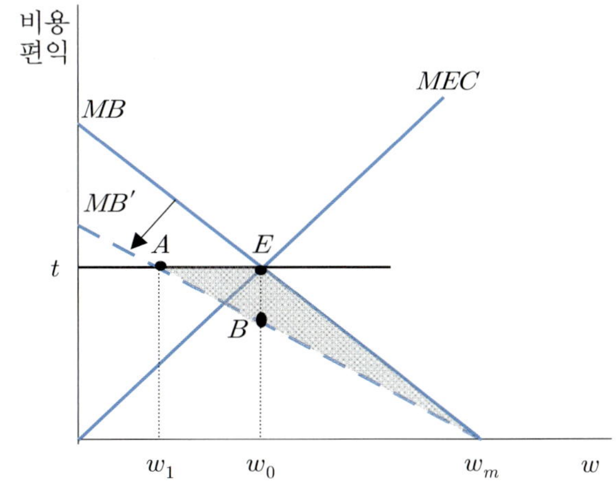

[그림 6.12] 배출부과금과 오염저감기술 개발의 효과

3) 보조금

보조금제는 오염원인자가 오염배출량을 줄이는 것에 대해 단위당 일정액을 지원하는 경제적 유인제도이다. 오염원인자가 오염배출량을 한 단위 증가시키면 그것에 대해서는 보조금을 받지 못하기 때문에 보조금은 오염배출의 기회비용이 된다. 따라서 오염원인자는 오염배출의 한계편익이 보조금(기회비용)보다 작으면 오염배출량을 줄여서 보조금을 받는 것이 낫고, 반대의 경우에는 오염배출량을 증가하고 보조금을 포기하는 것이 낫다.

[그림 6.13]은 어느 기업의 오염배출의 한계편익곡선과 단위당 보조금 액수를 나타낸다. 보조금이 s_1으로 설정되었을 때 기업 입장에서 오염배출량이 w_1보다 적은 지점에서는 보조금을 포기하고 배출량을 늘리는 것이 이득이며 오염배출량이 w_1보다 큰 지점에서는 배출량을 줄이고 보조금을 받는 것이 이득이다. 그러므로 이 기업의 오염배출량은 w_1이 되고, w_m에서 w_1까지 오염배출량을 감소함에 따라 받게 되는 총보조금액수는 사각형 w_1EAw_m의 면적이며, 오염저감비용을 빼면 삼각형 EAw_m의 면적만큼 순편익을 얻게 된다.

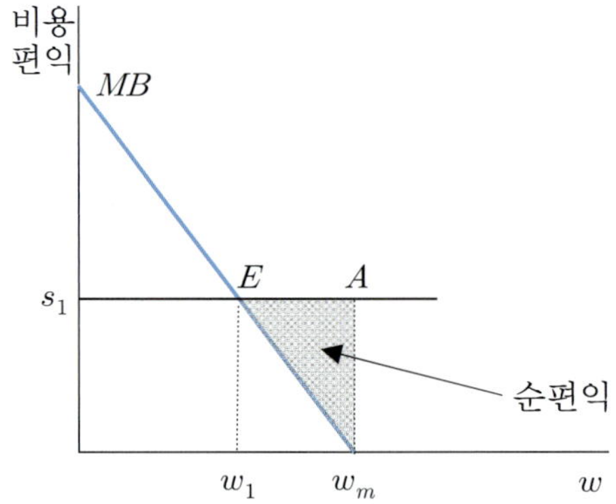

[그림 6.13] 보조금 지불

정태적으로 보조금제는 배출부과금과 유사하게 효율적으로 사회적 최적의 오염수준을 달성할 수 있다. [그림 6.10]에서 단위당 배출부과금 t 대신에 같은 크기의 보조금(s)이 부과되면, 즉 $MB = MEC = s$로 설정하면 사회적 최적의 오염배출량 w^*를 달성한다.

수리적으로 보조금제 하에서 오염을 배출하는 기업의 이윤은 다음과 같다.

$$\phi(w) = \pi(w) + s(w_m - w) \tag{6.11}$$

이때 극대화의 일계조건은 식 (6.12)와 같다.

$$\frac{d\phi}{dw} = \pi'(w) - s = 0 \tag{6.12}$$

따라서 $s = D'(w)$로 설정하면 사회적 최적의 오염수준을 달성한다.

그러나 보조금제는 배출부과금제와 동태적 측면에서 차이가 있다. 보조금제에서는 오염원인자들이 오염배출량을 감소함으로써 순편익, 즉 불로소득을 얻기 때문에 다른 기업들이 시장에 진입하도록 하는 유인을 제공하며 따라서 배출부과금과는 반대로 장기적으로 시장 전체의 오염배출량을 증가시킨다.

4) 법적 배상제도

법적 배상제도는 오염원인자가 피해자에게 부과하는 외부비용을 전액 배상하도록 하는 것을 의미한다. 단순화해서 오염원인자가 하나인 경우를 가정하자. [그림 6.14]에서 오염저감활동을 전혀 하지 않고 오염배출의 한계편익이 영인 w_m까지 오염을 배출하면 총외부비용은 삼각형 $0Dw_m$의 면적이고 그 만큼을 오염원인자는 피해자에게 배상해야한다. 만일 오염배출량이 w_1이면 오염원인자는 오염저감비용으로 삼각형 w_1Aw_m의 면적, 피해자에 대한 배상액으로 삼각형 $0Bw_1$의 면적을 지불해야한다. 배출량이 w^*이면 오염저감비용으로 삼각형 w^*Cw_m의 면적과 피해자에 대한 배상액으로 삼각형 $0Cw^*$의 면적을 합하여 삼각형 $0Cw_m$의 면적만큼의 총비용이 발생함으로써 가장 적은 총비용을 지불하게 된다. 따라서 표면적으로 법적 배상제도도 배출부과금과 마찬가지로 오염원인자가 사회적으로 최적의 오염수준을 달성하도록 유도한다.

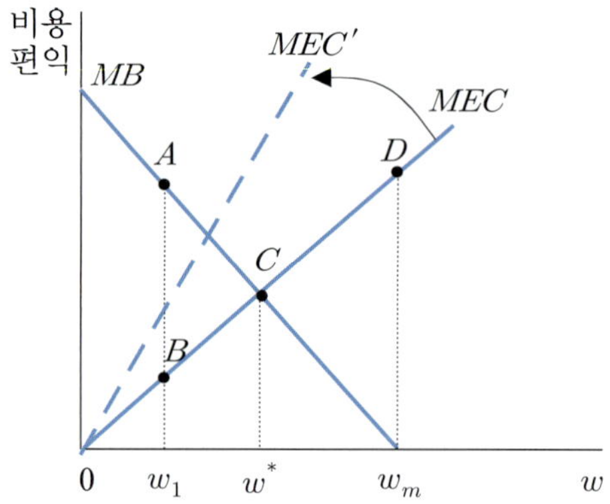

[그림 6.14] 법적 배상제도

수리적으로 나타내면 법적배상제도하에서 오염을 배출하는 기업의 이윤은 다음과 같이 사회적 후생과 동일하다.

$$\phi(w) = \pi(w) - D(w) \tag{6.13}$$

그러나 법적 배상제도는 다른 규제수단과는 중요한 차이로 인해 효율적이지 못하다. 첫째, 다른 규제수단들은 오염피해자에게 보상을 하지 않는데 반해 법적 배상제도는 피해자에게 보상을 한다는 점이다. 피해자가 보상을 받지 못하는 경우에는 피해자들이 오염에 노출되지 않기 위해 스스로 방어적인 활동을 한다. 그러나 보상을 받는 경우에는 피해자가 보상금을 받기 위해 오히려 오염에 노출되려는 유인을 가질 수 있다. 예를 들어, [그림 6.14]에서 피해자가 오염에 더 노출되고자 하는 경우 한계외부비용곡선은 MEC에서 MEC'로 이동하며 오염원인자는 이전보다 더 많은 오염저감비용이나 배상액을 지불해야한다.

둘째, 배출부과금이나 보조금은 최적 오염수준 근처에서의 한계외부비용에 대한 정보만 요구되지만 법적 배상제도는 전체 MEC곡선에 대한 정보를 필요로 한다.

셋째, 오염원인자가 다른 경제적 이유나 배상액의 산정에 있어서의 불만으로 인해 보상을 회피하는 경우 분쟁중재나 법적 소송에 따른 거래비용이 많이 소요될 수 있다. 오염원인자는 오염저감과 배상에 따른 비용이 막대하게 소요되는 경우 파산과 같은 극단적인 선택을 할 수도 있다.

5) 배출권거래제

배출권거래제(emissions trading system)는 전체 오염총량을 제한한다는 점에서는 배출허용기준과 유사하다. 그러나 배출허용기준에서는 오염원인자가 자신에게 할당된 배출량 한도 내에서만 오염을 배출할 수 있지만 배출권거래제에서는 배출권의 거래가 허용되기 때문에 자신에게 할당된 배출량의 일부를 다른 오염원인자에게 판매할 수 있다. 또한 다른 오염원인자로부터 배출권을 구입하여 자신에게 할당된 배출량을 초과해서 오염을 배출할 수 있다.

배출권거래제에서 오염배출량 또는 배출권의 공급량은 배출부과기준에서와 같이 규제자가 직접 통제한다. 사회적으로 최적의 오염수준 달성을 위해서는 사회 전체의 오염배출의 한계편익과 한계외부비용이 같아지도록 하는 w^*의 배출량으로 배출권의 공급량을 정하면 된다.

오염원인자인 기업들은 배출권의 가격과 오염배출의 한계편익을 비교하여 배출권에 대한 수요를 결정한다. [그림 6.15]에서 MB는 어느 기업의 오염 배출에 따른 한계편익곡선을 나타낸다. 완전경쟁의 오염배출권 시장에서 가격이 P_1으로 주어졌을 때 이 기업은 오염 배출의 한계편익이 P_1보다 크면 배출권을 구입해서 오염을 배출하는 것이 이득이고 반대로 한계편익이 P_1보다 작으면 배출권을 구입하지 않는 것이 이득이기 때문에 배출권의 수요량은 w_1이 된다. 이제 배출권가격이 P_2로 하락하면 배출권의 수요량은 w_2로 증가한다. 이와 같이 배출권의 가격이 변화함에 따라 한계편익곡선 MB를 따라 배출권의 수요량이 결정되므로 MB는 이 기업의 배출권에 대한 수요곡선이 된다. 사회 전체의 배출권에 대한 수요곡선은 개별 기업의 수요곡선을 수평으로 합계한 것으로 결국 사회 전체의 오염 배출의 한계편익곡선과 일치한다.

[그림 6.16]에서와 같이 사회 전체에 동일한 오염물질을 배출하는 기업이 2개가 있다고 가정하자. D_1은 기업1의 오염 배출의 한계편익곡선 또는 배출권에 대한 수요곡선이고 D_2는 기업2의 오염 배출의 한계편익곡선 또는 배출권에 대한 수요곡선이다. 두 곡선을 수평으로 합계한 D는 사회 전체의 오염 배출의 한계편익곡선이면서 배출권 수요곡선이 된다. 규제자가 오염배출권의 총량(또는 공급량)을 w^*로 정하면 배출권의 시장가격은 P^*가 된다. P^*의 배출권가격에

기업1의 오염배출량은 w_1, 기업2의 오염배출량은 w_2로 배출부과금제와 동일한 결과로 귀결된다.

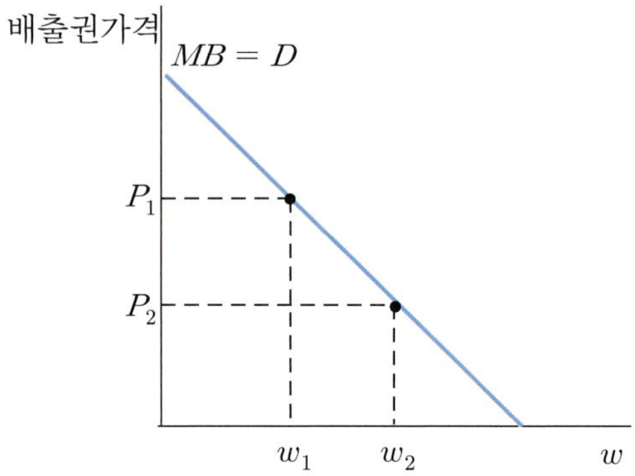

[그림 6.15] 배출권에 대한 수요함수

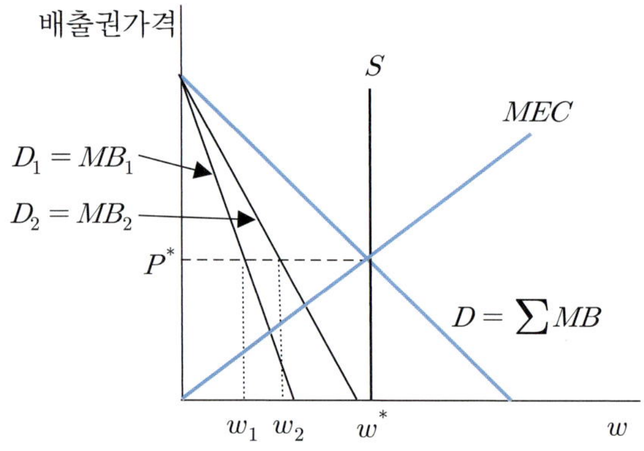

[그림 6.16] 배출권의 시장가격과 개별기업의 배출권 수요결정

배출권거래제에서 초기에 규제자가 오염배출권을 각 기업에 무상으로 할당하든(grandfathering) 경매를 통해서 할당하든(auctioning) 각 기업의 오염배출량은 동일하다. 배출권을 무료로 할당하는 경우에는 배출권 구매비용을 지불하지 않기 때문에 배출부과금제에서 보다 기업들에게 보다 더 유리하지만 할당된 배출권에 대한 거래를 허용함으로써 효율적으로 사회적 최적의 오염수준을 달성한다. 오염배출권 w^* 전체를 경매를 통해서 할당하는 경우 기업이 배출권 구매에 지불하는 총액은 배출부과금제에서 기업들이 부담하는 조세액과 같기 때문에

완전정보 하에서는 정태적으로나 동태적으로나 배출권거래제와 배출부과금제는 동일한 결과가 된다.

6) 독점기업에 대한 오염규제

독점기업이 생산과정에서 오염물질을 배출하여 외부비용을 부과하고 있으며 오염배출량은 재화의 생산량에 비례한다고 가정하자. 이 경우 오염배출에 따른 한계편익과 한계외부비용은 생산량의 함수가 된다. 제2장에서 살펴본 바와 같이 이윤극대화를 추구하는 독점기업은 사회적으로 효율적인 것보다 적게 생산하기 때문에 비효율적이었으며 비효율성을 제거하기 위해서는 생산량을 증가하도록 규제를 해야 한다. 그러나 다른 한편으로 외부비용을 내재화하기 위해서는 생산량을 감소하도록 해야 한다. 이러한 이중성 때문에 외부비용을 부과하는 독점기업에 대해서는 재화에 대해 조세부과를 통해 생산량을 줄이도록 하는 것이 필요한 경우도 있고 보조금 지불을 통해 생산량을 증가하도록 하는 것이 필요한 경우도 있다.

[그림 6.17]에서 MPC는 사적 한계비용, MSC는 사적 한계비용과 한계외부비용을 합계한 사회적 한계비용, D는 시장수요곡선, MR은 한계수익곡선을 나타낸다. 규제가 없으면 독점기업은 이윤을 극대화하기 위해 Q_m만큼 생산하고 가격은 p_m으로 설정한다. 사회적으로는 MSC가 수요곡선 D와 교차하는 지점인 Q^*를 생산했을 때가 효율적이다. 그림의 (가)에서는 독점기업의 생산량이 사회적 최적의 생산량보다 적다. 따라서 사회적으로 최적의 생산이 이루어지도록 하기 위해서는 보조금을 지불하여 기업이 직면하는 사적 한계비용곡선이 $MPC-s$가 되도록 하는 것이 필요하다. 그림의 (나)에서는 독점기업의 생산량이 사회적 최적의 생산량보다 많다. 따라서 사회적으로 최적의 생산이 이루어지도록 하기 위해서는 조세를 부과하여 기업이 직면하는 사적 한계비용곡선이 $MPC+t$가 되도록 하는 것이 필요하다.

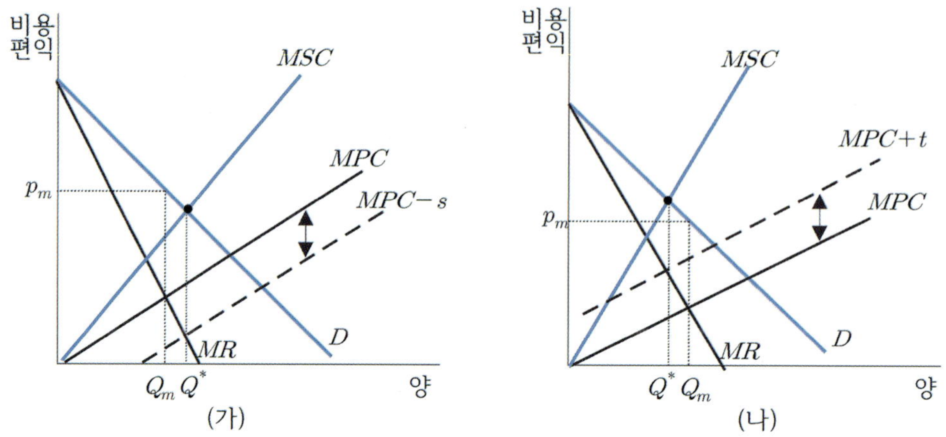

[그림 6.17] 외부비용을 부과하는 독점기업의 규제

6.3.4 불완전정보하의 오염규제

오염배출의 한계편익 또는 한계외부비용에 대한 정보가 불완전한 경우에는 어떤 규제수단을 사용하든 사회적으로 최적의 결과를 가져오지 못한다. 여기에서는 어떤 규제수단이 비효율성의 크기가 작게 되는지에 대해 대표적인 규제수단인 배출부과금제와 배출권거래제를 비교한다. 배출부과금제는 오염배출량을 직접적으로 통제하기 보다는 오염배출에 대한 비용(또는 가격)을 지불하도록 함으로써 간접적으로 오염을 통제하고자 한다는 점에서 가격규제(price regulation)라 하고, 배출권거래제는 오염배출량 총량을 직접적으로 통제한다는 점에서 양적규제(quantity regulation)라 한다.

1) 한계외부비용에 대한 정보가 불완전한 경우

오염 배출의 한계편익에 대한 정보는 완전하고 한계외부비용에 대한 정보가 불완전하다고 가정하자. 이때 규제자는 진짜 한계외부비용을 정확히 추정할 수 없기 때문에 어떤 규제수단을 채택하든 사회적으로 최적의 오염수준을 달성하는 것이 불가능하다.

[그림 6.18]에서 MEC_T는 진짜 한계외부비용곡선을 나타내며 MEC_F는 규제자가 잘못 추정한 한계외부비용곡선을 나타낸다. 규제자가 가격규제를 도입할 경우에는 $MB = MEC_F = t_F$가 되도록 배출부과금을 오염원인자들에게 부과한

다. 이때 오염원인자들은 오염 배출의 한계편익과 t_F가 같아지는 수준에서 오염을 배출하며 사회 전체의 오염배출량은 w^*보다 많은 w_q가 되어 사회적 최적의 오염수준일 때에 비해 삼각형 ABC의 면적만큼 후생손실이 발생한다. 양적규제를 하는 경우에는 오염배출권의 총량을 w_q로 설정함으로써 가격규제와 마찬가지로 삼각형 ABC의 면적만큼 후생손실이 발생한다.

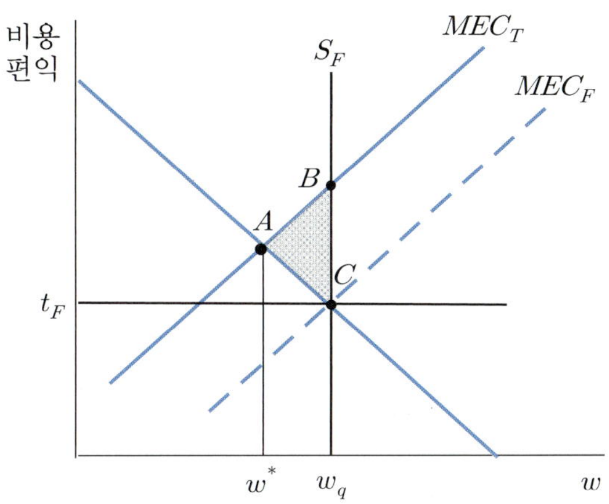

[그림 6.18] MEC에 대한 정보가 불완전한 경우

2) 한계편익에 대한 정보가 불완전한 경우

한계외부비용을 측정하는 것이 쉬운 일은 아니지만 규제자가 제8장에서 기술되는 추정방법들을 사용하면 진짜 한계외부비용의 근사값을 추정하는 것이 가능하다. 그러나 오염배출의 한계편익(또는 오염저감의 한계비용)은 규제를 받게 되는 오염원인자들이 가지고 있는 사적정보로 규제자는 이들이 가진 진짜 한계편익에 대한 정보를 알기 어렵다. 한계편익에 대한 정보가 불완전한 경우에는 한계편익곡선과 한계비용곡선의 상대적 기울기에 따라서 가격규제와 양적규제의 적용에 따른 후생손실의 크기가 달라진다.

[그림 6.19]의 (가)는 한계편익에 대한 정보가 불완전한 상태에서 한계외부비용곡선이 한계편익곡선보다 상대적으로 가파를 때의 가격규제와 양적규제를 비교하고 있다. MB_T는 진짜 한계편익곡선, MB_F는 규제자가 추정한 한계편익곡

선을 나타낸다. 가격규제를 하는 경우 규제자는 t_1수준의 배출부과금을 부과하며 이때 사회 전체의 오염배출량은 w_t가 되고 사회적 최적의 배출량 수준인 w^*일 때와 비교해서 삼각형 EDC의 면적만큼 후생손실이 발생한다. 양적규제를 하는 경우 규제자는 배출권의 총량을 w_q로 설정하며 삼각형 AEB의 면적만큼 후생손실이 발생하여 가격규제보다 후생손실의 크기가 작다. (나)는 상대적으로 MEC에 비해 MB가 가파른 경우이다. 가격규제에서는 배출부과금을 t_2로 설정하며 이때 오염배출량은 w_t가 되고 삼각형 HIJ의 면적만큼 후생손실이 발생한다. 양적규제에서는 배출권 총량을 w_q로 설정하며 삼각형 FGH의 면적만큼 후생손실이 발생하여 가격규제보다 후생손실이 크다.

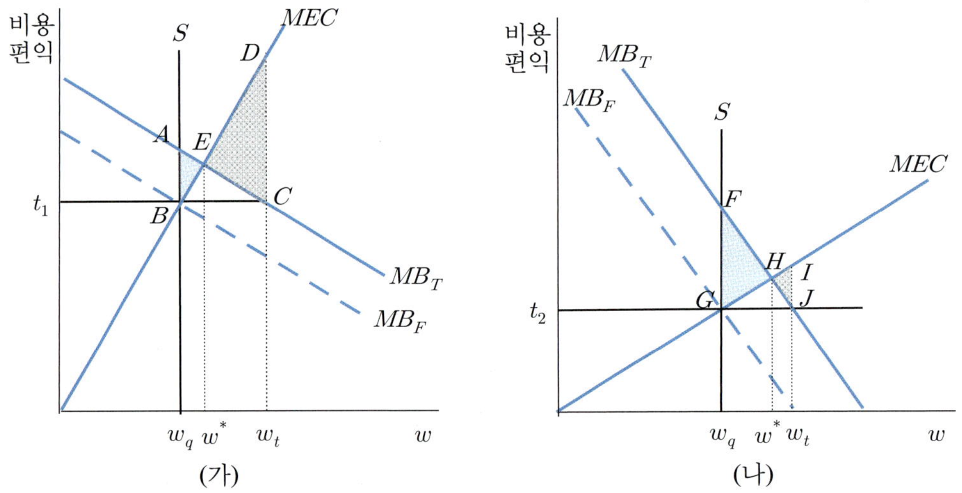

[그림 6.19] MB에 대한 정보가 불완전한 경우

3) 혼합규제

오염배출의 한계편익에 대한 정보가 불완전할 때 만일 정부가 가격규제 정책을 채택하면 사적 정보를 가진 오염원인자는 더 낮은 배출부과금을 부과받기 위해 자신의 진짜 한계편익보다 과소 보고할 유인을 갖는다. 반대로 정부가 양적규제 정책을 채택하면 오염원인자는 더 많은 배출권을 부여받기 위해 진짜 한계편익보다 과대 보고할 유인을 갖는다. 과대 또는 과소의 보고 유인을 제거하고 비효율성의 크기를 줄이기 위해서는 양적규제와 가격규제를 혼합하는 방식이

요구된다.

[그림 6.20]에서 보는 바와 같이 MEC가 오염배출량에 따라 변화하지 않고 일정한 경우에는 오염배출의 한계편익에 대한 정보가 불완전하더라도 배출부과금 t를 MEC와 같게 설정하면 사회적 최적의 오염수준 달성이 가능하다. 오염원인자들은 자신의 MB를 어떻게 보고하든 배출부과금이 동일하기 때문에 과소 또는 과대 보고할 유인을 갖지 않는다.

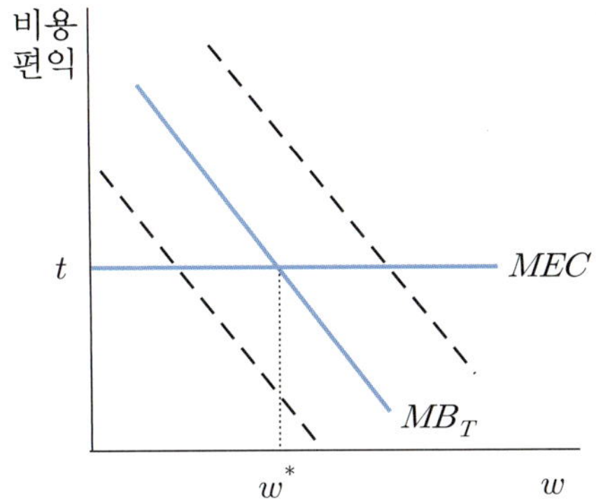

[그림 6.20] MEC가 일정할 경우 가격규제의 효율성

MEC가 상승하는 경우에는 오염배출량이 증가함에 따라 MEC곡선을 따라 배출부과금이 증가하도록 설정하면 오염원인자는 진짜 MB를 보고하고 사회적으로 효율적인 오염수준의 달성이 가능하다. 그러나 이런 방식의 배출부과금제는 많은 계산수요와 행정적 비용이 수반되기 때문에 실제 적용하기가 어렵다. 행정적 비용을 적게 들이면서 근사적으로 MEC곡선을 따라 규제하는 것이 양적 규제와 가격규제를 섞은 혼합규제 방식이다.

혼합규제에서는 규제자가 배출권의 총량을 정함과 동시에 오염원인자가 배출권 할당량을 초과하여 오염량을 배출하는 것을 허용하되 초과된 오염배출량에 대해서는 배출부과금을 부과하고 사용하지 않고 남은 배출권에 대해서는 보조금을 지불한다. 만일 배출권의 가격 P가 배출부과금 t보다 크면 오염원인자 누구도 배출권을 구매하지 않고 대신 배출부과금을 지불하려고 할 것이기 때문에 배출권의 가격은 하락할 것이다. 만일 P가 보조금 s보다 작으면 오염원인자는 가능한 배출권을 많이 구매해서 사용하지 않음으로써 단위 당 $s-P$만큼의 이윤을 얻을 수 있기 때문에 배출권을 판매하지 않으려 할 것이며 배출권의 가격은 상승할 것이다. 따라서 균형에서 배출권의 가격 P는 보조금 s보다는 작지 않고 배출부과금 t보다는 크지 않아야한다. 즉, $s \le P \le t$ 이어야 한다.

[그림 6.21]에서 규제자가 오염배출의 한계편익을 MB_F로 추정하여 설정한 배출권 총량은 w_q이다. 만일 진짜 오염배출의 한계편익이 MB_1이라고 한다면 배출권거래제의 단일 규제에 의한 후생손실의 크기는 삼각형 ABC의 면적만큼이 된다. 그러나 혼합규제를 할 경우 오염원인자는 보조금이 MB_1보다 큰 구간에서 w_q-w_1만큼의 추가적인 오염저감활동을 하기 때문에 오염배출량은 w_1이 되어 후생손실의 크기를 줄일 수 있다. 만일 진짜 오염배출의 한계편익이 MB_2라고 한다면 배출권거래제의 단일 규제에 의한 후생손실의 크기는 삼각형 BDE의 면적만큼이 된다. 그러나 혼합규제를 할 경우 오염원인자는 배출부과금이 MB_2보다 작은 구간에서 w_2-w_q만큼 추가적으로 오염량을 배출하게 되기 때문에 오염배출량은 w_2가 되어 후생손실의 크기를 줄일 수 있다.

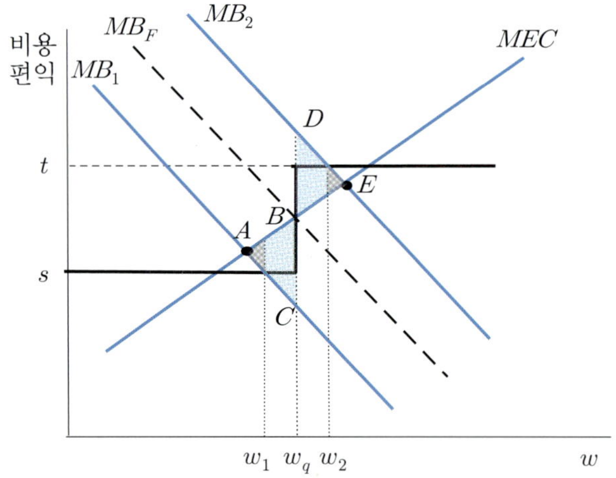

[그림 6.21] 혼합규제

4) 경제적 유인제도의 실제 운영측면에서의 비교

제도를 실제 운영하는 데 있어서 배출권거래제는 배출부과금제에 비해 몇 가지 장점이 있다.

첫째, 규제자가 목표로 하는 배출량 수준을 배출권거래제는 직접적으로 통제할 수 있는 반면에 배출부과금제에서는 적정수준보다 낮은 배출부과금 요율이 설정되면 목표 이상으로 오염량이 배출될 수 있다. 특히, 인플레이션으로 인해 배출부과금의 실질 요율이 낮아지면 목표 달성을 위해 수시로 요율을 변경해야 하지만 요율변경을 위한 법과 제도의 정비에는 상당한 시간과 비용을 필요로 한다. 배출권거래제에서는 배출권의 수요와 공급이 배출권의 실질가격에 반응하기 때문에 인플레이션이 배출권가격에 즉각 반영된다.

둘째, 배출권거래제에서는 오염원인자 외에도 배출권의 구매를 원하는 사람은 누구나 시장거래에 참여할 수 있다. 예를 들어, 환경단체는 시장에서 배출권을 구매하여 폐기함으로써 시장 전체에 유통되는 배출권의 양을 줄일 수 있다.

셋째, 배출권거래제는 배출부과금제에 비해 기술적 측면에서 장점이 있다. 폐수종말처리장과 같은 오염저감시설은 시설 규모를 신축적으로 조정해가면서 설치할 수가 없다. 배출부과금제에서 오염원인자는 요율이 발표되고 나서 일정기간 요율이 변하지 않고 고정된다는 보장이 없으면 오염저감시설 투자를 확정할 수가 없다. 즉, 배출부과금의 요율 변화에 즉각 대응하지 않기 때문에 적정 요율을 설정하더라도 규제자가 목표로 하는 오염수준을 달성하기 어렵다. 배출권거래제에서는 배출권 총량이 결정되고 나서 외생적 조건이 변화하면 배출권가격이 조정되기 때문에 오염저감시설의 즉각적인 변경을 필요로 하지 않는다.

규제에 순응하기 위해서는 비용이 소요되기 때문에 오염원인자들은 모든 정부규제에 반대하는 입장을 취하지만 상대적으로 배출부과금제에 비해서는 배출권거래제를 수용하는 입장을 취한다. 이는 배출부과금제에서는 오염원인자가 배출하는 모든 오염량에 대해 단위당 조세를 부담해야하지만 배출권거래제에서는 초기 배출권의 상당부분 또는 전부가 무상으로 할당될 수 있기 때문이다. 실제 2005년 처음 도입된 유럽연합의 온실가스배출권거래제의 첫 시행기간에는 대부분의 배출권이 무상으로 할당되었고 2015년 우리나라에 도입된 온실가스배출권거래제의 경우에도 1차 계획기간인 2015~2017년 기간 동안 배출권은 100% 무상으로 할당되었다.

배출부과금제는 환경질 개선을 위한 기금을 마련하거나 다른 조세로 인한 왜

곡을 완화할 수 있다는 측면에서 장점이 있다. 공공재를 제공하기 위한 재원을 마련하기 위해 정부가 근로자에게 부과하는 소득세나 재화에 부과하는 소비세 등은 근로자의 근로유인이나 재화소비량을 감소시켜 후생손실을 야기한다. 배출부과금은 환경오염으로 인한 외부효과를 내재화할 뿐만 아니라 배출부과금으로 거둔 조세만큼 다른 조세를 감면하도록 함으로써 조세로 인한 후생손실을 줄이도록 하는 이중의 효과를 가질 수 있는데 이를 이중배당가설(double dividend hypothesis)이라고 한다. 그러나 환경규제를 통해 기금마련과 이중배당의 효과를 기대한다면 배출권거래제에서 초기 배출권을 무상으로 할당하지 않고 경매로 할당함으로써 배출부과금과 동일한 효과를 얻을 수 있다.

배출권거래제의 성패는 배출권거래시장이 잘 형성될 수 있느냐에 달려있다. 배출권 거래당사자를 찾는데 소요되는 비용과 배출권의 적절한 거래를 감시하는데 소요되는 비용 등의 거래비용이 많이 수반되는 경우에는 배출권이 효율적으로 거래되기 어렵다. 또한 소수의 오염원인자가 배출권시장에서 시장지배력을 가지는 경우에는 배출권이 다른 기업의 시장진입장벽 수단으로 사용될 수도 있다.

배출부과금제와 배출권거래제로 대표되는 경제적 유인제도가 직접규제 방식에 비해 효율적 규제수단임이 경제학계에서는 일찍이 이론적으로 정립되고 정책대안으로 제안이 되었으나 아황산가스, 이산화탄소 등 일부 대기오염물질에 이들 제도가 도입되기까지 상당한 논쟁을 거쳐야했으며 아직 폭넓게 활용되지 못하고 있다. 그 이유는 오염규제수단으로 경제적 유인제도를 도입하는 데 있어서 몇 가지 장애요인이 존재하기 때문이다.

첫째, 환경단체는 효율성보다는 오염배출량의 제거에 보다 더 관심을 가지며 경제적 유인제도를 오염원인자들에게 돈을 내고 오염배출에 대한 면죄부를 주는 제도로 여겨 호의적이지 않다.

둘째, 기존의 직접통제 방식에 익숙한 행정관료나 정치인들에게 경제적 유인제도는 기존 제도를 근본적으로 변경하는 새로운 제도로 인식되어 거부감이 크다.

셋째, 오염원인자 입장에서 경제적 유인제도는 오염저감비용 외에도 배출부과금이나 경매 할당시 배출권구입비용 등 추가적으로 비용을 부담하도록 요구하기 때문에 비용부담이 큰 경제적 유인제도를 거부한다.

넷째, 최적오염수준의 달성을 목표로 하는 경제적 유인제도는 직접규제 방식에 비해 일반적으로 정보수집, 계산, 감시 및 집행 등의 제도적 정비를 보다 더 많이 요구한다.

다섯째, 경제적 유인제도는 오염물질의 배출이 가지는 공간적 차원의 문제에 대응하기 어렵다. 특정 오염측정지점에서의 오염농도는 오염배출량뿐만 아니라 공간적 특성에 달려있다. 예를 들어, 분지지역과 바람이 잘 부는 해안지역에서 동일한 양의 오염물질이 배출되는 경우 분지지역은 해안지역에 비해 오염농도가 더 크다. 오염피해는 오염농도에 의해 좌우되기 때문에 공간적 특성으로 인해 지역마다 오염농도가 다르면 지역적으로 차별적인 배출부과금의 요율이 적용되어야한다. 그러나 오염농도를 기준으로 적정 배출부과금을 산출하는 것 자체가 용이하지 않으며 지역적으로 차별적 요율적용이 가능하다고 하더라도 지역의 경제적 및 정치적 여건이 규제기관으로 하여금 그러한 결정을 하기 어렵게 한다. 오염원인자들이 상대적으로 배출부과금 요율이 높은 지역에서 낮은 지역으로 이전하면 요율이 높은 지역의 경제에 심각한 부정적 영향을 미칠 수 있고 요율이 낮은 지역에는 오염기업들이 몰려들어 오염이 집중(hot spot)되는 현상이 발생할 수 있다. 배출권거래제의 경우에도 자유로운 배출권의 거래를 통해 특정지역에 오염이 집중될 수 있다.

6.3.5 배출권거래제의 적용 사례

1) 미국의 아황산가스 배출권거래제

미국 동부와 중서부 지역에는 동부지역에 풍부하게 매장되어있는 석탄을 원료로 사용하는 석탄발전소가 많이 들어서있다. 화석연료 사용과정에서 배출되는 아황산가스와 질소산화물은 대기의 수증기와 반응하여 산성비를 내리게 하며 산성비는 산림과 수생생태계를 파괴한다. 특히, 동부지역 탄광에서 채굴되는 석탄에는 황이 많이 함유되어 있어 이를 연료로 사용하는 석탄발전소에 대한 규제가 주요 관심사항이 되었고 배출허용기준과 탈황시설을 의무적으로 설치하는 직접통제를 핵심 규제수단으로 사용하여왔다. 1980년대 중반부터는 경제적 유인제도의 도입이 활발하게 논의되었고 1990년 대기환경보전법(clean air act)의 개정을 통해 1995년부터 아황산가스 배출권거래제가 도입되었다.

동부 탄광지역의 근로자와 노동조합은 저황석탄이 풍부한 중서부 지역에 시장과 일자리를 뺏길 것을 염려하여 오염원인자에게 오염저감수단 선택의 자율권을 부여하는 배출권거래제의 도입에 반대하였다. 환경단체는 오염원인자에게 오염배출 권리를 부여할 수 없다는 이데올로기적 시각에서, 규제기관은 생소한 경제적 유인제도에 대한 거부감에서 역시 배출권거래제의 도입에 반대하는 입장을 취했다.

이러한 반대에도 불구하고 배출권거래제가 도입된 배경으로는 다음 사항들을 들 수 있다.

첫째, 1980년대 후반까지 미국에서 항공사, 통신회사, 트럭, 철도, 은행 등에 대한 규제완화가 광범위하게 이루어지면서 경제적 유인제도의 도입에 대한 긍정적인 정서가 확립되었다.

둘째, 환경규제의 강화에 따라 오염저감비용이 급격하게 증가하면서 보다 비용 효율적인 규제수단에 대한 수요가 증가하였다.

셋째, 아황산가스를 배출하는 석탄발전소들은 수명이 다양하고 중서부 지역에서 생산되는 저황석탄에 대한 접근성이 상이하여 발전소 간에 아황산가스 저감비용의 편차가 크기 때문에 직접규제방식에서 경제적 유인제도로의 전환에 따른 비용절감 효과가 클 것으로 기대되었다. 미국 환경청(environmental protection agency: EPA)이 ICF에 발주한 연구(1989)에서는 배출권거래제가 잘 기능하는 경우 직접규제방식(기술규제)에 비해 오염저감비용을 50%정도 절약할 수 있다는 결과를 얻었다.

넷째, 환경방어기금(environmental defence fund: EDF)이라는 환경단체는 다른 환경단체들과는 달리 배출권거래제에 대한 확고한 지지를 표명하였다.

다섯째, 경제학자들은 배출권거래제의 도입여부를 논의하는 과정에서 일반인들이 이해하기 어려운 최적의 오염수준의 개념보다는 동일 목표를 최소비용으로 달성하는 비용효율성 개념을 중심으로 설명함으로써 배출권거래제에 대한 광범위한 지지를 확보할 수 있었다.

1995년부터 1999년까지의 아황산가스 배출권거래제 1단계는 동부와 중서부 21개주 100MW 이상의 시설용량을 가진 석탄발전소에 적용되었으며, 2000년부터 시작된 2단계에서는 석탄, 석유, 천연가스의 화석연료를 사용하는 25MW 이상의 전국 모든 발전시설에 확대 적용되었다. 배출권 1개당 1톤의 아황산가스를 배출할 수 있는 권리가 부여되었다. 배출량을 줄이기 위해 매년 배출권 총량이 감소하도록 설계되었으며 2010년부터는 1980년의 절반수준인 연간 895만개로 배출권총량이 영구적으로 고정되었다. 배출권은 1985~1987년 기간의 실제 연료 사용량을 기반으로 할당되었으며 할당된 배출권을 초과하여 아황산가스를 배출하는 발전소는 다른 발전소로부터 배출권을 구입하든지 오염저감시설을 설치하여 배출량을 줄여야한다. 할당된 배출량 미만으로 배출량을 감축한 발전소는 남은 배출권을 판매하거나 예치하여(banking) 미래에 사용할 수 있다.

연간 배출권 총량의 2.8%는 EPA가 예비배출권으로 보유하고 이를 제외한 나머지 배출권은 오염원인자에게 무상으로 할당된다. EPA가 보유한 예비배출권은 매년 시카고상품거래소(chicago board of trade)에서 경매를 통해 판매함으로써 민간 배출권거래시장의 발전을 장려하는 수단으로 활용되었으며 경매 판매수입은 배출권이 유보된 비율대로 각 발전소에 배당되었다. 개인, 브로커, 투자자, 환경그룹, 발전소가 아닌 다른 기업들도 배출권의 거래에 참여할 수 있다. 배출권의 거래는 EPA의 승인을 미리 받을 필요가 없으나 배출권 추적 시스템(allowance tracking system: ATS)에 등록이 되기 때문에 EPA가 추적할 수 있다. 또한 할당된 배출권 이상으로 아황산가스를 배출하는 발전시설에 대해서는 톤당 2,000달러의 벌금이 부과된다.

〈표 6.2〉 1단계 기간(1995~1999)의 아황산가스 배출량, 배출가능총량, 배출권거래량

(단위: 백만톤)

연도	실제 배출량	배출가능총량			배출권거래량		
		배출권 할당량	뱅킹	합계	기업간	기업내	합계
1995	5.3	8.7	0.0	8.7	1.9	14.8	16.7
1996	5.4	8.3	3.4	11.7	4.4	3.8	8.2
1997	5.5	7.1	6.3	13.4	7.9	7.3	15.2
1998	5.3	7.0	8.0	15.0	9.5	4.0	13.5
1999	4.9	7.0	9.6	16.6	6.2	12.5	18.7

자료: EPA progressive report

<표 6.2>는 1단계 기간의 실적을 나타낸다. 아황산가스 배출권할당량은 1995년 870만톤에서 1999년 700만톤으로 점차 감소하도록 설정되었다. 배출권거래제 적용대상 석탄발전소의 1990년 아황산가스 배출량은 870만톤이었는데 배출권거래제가 적용된 이후 크게 감소하여 1999년에는 1990년보다 44% 감소한 490만톤에 이르렀다. 1단계 기간 동안 누적 배출권거래량은 7,200만톤이 넘을 정도로 거래가 활발하게 일어났으며 미래사용을 위해 예치된 배출권은 1999년에 960만톤에 이르고 있다.

[그림 6.22]에서 보는 바와 같이 석탄 외에 석유와 천연가스를 연료로 사용하는 소규모 발전시설까지 포함한 2단계에서도 아황산가스 배출량은 계속 감소하여 최근에는 배출권할당량을 크게 하회하고 있다. 2단계 배출권거래제 적용대상 발전시설의 아황산가스 배출량은 1990년 1,570만톤에서 2016년에는 150만톤으로 1/10수준으로 감소하였다. 배출권거래량은 2000년 이후 2004년까지 감소하다가 2005년에서 2007년까지는 상승한 것으로 나타나는데 이는 화석연료 가격의 상승과 허리케인으로 인한 자연재해 등이 영향을 미쳤던 것으로 평가된다. 그러나 2007년부터 배출권할당량 이하로 배출량이 감소하기 시작하면서 배출권거래량도 급격하게 감소하고 있다.

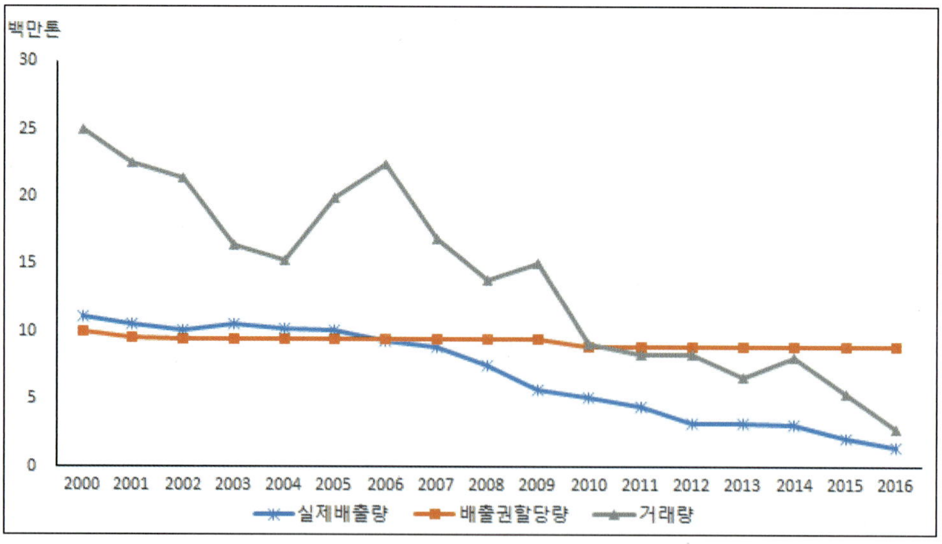

[그림 6.22] 2단계 기간의 아황산가스 배출량 및 배출권 거래량

자료: EPA progressive report

[그림 6.23]은 EPA가 보유한 유보배출권의 현물 경매가격 추이를 나타낸다. 1995년 배출권거래제가 시행된 이후 2004년까지는 배출권 가격이 톤당 100~300달러 구간에서 안정적으로 유지되다가 배출권거래량의 추세와 유사하게 2005년과 2006년에는 큰 폭으로 상승하여 2006년에는 883달러에 이르렀다. 그러나 이후부터는 배출권가격이 급락하였고 2011년부터는 톤당 가격이 1달러에도 미치지 못하는 수준에 머물러 있다.

최근의 아황산가스 배출권할당량을 크게 하회하는 배출량수준, 배출권거래량의 급감, 그리고 배출권가격의 미미한 수준은 미국의 전력생산에서 석탄 비중이 줄고 천연가스 비중이 크게 증가하고 있는 것에 기인하는 바가 크지만 아황산가스 배출권거래제가 기여한 바를 무시할 수는 없다.14)

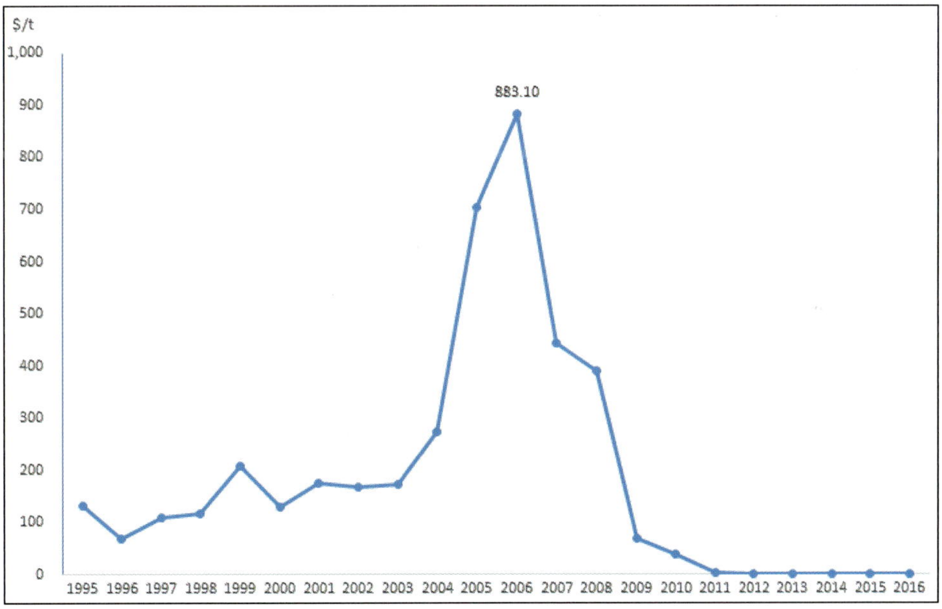

[그림 6.23] 유보배출권의 현물 경매가격 추이

자료: EPA progressive report

14) 미국 EPA와 Energy Information Administration에 의하면 미국 전력생산에서 석탄비중은 2000년 51%에서 2017년 30%로 21%포인트 감소한 반면 천연가스는 같은 기간 16%에서 32%로 16%포인트가 증가하였다.

직접규제방식이 사용된다고 가정했을 때와 비교해서 아황산가스 배출권거래제는 정태적으로 최소 15%에서 최대 90%까지의 비용을 절감한 것으로 나타났다. 또한 동태적으로 오염저감기술의 혁신을 통해 시간이 지나면서 비용을 감소했을 뿐만 아니라 비용의 수배에 이르는 편익을 성취한 것으로 평가된다. 산성비 감소로 인한 생태계보전의 편익도 상당했지만 대부분의 편익은 아황산가스와 미세먼지의 감소를 통한 인간건강의 증진을 통해서 얻은 것으로 조사되고 있다.15)

아황산가스 배출권거래제가 성공적이었던 이유로는 첫째, 오염원인자에게 아황산가스 배출권을 무상으로 할당하여 배출권거래제를 정치적으로 수용하기 쉽게 하였다는 점이다. 무상할당에도 불구하고 발전산업의 가격설정에 대한 규제가 이미 적용되고 있었기 때문에 오염원인자의 불로소득을 생성하지 않고 소비자에게 편익이 이전되었다(Schmalensee and Stavins, 2013).

둘째, EPA에 배출권거래를 사전 신고하지 않도록 하고 배출권거래를 위해 민간 거래시장을 이용하도록 함으로써 거래비용이 대폭 낮아졌고 거래가 용이하도록 하였다는 점이다.

셋째, 배출권을 예치하여 미래에 사용할 수 있도록 함으로써 오염원인자의 오염저감기술 개발과 비용절감을 적극 유도할 수 있었다는 점이다.

넷째, 배출권거래를 감시할 수 있는 시스템이 잘 갖춰졌고 배출권할당량을 지키지 않는 오염원인자에 대해 톤당 2,000달러의 강력한 처벌제도를 적용함으로써 배출권거래제가 시행되는 동안 위반사례는 거의 없을 정도로 오염원인자가 잘 순응하였다는 점이다.

2) 미국 캘리포니아 온실가스 배출권거래제

2006년 캘리포니아 의회는 캘리포니아 대기자원국(california air resources board: CARB)에 2020년까지 캘리포니아 주의 온실가스 배출량을 1990년 수준까

---

15) 아황산가스 배출권거래제의 성과에 대해서는 Burtraw et al.(1998), Carlson et al.(2000), Ellerman et al.(2000), Keohane(2003), Chestnut and Mills(2005). Bellas and Lange(2011), Schmalensee and Stavins(2013)를 참조하라.

지 감축할 것을 요구하는 법안(assembly bill 32: AB-32)을 통과하였다. 법안에는 자동차. 빌딩, 장비에 대한 에너지 효율성 기준, 재생에너지의 전력공급 비율을 20%에서 33%까지 확대하는 재생에너지 포트폴리오 기준, 자동차연료의 탄소량을 감소하도록 정유업체를 규제하는 저탄소연료기준 등과 함께 온실가스에 대한 배출권거래제가 포함되었다. 온실가스 배출권거래제는 2013년부터 캘리포니아에 전기를 판매하는 발전시설과 대규모 제조업체에 적용되었으며 2015년부터는 수송, 천연가스 및 다른 연료의 배송업체에도 적용되었다.

AB-32의 온실가스 배출권거래제에서는 배출권총량이 매년 점진적으로 낮아지도록 설계되었다. 2013년에는 2012년 배출량의 98% 수준에 설정된 뒤 매년 감소하여 2020년에는 1990년의 배출량수준으로 설정된다. 배출권 할당은 초기에는 무상으로 하고 점차 경매비중을 높이도록 하였으며 오염원인자가 배출권을 예치해서 미래에 사용할 수 있도록 허용하였다. 또한 오염원인자들이 배출권할당량 준수의무의 8%까지를 산림조성, 축산분뇨처리의 개선, 오존파괴물질의 감축으로 상쇄(offsets)할 수 있도록 하였다. 에너지집약적인 수출산업 부문의 경쟁력을 유지하기 위해 이들 산업부문에는 이전 기간의 생산량에 비례해서 배출량을 무상으로 제공한다.

AB-32의 배출권거래제에서는 배출권가격의 상한과 하한을 정함으로써 실질적으로 배출권거래제와 탄소세를 혼합한 형태로 운영된다. 시간이 경과함에 따라 배출권가격이 상승하여 특정 수준(최고가격)에 도달하면 예비배출권을 방출하여 그것이 지켜지도록 하고 경매유보가격을 설정하여 특정가격 이상으로 가격이 유지되도록 설계하였다. 캐나다 퀘벡과 온타리오 주 등의 다른 주와 지역의 유사시스템을 연계하여 배출량 감소실적을 사용하고 배출권을 거래하도록 함으로써 배출권거래시장이 활성화될 수 있도록 하였다.

AB-32의 2020년의 온실가스배출량 목표 431백만 석유환산톤은 2016년에 조기에 달성되었다. 2017년 캘리포니아 의회는 2030년까지 온실가스 배출량을 1990년 수준의 40%이하로 감축하기로 하는 새로운 법안(AB 398)을 통과시키고 배출권거래제 역시 2030년까지 연장하기로 하였다. 그러나 조기 목표 달성은 배출권거래제 보다는 다른 규제수단에 의한 재생에너지의 성장과 발전부문에서의 석탄의 천연가스로의 대체에 기인하는 바가 컸다(Barboza and Lange, 2018). 배출권거래제의 영향이 제한적이었던 핵심요인으로는 배출권이 과잉으로 공급되어 이산화탄소를 배출하는 발전소와 다른 전원에 할당되었고 소비자에게 과도한 비용을 부과하는 것에 대한 정치적 제약 때문인 것으로 평가된다(Trabish, 2018). 2012~2017년 동안 배출권 경매를 통해 65억 달러의 수입을 얻었고 200백만톤의 배출권이 미래 사용을 위해 예치되었다.

3) 유럽연합의 온실가스 배출권거래제

유럽연합의 온실가스 배출권거래제(EU ETS)는 2003년 채택되어 2005~2007년의 1단계 시험기간과 2008~2012년의 2단계 거래기간을 거쳐 2013~2020년 기간의 3단계가 진행되고 있으며 2021~2030년 기간의 4단계가 진행될 예정으로 있다. EU 28개국과 아이슬란드, 리히텐슈타인, 노르웨이가 참여하는 세계 최대의 배출권거래시장으로 약 11,000개의 발전소, 제조시설과 항공부문을 대상으로 하며 EU 온실가스 배출량의 약 45%를 포괄한다(European Commission, 2018). 2020년까지 1990년 수준대비 20% 감축을 목표로 하고 있고 2030년까지는 최소 40% 감축을 목표로 하고 있다.

1단계에서는 발전소와 에너지집약산업의 이산화탄소만을 대상으로 배출권거래제가 시행되었다. 배출권의 할당은 유럽연합 집행위원회의 검토를 받도록 하였지만 궁극적으로 EU 회원국 각자가 자국의 배출권총량을 정하고 할당하도록 함으로써 과도하게 배출권총량이 설정되는 결과를 초래했다. 배출권은 대부분 무상으로 할당되었으며 예치를 통해 다음 단계에 사용하는 것이 허용되지 않았다. 배출허용량을 초과하는 업체에 대한 벌금은 톤당 40유로로 설정되었다. 예치를 허용하지 않고 과도하게 배출권이 할당됨에 따라 배출권가격은 2006년 한 때 약 30유로에 이르렀으나 이후 급락하여 2007년에는 영의 수준으로 떨어졌다.

2단계에서는 1단계에서 얻은 검증된 배출량에 대한 자료를 기초로 2005년 수준보다 6.5% 낮은 수준에 배출권총량이 설정되었다. 배출권의 무상할당 비율은 약 90%이며 나머지는 경매로 할당되었다. 배출허용량을 위반하는 경우 벌금은 톤당 100유로로 상향되었다. EU 회원국이 아닌 아이슬란드, 노르웨이, 리히텐슈타인도 EU ETS 시장에 참여하였고 2012년부터는 항공부문에 대해서도 배출권거래제가 적용되었다. 이산화탄소 외에 산화질소물도 배출권거래제에 포함하였다. 교토의정서에서 인정한 청정개발체제와 공동이행제도를 활용하여 세계시장에서 확보한 온실가스감축실적을 14억톤까지 사용할 수 있도록 하였다. 2008년의 세계경제위기로 인한 EU 지역의 경기침체와 과도한 해외 온실가스감축실적의 활용으로 인해 배출권에 대한 수요가 하락하였고 이에 따라 2008년 7월 약 29달러이던 배출권가격은 2012년에는 10달러수준으로 하락하였으며 이후에도 10달러 미만의 낮은 가격에 머무르고 있다(Sandbag, 2019).

2013년부터 시작된 3단계에서는 발전소와 다른 고정 시설로부터 배출허용량이 매년 1.74%씩 감소하도록 설계하였고 항공부문에 대해서는 별도의 배출권을 설정하였다. 2단계에서 예치된 배출권은 모두 3단계에 이전하여 사용할 수 있도록 하였다. 배출권은 경매할당 비율을 늘리도록 함으로써 3단계 거래기간 동안 경매할당 비율이 57%에 이르도록 하였다. 또한 해외 감축실적에 대한 인정비율을 축소하였다. 그러나 3단계가 시작된 이후에도 배출권가격은 10달러 미만에서 회복되지 못하고 있는데 이는 EU의 경기회복이 느리게 진행되고 있고, 배출권에 대한 하한가격이 설정되지 않았으며, 재생에너지와 에너지 효율성 기준과 같은 EU의 다른 정책수단들이 배출권거래제에 부정적인 영향을 주고 있기 때문인 것으로 평가된다(Schmalensee and Stavins, 2015).

EU 집행위원회에 의하면 4단계 거래기간에는 배출허용량을 매연 2.2%씩 축소하고, 무상할당을 보다 효과적으로 활용하며, 배출권의 경매에서 얻은 수익을 발전소와 산업부문의 혁신과 현대화를 위해 투자할 계획으로 있다.

제7장 환경규제의 영향평가

CHAPTER 07

환경규제의 영향평가

7.1 사회적 의사결정기준

7.1.1 파레토기준

1) 사회무차별곡선

한 나라의 경제는 다양한 선호와 소비기회를 가진 수많은 개인 또는 가계로 구성되어 있는데 전체 사회는 이들의 선호를 어떤 기준으로 통합할 것인지에 대한 문제에 직면하고 있다. 제2장 2.5.2절에서는 사람들이 재화와 생산요소의 상호 거래에 적용하는 파레토최적의 개념에 대해 설명하였다. 여기에서는 사람들의 집단적 의사결정과 관련된 파레토최적의 자원배분 개념을 시토프스키(Scitovsky)의 사회무차별곡선(community indifference curve: *CIC*)을 이용해서 알아본다.

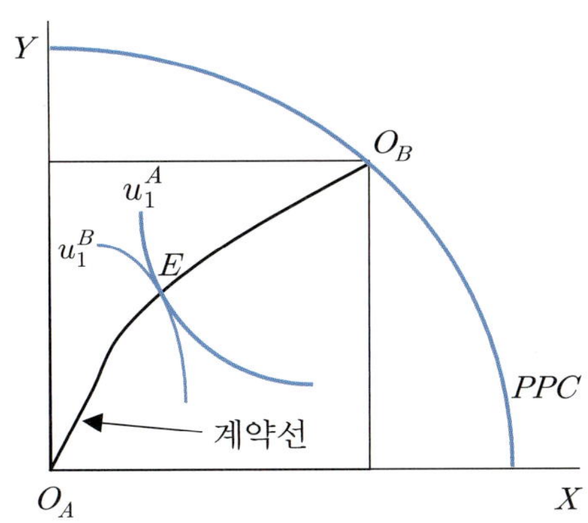

[그림 7.1] 산출량의 계약선상에서의 할당

사회무차별곡선은 어느 파레토최적인 효용의 분포를 정확히 성취할 수 있도록 배분될 수 있는 모든 재화의 부존량(또는 산출량)을 나타내는 곡선이다. [그림 7.1]에서 두 재화 X와 Y는 생산가능곡선상(PPC)의 점 O_B에서 생산되어 계약선상의 E점에서 두 소비자 A와 B에게 할당되고 있다. 두 소비자가 E점에서 얻는 효용수준 u_1^A와 u_1^B가 가능하도록 배분할 수 있는 모든 두 재화 산출량의 집합을 시토프스키 집합이라 하고 이 집합의 변경이 사회무차별곡선이다. 사회무차별곡선은 소비자 A의 재화 소비의 원점 O_A를 고정시켜놓고 A와 B의 무차별곡선이 접하는 것을 유지하도록 E점에서 시작해서 u_1^A을 따라 소비자 B의 무차별곡선(즉, 소비자 B의 원점 O_B)을 움직임으로써 얻을 수 있다.

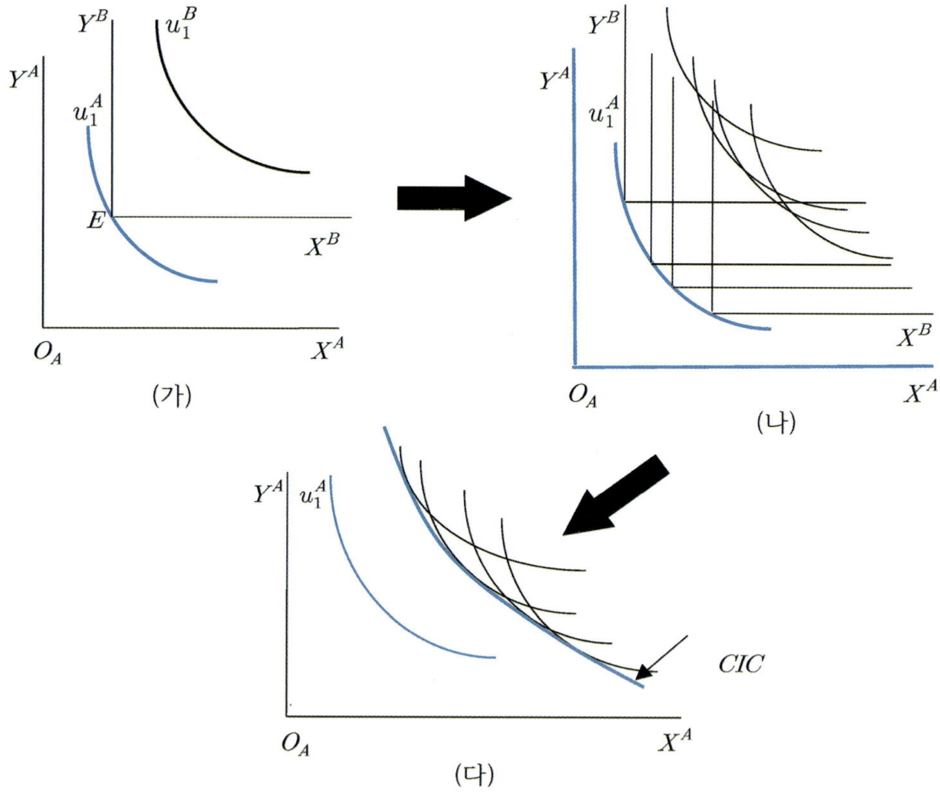

[그림 7.2] 사회무차별곡선의 유도과정

먼저 [그림 7.2]의 (가)에서와 같이 소비자 A의 소비량 좌표에 무차별곡선 u_1^A

을 고정시켜놓고 무차별곡선상의 임의의 지점 E에서 소비자 B의 무차별곡선 u_1^B을 가능하게 하는 두 재화의 양을 더하면 원점 O_A에서부터 측정했을 때 무차별 곡선 u_1^B이상의 산출량은 최소한 [그림 7.1]의 E점에서 소비자 A와 B가 얻는 효용수준을 가능하게 한다. 같은 방법으로 (나)에서와 같이 소비자 A의 무차별곡선 u_1^A상의 다른 점들에서도 B의 무차별곡선 u_1^B을 가능하게 하는 두 재화의 양을 더함으로써 u_1^A와 u_1^B의 효용수준을 얻을 수 있는 산출량의 집합을 구할 수 있다. (다)에서 굵은 선은 이러한 산출량 집합의 변경인 사회무차별곡선을 나타낸다.

CIC곡선은 다음과 같은 특성을 갖는다.

첫째, CIC곡선의 유도과정에서 알 수 있는 바와 같이 CIC곡선상에 있는 점들은 모두 교환에서 효율적인 재화의 할당을 나타낸다.

둘째, CIC곡선상에 있는 어느 한 점에서의 접선의 기울기는 파레토최적으로 재화를 할당하고 있는 소비자들의 공통의 한계대체율을 의미한다.

셋째, 생산가능곡선의 어느 한 점에서 생산된 재화를 소비자에게 효율적으로 할당하는 계약선상의 점들마다 다른 CIC곡선을 그릴 수 있기 때문에 그 점을 통과하는 CIC곡선도 무수하게 많다.

2) 사회무차별곡선과 파레토최적의 자원배분

[그림 7.3]은 생산가능곡선상의 점 O_B에서 생산된 두 재화를 두 소비자에게 소비에서 효율적인 e점과 g점에서 할당하는 경우에 대한 사회무차별곡선을 나타낸다. 계약선상의 e점에 해당하는 사회무차별곡선은 CIC_e이고 g점에 해당하는 사회무차별곡선은 CIC_g이다. e점에서의 재화의 할당에 해당하는 CIC_e는 O_B점에서 생산가능곡선과 접하기 때문에 그 점에서 CIC의 접선의 기울기와 생산가능곡선의 접선의 기울기가 같으며 따라서 교환과 생산에서의 동시적 파레토최적조건인 $MRS^A = MRS^B = MRT$을 만족한다. 그러나 g점에서의 재화의 할당에 해당하는 CIC_g는 생산가능곡선 안쪽으로 지나가며 O_B에서 생산가능곡선의 접선의 기울기인 MRT와 CIC_g의 접선의 기울기인 $MRS^A = MRS^B$가 같지 않다.

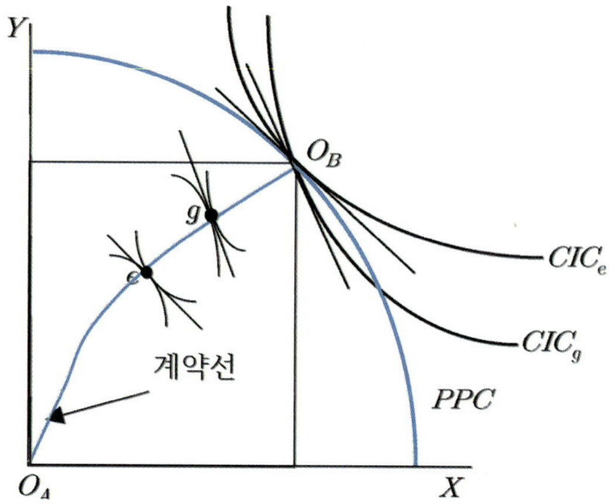

[그림 7.3] 재화의 할당과 사회무차별곡선

[그림 7.4]는 O_B에서 생산해서 g점에서 소비자에게 할당하는 경우에 왜 효율적이지 않은지를 보여준다. [그림 7.4]에서 CIC_g상의 M에서의 산출량은 g에서 두 재화를 소비자 A와 B에게 할당했을 때와 동일한 효용을 얻을 수 있도록 한다. 생산가능곡선상의 R과 같은 점은 두 재화를 더 많이 생산할 수 있기 때문에 M보다 파레토우위(Pareto superior)에 있다. 즉, 더 많이 생산된 재화를 두 소비자에게 할당함으로써 둘 다 효용을 전보다 증가하도록 할 수 있다. 따라서 O_B에서 생산하여 g에서 재화를 할당함으로써 $MRS^A = MRS^B \neq MRT$가 되는 경우에는 파레토최적의 자원배분을 하지 못한다.

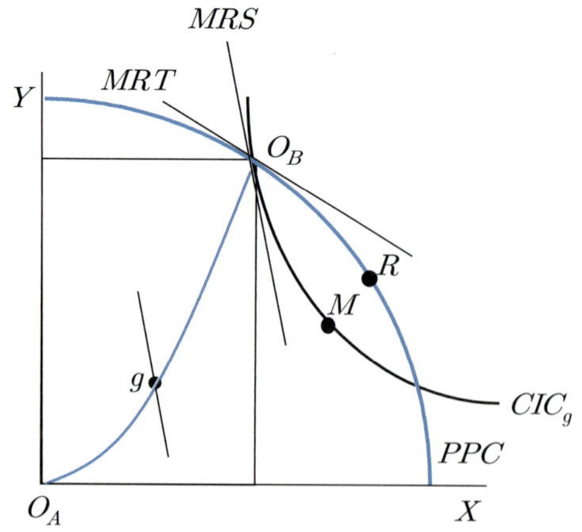

[그림 7.4] 파레토최적이 아닌 경우의 사회무차별곡선

[그림 7.5]는 효율적으로 생산가능한 모든 재화의 조합들이 교환과 생산에서 동시적으로 파레토최적이 되도록 할당된 것의 집합인 총효용가능변경(grand utility possibility frontier: *GUPF*)을 나타낸다. (가)에서 생산가능곡선상의 O_B점에서 생산된 두 재화 X와 Y를 d에서 두 소비자에게 할당하면 교환과 생산에서 동시적 효율성을 충족하는 CIC_d를 그릴 수 있다. 마찬가지로 O_B'점에서 생산된 두 재화를 f에서 두 소비자에게 할당하면 교환과 생산에서 동시적 효율성을 충족하는 CIC_f를 그릴 수 있다. (나)에서 O_B점의 생산량을 소비자에게 할당하여 얻어지는 효용가능곡선은 UPC_D이며 O_B'점의 생산량을 소비자에게 할당하여 얻어지는 효용가능곡선은 UPC_F이다. 이와 같이 생산가능곡선상의 모든 점들의 생산량을 소비자에게 할당하여 얻어지는 효용가능곡선들을 그릴 수 있는데 이러한 효용가능곡선의 바깥을 포괄하는(envelope) 곡선을 총효용가능변경이라고 한다. 그림에서 보는 바와 같이 *GUPF*는 d의 효율적 소비할당에 해당하는 효용가능곡선 UPC_D의 d', f의 효율적 소비할당에 해당하는 효용가능곡선 UPC_F의 f'를 포함한다. (가)의 k점과 같이 교환과 생산의 동시적 효율성을 충족하지 못하는 재화의 할당은 (나)의 UPC_D상의 k'에 해당하는 것으로 *GUPF*의 내부에 위치한다.

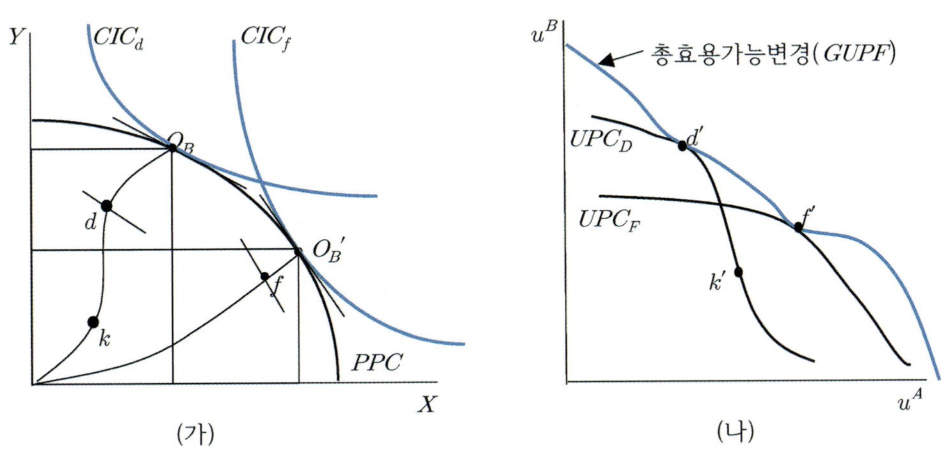

[그림 7.5] 교환과 생산의 동시적 효율성과 총효용가능변경

파레토기준은 기수적 효용개념에 의거 사람들 간의 효용의 크기에 대한 비교

를 전제로 사회전체의 효용의 합계가 증가하는지 또는 감소하는지를 가지고 정책평가를 하는 고전학파 특히, 공리주의의 매우 강하고 제한적인 윤리적 가정을 거부한다. 파레토기준은 서수적 효용개념에 의거 효용의 크기를 비교하지 않는 훨씬 약한 가정에 의존한다. 즉, 파레토기준은 정책변화로 어느 한 사람이라도 전보다 나빠지면 그러한 정책변화는 사회후생을 감소시키는 것으로 수용하지 않는다. 모든 사람이 전보다 나아지거나, 적어도 다른 사람을 나쁘게 하지 않으면서 어떤 사람을 나아지게하면 파레토개선이 되며 파레토기준은 결국 파레토개선이 되는 경우에만 정책변화를 받아들일 수 있다는 것이다.

파레토기준은 여러 사회적 상태에 대해 서열을 매기는 것이 불완전하다. 예를 들어, 총효용가능변경상에서의 자원배분들은 모두 파레토최적으로 각 점에 대해 서열을 매길 수 없다. [그림 7.5]의 k는 교환과 생산의 동시적 효율성을 가지지 않는 점이고 d는 동시적 효율성을 가지는 점이지만 초기 k에서의 재화의 할당을 d로 변경하는 것은 u^A를 증가하지만 u^B를 감소하는 것이기 때문에 파레토개선이 아니다. 환경에 대한 규제조치나 공공투자를 포함해서 대부분의 정책변화는 손실을 보는 사람들이 일부 발생하는 것이 일반적인데 파레토기준을 적용하면 현재상태가 파레토최적이 되며 새로운 정책변화는 수용될 수 없다.

7.1.2 보상원리

보상원리는 사회적 상태에 대해 서열을 매기는 것을 확장하고자 한다. 보상원리는 정책의 변화에 의해 모두가 나아지지 않는 경우에도 잠재적으로 가능한 재분배를 통해 모두를 나아지도록 할 수 있으면 정책변화가 수용된다는 것이다. 파레토원리와는 다르게 보상원리는 실제 보상을 요구하지 않는다.

칼도(Kaldor, 1939)는 어떤 정책변화에 대해 이득을 보는 사람들이 잠재적으로 소득재분배를 통하여 손해를 보는 사람들의 손실을 보상하고도 남음이 있으면 바람직한 정책변화로 본다. 힉스(Hicks, 1939)는 정책변화로 손해를 보는 사람들이 이득을 보는 사람들에게 정책변화가 일어나지 않도록 잠재적으로 뇌물을 주는 것이 불가능해야 정책변화가 바람직한 것으로 본다.

1) 교환에서의 보상원리

생산가능곡선의 특정 지점에서 생산된 재화의 양을 고정시키고 이를 소비자에게 할당하는 것에 대해 보상원리가 어떻게 적용되는지를 살펴보자, [그림 7.6]은 교환에서의 재화의 재할당을 비교한 것이다. w에서 k로의 재분배는 소비자 B의 효용을 증가시키지만 소비자 A의 효용이 감소하기 때문에 파레토원리로는 k가 w보다 파레토우위를 가지지 않는다. 재화를 재분배해서 소비자 A는 b, 소비자 B는 a에서 소비하도록 하면 w에서 소비할 때와 동일한 효용을 얻는다. 이제 k로 이동하면 소비자 A는 X재를 $X_2 - X_1$, Y재를 $Y_2 - Y_1$만큼 손실을 보는데 반해 소비자 B는 X재를 $X_3 - X_1$, Y재를 $Y_3 - Y_1$만큼 이득을 본다. 소비자 B의 이득이 소비자 A의 손실보다 크기 때문에 k는 w보다 잠재적으로 우위이다. 이와 같이 보상원리는 파레토최적이 아닌 재화의 할당(second-best state: 차선의 상태)보다 파레토최적인 재화의 할당(first-best state: 최선의 상태)이 항상 잠재적 우위에 있도록 한다.

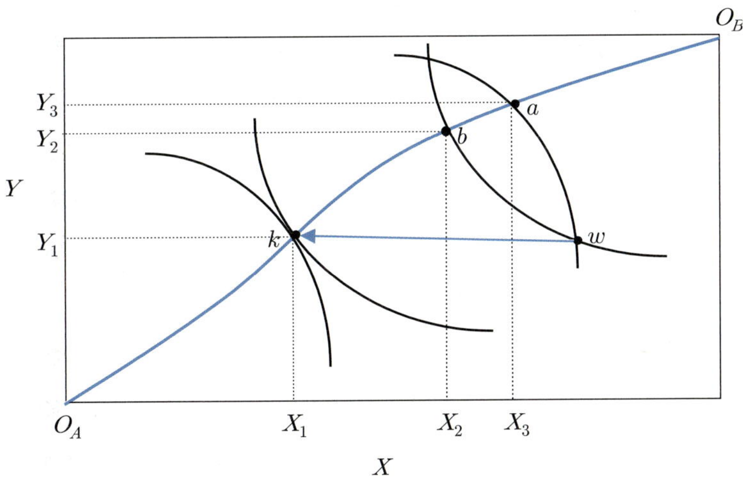

[그림 7.6] 교환에서의 보상원리

자료: Just et al., 2004

2) 교환과 생산에서의 보상원리

이제 초기 생산된 재화의 양을 재분배할 때 생산가능곡선을 따라 재화의 양이 변화하는 것을 허용하는 경우 보상원리가 어떻게 작용하는지를 살펴보자. [그림 7.7]은 교환과 생산에서 재화의 재할당을 비교한 것이다. O_B에서 생산해서 a에서 두 소비자에게 재화를 할당한 것에 대한 사회무차별곡선은 CIC_a이다. $O_B{}'$에서 생산해서 b점에서 소비자에게 재화를 할당한 것에 대한 사회무차별곡선은 CIC_b이고 c점에서의 재화할당에 대한 사회무차별곡선은 CIC_c이다. a점에서 b점으로의 이동은 어느 한 사람을 나쁘게 만들 수 있지만 잠재적으로 이득이다. 왜냐하면 CIC_a의 d점은 a점에서 두 소비자가 얻는 효용과 동일하게 하도록 하는 생산량 지점인데 $O_B{}'$로 이동하여 생산하도록 함으로써 X재를 de, Y재를 df만큼 더 생산할 수 있으며 따라서 잠재적으로 두 소비자를 나아지게 할 수 있기 때문이다. 마찬가지로 a에서 c점으로 이동 또한 잠재적으로 이득이다. 이러한 결과는 a에서의 재화의 할당은 사회무차별곡선(CIC_a)이 O_B에서 생산가능곡선에 접하지 않는 차선의 상태라는 것에서 비롯된다. 이 경우 그림에서 보는 바와 같이 생산가능곡선의 다른 지점에서의 생산과 재화의 할당을 통해 모든 재화의 할당 영역에서 더 상위에 위치하는 사회무차별곡선(CIC_b, CIC_c 등)을 그리는 것이 가능하다.

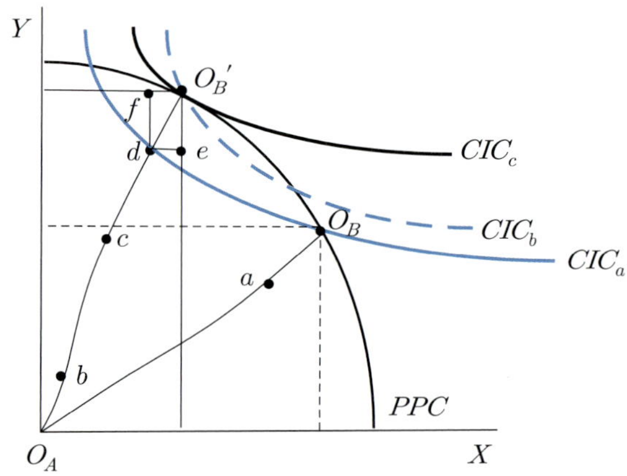

[그림 7.7] 사회무차별곡선과 보상원리

자료: Just et al., 2004

교환과 생산에서 보상원리에 의한 최선의 상태와 차선의 상태와의 비교는 효용가능곡선을 사용하여 설명할 수도 있다. [그림 7.8]의 총효용가능변경 내부에 있는 a에서 b점으로의 이동은 한 사람의 효용이 감소하기 때문에 파레토기준으로는 비교가 가능하지 않다. 또한 b점은 효용가능곡선 UPC_1상에 있지만 a점은 UPC_1상에 있지 않기 때문에 교환에서의 보상원리로 비교하는 것도 불가능하다. 그러나 b점의 효용을 가능하게 하는 생산량을 포함하는 생산가능곡선을 따라 생산량을 변경하고 재화를 재할당하면 gm구간을 포함하여 $GUPF$의 어떤 효용지점도 도달하는 것이 가능하다. 파레토기준에 의하면 $GUPF$의 gm구간의 효용지점은 a보다 우위이기 때문에 보상원리에 의거 b점은 a보다 우위에 있다.

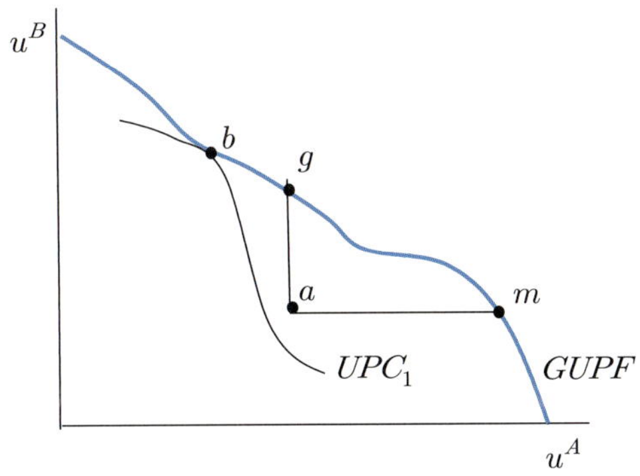

[그림 7.8] 효용가능곡선과 보상원리

3) 보상원리의 한계

칼도-힉스의 보상원리는 잠재적 보상을 통해 최선의 상태가 차선의 상태보다 우위에 있음을 보임으로써 파레토기준의 제약을 일부 해소하고 있으나 다음과 같은 한계가 있다.

첫째, 최선의 상태들 간에는 보상원리로도 상호 비교할 수 없다. 예를 들어, [그림 7.8]에서 총효용가능변경상에 있는 b와 g는 생산가능곡선상의 각 생산량 수준에서 파레토 최적의 재화의 할당을 하고 있는 점으로 상대보다 우위에 있도록 하는 생산량의 변화와 재화의 재할당이 가능하지 않다.

둘째, 어느 차선의 상태 k에서 또 다른 차선의 상태 l로 이동할 때 이득을 본 사람들이 손실을 본 사람들을 잠재적으로 보상할 수 있다는 것만으로는 k가 l보다 우위에 있다고 결론을 내릴 수 없다. 만일 k에서 l로의 이동에 대해 손실을 본 사람들이 이득을 본 사람들에게 이동하지 않도록 잠재적으로 보상할 수 있다면 시토프스키(1941)의 반전의 역설(reversal paradox) 상황이 되어 k와 l에 대해 순위를 매길 수 없다.

[그림 7.9]는 반전의 역설 상황을 나타낸다. 그림에서 생산가능곡선 O_B에서 생산해서 f에서의 재화의 할당에 대한 사회무차별곡선은 CIC_f, O_B'에서 생산해서 g에서의 재화의 할당에 대한 사회무차별곡선은 CIC_g로 둘 다 차선의 상태이며 두 개의 사회무차별곡선이 교차하여 지나가고 있다. O_B에서 생산해서 f에서 할당한 것을 잠재적 보상을 통해 h점으로 재할당하면 CIC_g보다 모든 영역에서 상위에 있는 CIC_h의 사회무차별곡선이 그려지므로 f는 g보다 우위에 있다고 할 수 있다. 그러나 반대로 O_B'에서 생산해서 g에서 할당한 것을 잠재적 보상을 통해 i점으로 재할당하면 CIC_f보다 상위에 있는 CIC_i의 사회무차별곡선을 그릴 수 있기 때문에 g는 f보다 우위에 있다고 할 수 있다.

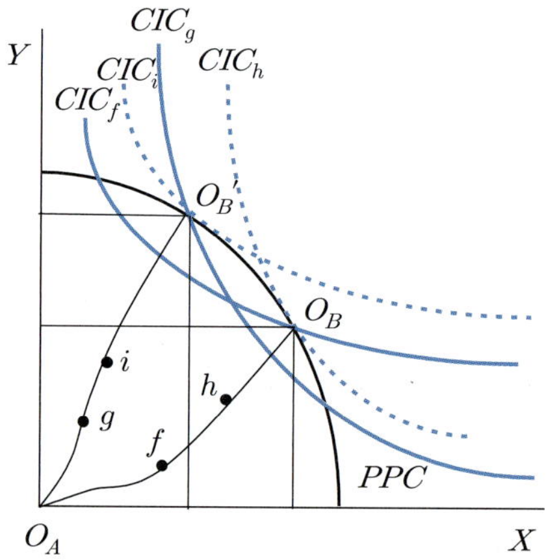

[그림 7.9] 차선의 상태간의 비교와 반전의 역설

자료: Just et al., 2004

차선의 선택들 간에 순위를 매기기 위한 기준으로 시토프스키는 칼도와 힉스의 양 기준을 모두 충족할 것을 제시한다. 즉, 상태 k에서 잠재적 재할당을 통해 상태 l보다 파레토 개선을 할 수 있으면서 상태 l에서 잠재적 재할당을 통해 상태 k보다 파레토 개선을 할 수 없을 때에만 상태 k가 상태 l보다 우위에 있다는

것이다. [그림 7.7]의 a와 b는 둘 다 최선의 재화할당 지점에 있지 않지만 $O_B{}'$에서 생산해서 b에서 할당한 CIC곡선이 O_B에서 생산해서 a에서 할당한 CIC곡선보다 모든 영역에서 상위에 있기 때문에 시토프스키의 기준을 충족한다.

셋째, 시토프스키의 기준을 통과하더라도 모든 가능한 상태에 대해 순위를 매기는 경우 비일관성의 순위를 결과할 수 있다(Gorman, 1955; Just et. al, 2004). [그림 7.10]에서 O_B^1의 생산 및 CIC_1의 할당은 O_B^2의 생산 및 CIC_2 할당보다 선호되고, O_B^2의 생산 및 CIC_2 할당은 O_B^3의 생산 및 CIC_3의 할당보다 선호되며, O_B^3의 생산 및 CIC_3의 할당은 O_B^4의 생산 및 CIC_4의 할당보다 선호된다. 선호가 일관성이 있으려면 O_B^1의 생산 및 CIC_1의 할당이 O_B^4의 생산 및 CIC_4의 할당보다 선호되어야 하지만 그림에서 보는 바와 같이 O_B^4의 생산 및 CIC_4의 할당이 O_B^1의 생산 및 CIC_1의 할당보다 선호된다.

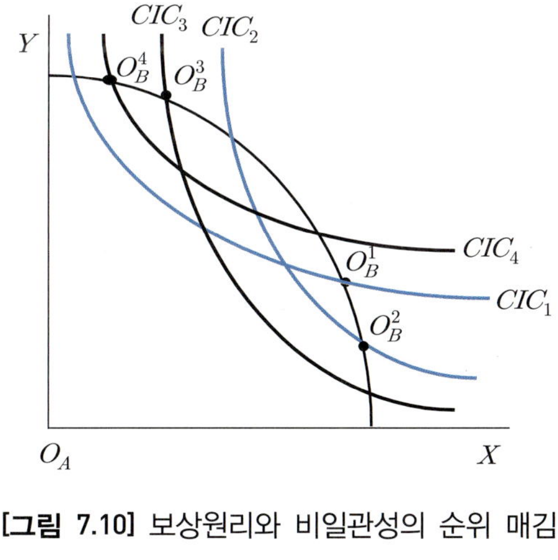

[그림 7.10] 보상원리와 비일관성의 순위 매김

7.1.3 사회후생함수

애로우(Arrow, 1951)는 사회의 구성원들이 모든 사회 상태에 대해 순위를 매길 수 있는 일반적 규칙이 존재하지 않는다는 것을 불가능성정리(impossibility theorem)로 제시하였다. 집단적 합리성(collective rationality), 파레토원리(Pareto principle), 무관한 선택대상으로부터의 독립(independence from irrelevant alternatives),

보편성 원칙(unrestricted domain)의 4가지 합당한 요건을 만족하는 사회적 의사결정기구는 독재(dictatorship)밖에 없다는 것이다. 집단적 합리성은 개별 선호가 완전성, 이행성을 만족하면 사회적 의사결정기구도 같은 특성을 만족하는 사회적 선호를 결과해야 함을 의미한다. 파레토원리는 모든 사람이 a를 b보다 선호하면 사회적 순위도 a가 b보다 우위여야 한다는 것이다. 무관한 선택대상으로부터의 독립은 a와 b에 대한 선호는 사람들이 a와 b에 대해 순위를 매기는 것에만 의존해야하고 다른 대안이 포함되었을 때 순위가 바뀌면 안 된다는 것을 의미한다. 보편성 원칙은 완전성과 이행성을 만족하는 모든 선호관계는 포함될 수 있음을 의미한다.

개인의 선호를 사회후생의 순위로 종합하기 위해서는 정보에 대한 조건을 완화하는 것이 필요하다. 개인들의 효용을 완전히 측정하고 비교할 수 있으면 사회상태의 순위를 완전하고 일관성이 있게 정하는 것이 가능하며 연속성 가정이 추가되면 사회상태의 순위를 각 사회 상태에 숫자가 부여된 사회후생함수(social welfare function: SWF)로 나타낼 수 있다.

베르그송-사무엘슨(Bergson and Samuelson)은 $W = W(u_1, u_2, ..., u_n)$와 같이 모든 사회 구성원들의 효용에만 의존하는 일반적인 형태의 사회후생함수를 제시한다. 베르그송-사무엘슨 사회후생함수의 특성은 첫째, 다른 사람들의 효용을 고정시키고 어느 개인의 효용이 증가하면 사회후생이 증가하는 파레토원리를 충족한다. 즉, 상위의 사회후생 무차별곡선으로 갈수록 사회후생이 증가한다. 둘째, 어느 한 사람의 후생이 증가하면 동일한 사회후생수준을 유지하기 위해 다른 사람의 후생이 감소한다는 것으로 사회후생 무차별곡선은 음의 기울기를 갖는다. 셋째, 매우 낮은 수준의 효용을 가진 사람들의 효용증가를 위해 매우 높은 효용을 가진 사람들이 더 큰 효용의 감소를 기꺼이 감수하고자 한다는 것으로 사회후생 무차별곡선은 원점에 볼록하다.

[그림 7.11]은 사회구성원이 A와 B 둘인 경우를 가정할 때 사회후생을 극대화하는 두 구성원의 효용수준을 나타낸다. 총효용가능변경과 내부로 후생이 제약되기 때문에 사회후생의 극대화는 사회후생 무차별곡선과 총효용가능변경이 접하는 E점에서 구해진다.

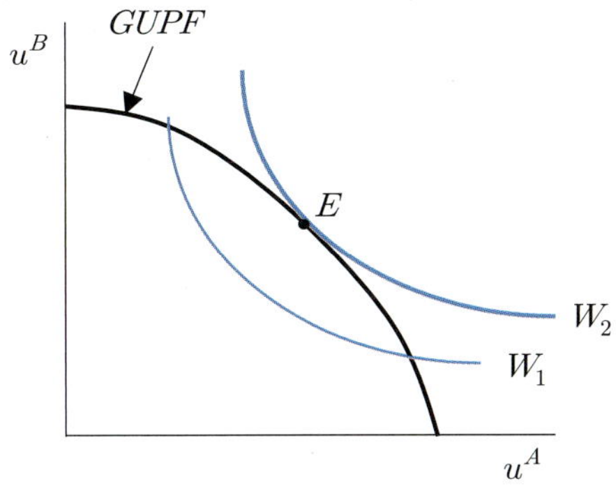

[그림 7.11] 사회후생 극대화

사회후생함수는 어떠한 함수형태도 취할 수 있지만 정보의 요구량이 많기 때문에 대안적으로 정보를 덜 요구하는 특정한 형태의 사회후생함수가 제시된다. 공리주의자들의 사회후생함수는 개인의 효용을 합계하여 다음과 같이 규정된다.

$$W = \sum_{i=1}^{n} u_i, \ i = 1,2,....,n \tag{7.1}$$

개인들에 가중치를 부여하여 합계한 가중합(weighted sum)의 SWF은 다음과 같이 규정된다.

$$W = \sum_{i=1}^{n} a_i u_i, \ i = 1,2,...,n \tag{7.2}$$

사회에서 가장 비참한 사람의 후생을 증가시키는 것이 정의에 부합하는 것으로 믿는 롤즈(Rawls)의 SWF은 다음과 같이 규정된다.

$$W = \min\left[u_1, u_2, \ldots.., u_n\right] \tag{7.3}$$

사회후생함수는 이론적으로는 필요한 개념이지만 사회 구성원 각자의 가치판단이 다르기 때문에 모두가 합의하는 사회후생함수에 도달할 수 없고 어떤 후생기준도 많은 정책대안들을 비교할 수 없도록 한다는 점에서 보상원리가 실증적으로 가장 널리 적용될 수 있는 기준으로 부각된다(Just et al., 2004). 그러나 정책변화에 대한 보상원리의 적용은 실제 보상을 하지 않고 분배문제를 무시하고 있기 때문에 여기에도 명백히 가치판단이 내재되어 있다. 따라서 단순히 정책변화로 인한 이득이 손실보다 큰지 여부에 대해 분석하기 보다는 정책변화가 이득을 보는 그룹과 손실을 보는 그룹에게 어떻게 영향을 미치는지를 평가하여 제시하고 분배문제는 정책담당자가 수행하도록 맡기는 것이 필요할 것이다.

7.2 사회적 편익비용분석

7.2.1 환경규제 영향평가의 특성

제6장에서는 오염배출의 한계편익곡선과 한계외부비용곡선에 대한 정보가 완전한 경우 최적의 배출부과금과 오염배출권을 설정할 수 있음을 보았다. 그러나 환경규제시책의 도입에 따른 영향이 불확실하고 계량화하기 어려운 부분들이 존재하기 때문에 이들 곡선을 정확히 추정하는 것은 어렵다. 따라서 어떤 환경규제수단의 도입이나 기존정책의 수정을 고려하는 경우 한계편익과 한계외부비용의 추정을 추진하기 보다는 이러한 정책변화로 인한 긍정적 영향(총편익)과 부정적 영향(총비용)을 비교하는 것이 보다 현실적이다. 또한 최적오염수준의 달성을 추구하기보다는 여러 정책대안 중에서 주어진 오염저감 목표를 어떤 대안이 최소비용으로 달성할 수 있는지를 살펴보는 것이 보다 현실적이다. 편익비용분석(benefit cost analysis)은 정책변화로 인한 총편익과 총비용을 현재가치화하여 비교하며, 비용효율성분석(cost effectiveness analysis)은 특정 목표를 달성하는데 소요되는 각 정책대안들의 총비용의 현재가치를 평가한다.

환경규제정책은 오염저감활동의 강화를 통해 미래의 오염으로 인한 피해(외부비용)를 감소하도록 하기 때문에 일종의 투자로 볼 수 있다. 환경규제정책 외에도 정부는 사람들의 후생에 영향을 미치는 오폐수 처리시설의 설치, 댐 건설, 간척사업과 같은 공공투자 프로젝트를 수행하기도 한다. 2.4절의 기업의 투자에 대한 비용편익분석에서는 비용과 편익이 기업에만 국한되기 때문에 미래 비용과 편익을 현재가치화할 때 유사한 대안적 투자로부터 얻을 수 있는 수익률을 할인율로 사용하였다. 그러나 환경규제나 공공투자는 사회 구성원 대부분에게 영향을 미치며 특히 기후변화문제를 완화하기 위한 온실가스 감축은 오염저감비용을 지불하게 될 현재세대 뿐만 아니라 아직 태어나지 않은 수백년 후의 미래세대의 후생에까지 영향을 미치기 때문에 사회적 할인율은 사적투자에 의한 할인율과 다를 수 있다.

환경관련 투자에 대한 사회적 편익비용분석은 여러 기간에 걸쳐 전체 사회에 미치는 순편익을 현재가치로 평가하고자 한다. t기의 편익을 B_t, 비용을 C_t, 사회적 할인율(social discount rate)을 r이라하면 순현재가치 NPV는 다음과 같이 산출된다.

$$NPV = \sum_{t=0}^{T} \frac{B_t - C_t}{(1+r)^t} \tag{7.4}$$

이렇게 산출된 NPV는 정책담당자에게 유용한 정보를 제공해줄 수 있지만 기업의 투자결정을 위한 편익비용분석과는 달리 사회적 편익비용분석은 몇 가지 어려운 문제에 직면한다.

첫째, 환경재는 시장에서 거래가 되지 않기 때문에 환경질 개선으로 인한 생명 연장, 발병률 감소, 심미적 가치 등 각종 편익을 어떻게 화폐액수로 산출할 것인가 하는 문제이다. 이들 항목들을 포함하여 환경재의 가치평가방법에 대해서는 제8장에서 다루게 될 것이다.

둘째, 불확실하고 화폐액수로 산출하기 어려운 항목들이 존재하고 이러한 질적인 항목이 화폐액수로 산출할 수 있는 항목보다 더 중요할 수도 있다는 점이다. 사회적 편익비용분석을 수행하는 경우 양적 평가를 할 수 있는 항목들은 가능하면 모두 화폐액수로 평가하고 그렇게 할 수 없는 항목들은 정책담당자가 판단할 수 있도록 정성적인 평가를 기술하도록 권고되고 있다(Arrow et al., 1996).

셋째, $NPV > 0$이면 잠재적 보상기준을 통과한 것으로 간주할 수 있으나 7.1절에서 살펴본 바와 같이 사회적 의사결정기준으로서 잠재적 보상 또한 강한 가치판단이 내재되어있다. 정책담당자는 사회 전체의 편익과 비용보다는 같은 세대 내에서 형평성이나 세대 간의 형평성 문제를 더 중요한 요인으로 생각할 수 있다. 따라서 전체 사회에 대한 편익과 비용에 대한 평가뿐만 아니라 하위그룹에 미치는 편익과 비용을 평가하여 정책담당자가 판단할 수 있도록 해야 한다.

넷째, 적정 사회적 할인율로 무엇을 선택할 것인가의 문제이다. 제2장의 2.4.2

절에서 살펴본 바와 같이 NPV는 할인율이 결정적인 역할을 하기 때문에 적정 사회적 할인율의 선택 문제는 매우 중요하다.

7.2.2 사회적 할인율의 선택

어느 프로젝트에 한 단위의 화폐액수를 투자하면 다른 대안적 사용으로부터 얻을 수 있었던 액수를 포기해야하는 기회비용이 발생하며 이러한 기회비용이 미래 편익과 비용을 할인하도록 한다. 오늘 한 단위의 자본 투자는 생산적이어서 물가상승률을 조정하고도 내일 평균적으로 한 단위 이상으로 전환할 수 있기 때문에 시장이자율은 영보다 큰 값을 갖는다. 시장이자율을 i라고 하면 어떤 투자와 관련된 미래 화폐액수의 각 단위를 생성하기 위해서는 오늘 $1/(1+i)$ 만큼의 할인된 액수의 투자가 필요하다.

재화의 생산측면에서 보면 시장이자율은 생산요소인 자본의 투입을 한 기간 연기하면 추가적으로 더 많은 재화를 생산하게 되는 자본의 한계생산(자본에 대한 수익률)을 반영한다. 소비측면에서 시장이자율은 오늘 한 단위의 소비감소(저축)의 대가로 내일 더 많은 소비를 원하게 되는 소비이자율을 의미한다. 자본시장이 완전한 경우 소비이자율과 자본에 대한 수익률은 같아야 하지만 법인세가 부과되고 여러 다른 형태의 소득에 대해 다른 조세율이 적용되는 등 조세부과는 소비이자율과 자본에 대한 수익률 간에 차이가 발생하도록 한다.

사회적 할인율 결정에 대한 실증적 접근법(descriptive approach)에서는 현재세대뿐만 아니라 아직 태어나지 않은 미래세대에게까지 영향을 미치는 프로젝트에 대해서도 사람들이 일상에서 소비, 저축, 공공정책에 대한 민주적 의사결정에서 도출되는 시장이자율을 사회적 할인율로 선택해야한다고 주장한다(Nordhaus, 1994, 2007). 실증적 접근법에 따르면 만일 공공투자의 재원이 전적으로 사적투자로부터 조달되었다면 적정 사회적 할인율은 사적자본에 대한 수익률이 된다. 만일 재원이 전적으로 소비로부터 조달되었다면 소비이자율이 적정 사회적 할인율이 된다. 만일 재원이 사적투자와 소비에서 함께 조달되었다면 적정 사회적 할인율은 자본에 대한 수익률과 소비이자율을 가중 평균해서 산출해야한다.[16)]

---

16) Arrow(2000)는 소비가 투자보다 훨씬 더 크기 때문에 적정 할인율은 소비이자율에 근접한 것으로 가정하는 것이 합리적이라고 주장한다.

실증적 접근법은 현재세대의 선호만을 사회적 할인율에 반영함으로써 미래세대가 단지 현재 존재하지 않는다는 이유만으로 차별받도록 한다는 점에서 비판이 제기된다. 오늘날 에너지집약적인 경제활동은 미래세대에 높은 외부비용을 부과함으로써 음의 사회적 수익률을 가지고 있으나 사적 시장이자율은 부득이 양의 값을 가지게 될 것이기 때문에 이러한 활동에 시장이자율을 사회적 할인율로 적용하는 것은 타당하지 않다(Dasgupta, 2008).

사회적 할인율 결정에 대한 규범적 접근법(prescriptive approach)에서는 세대 내에서와 세대 간의 후생의 불균형문제를 고려하는 윤리적 원리에 기초를 두고 있다. 사람들의 후생은 재화의 소비로부터 얻어지기 때문에 사회적 할인율은 소비할인율로 정의된다. 윤리적 원리에 입각한 소비할인율은 다음의 램지규칙(Ramsey rule)으로 요약된다.

$$r = \rho + \eta g \tag{7.5}$$

여기서 r은 소비할인율, ρ는 순수시간선호율, η는 소비의 한계효용 탄력성, g는 소비성장률을 나타낸다. ρ는 사회가 현재 소비 한 단위를 즐기는 것을 참을 수 없음(impatience)으로 인해 미래 소비 한 단위의 가치가 오늘 소비 한 단위의 가치보다 낮아야 한다는 것을 반영한다. 사회의 생존이 지속되지 않을 것으로 생각하면 지금 소비하는 것을 참지 않을 것이며 이때 ρ는 양의 값을 갖는다. ηg는 시간경과에 따라 소비가 증가하면 소비의 한계효용은 감소하고 따라서 오늘 소비의 희생이 미래 더 큰 소비의 증가로 보상되어야한다는 점을 반영한다.

사회계획자의 관점에서 후생 불균형에 대한 가치판단 변수와 미래 소비에 대한 예측 변수를 결합한 램지 규칙을 유도하는 과정은 다음과 같다. 먼저 개인의 효용은 그의 현재 소비수준에만 의존하며 특정 시점에서 사회의 후생은 개인들의 효용을 합계한 것으로 공리주의자의 관점을 따르는 것으로 가정한다. 또한 개인들은 동일한 효용함수와 소비수준을 가지고 있다고 가정한다. t기 소비수준을 C_t, t기의 효용을 $u(C_t)$라 하면 소비증가에 따라 효용이 증가하지만 한계효용이 체감하는 것을 반영하여 효용함수는 오목한 형태를 갖는다. 즉, t기 소비의 한 단위 추가에 따른 한계효용 $u_t{}' = \partial u / \partial C_t > 0$이고 $u_t{}'' = \partial^2 u / \partial C_t^2 < 0$이다.

사회후생(W)은 매기 효용을 ρ로 할인하여 현재가치로 합계한 것으로 시간에 대해 부가적으로 분리가능(time additively separable)하다고 가정하면 다음과 같이 쓸 수 있다.

$$W = \sum_{t=0} \frac{u(C_t)}{(1+\rho)^t} \tag{7.6}$$

매기 소비의 변화(dC_t)가 사회후생에 미치는 효과는 식 (7.6)를 전미분하여 다음과 유도된다.

$$dW = \sum_{t=0} \frac{\partial u}{\partial C_t} \frac{dC_t}{(1+\rho)^t} \tag{7.7}$$

위 식을 현재시점에 대해 정규화(normalize)하면 다음과 같다.

$$\frac{dW}{u_0'} = dC_0 + \sum_{t=1} \frac{u_t'}{u_0'} \frac{dC_t}{(1+\rho)^t} \tag{7.8}$$

소비의 한계효용 탄력성 η이 소비수준과 관계없이 고정된 값을 갖도록 하는 효용함수는 다음과 같은 형태를 취한다.

$$\text{만일 } \eta > 0\text{이고 } \eta \neq 1 \text{ 이면, } u(C_t) = \frac{C_t^{(1-\eta)}}{1-\eta} \tag{7.9}$$
$$\eta = 1 \text{ 이면, } u(C_t) = \ln C_t$$

이때 $\eta = -u_t'' C_t / u_t' > 0$이다.[17] 매기 소비성장률이 g로 일정하다고 가정하면 식 (7.8)로부터 t기의 할인계수(discount factor)는 다음과 같이 쓸 수 있다.

$$\frac{1}{(1+r)^t} = \frac{u_t'}{u_0'(1+\rho)^t} = \left(\frac{C_t}{C_0}\right)^{-\eta} \frac{1}{(1+\rho)^t} \tag{7.10}$$

---

17) 여기서 탄력성은 양의 값으로 나타내기 위해 $\eta = -\frac{du_t'}{dC_t} \cdot \frac{C_t}{u_t'} = -\frac{u_t'' C_t}{u_t'}$로 정의되었다.

$$= (1+g)^{-\eta t}(1+\rho)^{-t}$$
$$= [(1+g)^{\eta}(1+\rho)]^{-t}$$

따라서 다음이 성립한다.

$$1+r = (1+g)^{\eta}(1+\rho) \tag{7.11}$$

g와 ρ가 작은 값이라면 식 (7.11)은 다음의 램지 규칙과 같이 된다.[18)]

$$r \approx \rho + \eta g \tag{7.12}$$

태어나지 않은 미래세대에게까지 영향을 미치는 장기 프로젝트나 정책의 경우 ρ가 영보다 크면 미래세대가 지금 존재하지 않는다는 이유로 그들의 후생을 차별하는 것이 되기 때문에 규범적 접근법을 주창하는 학자들은 대부분 ρ가 영의 값을 갖는 것에 대해 동의한다.[19)] $\rho = 0$이더라도 $\eta g \neq 0$이면 사회적 할인율이 영일 필요는 없다.

소비의 한계효용 탄력성 η은 소비의 불평등 회피와 위험회피 계수로서 고정값을 가질 경우 2~4 범위의 값이 적절한 것으로 평가된다.[20)] 따라서 $\rho = 0$일 때 소비가 성장하면, 즉 소비성장률 g가 양이면 사회적 비용편익분석에서 양의 사회적 할인율을 적용하고 소비가 하락하면 음의 사회적 할인율을 적용하게 된다. 대부분의 국가들은 양의 소비성장률을 보이겠지만 기후변화로 인한 극심한 피해로 마이너스 소비성장률을 경험할 수 있는 열대지역의 저개발국가의 경우에는 음의 사회적 할인율을 적용하는 것이 타당할 수 있다.

$\rho = 0$의 윤리적 관점은 가부장적인 것으로 사람들이 매일 저축과 투자 결정에서 현재와 미래 효용의 교환관계에 대해 표출하는 선호나 다른 윤리적 관점은 무시하고 있다는 점에서 비판이 제기된다(Nordhaus, 2007; Weitzman, 2007). 또한 식 (7.5)의 램지 규칙은 결정론적 모형으로 미래 소비성장의 불확실성을 반영하지

---

18) 식 (7.11)의 양변에 로그를 취하면 $\ln(1+r) = \ln(1+\rho) + \eta\ln(1+g)$가 되는데 x가 절대 값으로 작을 때 $\ln(1+x) \approx x$가 되는 것을 이용하면 식 (7.12)가 성립한다.

19) Cline(1992), Dasgupta(2008), Heal(2009), Stern(2006)는 $\rho = 0$이어야 한다는 주장을 지지한다.

20) Dasgupta(2007)는 2~4의 범위를, Arrow(2007)는 2~3의 범위를 제시한다.

못한다는 문제가 있다. 인류는 많은 위험과 불확실성에 직면하고 있으며 특히, 기후변화에 대한 정부 간 패널(intergovernmental panel on climate change: IPCC)의 보고서는 지구온난화로 인한 기후변화로 100년 또는 200년 뒤의 미래에 파멸적 결과를 초래할 가능성이 있음을 지적하고 있다. 이렇게 미래의 편익과 비용에 대한 예측이 불확실할 경우 확실성 등가(certainty equivalent)의 소비할인율은 시간이 지나면서 점차 감소해야 한다는 주장이 제기된다(Weitzman, 2007).[21] 영국에서는 정부규제로 인한 후생 영향을 분석하는 데 있어서 처음 30년은 3.5%, 31~75년은 3.0%, 76~125년은 2.5%, 126~200년에는 2.0%, 201~300년에는 1.5%, 300년 이상은 1.0%의 할인율을 적용하도록 규정하고 있다.

7.2.3 환경규제의 편익과 비용의 평가

환경규제의 강화는 오염원인자에게 오염물질의 배출량을 감소하도록 함으로써 사람들에게 편익을 제공해준다. [그림 7.12]는 대기오염물질 배출량의 감소에 따른 편익의 경로를 나타내고 있다. 아황산가스, 온실가스, 미세먼지 등의 대기오염물질배출량의 감소는 대기오염농도, 산성비, 기상이변, 가시거리 등 환경의 물리적 및 생물학적 특성을 변화하도록 한다. 환경적 특성의 변화는 농산물 등 재화의 생산량의 변화, 레크리에이션 활동, 심미적 감상 활동에 변화를 가져오고 인간건강을 증진 시키는 등 인간의 환경이용에 있어서의 변화를 통해 사람들에게 편익을 가져다준다. 이렇게 환경을 직접적으로 사람들이 이용함으로써 얻어지는 편익을 사용가치(use value)라고 한다. 사용가치 외에도 직접적으로 사용할 의도를 가지지 않지만 단지 존재하는 것만으로도 얻게 되는 편익으로 비사용가치(nonuse value)가 발생한다.

시장가격이 존재하지 않기 때문에 환경규제의 편익을 정확히 산출하는 것은 쉽지 않다. 환경규제의 비용은 1차적으로 규제에 순응하기 위한 오염원인자의 오염저감설비 및 통제 시스템의 설치비용과 관리비용 등을 포함하며 이들 비용은 시장가격이 존재하기 때문에 측정하는 것이 용이하다. 그러나 환경규제에 순

21) Weitzman(2001)은 초기 1~5년간은 4%, 6~25년은 3%, 26~75년은 2%, 76~300년은 1%, 301년 이상은 0%의 할인율을 적용할 것을 제안하였다.

응하기 위한 기업의 비용변화가 상당한 경우(non-marginal change) 2차적으로 재화 및 생산요소의 가격과 소득을 변화하도록 하기 때문에 소비자, 근로자, 자원소유자의 후생 변화를 측정해야한다. 또한 기업뿐만 아니라 가계도 오염원인자에 포함되기 때문에 가계부문에 대한 규제순응비용을 측정해야한다. 예를 들어, 쓰레기종량제의 도입은 가계에게 재활용품과 음식물쓰레기를 분리수거하는 데 따른 노력과 고통을 요구하는데 이러한 비용을 측정하는 것은 쉽지 않다.

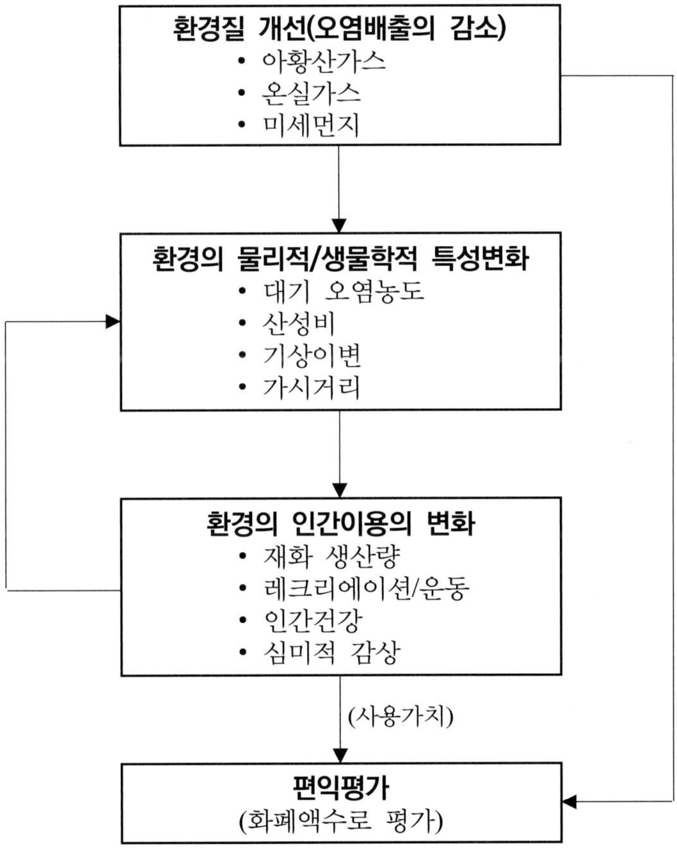

[그림 7.12] 대기질 개선의 편익경로

환경규제정책에 대한 사회적 편익비용분석을 수행하기 위해서는 인력, 예산 등의 자원의 투입이 필요하다. 시간과 자원의 제약이 있기 때문에 모든 환경규제에 대해 영향평가를 수행할 수는 없으며 보다 완벽한 분석과 수행능력의 실질적인 제약 사이에서의 균형이 필요하다. 미국의 대통령 행정명령(executive order) 12866에서는 경제적 영향이 1억 달러 이상인 연방정부의 주요규제에 대해 편익비용분석을 수행하도록 규정하고 있다. 우리나라 국가재정법에서는 총사업비가 500억원 이상이고 국가의 재정지원 규모가 300억원 이상인 신규사업에 대해 예비타당성조사의 절차의 하나로 편익비용분석을 실시하도록 요구하고 있다. 규제에 대해서는 행정규제기본법에서 규제영향분석 항목의 하나로 규제의 시행에 따라 규제를 받는 집단과 국민이 부담하여야 할 비용과 편익을 비교 분석하도록 규정하고 있을 뿐 엄밀하게 편익비용분석의 수행을 요구하지는 않고 있다.

제안된 환경규제정책으로 인해 증가된 편익과 비용을 확인하기 위해서는 기준점의 설정이 요구된다. 기준점이 명확하지 않으면 이중계산의 위험이 있다. 규제의 특정 목표를 달성할 수 있는 모든 대안에 대한 포괄적인 검토가 필요하지만 시간과 자원의 제약이 있기 때문에 가능한 대안을 몇 개로 축소하여 분석한다.

비용과 편익 중 계량화가 가능한 항목들은 최대로 계량화하는 것이 필요하다. 그러나 분배적 측면을 고려하기 위해서는 전체적인 비용과 편익뿐만 아니라 하위그룹에 대한 편익과 비용의 측정도 필요하다. 미국 예산관리국(Office of Management and Budget: OMB)의 편익비용분석을 위한 가이드라인에 의하면 편익비용분석에서 효율성과 형평성을 동시에 고려하도록 하고 있다. 즉, 잠재적 보상기준을 충족하는지, 정책변화로 이득을 보는 측과 손실을 보는 측은 누구인지, 정책변화가 사회적 약자에게 어떻게 영향을 미치는지를 평가하도록 요구한다.

계량화할 수 없고 화폐액수로 표시할 수는 없으나 중요한 것으로 판단되는 항목에 대해서는 정성적 평가를 기술하는 것이 필요하다. 또한 불확실한 편익과 비용에 대한 추정에 있어서의 오차발생의 가능성과 정확한 사회적 할인율을 선택하기 어려운 점을 고려하여 편익과 비용의 신뢰성 구간에서의 측정과 일정 구간의 사회적 할인율의 적용에 의해 NPV를 확률적 분포로 나타낼 수 있는 민감성분석(sensitivity analysis)도 요구된다.

제8장 환경의 가치측정

환경·에너지 경제학

CHAPTER

08 환경의 가치측정

8.1 환경 가치측정의 기초개념

8.1.1 가격변화에 따른 후생변화의 측정

1) 소비자잉여

제2장 2.2절에서는 소비자의 선호와 예산제약을 결합하여 주어진 재화의 가격과 소득에 대해 최선의 재화 소비량의 선택이 어떻게 이루어지는지를 살펴보았다. 재화의 가격이 변화하면 재화의 소비량이 변화하고 따라서 소비자의 후생에 영향을 미치게 된다. 먼저 가격변화에 따른 소비자의 후생변화를 관찰되는 수요함수를 이용하여 소비자잉여의 변화로 측정하는 방법에 대해 알아보자. [그림 8.1]에서 X재의 가격만 p_X^0에서 p_X^1으로 하락하면 소비자의 구매량은 X_0에서 X_1으로 증가하고 소비자잉여는 면적 $a+b$만큼 증가한다.

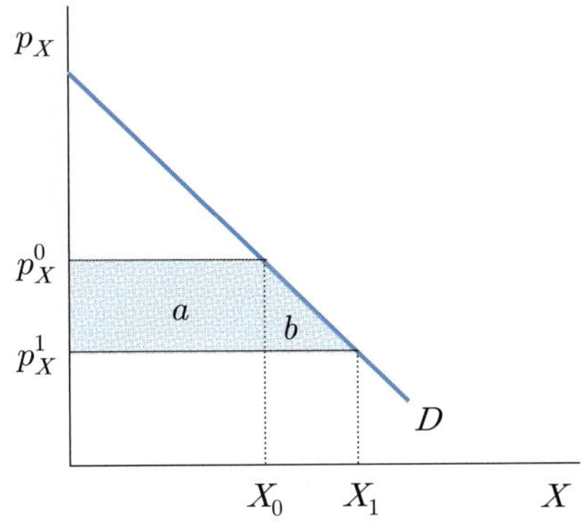

[그림 8.1] 가격하락에 따른 소비자잉여의 증가

(1) 소비자잉여의 경로의존성

소비자잉여의 변화로 후생변화를 측정하는 데 있어서 직면하는 문제 중의 하나는 여러 재화의 가격이 함께 변화하거나 가격과 소득이 함께 변화하는 경우 경로에 따라서 소비자잉여의 크기가 유일하지 않고 달라진다는 점이다.

소비자가 두 재화 X와 Y만을 소비한다고 가정하고 먼저 p_X와 I가 함께 변화하는 경우의 경로의존성(path dependency) 문제를 살펴보자.22) [그림 8.2]에서 X재 가격은 p_X^0에서 p_X^1으로 하락하고 소득은 I_0에서 I_1으로 상승하며 X재는 정상재로 가정한다. 경로1은 가격이 먼저 변화하고 다음에 소득이 변화하는 경로라고 하면 가격 하락으로 소비자잉여가 면적 c만큼 증가하고 소득이 $I_1 - I_0$ 만큼 증가해서 소비자의 후생은 $c + (I_1 - I_0)$가 증가한 것으로 산출된다. 이제 경로2는 소득이 먼저 변화하고 다음에 가격이 변화하는 경로라고 하면 소득이 $I_1 - I_0$만큼 증가함과 동시에 X재 수요함수가 $D(I_0)$에서 $D(I_1)$으로 이동해서 다음의 X재 가격의 하락에 따른 소비자잉여의 증가는 면적 $c + d$가 되어 소비자의 후생은 $(I_1 - I_0) + c + d$가 증가한 것으로 산출된다. 이와 같이 초기 (p_X^0, I_0)의 조합에서 (p_X^1, I_1) 조합으로 이동하는 다른 경로들에서 화폐액수로 산출한 소비자의 후생의 크기는 다른 값을 가지게 될 것이다.

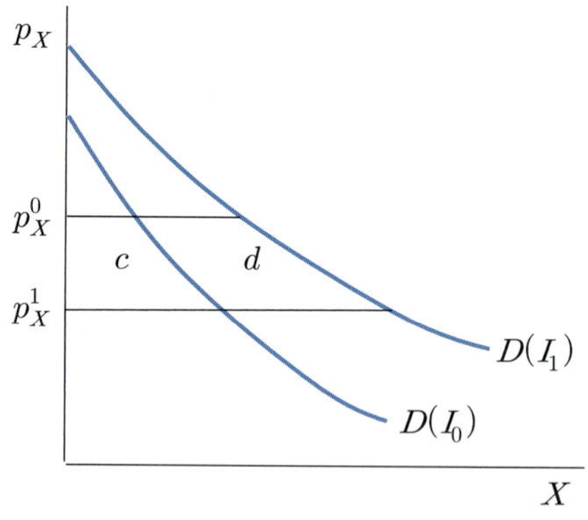

[그림 8.2] 소비자잉여의 경로의존성(가격과 소득 변화)

---

22) 소비자잉여의 경로의존성 문제는 Just et al.(2004)을 참조하였다.

두 재화의 가격이 함께 변화하는 경우에도 가격변화의 경로에 따라 화폐액수로 측정한 소비자 후생의 크기가 달라진다. [그림 8.3]에서는 보완관계를 가지는 X재와 Y재의 가격이 각각 p_X^0에서 p_X^1으로, p_Y^0에서 p_Y^1으로 하락하는 것으로 가정한다. 경로A는 X재 가격이 p_X^0에서 p_X^1으로 먼저 변화한 다음 Y재 가격이 p_Y^0에서 p_Y^1으로 변화하는 경로이고, 경로B는 Y재 가격이 p_Y^0에서 p_Y^1으로 먼저 변화한 다음 X재 가격이 p_X^0에서 p_X^1으로 변화하는 경로이다. 경로A를 따라 먼저 X재 가격이 하락하면 X재 시장에서 소비자잉여가 면적 e만큼 증가하고 Y재 시장에서 Y재의 수요곡선이 $D_Y(p_X^0)$에서 $D_Y(p_X^1)$으로 이동한다. 이제 Y재 가격이 하락하면 Y재 시장에서 소비자잉여가 면적 $g+h$만큼 증가하여 경로A에 의한 소비자 후생변화의 화폐액수는 면적 $e+g+h$로 산출된다. 경로B를 따라 먼저 Y재 가격이 하락하면 Y재 시장에서 소비자잉여가 면적 g만큼 증가하고 X재 시장에서 X재의 수요곡선이 $D_X(p_Y^0)$에서 $D_X(p_Y^1)$으로 이동한다. 이제 X재 가격이 하락하면 X재 시장에서 소비자잉여가 면적 $e+f$만큼 증가하여 경로B에 의한 소비자 후생변화의 화폐액수는 면적 $e+f+g$로 산출된다. 특수한 경우를 제외하고 일반적으로 $f \neq h$이므로 경로에 따라 면적 $e+g+h$와 면적 $e+f+g$는 같지 않다. 초기 (p_X^0, p_Y^0)의 조합에서 (p_X^1, p_Y^1) 조합으로 이동하는 수많은 다른 경로들에서 화폐액수로 산출한 소비자의 후생의 크기도 다른 값을 가지게 될 것이다.

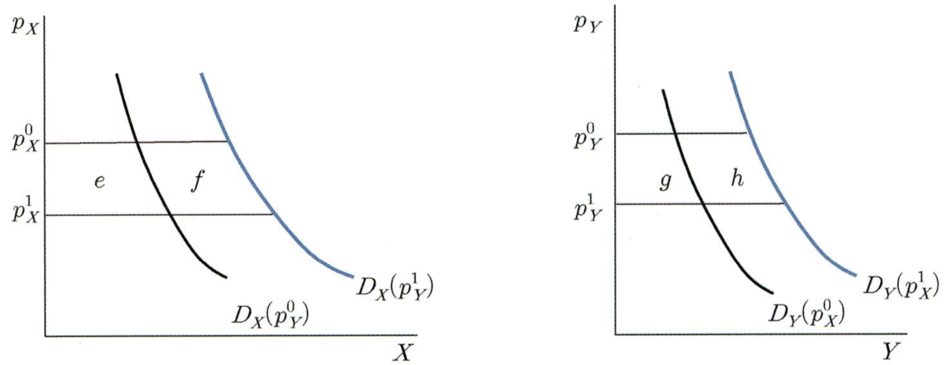

[그림 8.3] 소비자잉여의 경로의존성(두 재화 가격의 변화)

[그림 8.2]에서 만일 X재에 대한 소득효과가 영이면($\partial X/\partial I = 0$) 경로1을 따르든 경로2를 따르든 소비자잉여로 측정한 후생변화의 크기는 $c + I_1 - I_0$로 동일하다. [그림 8.3]에서 재화의 가격변화가 작으면 f와 h는 평행사변형의 형태가 되고 면적은 $dX \cdot dp_X$와 $dY \cdot dp_Y$이기 때문에 교차효과가 같으면 ($\partial X/\partial p_Y = \partial Y/\partial p_X$) 어떤 경로이든 $f = h$가 되며 소비자잉여로 측정한 후생효과는 같게 된다. 주의해야할 것은 두 재화의 가격과 소득이 모두 변화하면 경로독립성을 갖기 위해서는 두 재화에 대한 소득효과가 모두 영이 되어야 하는데 그럴 경우 예산제약조건을 위반하게 되기 때문에 어느 하나는 변화하지 않아야 한다.

(2) 소비자잉여의 후생변화 측정치로서의 문제점

위와 같은 특수한 조건하에서 경로의존성 문제가 해결되더라도 소비자잉여로 후생효과를 측정하는 경우 직면하는 또 다른 문제점은 이것이 효용변화의 진정한 화폐 측정치가 되지 못한다는 점이다. 제2장 2.2절의 간접효용함수, 소득의 한계효용, 포락선정리를 활용하면 재화의 가격과 소득이 (p_X^0, p_Y^0, I^0)에서 (p_X^1, p_Y^1, I^1)으로 변화할 때 효용변화의 크기는 다음과 같다.

$$\begin{aligned} \triangle u &= V(p_X^1, p_Y^1, I^1) - V(p_X^0, p_Y^0, I^0) \\ &= \int_l \left(\frac{\partial V}{\partial I} dI + \frac{\partial V}{\partial p_X} dp_X + \frac{\partial V}{\partial p_Y} dp_Y\right) \qquad (8.1) \\ &= \int_l \lambda [dI - X(p_X, p_Y, I) dp_X - Y(p_X, p_Y, I) dp_Y] \end{aligned}$$

여기서 l은 가격과 소득이 변화하는 경로를 나타내며 두 번째 줄에서 세 번째 줄로의 유도과정은 식 (2.18)의 포락선정리를 활용하였다. 식 (8.1)은 소득의 변화와 X재와 Y재의 가격변화 구간에서 일반수요함수 아래 면적을 합계한 것을 의미한다. 소득의 한계효용 λ는 화폐액을 효용의 단위로 변환시키는 역할을 하며 정확한 후생변화를 측정하기 위해서는 관찰되지 않는 λ에 대한 정보가 필요하다.

경로 l을 따라 λ가 일정하다고 가정하고 식 (8.1)의 양변을 λ로 나누면 다음과 같이 쓸 수 있다.

$$\frac{\triangle u}{\lambda} = \int_{l} [dI - X(p_X, p_Y, I)dp_X - Y(p_X, p_Y, I)dp_Y] \qquad (8.2)$$

식 (8.2)의 우변은 두 재화의 가격과 소득이 함께 변화할 때 화폐액으로 측정한 소비자잉여의 변화의 크기에 해당한다. 따라서 소득의 한계효용(λ)이 일정할 때에만 소비자잉여가 진정으로 후생변화를 측정할 수 있다.

식 (8.1)에 대한 경로독립성 조건은 다음과 같다.

$$\frac{\partial(\lambda X)}{\partial p_y} = \frac{\partial(\lambda Y)}{\partial p_X}$$
$$\frac{\partial(\lambda X)}{\partial I} = \frac{\partial \lambda}{\partial p_X} \qquad (8.3)$$
$$\frac{\partial(\lambda Y)}{\partial I} = \frac{\partial \lambda}{\partial p_Y}$$

소득의 한계효용 λ가 일정하면 식 (8.3)의 첫 번째 항은 $\partial X/\partial p_Y = \partial Y/\partial p_X$, 두 번째 항은 $\partial X/\partial I = 0$이 되어 소비자잉여의 경로독립성 조건을 충족한다. 그러나 역으로 소비자잉여의 경로독립성이 λ가 일정하다는 것을 의미하지는 않는다.

2) 보상변화와 동등변화

경로의존성 문제를 가지고 있고 매우 제약적인 조건에서만 진짜 후생변화를 측정하는 소비자잉여 대신 후생변화를 화폐액으로 측정하는 대안적인 방법으로는 힉스(Hicks)가 제시하는 개념으로 보상변화(compensating variation: CV)와 동등변화(equivalent variation: EV)가 있다. 보상변화는 가격 변화 또는 가격 및 소득 변화 후에 소비자를 초기 후생수준을 회복하도록 하기 위해 소비자에게 지불해야 하는 양(+) 또는 음(-)의 소득액수를 의미한다. 동등변화는 가격 변화 또는 가격 및 소득 변화로 소비자가 얻게 될 후생수준과 동등해지도록 초기 가격과 소득 수준에서 소비자에게 지불해야 할 양(+) 또는 음(-)의 소득액수를 나타낸다.

[그림 8.4]의 (가)는 Y재 가격과 소득은 고정되고 X재 가격만 하락하는 경우의 보상변화와 동등변화를 보여준다. 초기 X재의 가격이 p_X^0, Y재의 가격이 p_Y^0

이고 소득수준이 I^0일 때 소비자의 효용극대화의 소비지점은 a점으로 X재를 X_0, Y재를 Y_0만큼 소비하고 u_0의 효용을 얻는다. 이제 X재의 가격이 p_X^1으로 하락하면 예산선은 바깥쪽으로 회전하고 소비자의 균형점은 b가 되어 X재를 X_1, Y재를 Y_1만큼 소비하고 u_1의 효용을 얻는다. 보상변화는 새로운 가격 p_X^1에 b점을 지나가는 예산선을 초기 효용수준 u_0와 접할 때까지 아래로 이동하도록 하는 소득 감소의 크기로 측정된다. 동등변화는 초기 가격 p_X^0에 a점을 지나가는 예산선을 새로운 효용수준 u_1에 접할 때까지 위로 이동하도록 하는 소득 증가의 크기로 측정된다.

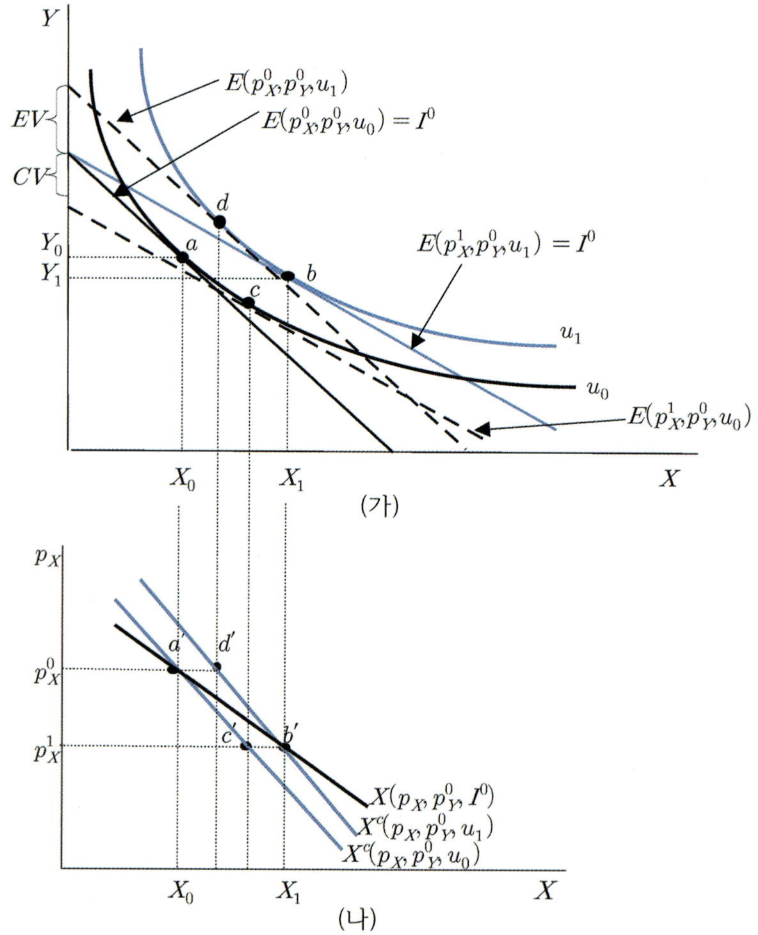

[그림 8.4] 보상수요함수, 보상변화, 동등변화

[그림 8.4]의 (나)는 p_X의 변화에 따른 소비자 균형의 변화를 p_X와 X재의 양의 좌표로 나타낸 것이다. a'는 (가)의 a에, b'는 (가)의 b에 해당하는 점으로 a'와 b'를 잇는 직선은 X재의 가격과 수요량과의 관계를 나타내는 일반수요곡선 $X(p_X, p_Y^0, I^0)$이 된다. c'는 (가)의 c에 해당하는 점으로 a'와 c'를 잇는 직선은 u_0을 고정시키고 X재의 가격변화에 따른 수요량의 변화를 나타내는 보상수요곡선 $X^c(p_X, p_Y^0, u_0)$이 된다. d'는 (가)의 d에 해당하는 점으로 d'와 b'를 잇는 직선은 u_1를 고정시키고 X재의 가격변화에 따른 수요량의 변화를 나타내는 보상수요곡선 $X^c(p_X, p_Y^0, u_1)$이 된다.

지출함수로 나타내면 보상변화는 식 (8.4)와 같이 쓸 수 있다.

$$CV = E(p_X^1, p_Y^0, u_1) - E(p_X^1, p_Y^0, u_0) \tag{8.4}$$

$E(p_X^1, p_Y^0, u_1)$은 소득 I^0와 같고 따라서 $E(p_X^0, p_Y^0, u_0)$와 같으며 셰퍼드의 보조정리에 의하면 지출함수를 재화의 가격으로 미분하면 보상수요함수가 되기 때문에 CV는 다음과 같이 낼 수 있다.

$$\begin{aligned} CV &= E(p_X^0, p_Y^0, u_0) - E(p_X^1, p_Y^0, u_0) \\ &= -\int_{p_X^0}^{p_X^1} X^c(p_X, p_Y^0, u_0)\,dp_X \end{aligned} \tag{8.5}$$

즉, CV는 [그림 8.4] (나)의 보상수요함수 $X^c(p_X, p_Y^0, u_0)$의 p_X^0에서 p_X^1까지의 옆면적 $p_X^0 a' c' p_X^1$으로 산출된다.

동등변화는 지출함수로 다음과 같이 나타낼 수 있다.

$$EV = E(p_X^0, p_Y^0, u_1) - E(p_X^0, p_Y^0, u_0) \tag{8.6}$$

$E(p_X^0, p_Y^0, u_0)$가 $E(p_X^1, p_Y^0, u_1)$과 같다는 점과 셰퍼드의 보조정리를 사용하여 EV는 다음과 같이 낼 수 있다.

$$EV = E(p_X^0, p_Y^0, u_1) - E(p_X^1, p_Y^0, u_1) \tag{8.7}$$

$$= -\int_{p_X^0}^{p_X^1} X^c(p_X, p_Y^0, u_1)dp_X$$

즉, EV는 [그림 8.4] (나)의 보상수요함수 $X^c(p_X, p_Y^0, u_1)$의 p_X^0에서 p_X^1까지의 옆 면적 $p_X^0 d'b'p_X^1$으로 산출된다.

소비자잉여의 변화(S)는 수요곡선 $X(p_X, p_Y^0, I^0)$의 p_X^0에서 p_X^1까지의 옆 면적 $p_X^0 a'b'p_X^1$으로 산출되기 때문에 정상재에 대한 X재의 가격하락으로 결과하는 S는 CV보다는 크고 EV보다는 작다($CV < S < EV$).

재화의 가격과 소득이 (p_X^0, p_Y^0, I^0)에서 (p_X^1, p_Y^1, I^1)으로 동시에 변화하는 경우에 CV는 식 (8.8), EV는 식 (8.9)와 같다.

$$\begin{aligned} CV &= I^1 - I^0 + E(p_X^0, p_Y^0, u_0) - E(p_X^1, p_Y^1, u_0) \\ &= \triangle I - \int_l X^c(p_X, p_Y, u_0)dp \end{aligned} \tag{8.8}$$

$$\begin{aligned} EV &= I^1 - I^0 + E(p_X^0, p_Y^0, u_1) - E(p_X^1, p_Y^1, u_1) \\ &= \triangle I - \int_l X^c(p_X, p_Y, u_1)dp \end{aligned} \tag{8.9}$$

보상수요함수의 경우 교차가격효과가 대칭적($\partial X^c / \partial p_Y = \partial Y^c / \partial p_X$)이기 때문에 CV와 EV는 경로독립적이다.

8.1.2 환경재 양의 변화에 따른 후생변화의 측정

1) 보상잉여와 동등잉여

환경규제의 강화를 통한 대기질 개선은 깨끗한 공기의 양을 증가시키고 수질 개선은 깨끗한 물의 양을 증가시킨다. 환경재 양의 변화에 따른 후생변화를 화폐액수로 측정하는 개념으로는 보상잉여(compensating surplus: CS)와 동등잉여(equivalent surplus: ES)가 있다. 보상잉여는 보상변화와 유사하게 환경재 양의 변화 후에 초기 효용수준을 회복하기 위해 필요한 소득변화액수를 나타낸다. 동등잉여는 동등변화와 유사하게 환경재 양이 변화하지 않았다고 하고 새로 얻게 될 효용수준과 동등해지기 위한 소득변화액수를 나타낸다. 오염저감 또는 환경질을 개선하는 정책으로 후생이 증가하는 경우 보상잉여는 정책변화에 대한 최대지불의사액수(willingness to pay: WTP), 동등잉여는 정책변화를 포기하는 것에 대한 최소보상수용액수(willingness to accept: WTA)를 의미한다.

[그림 8.5]는 소득 I로 환경재와 다른 재화를 소비하는 소비자의 무차별곡선과 예산선을 나타낸다. 환경재를 공짜로 이용할 수 있다고 하면 소비자는 소득을 다른 재화 소비에 모두 지출하며 예산선은 수평이 된다. 초기 환경재의 양이 q_0라고하면 효용극대화의 소비지점은 a가 되고 u_0의 효용수준을 얻으며 환경질 개선으로 환경재의 양이 q_1으로 증가하면 소비자는 b점에서 소비하고 u_1의 효용수준을 얻는다. q_1의 환경재 수준에서 초기 효용 u_0을 회복하기 위해 필요한 소득변화액은 CS로 그림에서 $\overline{bc}$의 길이에 해당한다. q_0 환경재 수준에서 새로운 효용 u_1을 얻기 위해서는 d점에서 소비가 이루어져야하고 필요한 소득변화액은 ES이며 그림에서 $\overline{ad}$의 길이에 해당한다.

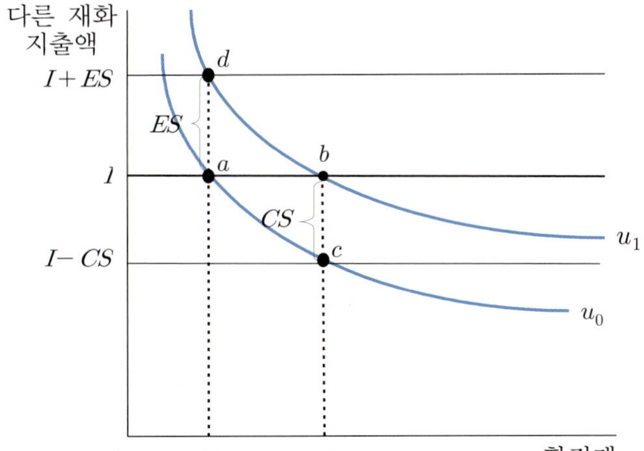

[그림 8.5] 환경재 가격이 영일 때 보상잉여와 동등잉여

환경재 소비를 위해 단위 당 θ의 가격을 지불하는 경우 다른 재화에 대한 지출액은 소득에서 환경재에 대한 지출액을 제외해야하며 예산선은 음의 기울기를 갖는다. [그림 8.6]에서 q_0의 환경재 양이 제공되었을 때 효용극대화의 소비자

선택은 a점이 되고 다른 재화에 대한 지출액은 $I-\theta q_0$이 되며 u_0의 효용수준을 얻는다. 환경질 개선으로 환경재 양이 q_1으로 증가하면 b점에서 소비하고 다른 재화에 대한 지출액은 $I-\theta q_1$이 되며 u_1의 효용수준을 얻는다. 환경질 개선에 대한 편익을 CS로 측정하면 $\overline{bc}$의 길이에 해당하는 소득변화액이며, ES로 측정하면 $\overline{ad}$의 길이에 해당하는 소득변화액이다.

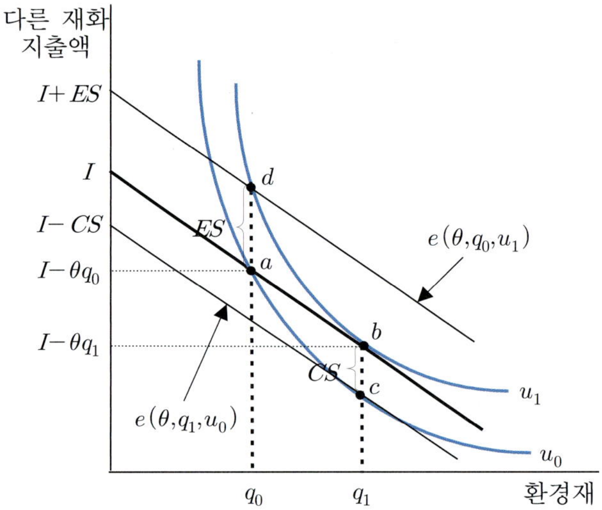

[그림 8.6] 환경재 가격이 양일 때 보상잉여와 동등잉여

CS(또는 CV)는 환경재 양의 증가(또는 가격 하락)의 경우에는 소비자가 이를 허용하는 것에 대한 최대지불의사액수를 측정하며, 환경재 양의 감소(또는 가격 상승)에 대해서는 이를 허용하는 대신 소비자가 받아야하는 최소보상수용액수를 측정한다. 반면 ES(또는 EV)는 환경재 양의 증가(또는 가격 하락)의 경우에는 이를 포기하는 대신 소비자가 받아야하는 최소보상수용액수를 측정하며, 환경재 양의 감소(또는 가격 상승)의 경우에는 이를 회피하기 위한 소비자의 최대지불의사액수를 측정한다.

환경재의 주어진 수준에서 효용제약하의 지출을 최소화하는 제약적 지출함수(restricted expenditure function)를 $e(\theta,q,u)$라고 하면 CS와 ES는 다음 식으로 나타낼 수 있다.

$$CS = e(\theta, q_0, u_0) - e(\theta, q_1, u_0) = I - e(\theta, q_1, u_0) \tag{8.10}$$
$$ES = e(\theta, q_0, u_1) - e(\theta, q_1, u_1) = e(\theta, q_0, u_1) - I$$

환경재의 한 단위 증가에 따른 한계가치(한계WTP 또는 한계WTA)는 $-\partial e/\partial q$ 이기 때문에 환경재의 q_0에서 q_1으로의 비한계적 변화(non-marginal change)에 대한 후생변화 CS와 ES는 다음과 같이 나타낼 수도 있다.

$$CS = -\int_{q_0}^{q_1} \frac{\partial e(\theta, q, u_0)}{\partial q} dq \tag{8.11}$$
$$ES = -\int_{q_0}^{q_1} \frac{\partial e(\theta, q, u_1)}{\partial q} dq$$

2) 후생변화에 대한 WTP와 WTA의 비교

변화를 허용하는 것에 대한 WTP의 크기와 변화를 포기하는 것에 대한 WTA의 크기는 같을 것인가? 어느 소비자가 환경재인 X재와 다른 일반재화인 Y재 소비에 소득 I를 모두 소비하며 현재 Y재만 이용이 가능하다고 가정하자. Y재의 가격이 p_Y이면 효용 $u(0, Y)$를 극대화하는 Y재의 양은 $Y^* = I/p_Y$가 된다. 이제 X재가 1단위 제공되면 p_X의 가격에 이를 구입하는 소비자의 Y재에 대한 최적 소비량은 $\widehat{Y} = (I - p_X)/p_Y = Y^* - p_X/p_Y$가 되며 X재에 대한 소비자의 최대지불의사액수 p_X^{WTP}는 다음 식을 만족한다.

$$u(1,\ Y^* - \frac{p_X^{WTP}}{p_Y}) = u(0,\ Y^*) \tag{8.12}$$

반대로 X재를 1단위 보유하고 있고 Y재의 최적소비량이 $Y^* = I/p_Y$인 소비자가 p_X에 X재 1단위를 판매하는 경우를 살펴보자. Y재의 최적소비량은 $\overline{Y} = (I + p_X)/p_Y = Y^* + p_X/p_Y$가 되며 X재 한 단위 판매에 대한 소비자의 최소보상수용액수 p_X^{WTA}는 다음 식을 만족한다.

$$u(0,\ Y^* + \frac{p_X^{WTA}}{p_Y}) = u(1,\ Y^*) \tag{8.13}$$

소비자가 부가적 효용함수(additive utility function) 형태를 갖는다고 가정하면, 즉 $u(X, Y) = u_1(X) + u_2(Y)$라고 하면 식 (8.12)로부터 다음이 유도된다.

$$u_2\left(Y^* - \frac{p_X^{WTP}}{p_Y}\right) = u_2(Y^*) - \Delta u_1 \tag{8.14}$$

여기서 $\Delta u_1 = u_1(1) - u_1(0)$이다. 식 (8.13)으로부터는 다음이 유도된다.

$$u_2\left(Y^* + \frac{p_X^{WTA}}{p_Y}\right) = u_2(Y^*) + \Delta u_1 \tag{8.15}$$

[그림 8.7]에서 Y재 소비에 대해 오목한 효용함수를 가지는 경우 Δu_1만큼의 손실에 대해 Y재의 양이 감소하는 크기보다 Δu_1만큼의 이득에 대해 Y재의 양의 증가하는 크기가 더 크기 때문에 $\overline{Y} - Y^* > Y^* - \widehat{Y}$이며 따라서 $p_X^{WTA} > p_X^{WTP}$이다. 그러나 X재 양의 변화가 매우 작거나 X재의 가치가 소비자의 전체 소득에서 차지하는 비중이 작으면 소득효과는 작을 것이고 효용함수는 일직선으로 근사화 할 수 있다. 이 경우 $p_X^{WTA} \approx p_X^{WTP}$일 것이다. 이와 같이 대부분의 상황에서 WTP와 WTA는 거의 같을 것으로 기대된다.

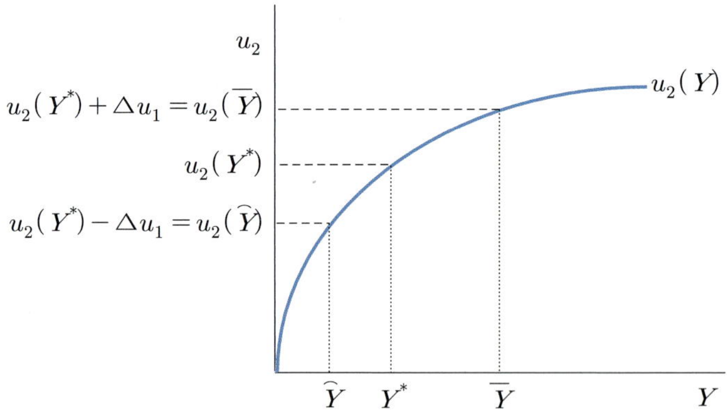

[그림 8.7] WTP와 WTA의 비교

그러나 실제 실험이나 실증분석에서는 동일 재화에 대해 현시선호된 WTA가

WTP보다 매우 크게 나타나는 경향을 보고하고 있다(Horowitz and McConnell, 2002). 행동경제학의 분석에 의하면 사람들이 어느 재화를 가지지 않을 때보다 소유했을 때 더 가치를 매기는 보유효과(endowment effect)와 이득을 얻는 것보다 손실을 회피하려는 손실회피(loss aversion) 성향을 가지기 때문에 준거점에서 굴절하는 가치함수를 갖는다.[23] 즉, 준거점에서 이득일 때는 완만하게 가치가 상승하고 손실일 때는 가파르게 가치가 하락하는 가치함수 형태를 가지며 소득의 아주 작은 변화에도 [그림 8.8]과 같이 효용함수를 일직선으로 근사화할 수가 없다. 이 경우 아주 작은 변화에도 WTA와 WTP는 큰 격차를 보이게 된다.

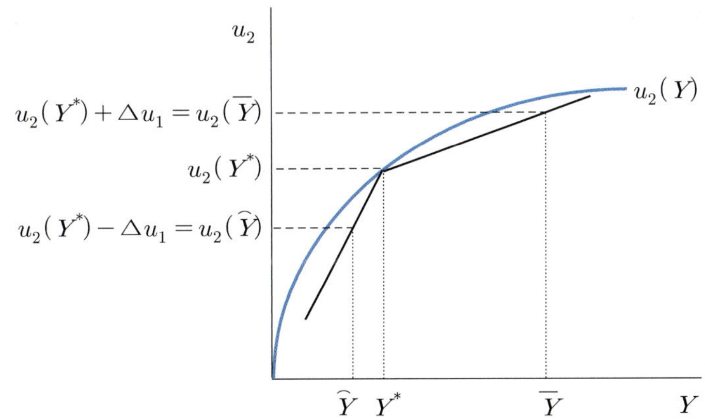

[그림 8.8] 굴절하는 가치함수에서의 WTP와 WTA의 비교

8.1.3 환경재 가치의 구분

1) 사용가치와 비사용가치

환경재의 총경제적 가치는 사용가치(use value)와 비사용가치(nonuse value)로 구분된다. 사용가치는 사람들이 환경재를 직접적으로 사용함으로써 얻는 가치를 의미한다. 예를 들어, 호수에서 그물이나 낚시도구를 사용하여 물고기를 잡는 것, 하천의 물을 농업용수로 이용하는 것, 등산하는 것, 경치구경하는 것 등이 사용가치에 포함된다. 환경오염은 사용가치의 손실을 야기하며 역으로 환경질

23) 자세한 것은 Kahneman and Tversky(1979)와 Thaler(1980)를 참조하라.

개선은 사람들에게 사용가치 증가의 편익을 제공한다.

비사용가치는 환경재를 자신이 전혀 사용하지 않을 것이지만 환경재의 보호나 환경질 개선을 위해 기꺼이 지불할 의사가 있는 액수를 의미한다. 예를 들어, 백두산 천지 주변의 땅을 개인에게 불하해서 호텔과 위락시설을 건설하고 천지 물을 각종 용수로 사용하는 개발을 시행하려 한다면 생애동안 백두산 천지를 방문할 의도가 전혀 없더라도 이러한 개발에 대해 항의하고 현재 상태로 보호하는 것에 대해 기꺼이 기부금을 낼 용의가 있는 사람들이 있을 것이다. 비사용가치는 문제의 환경재를 후손에게 유산으로 물려주거나, 자연환경을 특정 형태로 보존하는 것에 대한 의무감 등의 동기에 의해 발생하며 존재가치, 고유가치 또는 수동적 사용가치로 불리기도 한다. 어느 경우에는 비사용가치가 사용가치보다도 더 클 정도로 환경재의 가치평가에서 비사용가치는 무시할 수 없는 부분이 되고 있다(Carson et al. 2003). 1989년 미국 워싱턴 컬럼비아 상소법원은(880 F. 2nd 432) 비사용가치가 측정될 수 있는 한에 있어서는 환경재의 가치평가에 포함하도록 허용하였다.

2) 옵션가치와 준옵션가치

계획기간 동안에 환경재의 수요와 공급이 확실한 경우에는 사용가치와 비사용가치를 합계한 것으로 환경재의 가치를 평가할 수 있으나 실제 세계에서는 사람들이 불확실한 상황에 직면하는 경우들이 많다. 사람들은 미래에 자신들이 문제의 환경재를 실제 사용하기를 원할 것인지, 이것이 미래에 이용이 가능하도록 공급될 것인지에 대한 불확실성에 직면한다.

자연공원의 파괴와 같은 불가역적인(irreversible) 결과를 가져올 수 있는 불확실성과 관련한 가치는 사전적(ex ante) 또는 사후적(ex post)으로 평가할 수 있다. 사전적 평가는 사람들이 미래의 상태가 현시되기 전에 선택을 해야 하는 경우를 상정한다. 예를 들어, D를 환경재에 대해 부정적 피해의 정도를 나타내는 변수라고 할 때 $D = D^*$는 불가역적인 피해의 발생, $D = 0$는 피해 없음을 나타낸다고 하자. D가 D^*일 확률을 π, 0일 확률을 $1 - \pi$라 하면 개인들은 다음의 기대효용을 극대화하는 선택을 한다.

$$EU = \pi u(X, D^*) + (1-\pi)u(X, 0) \tag{8.16}$$

이때 D^*가 일어나지 않도록 하는 것을 담보하는 것에 대해 개인이 최대로 지불할 의사가 있는 액수를 옵션가격(option price: OP)이라 하며 OP는 다음 식을 충족한다.

$$\pi V(I, D^*) + (1-\pi) V(I, 0) = V(I - OP, 0) \tag{8.17}$$

여기서 V는 간접효용함수를 의미하며 재화의 가격은 고정되어 있으므로 편의상 가격은 포함하지 않았다.

D^*의 한계적 감소에 대한 옵션가격(사전적 한계지불의사액)은 주어진 기대효용을 유지하는 소득의 한계적 변화로 식 (8.17)의 좌변을 전미분하여 영으로 놓고 $D=0$일 때 $dD=0$이라는 점을 활용하여 정리하면 다음과 같이 구해진다.

$$W^{D^*} = \frac{dI}{dD^*} = -\frac{\pi \cdot \dfrac{\partial V(I, D^*)}{\partial D}}{[\pi \cdot \dfrac{\partial V(I, D^*)}{\partial I} + (1-\pi) \cdot \dfrac{\partial V(I, 0)}{\partial I}]} \tag{8.18}$$

$\partial V / \partial D < 0$이므로 불확실한 피해의 크기를 감소시키는 것에 대한 한계지불의사액은 양(+)이 된다.

사후적 평가는 불가역적인 피해 D^*가 발생한 후에 화폐피해액에 그것이 발생할 확률을 곱해 기대 화폐피해액으로 산출하는 방식이다. D^*의 발생으로 인한 피해의 화폐액을 M이라 하면 M은 개인이 D^*를 회피하기 위해 최대로 지불할 의사가 있는 액수로 다음을 충족한다.

$$V(I, D^*) = V(I - M, 0) \tag{8.19}$$

D^*가 일어날 확률이 π인 사건을 회피하기 위한 기대가치는 $\pi \cdot M$이 된다.

D^*의 감소에 대한 한계가치는 식 (8.19)의 좌변을 전미분하여 영으로 놓으면 다음과 같이 구해진다.

$$W_p = \frac{dI}{dD^*} = -\frac{\partial V(I, D^*)/\partial D}{\partial V(I, D^*)/\partial I} \tag{8.20}$$

따라서 D^*의 감소에 대한 사후적 기대한계가치는 다음과 같다.

$$EW_p = -\pi \cdot \frac{\partial V(I, D^*)/\partial D}{\partial V(I, D^*)/\partial I} \tag{8.21}$$

환경재의 수요 또는 공급이 불확실할 때 기대소비자잉여를 초과하는 옵션가격의 부분을 옵션가치(option value)라 한다(Weisbrod, 1964; Bishop, 1982). 초기에는 옵션가치도 하나의 가치로 포함되어야 한다는 주장이 제기되었으나 다른 연구에서 옵션가치는 동일한 후생변화를 측정하는 대안적 방법인 식 (8.18)과 식 (8.21)의 산술적 차이에 지나지 않기 때문에 이 둘 간의 차이는 별도의 가치 항목이 될 수 없는 것으로 밝혀졌다(Schmalensee, 1972; Freeman III et al., 2014).

다른 선택에 의한 이득이 불확실할 경우 결정을 연기함으로써 얻어지는 가치를 준옵션가치(quasi-option value)라고 한다(Arrow and fisher, 1974). 준옵션가치는 개인들이 환경재의 변화에 부여하는 가치의 일부라기보다는 더 나은 의사결정의 절차에 상응하는 가치라고 할 수 있다. 예를 들어, 어떤 산림지역을 개발할 계획을 가지고 있다고 하자. 만일 이 지역을 개발하지 않고 보존하였을 때 과학과 지식의 발전에 의해 이곳에 있는 특정 식물을 이용하여 신약을 개발할 수 있다면 개발 결정을 연기함으로써 가치를 얻을 수 있는데 이때 준옵션가치는 양(+)의 값을 갖는다. 그러나 준옵션가치가 상황에 따라 음(-)의 값을 가질 수 있으며 불확실성이 있고 연기가 가능한 프로젝트에 대해서는 시간경과에 따라 일단 증가된 정보가 이용가능해지면 의사결정자가 의사결정을 다시 평가하는 동태적 가치평가가 필요하다는 주장이 제기된다(Freeman III et al., 2014). 이러한 프로젝트에 대해 동태적 지불의사액을 사용하여 평가를 수행하는 경우 준옵션가치를 별도로 계산하여 포함시키면 이중계산이 된다.

8.2 현시선호기법

환경질 개선의 가치평가방법은 크게 환경재와 관련된 재화시장에서의 사람들의 행동을 관찰함으로써 가치를 평가하는 현시선호기법(revealed preference method)과 가상적인 질문에 대한 사람들의 응답으로부터 직접적으로 가치를 유도하는 진술선호기법(stated preference method)으로 구분된다.

현시선호기법은 환경질 q가 시장재화 또는 가정재화를 생산하는 데 있어서 생산요소로 투입되어 개인에게 간접적으로 효용을 제공하거나 직접적으로 개인에게 효용을 제공하는 과정에서 시장재화와의 대체 또는 보완 관계에 대한 가정을 기반으로 해서 q의 증가에 따른 가치를 추정한다. 진술선호기법은 가상적 시장을 창출하여 사람들이 환경재에 부여하는 가치를 직접적으로 질문하여 가치를 평가한다.

8.2.1 시장재화의 생산요소로의 사용

1) 기본모형

환경질이 생산요소로 사용될 때 환경질의 변화는 생산비용의 변화를 가져오고 이는 다시 재화의 가격, 생산량, 다른 생산요소에 대한 수익률에 영향을 미치게 되는데 이렇게 관찰되는 시장자료로부터 환경질 변화의 편익을 도출할 수 있다. 건물을 부식시키는 대기오염, 농산물 생산량에 부정적인 영향을 미치는 농업용수의 수질, 갯벌의 조개 생산량에 영향을 미칠 수 있는 갯벌의 오염 등이 환경질이 생산요소로 이용되는 예에 해당한다.

재화 X의 생산함수가 다음과 같다고 가정하자.

$$X = X(L, K, q) \tag{8.22}$$

여기서 L은 노동, K는 자본, q는 환경질을 나타낸다. q의 한계생산은 영보다 크다. 노동의 가격이 w, 자본의 가격이 v라고 할 때 비용최소화의 원리로부터 비용함수는 다음과 같이 유도된다.

$$C = C(w, v, q, X) \tag{8.23}$$

한계비용함수는 다음과 같다.

$$MC = \frac{\partial C(w, v, q, X)}{\partial X} \tag{8.24}$$

생산요소가격이 고정되어 있다고 하면 $MC = MC(q, X)$이다. 완전경쟁시장에서

$MC(q, X)$는 X재 생산기업의 공급곡선이 되며 이를 수평으로 합계하면 X재의 시장공급곡선이 된다.

[그림 8.9]는 환경질이 생산요소로 이용될 때의 환경질 개선의 편익을 측정한다. q의 증가는 기업들의 한계비용함수를 아래로 이동하도록, 즉 X재의 시장공급곡선을 S_0에서 S_1으로 이동하도록 한다. 재화의 균형가격은 p_X^0에서 p_X^1으로 하락하고 균형거래량은 X_0에서 X_1으로 증가한다. 이러한 변화로 인한 소비자 편익의 증가를 근사치로 소비자잉여로 산출하면 [그림 8.9]에서 면적 $p_X^0abp_X^1$만큼 증가한 것이 된다. 환경질 개선으로 생산자와 요소공급자의 편익(생산자잉여)은 면적 $p_X^0acp_X^1$만큼을 소비자에게 빼앗기고 면적 $dcbe$만큼을 새로 얻는다. 따라서 q의 증가로 소비자, 생산자, 요소공급자가 얻는 총편익은 면적 $dabe$만큼 증가한다.

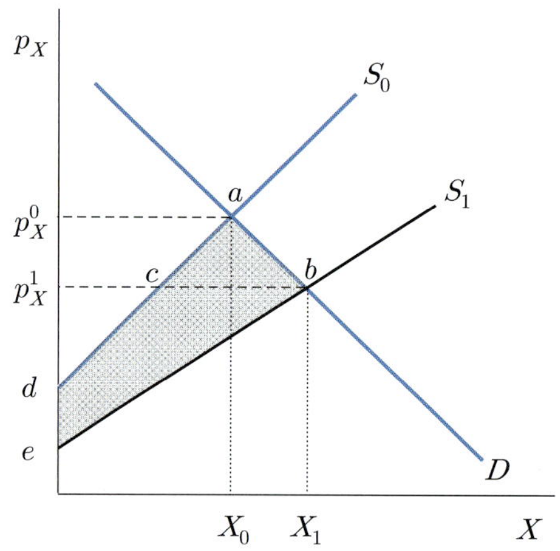

[그림 8.9] 환경질이 생산요소로 이용될 때 환경질 개선의 편익

[그림 8.10]은 독점시장에서 q의 증가에 따른 편익의 증가를 나타낸다. MC_0는 초기 환경질 수준에서의 독점기업의 한계비용함수이며 q의 증가에 따라 한계비용함수는 MC_1으로 아래로 이동한다. 이윤극대화를 추구하는 독점기업의 초기 환경질수준에서의 생산량은 X_0, 가격은 p_X^0이며 q의 증가에 따라 이윤극대화의 생산량은 X_1으로 증가하고 가격은 p_X^1로 하락한다. 이때 소비자잉여는 면적 $p_X^0abp_X^1$만큼 증가하며 생산자잉여는 면적 $dcef$만큼 증가한다.

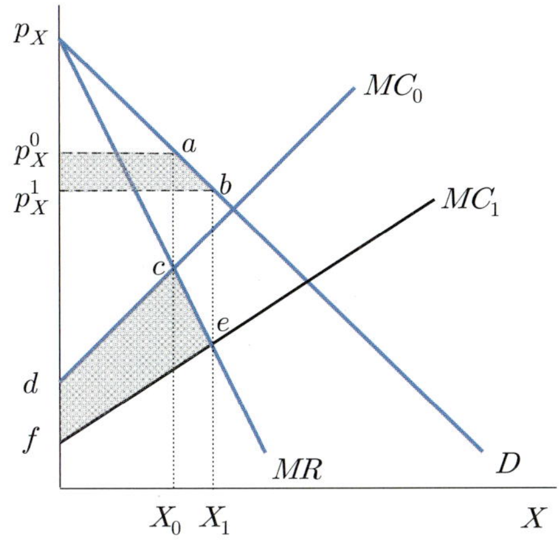

[그림 8.10] 독점시장에서 환경질 개선의 편익

2) 피해함수법

[그림 8.9]와 [그림 8.10]을 사용해서 편익을 측정하기 위해서는 재화 X에 대한 수요함수, 생산비용, q의 변화가 생산비용에 미치는 영향 등에 대한 정보가 필요하다. 그러나 상대적으로 쉽게 편익을 측정할 수 있는 특수한 두 가지 경우가 존재한다.

첫째, q가 재화 생산에 투입되는 다른 요소와 완전 대체관계를 갖는 경우이다. 이때 q의 증가는 대체관계에 있는 요소의 투입비용을 감소시키며 생산비용의 변화가 한계비용과 생산량에 영향을 주지 않는다면 이러한 비용감소액이 환경질 개선의 편익이 된다. 한계비용과 생산량이 변화하는 경우에는 생산량과 가격 변화의 효과를 포함해야한다. 그러나 한계비용의 감소율이 작고 한계비용함수가 비탄력적일 경우에는 생산량과 가격의 변동이 작을 것이기 때문에 비용감소액을 편익의 근사치로 사용할 수 있다.

둘째, q의 변화가 재화의 가격과 변동요소의 가격은 고정되도록 하면서 생산성 향상을 통해 생산자에게만 편익이 귀속되도록 하는 경우이다. 전체 시장에 비해 q의 영향을 받는 생산단위가 작은 경우에 가능하며 증가된 생산성의 편익은 생산에 투입되는 고정요소에 대한 이윤 또는 경제적 지대로 나타난다.

이와 같이 환경과 생산활동과의 기술적 또는 물리적 관계로부터 환경질 개선의 편익을 산출하는 방법을 피해함수법이라 한다. 피해함수법에 의한 편익의 산출절차는 다음과 같다.

1단계는 오염배출량(또는 환경질 수준)과 물리적인 피해와의 관계를 나타내는 피해함수를 관련 자료를 사용하여 추정한다. 예를 들어, R을 경제활동(생산량)이나 건물의 부식 등 물리적 피해, q를 오염농도(환경질 수준), S를 R에 영향을 미치는 다른 외생변수, ϵ를 오차항이라고 하면 $R = \alpha + \beta q + \gamma S + \epsilon$과 같이 회귀식을 설정하여 추정한다.

2단계는 q의 추정계수 $\hat{\beta}$에 환경질의 변화량 $\triangle q$를 곱해 물리적 피해의 변화량 $\triangle R = \hat{\beta} \cdot \triangle q$를 산출한다.

마지막 단계에서는 $\triangle R$에 단위당 가격을 곱해 편익을 산출한다. 단위당 가격은 관련된 피해가 농작물이나 수산물의 생산량일 경우에는 이들 재화의 시장가격, 건물의 부식일 경우에는 부식 방지 또는 수리에 투입되는 페인트와 같은 재료의 시장가격을 사용한다.

피해함수법의 문제는 현실 세계에서 상기 2개의 특수한 경우를 찾기 어렵다는 점이다. 대기 또는 수질 오염으로 어떤 작물생산에 피해가 발생할 것으로 예상되면 농민들은 기존 품종에서 오염에 강한 품종으로 대체해서 재배하거나 생산방식을 변경하는 등의 조정을 할 것이며 이는 생산비용과 시장가격에 영향을 줄 수 있다.

8.2.2 환경질과 시장재화의 대체관계

1) 기본모형

가계생산모형에 의하면 각 가계는 가정에서 구입한 시장재화를 투입해서 생산한 가정재화의 소비로부터 효용을 얻는다(Becker, 1965). 예를 들어, 공기청정기를 가정 내에 설치하여 생산한 신선한 공기를 흡입함으로써 효용을 얻는다. 실내공기의 질과 공기청정기는 신선한 공기의 생산에 투입되는 생산요소로서 상호 대체관계를 갖는다. 실내공기의 질이 좋으면 공기청정기를 설치하지 않거나 사용빈도를 줄이게 되며 실내공기의 질이 나빠지면 공기청정기를 추가적으로 설치하거나 공기청정기 사용빈도를 늘리게 된다.

시장재화 Y와 환경질 q는 가정재화 Z를 생산하는 데 있어서 상호 대체관계에 있으며 Z의 생산함수는 $Z = Z(Y, q)$이라고 하자. Y재와 q는 오직 가정재화의 생산에 대한 기여를 통해서만 효용에 영향을 주는 약분리(weakly separable)의 효용함수를 가정하고 가계가 시장재화 X_1과 X_2만을 추가적으로 소비하고 있다고 가정하면 효용함수는 다음과 같이 쓸 수 있다.

$$u = u(X_1, X_2, Z) \tag{8.25}$$

여기서 X_1과 X_2는 각각 시장가격이 p_1과 p_2인 시장재화이다. 가계생산함수와 예산제약하의 효용극대화의 문제는 다음의 라그랑주 함수를 극대화하는 문제로 쓸 수 있다.

$$\mathcal{L} = u[X_1, X_2, Z(Y, q)] + \lambda(I - p_1 X_1 - p_2 X_2 - p_Y Y) \tag{8.26}$$

극대화의 일계조건은 다음과 같다.

$$\begin{aligned} &\frac{\partial u}{\partial X_i} - p_i \lambda = 0, \quad i = 1, 2 \\ &\frac{\partial u}{\partial Z}\frac{\partial Z}{\partial Y} - p_Y \lambda = 0 \\ &I - p_1 X_1 - p_2 X_2 - p_Y Y = 0 \end{aligned} \tag{8.27}$$

(8.27)로부터 시장재화 X_1과 X_2의 수요함수와 가정재화 Y의 파생수요함수는 재화의 가격 p_1, p_2, p_Y와 I 및 q의 함수가 되며 간접효용함수 V 또한 이들 변수의 함수가 된다.

$$V = V(p_1, p_2, p_Y, I, q) \tag{8.28}$$

재화의 가격은 변화가 없다고 가정하고 식 (8.28)을 소득과 q로 전미분하여 영으로 놓고 정리하면 환경질 개선의 한계편익 B_q는 다음과 같이 유도된다.

$$B_q = -\frac{dI}{dq} = \frac{\partial V/\partial q}{\partial V/\partial I} = \frac{\dfrac{\partial u}{\partial Z}\dfrac{\partial Z}{\partial q}}{\lambda} \tag{8.29}$$

위 식의 마지막 단계로의 전환은 λ는 소득의 한계효용 $\lambda = \partial V/\partial I$이고 연쇄법칙으로 $\partial V/\partial q = (\partial u/\partial Z) \cdot (\partial Z/\partial q)$임을 활용했다. 극대화의 일계조건 (8.27)의 두 번째 식에서 구한 $\lambda = (\partial u/\partial Z) \cdot (\partial Z/\partial Y)/p_Y$를 식 (8.29)에 대입하면 B_q는 다음과 같이 된다.

$$B_q = p_Y \cdot \frac{\partial Z/\partial q}{\partial Z/\partial Y} = p_Y \cdot MRTS_{qY} \tag{8.30}$$

B_q는 주어진 Z의 양을 생산하는 데 있어서 q의 한 단위 증가에 따라 감소해야하는 Y재의 양에 시장가격을 곱해 산출한 액수, 즉 Y재에 대한 지출감소액이다.

실제세계에서는 가계생산함수와 q와 Y에 대한 기술적 한계대체율을 추정하기 어렵기 때문에 대안적으로 Y에 대한 파생수요함수식 Y^*을 활용하여 B_q와 Y에 대한 실제 지출액과의 관계를 유도하고 이를 응용하여 가치평가를 시도한다. 가계생산함수 $Z = Z[Y^*(p_1, p_2, p_Y, I, q), q]$를 q로 미분한 결과는 다음과 같다.

$$\frac{dZ}{dq} = \frac{\partial Z}{\partial Y}\frac{\partial Y^*}{\partial q} + \frac{\partial Z}{\partial q} \tag{8.31}$$

식 (8.31)을 $\partial Z/\partial q$에 대해 정리하여 식 (8.30)에 대입하고 식 (8.27)의 일계조건을 이용하면 B_q는 다음과 같이 나타낼 수 있다(Freeman, 2014).

$$B_q = \frac{\partial u/\partial Z}{\lambda} \cdot \frac{dZ}{dq} - p_Y \cdot \frac{\partial Y^*}{\partial q} \tag{8.32}$$

식 (8.32)는 환경질 개선의 편익은 환경질 개선으로 유발된 가정재화의 소비변화에 대한 가치와 대체재에 대한 지출의 감소분과의 합계임을 나타낸다. 따라서 대체재에 대한 지출의 감소분만으로 측정하면 편익 B_q를 과소평가하게 된다. 만일 환경질 q가 Z를 통한 간접적인 효용기여뿐만 아니라 직접적으로 효용에 기여하는 부분이 있다면 $-p_Y(\partial Y^*/\partial q)$만으로 가치를 평가하는 것은 더욱 편익을 과소평가하도록 한다.

2) 회피・완화행동법

회피・완화행동법은 환경질 개선에 따른 편익을 사람들이 오염에 대한 노출을 회피하거나 노출로 인한 피해를 완화하기 위한 활동에 투자하는 지출(또는 비용)의 감소분으로 산출하는 방법이다. 예를 들어, 대기 미세먼지 농도가 높을 때 마스크를 착용하여 방어적 활동을 하는 경우 대기질 개선으로 미세먼지 농도가 낮아지면 마스크 구입을 위한 지출이 감소하게 되는데 이러한 지출감소를 대기질 개선의 편익으로 측정한다.

환경질 개선의 가치를 건강생산함수(health production function)를 사용하여 측정하는 방법을 통해 회피・완화행동법에 의한 가치측정의 의미와 한계에 대해 살펴보자. 병의 증상의 차이, 중증도의 차이, 하나의 병이 2일 계속된 것과 2개의 병이 하루씩 발병한 것과의 차이 등은 무시하고 특정 기간 동안 건강은 유병일수 D로 측정된다고 하자. 이때 D는 환경질(q)과 오염에 노출되는 것을 회피하거나 오염에 노출되어 손상된 건강과 고통을 치료하고 완화하기 위한 활동(a)의 함수로 다음과 같이 나타낼 수 있다.

$$D = D(q, a) \tag{8.33}$$

여기서 $\partial D/\partial q < 0$이고 $\partial D/\partial a < 0$이다.

효용함수는 시장 기준재화 C, 여가시간 H, 유병일수 D의 함수로 다음과 같이 규정된다.

$$u = u(C, H, D) \tag{8.34}$$

개인들은 다음의 예산제약하에 효용을 극대화하는 C, H, D를 선택한다.

$$I_N + p_L(t - H - D) = C + p_a a \tag{8.35}$$

여기서 I_N은 비노동소득, p_L는 시간당 임금수준, t는 총이용가능시간, p_a는 회피・완화활동의 단위당 가격을 나타낸다. 기본모형과 동일한 절차를 거치면 환경질 개선의 편익은 다음과 같이 산출된다.

$$B_q = -\frac{dI}{dq} = p_a \cdot \frac{\partial D/\partial q}{\partial D/\partial a} = p_a \cdot MRTS_{qa} \tag{8.36}$$

기본모형에서와 마찬가지로 건강생산함수와 현재의 요수투입수준에서의 $MRTS$를 추정하기 어렵기 때문에 대안적으로 회피・완화활동에 대한 파생수요함수 $a^*(I_N, p_L, p_a, q)$를 이용하여 q의 증가에 대한 편익을 산출하면 다음과 같다.

$$B_q = -p_L \cdot \frac{dD}{dq} + \frac{\partial u/\partial D}{\lambda} \cdot \frac{dD}{dq} - p_a \cdot \frac{\partial a^*}{\partial q} \tag{8.37}$$

식 (8.37) 우변의 첫 번째 항은 유병일수 완화로 인한 임금손실의 감소분을 나타내고, 두 번째 항은 병으로 인한 비효용(화폐액)의 감소 편익, 세 번째 항은 회피・완화활동의 감소 편익을 나타낸다. 환경질(또는 오염) 수준과 질병일수와의 용량반응함수(dose-response function)와 회피・완화활동에 대한 수요함수 $a^*(I_N, p_L, p_a, q)$를 자료를 사용하여 추정함으로써 환경질 개선의 하한치(lower bound)를 산출할 수 있다.[24)]

공기청정기가 불쾌한 냄새를 제거하여 직접적으로 효용을 주는 것과 같이 회피・완화활동이 오염에 대한 노출을 감소하는 것 외에도 직접적으로 효용에 영향을 주는 경우에는 관찰된 회피・완화활동의 감소액은 a의 감소로 인한 직접적 효용의 감소를 반영하지 않기 때문에 회피・완화활동의 감소 편익을 과대평가하게 된다. q가 가시거리 확대와 같은 심미적 편익을 직접적으로 제공하는 경우 이러한 편익이 식 (8.37)에 추가되어야 하며 이때 관찰된 임금손실 감소 및 회피・완화활동 감소의 편익과 q의 한 단위 증가에 대한 진짜 편익과의 격차는 더욱 커지게 될 것이다.

유병일수의 변화에 따른 한계편익곡선을 추정할 수 있으면 한계가치곡선 아래의 면적으로 q의 비한계적 변화(non-marginal change)에 대한 총가치를 평가할 수 있다. 그러나 실제 실증분석에서는 q의 한계편익을 추정한 다음 q가 변화하는 구간(따라서 유병일수가 변화하는 구간)에서 한계편익이 변화하지 않는 것으로 가정하고 한계편익에 변화량을 곱해 비한계적 변화의 총가치로 평가하는 것이 일반적이다.

---

24) Freeman III et al.(2014)이 제시한 바와 같이 회피활동과 완화활동을 구분하여 환경질 개선의 가치를 평가할 수도 있다. 질병비용법은 병원비, 약값, 진료비 등에 대한 명시적 지출액의 감소액과 임금손실의 감소액을 합계하여 환경질 개선의 편익으로 평가한다.

8.2.3 환경질과 시장재화의 보완관계

1) 기본모형

낚시터의 수질은 낚시터의 방문여부를 결정하는 주요 특성 중의 하나로 낚시터의 수질 개선은 낚시터 방문수요를 증가시키게 될 것이다. 이와 같이 환경질 q가 시장재화의 특성의 하나가 되는 경우 q와 시장재화는 일종의 보완관계를 가지게 되며 이때 q의 증가에 따른 가치는 시장재화에 대한 수요를 기반으로 측정할 수 있다.

수리적으로 다음 두 조건이 충족되었을 때 q와 시장재화 X는 약 보완성(weak complementarity)을 갖는다고 한다.

$$X^c(\overline{p_X}(q), q, u_0) = 0 \tag{8.38}$$

$$\frac{\partial e(p_X, q, u_0)}{\partial q} = 0, \ [p_X \geq \overline{p_X}] \tag{8.39}$$

식 (8.38)은 X재의 보상수요 X^c가 영이 되도록 하는 폐색가격 $\overline{p_X}(q)$가 존재해야한다는 것을 의미한다. 일반적으로 $\partial\overline{p_X}(q)/\partial q > 0$이다. 식 (8.39)는 재화의 가격이 폐색가격과 같거나 그 이상일 때에는 지출함수의 q에 대한 편도함수가 영이어야 함을 의미한다. 결국 약 보완성은 시장재화 X에 대한 수요량이 영일 때 q의 한계효용이 영일 것을 요구한다. 낚시터의 입장료가 일정 수준을 넘어서면 낚시터의 방문 수요량은 영이 될 수 있으며 이 경우에는 q가 증가하더라도 낚시터 이용객이 없기 때문에 q의 증가에 따른 편익을 얻지 못한다.

[그림 8.11]은 약 보완성을 충족할 때 q가 q_0에서 q_1으로 증가할 때의 편익을 X재의 보상수요곡선을 사용하여 도출하고 있다. q_0일 때 X재에 대한 보상수요곡선은 $X^c(q_0)$로 X재의 가격이 p_X^0이면 X재 사용과 관련된 보상잉여의 크기는 보상수요함수 아래의 면적 $p_X^0\overline{p_X}^0a$로 산출된다. 이제 가격은 p_X^0으로 고정된 채 q가 q_1으로 증가하면 보상수요곡선은 $X^c(q_1)$으로 이동한다. 보완재인 X재의 소비를 통한 후생증가의 크기는 3단계로 구분하여 추정할 수 있다.

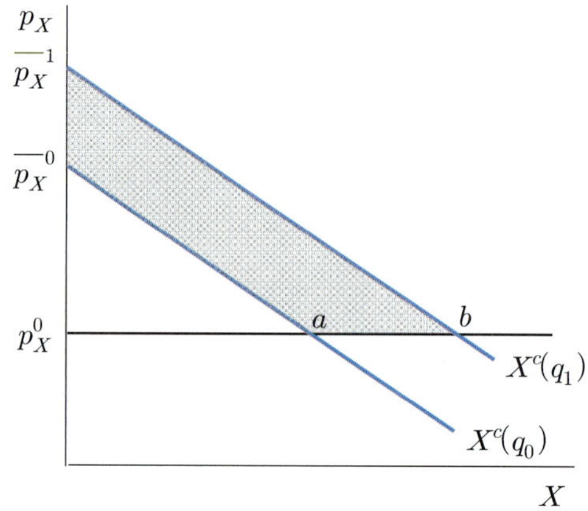

[그림 8.11] q와 X가 약 보완관계일 때 환경질 개선의 편익

<1단계>로 초기 q_0수준에서 X재의 가격이 폐색가격인 $\overline{p_X}^0$로 상승했다고 가정하면 $X^c = 0$이 되고 소비자는 원래 효용을 유지하기 위해서는 면적 $p_X^0\overline{p_X}^0a$만큼을 보상받아야한다.

<2단계>로 이제 q가 q_1으로 증가하고 보상수요곡선이 $X^c(q_1)$으로 이동했다고 하면 약 보완성에 의해 소비자의 효용은 변화가 없기 때문에 양이든 음이든 보상이 필요 없다.

<3단계>로 이제 가격이 초기 가격인 p_X^0로 복귀한다고 가정하면 소비자의 후생은 $p_X^0\overline{p_X}^1b$만큼 증가하게 된다. 따라서 q_0에서 q_1으로의 증가로 인한 순 후생은 면적 $\overline{p_X}^0\overline{p_X}^1ba$만큼 증가한다.

만일 <2단계>의 $X^c = 0$에서 q가 증가할 때 식 (8.39)가 성립하지 않으면, 즉 $\partial e/\partial q \neq 0$이면 면적 $\overline{p_X}^0\overline{p_X}^1ba$는 q의 증가에 의한 편익을 과소평가하게 된다. 보상수요함수를 사용하기 위해서는 효용함수 형태에 추가적인 가정이 필요하기 때문에 보통 근사치로 일반수요함수를 사용하여 환경질 개선의 편익을 산출한다.

2) 여행비용법

여행비용법(travel cost method)은 가장 오래된 비시장재화의 가치평가방법으로 레크리에이션을 위한 자연공원, 낚시터와 같은 사이트의 사용가치를 평가하는데 이용되어왔다. 사이트의 가치를 평가하기 위해서는 사이트 방문에 대한 수요함수를 추정해야하며 이를 위해서는 입장료와 방문 수요량에 대한 정보가 필요하다. 그러나 자연공원 등의 레크리에이션 사이트는 입장료가 없거나 입장료가 있더라도 변동성이 거의 없어서 방문수요함수를 추정하는 것이 가능하지 않다. 따라서 사이트의 방문에 소요되는 여행비용이 입장료를 대리하는 것으로 전제하고 여행비용과 관찰된 방문횟수와의 관계를 통해 사이트에 대한 일반수요함수를 추정하여 가치를 평가한다. 입장료의 변화에 따라 방문횟수(방문수요)가 변화하는 것과 동일하게 여행비용의 변화에 따라 방문횟수가 변화하는 것으로 가정한다.

단순모형을 사용하여 여행비용과 방문수요와의 관계를 다음과 같이 유도할 수 있다. 하나의 사이트만 이용이 가능하고, 모든 방문의 기간이 동일하며, 개인의 효용은 기준재화(numeraire good) X, 방문횟수 r, 사이트의 환경질 수준 q의 함수로 $u(X, r, q)$라고 가정하자. 각 개인은 다음의 예산 및 시간 제약에 직면한다.

$$I_N + p_L t_L = X + cr \tag{8.40}$$

$$T = t_L + (t_1 + t_2)r \tag{8.41}$$

여기서 I_N은 비노동 소득, p_L은 시간당 임금수준, c는 입장료를 포함한 여행의 화폐비용, T는 총가용시간, t_L는 노동시간, t_1은 왕복여행시간, t_2는 사이트에서 보내는 시간을 나타낸다. 식 (8.41)에서 $t_L = T - (t_1 + t_2)r$로 정리해서 (8.40)에 대입하면 2개의 제약식을 다음의 예산제약식으로 통합할 수 있다.

$$I_N + p_L T = X + p_r r \tag{8.42}$$

여기서 $p_r = c + p_L(t_1 + t_2)$은 방문의 총가격(full price)으로 여행의 화폐비용, 사이트까지의 왕복여행에 따른 시간비용과 사이트에서 보낸 시간비용을 포함한다. 식 (8.42)의 제약하의 효용극대화의 일계조건으로부터 개인의 방문수요함수는 다음과 같이 유도된다.

$$r = r(p_r, I_N, q) \tag{8.43}$$

기본모형은 몇 가지 핵심적 가정에 기반을 두고 있다. 첫째, 시간의 기회비용은 임금수준이라 가정한다. 주어진 임금수준에 자유롭게 근로시간을 선택할 수 있는 사람에게는 시간의 기회비용으로 임금수준을 사용하는 것이 정당화될 수 있으나 매주 또는 매월 근로시간이 일정한 사람에게는 임금수준이 시간의 암묵가격을 제대로 반영하지 못한다. 은퇴자의 경우 레크리에이션 사이트까지의 여행과 사이트에서 보내는 시간의 기회비용이 영이거나 음일 수 있다.

둘째, 사람들이 사이트를 매번 방문할 때마다 사이트에서 보내는 시간은 같다고 가정한다. 이러한 가정은 사이트의 수요를 방문횟수로 단순화하는 것이 가능하도록 하며 방문가격 p_r이 외생변수가 되도록 한다. 그러나 만일 개인들이 사이트의 방문에서 소비하는 시간이 같지 않고 사이트에서 보내는 시간을 선택한다면 p_r은 내생변수가 된다.

셋째, 사이트를 방문하는 것이 여행의 유일한 목적이라고 가정한다. 만일 여행의 목적이 둘 또는 그 이상의 사이트를 방문하거나 여행 루트를 구경하는 것을 포함한다면 여행비용법으로 산출한 사이트의 가치는 실제보다 과대평가되며 여행비용을 여러 목적에 할당하는 것도 쉽지 않을 것이다.

넷째, 사이트를 왕복하는데 소요되는 시간으로부터 발생하는 효용 또는 비효용은 없다고 가정한다. 만일 사람들이 사이트까지 여행하는 데 있어서 한적한 시골길을 여유롭게 드라이브하면서 만족을 얻을 의사를 가지고 있다면 여행시간은 비용이라기보다는 편익이 될 수 있다.

다섯째, 사이트의 방문자들에게 대안적인 사이트의 이용이 불가능한 것으로 가정하고 있다. 만일 다른 사이트가 이용이 가능하다면 현 사이트에 대한 방문수요는 현 사이트까지의 방문가격뿐만 아니라 대안 사이트의 방문가격에 따라 달라질 것이다.

여섯째, 방문자의 주거지 선택은 사이트 방문의 선호와는 독립적인 것으로 가정한다. 만일 특정 사이트의 가치를 높게 평가하는 사람들이 사이트와 가까운 곳으로 이사하는 것과 같이 주거지 선택이 사이트 방문의 선호와 밀접하게 연관되어 있는 경우에는 사이트의 방문비용은 외생변수가 아닌 내생변수가 된다.

방문수요함수를 추정하기 위해서는 사이트 방문횟수, 여행비용, 비노동소득, 환경질 수준, 기타 사이트 방문에 영향을 미치는 개별 특성변수에 대한 자료가 요구된다. 이러한 자료는 설문조사를 통해 수집하게 되는데 단기간 동안에 행해지는 설문조사에서 사이트의 특성은 변화하지 않기 때문에 단일 사이트에 대한 방문수요함수 추정방식으로는 환경질 변화에 따른 후생 영향을 측정할 수는 없고 사이트를 폐쇄할 경우의 후생 영향이나 입장료의 변화가 미치는 후생 영향만을 측정할 수 있다.

특정 시점 또는 단기의 일정기간에 환경질 등 사이트 특성의 변화에 따른 가치를 평가하기 위해서는 차별적 특성을 가지고 있는 다중 사이트 모형의 설정과 방문수요함수 시스템 전체에 대한 추정이 필요하다. 다중 사이트 모형은 사람들이 방문할 수 있는 여러 대안적 사이트에 대한 방문 패턴을 비교함으로써 사이트의 특성이 개인의 후생에 미치는 영향을 찾을 수 있는 기반을 제공한다.

3) 헤도닉가격기법

헤도닉가격기법(hedonic price method)은 재화의 가치를 유용한 특성들의 집합으로 설명하고자 하는 것으로 고정된 환경질 수준을 모든 개인들이 동일하게 소비하는 공공재의 가치평가방법과는 달리 환경질 수준을 차별화된 시장재화의 질적 특성으로 고려한다. 공공재인 환경질 수준이 증가함에 따라 시장재에 대한 수요가 증가하는 것과 같이 환경질의 공공재와 시장재화가 일종의 보완관계를 가지는 것으로 여긴다. 따라서 차별화된 시장재는 사실상 공공재 또는 환경질에 대한 시장으로도 기능한다. 예를 들어, 사람들은 어디에 거주할 것인지를 선택함으로서 지역적 공공재의 소비수준을 선택할 수 있으며 따라서 주택시장은 지역적 공공재의 구매시장으로도 기능한다.

(1) 헤도닉 재산가치법

헤도닉 재산가치법은 지역의 환경질 수준이 주거지 선택과 주택가격에 반영되는 점을 활용하여 공공재인 환경질 수준에 대한 가치를 평가하는 방법이다. 지역의 환경질 수준에 따라 주택가격과 주택소비에 대한 수요가 어떻게 달라지는지에 대한 정보를 이용하여 공공재인 환경질의 수요와 가치를 평가한다. 예를 들어, 어느 도시에서 공간적 위치에 따라 대기질의 차이가 있다면 개인들은 도시 내에서 주거지의 선택을 통해 대기오염에 대한 그들의 노출정도를 선택한다. 대기질 수준에 따라 주택가격에 프리미엄 또는 할인이 반영되며 주택시장에서 현시된 주택가격의 차이로부터 대기질 수준에 대한 수요를 추정하는 것이 가능하다.

공식적으로 주택(H)은 면적, 방수, 욕실수 등의 구조적 특성(S), 편의시설 또는 공공기관과의 접근성 등의 근린특성(N), 대기질 수준, 조망권 등의 환경적 특성(Q)으로 설명될 수 있다고 하자. 환경적 특성은 대기질 수준 q 하나만 있다고 가정하면 주택의 헤도닉가격 함수는 이러한 특성들의 함수로 다음과 같이 쓸 수 있다(Rosen, 1974).

$$p_H = p_H(q, S, N) \tag{8.44}$$

주택수요자인 개인의 효용은 가격이 1인 기준재화 X와 구입된 주택에 의해 제공되는 특성에 의존한다.

$$u = u(X, q, S, N) \tag{8.45}$$

개인이 직면하는 예산제약은 다음과 같다.

$$p_H + X = I \tag{8.46}$$

식 (8.46)의 예산제약하의 효용극대화로부터 q의 선택에 대한 일계조건은 다음과 같다.

$$\frac{\partial u/\partial q}{\partial u/\partial X} = \frac{\partial p_H}{\partial q} \tag{8.47}$$

식 (8.47)은 균형에 이르기 위해서는 개인이 q의 한 단위 추가에 대해 지불할 의사가 있는 액수가 q를 한 단위 추가하기 위해 지불해야하는 한계비용(또는 한계암묵가격)과 같아야 함을 의미한다.

u^*를 상기 효용극대화 문제의 해에 해당하는 효용수준이라고 한다면 주택의 다른 특성을 최적수준 S^*과 N^*에 고정시키고 q만 변화할 때의 q에 대한 개인의 입찰함수(bid function) $B(I, q, S^*, N^*, u^*)$는 암묵적으로 다음을 만족시키는 것으로 규정된다.

$$u[I - B(I, q, S^*, N^*, u^*), q, N^*, S^*] = u^* \tag{8.48}$$

개인의 선호와 소득이 다르기 때문에 각 개인마다 다른 입찰함수를 갖는다.

주택공급자의 입장에서 주택 특성을 제공하는데 소요되는 비용의 최소화 문제로부터 유도된 비용함수를 $c(q, S, N)$라고 하면 각 주택공급자는 다음 이윤함수를 극대화하는 문제에 직면한다.

$$\pi = p_H - c(q, N, S) \tag{8.49}$$

이윤극대화로부터 q의 선택에 대한 일계조건은 다음과 같다.

$$\frac{\partial p_H}{\partial q} = \frac{\partial c}{\partial q} \tag{8.50}$$

식 (8.50)은 주택공급에서 균형에 이르기 위해서는 q의 한 단위 증가에 따른 한계수익($\partial p_H / \partial q$)이 q를 추가적으로 제공하기 위해 소요되는 한계비용과 같아야 함을 의미한다.

수요측면과 마찬가지로 식 (8.49)의 이윤극대화 수준을 π^*라 하면 공급자의 제안함수(offer function) $\Theta(q, S^*, N^*, \pi^*)$는 암묵적으로 다음을 만족시키는 것으로 규정된다.

$$\pi^* = \Theta(q, S^*, N^*, \pi^*) - c(q, S^*, N^*) \tag{8.51}$$

식 (8.47)과 (8.50)의 일계조건, 식 (8.48)과 (식 8.51)의 입찰함수와 제안함수에 대한 규정으로부터 균형에 있으려면 시장에서 각 참여자의 입찰곡선과 제안곡선이 헤도닉가격곡선에 접해야함을 알 수 있다. 즉, 헤도닉가격곡선은 시장참여자의 입찰곡선 및 제안곡선을 이중으로 포락한다.

[그림 8.12]는 선호나 소득이 다른 두 수요자 α와 β의 입찰곡선과 생산기술이 다른 두 공급자 γ와 δ의 제안곡선이 헤도닉가격곡선에 접하고 있는 것을 나타내고 있다. 그림에서 수요자 α와 공급자 γ, 수요자 β와 공급자 δ가 동일한 q의 수준에서 균형을 이루는 것으로 가정되고 있다.

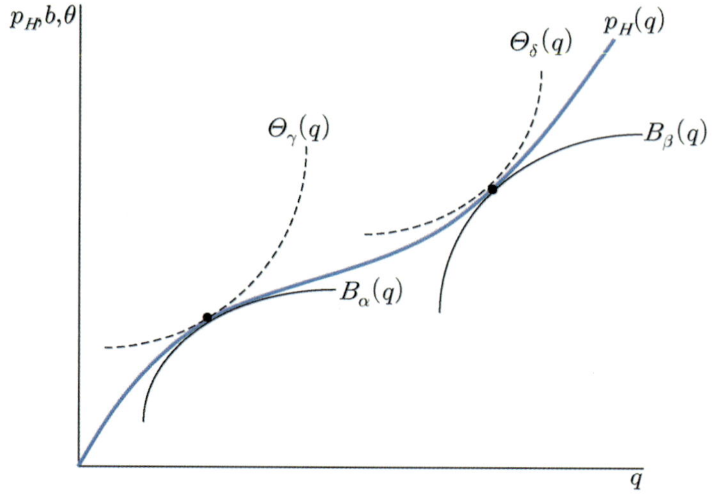

[그림 8.12] 헤도닉가격곡선, 입찰곡선, 제안곡선

u^*의 효용수준에서 q에 대한 수요자의 한계지불의사함수(보상수요함수)는 다음과 같이 규정된다.

$$b(q) = b(q, S^*, N^*, u^*) \tag{8.52}$$

만일 개인들의 한계지불의사함수를 알 수 있으면 q의 비한계적 변화에 따른 가치는 q의 변화 구간에서의 한계지불의사곡선 아래 면적으로 쉽게 산출할 수 있다. 그러나 q와 헤도닉가격함수(또는 한계암묵가격)에 대한 관찰로부터 개인들의 한계지불의사함수의 식별여부는 상황에 따라 다르게 된다.

만일 헤도닉가격함수가 q에 대해 선형이면 한계암묵가격 $\partial p_H / \partial q$은 고정 값을 가지게 되어 한계지불의사함수의 식별은 불가능해진다. 이 경우 모든 사람들에 대해 관찰된 가격은 같아지며 한계암묵가격은 환경질의 아주 작은 변화에 대한 각 개인의 한계지불의사액(또는 한계편익)으로 해석된다.

헤도닉가격함수가 [그림 8.13]의 (가)와 같이 비선형인 경우 한계암묵가격 $\partial p_H / \partial q$는 (나)에서와 같이 음의 기울기를 갖는다. (나)에서 개인 α와 β의 q에 대한 한계지불의사곡선은 각각 $b_\alpha(q)$와 $b_\beta(q)$로 나타나고 있는데 추정된 헤도닉가격함수(또는 한계암묵가격)로부터 각 개인의 $b(q)$와 $\partial p_H / \partial q$가 교차하는 한 지점을 관찰할 수는 있지만 한계지불의사함수 자체를 직접적으로 식별할 수는 없다. 만일 모든 개인들이 동일한 소득과 선호를 가지고 있다고 가정하면 모든 사람들의 한계지불의사함수가 동일하고 한계지불의사와 한계암묵가격을 일치시키는 균형점들이 한계암묵가격 곡선상에 위치하게 되기 때문에 한계암묵가격 자체가 한계지불의사곡선이 된다. 그러나 개인들의 소득이나 선호가 동일하지 않은 경우에는 각자의 한계지불의사함수가 다르기 때문에 이를 식별하기 위해서는 추가적인 작업이 필요하다.

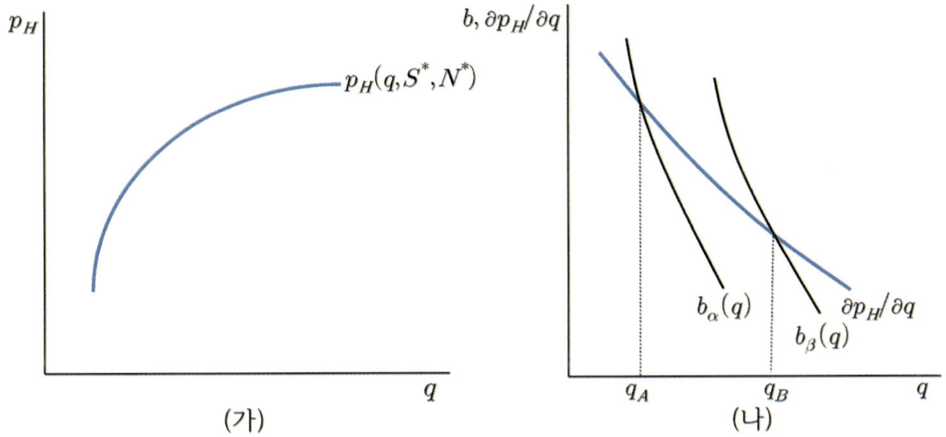

[그림 8.13] 헤도닉가격함수와 한계지불의사함수

하나의 주택시장에서 얻어진 헤도닉가격함수에 대한 정보를 가지고 개인의 한계지불의사함수를 식별하기 위해서는 수요자의 효용함수와 공급자의 이윤함수의 형태에 대한 변형을 통해 한계암묵가격함수가 비선형의 형태를 가지도록 제약하는 것이 필요하다(Ekeland, Heckman, and Nesheim, 2004). 또한 여러 다른 주택시장에서의 헤도닉가격함수들에 대한 추정을 통해 정보의 양을 확대하고 모든 주택시장에서 수요구조가 동일하다는 가정 하에 여러 시장자료들을 통합해서 분석함으로써 한계지불의사함수를 식별할 수도 있다.

(2) 헤도닉 임금법

헤도닉 임금법은 직업특성에 따라 임금의 차이가 발생하는 것을 이용하여 환경질 변화의 가치를 측정한다. 실내 공기 오염도의 차이나 지역적 이동이 자유로울 경우 지역의 대기오염도와 같은 환경질의 차이가 사망, 유병 등의 위험도의 차이를 가져오고 이에 따라 보상적 임금격차가 발생하는 원리를 이용한다. 근로자 입장에서는 직업을 근로조건, 숙련도의 강화, 선망도, 위험에 대한 노출도, 이주가 자유로울 경우 지역의 환경적 특성 등에 따라 차별화된 재화로 본다. 그러나 고용주 입장에서는 위와 같은 직업특성들을 가진 직업을 판매하는 것과 동시에 근로자의 생산성, 경력 등과 같은 근로자의 특성들을 구매하기도 한다. 따라서 헤도닉임금함수를 결정하는 요인으로 직업특성뿐만 아니라 근로자특성도 함께 포함하여야한다.

직업과 관련된 사망위험을 r, 사망위험 외의 다른 직업특성을 K_1, 근로자 특성을 K_2라 하면 노동시장에서 기업의 한계제안임금과 근로자의 한계수용임금이 균형을 이루는 헤도닉임금함수는 다음과 같다.

$$p_L = p_L(r, K_1, K_2) \tag{8.53}$$

p_L는 단위당 임금(주급 또는 월급)을 나타낸다. 임금으로 기준재화 X를 구입하는 근로자는 $p_L(r, K_1, K_2) = X$의 예산제약하에 다음의 기대효용을 극대화하는 직업을 선택한다.

$$EU = (1-r) \bullet u(X, K, D) \tag{8.54}$$

여기서 $(1-r)$은 일하는 동안의 생존확률을 의미한다.25)

(8.54)를 극대화하는 r의 선택은 다음과 같다.

$$\frac{u(X, K, D)}{(1-r)\dfrac{\partial u}{\partial X}} = \frac{\partial p_L}{\partial r} \tag{8.55}$$

식 (8.55)는 직업위험으로부터의 생존확률의 증가에 대한 한계지불의사액이 그것의 한계암묵가격과 같아야 함을 의미한다. 또한 위험도가 낮은(높은) 직업은 임금이 낮아야(높아야) 함을 의미한다.

---

25) 일과 관련이 없는 원인으로 인한 사망위험을 ϕ라고 하면 생존확률은 $(1-r)(1-\phi)$이나 노동가능인구 중에서의 사망위험 ϕ는 매우 작기 때문에 생존확률을 $1-r$로 근사화할 수 있다.

식 (8.53)의 헤도닉임금함수를 직업의 사망위험도, 다른 직업특성, 근로자 특성, 임금 자료를 사용하여 추정할 수 있으면 사망위험도 r로 편미분함으로써 $\partial p_L/\partial r$을 구할 수 있다. 그러나 헤도닉임금함수를 추정하는 데 있어서 몇 가지 도전에 직면한다.

첫째, 직업 관련 사망위험도를 적절하게 측정하는 것이 쉽지 않아 측정오류가 발생할 가능성이 높다는 점이다. 직업 또는 산업 관련 객관적 위험지표를 헤도닉임금함수의 추정에 사용하고 있으나 이러한 객관적 위험지표는 근로자나 고용주가 인식하는 주관적 위험도와는 다를 수 있다. 사람들은 일반적으로 사고 빈도가 매우 낮거나 사람들에게 잘 알려지지 않은 것에 대해서는 사고의 위험을 과대평가하는 경향이 있는 반면 사고 빈도가 높고 사람들에게 잘 알려진 것에 대해서는 위험을 과소평가하는 경향이 있다(Slovic, 1987).

둘째, 헤도닉임금함수의 설명변수에서 빠진 변수로 인한 편의(bias)가 발생할 수 있다는 점이다. 근로자는 직업 선택에서 사망위험뿐만 아니라 부상위험도 함께 고려하는데 사망위험이 높은 직업이 부상위험도 높은 양의 상관관계를 가지는 것이 일반적이기 때문에 사망위험 변수만 포함되는 경우 근로자에 대한 가치를 과대평가하게 될 것이다. 임금이 높은 직업이 사망위험도는 오히려 낮은 경우를 종종 발견할 수 있는데 임금이 높은 직업은 높은 교육수준 및 경력과 연관되어 있고 고용주도 이러한 근로자들을 끌어들이기 위해 높은 임금을 지불하고자 하기 때문에 교육수준, 경력 등을 통제변수로 포함하는 것이 필요하다. 직업이나 근로자 특성과는 관계없이 산업 특성에 따라 임금 차이가 발생하기도 한다. 이 경우 산업구분의 더미변수를 통제변수의 하나로 포함하는 것이 필요하다.

셋째, 헤도닉임금함수가 비선형인 경우 헤도닉 재산가치법에서와 같이 각 근로자의 r(또는 $1-r$)에 대한 한계지불의사함수에 대한 추정이 요구된다.

8.3 진술선호기법

진술선호기법은 응답자들이 자신의 선호 또는 가치에 대한 정보를 가상적인 설문조사를 통해 드러내도록 하는 방법이다. 현시선호기법들이 사용가치만 측정하고 주로 일반수요함수를 이용하는 한계를 가지고 있는 반면 진술선호기법은 사용가치뿐 아니라 비사용가치를 포함한 전체 가치의 측정이 가능하고 힉스(Hicks)의 정확한 후생측정개념을 사용한다는 장점이 있다. 가치를 끌어내는 방법에 따라 조건부가치평가법(contingent valuation method), 조건부행동법(contingent behavior), 선택실험법(choice experiment)으로 구분된다. 조건부가치평가법은 환경질 개선이나 특정 환경재에 대해 화폐적 가치를 직접적으로 끌어내는 질문을 포함하는 반면 조건부행동법과 선택실험법은 직접적으로 화폐가치를 질문하지 않고 분석적 모형을 통해 질문에 대한 응답으로부터 가치를 유도한다.

8.3.1 조건부가치평가법

조건부가치평가법의 첫 번째 단계는 특정 환경재나 환경질 개선에 대한 정책에 관해 설문 시나리오를 만드는 것이다. 사람들이 가치평가를 원하는 대상에 대해 잘 이해할 수 있도록 시나리오가 작성되어야 한다. 예를 들어, 스모그 개선 정책에 대한 시나리오를 만든다고 하면 스모그 개선이 가져올 건강효과, 가시거리 개선 등에 대해 수치, 그림, 사진 등을 제시하여 사람들이 그 효과를 명확하게 이해할 수 있도록 제시되어야 한다. 정책에 소요되는 재원을 마련하기 위한 수단과 방법이 제시되고 사람들이 정책에 대한 자신의 지불의사액을 정확히 드러낼 수 있도록 하는 방안이 강구되어야 한다. 설문 시나리오가 완성되기 전에 포커스 그룹에게 시나리오 초안을 검토하는 절차도 필요하다.

두 번째 단계는 설문조사를 실시하는 것이다. 설문조사 방법에는 우편조사, 전화조사, 직접 대면조사가 있는데 우편조사나 전화조사는 성실히 답변하지 않을 가능성이 크고 응답거부율도 높기 때문에 가능한 직접 대면조사를 시행하는 것이 좋다. 직접 대면조사는 적용할 정책으로 영향을 받는 지역의 범위가 넓을 경우 비용이 많이 소용된다는 단점이 있다.

세 번째 단계는 계량기법을 사용하여 지불의사액 함수를 추정하여 응답자들의 평균 또는 중위의 지불의사액을 산출하는 것이다. 이렇게 산출한 값에 해당 지역의 인구수를 곱하여 정책에 따른 전체 편익을 산출한다.

조건부가치평가법은 진술선호기법 중 가장 널리 이용되어 왔는데 초기에는 응답자의 환경질 개선에 대한 지불의사액을 끌어내기 위한 방안으로 경매법이 사용되었다. 경매법은 응답자에게 처음 특정 액수를 지불할 용의가 있는지에 대해 질문하고 “예”라고 응답하면 더 높은 액수를 제시하고, “아니오”로 응답하면 더 낮은 액수를 제시한다. 최종적으로 “예”라고 응답한 액수에서 더 이상 변경을 하지 않아도 되는 액수를 찾아낼 때까지 액수를 낮추거나 높이는 과정을 반복한다. 경매법은 응답자에게 처음 어떤 액수를 제시했느냐에 따라 지불의사액이 영향을 받는 시작점 편의(starting bias)를 갖는다. 즉, 처음에 낮은 액수를 제의받은 사람의 최종 지불의사액이 처음에 높은 액수를 제의받은 사람의 최종 지불의사액보다 낮은 경향을 보인다. 이러한 시작점 편의는 조사자가 제시한 초기 액수에 응답자의 선호가 정박(anchoring)하기 때문일 수 있다.

개방형 질문법은 환경질 개선에 대해 각 응답자에게 “얼마를 지불할 의사가 있는지”를 물어보는 것으로 진술된 지불의사액이 응답자의 선호를 정확히 반영하면 손쉽게 환경질 개선의 편익을 산출할 수 있다. 그러나 개방형 질문법은 사람들이 거래해보지 않은 환경재에 대해 지불의사액수를 진술해야 하기 때문에 응답거부율이 높고 타당해보이지 않는 매우 높은 액수나 영의 액수로 응답하는 경우들이 종종 발견된다. 비정상적인 극단값(outlier)이나 다수의 영의 응답을 통제하는 계량분석기법이 적용되기도 하지만 개방형 질문에서는 근본적으로 응답자들이 자신의 지불의사액을 정확하게 진술할 것인지에 대한 의문이 제기된다. 첫째, 설문조사가 정책에 영향을 미치지 않거나 정책 변화에 자신이 지불할 필요가 없다고 믿기 때문에 자신의 응답이 자신에게 영향을 미치지 않는다고 응답자들이 생각하면 진짜 지불의사액을 진술할 유인을 갖지 않는다. 둘째, 정책이 실제 시행되었을 때 자신의 분담 몫보다 자신의 지불의사액이 높을 것으로 판단하는 경우 응답자는 진짜보다 과대로 지불의사액을 진술하고, 반대의 경우에는 진짜보다 과소로 지불의사액을 진술할 유인을 가질 것이다. 개방형 질문법을 변형하여 응답자에게 여러 지불의사액이 표시된 카드를 보여주고 그 카드에서 선택하도록 하거나 카드에서 자신의 응답 액수를 찾을 수 없을 경우에는 자신의 지불의사액을 적어 내도록 하는 방법도 있다.

가장 보편적으로 사용되고 있는 지불의사액 질문 방법은 양자택일형 진술법이다. 여기에서는 각 응답자에게 환경질 개선에 대해 C원을 지불할 의사가 있는지에 대해 “예”나 “아니오” 중에서 선택하도록 한다. 만일 응답자가 “예”라고 대답하면 이 사람은 최소한 제의된 액수와 같거나 그 이상의 환경질 개선의 가치가 있다는 것을 의미하고 "아니오"라고 응답하면 이 액수보다 환경질 개선의 가치가 적다는 것을 의미한다. 응답자들은 임의로 몇 개의 소단위 그룹으로 나누어져 그룹마다 서로 다른 지불의사액이 제시되고 그에 대해 응답하도록 한다. 지불의사액이 높을수록 "예" 응답비율이 낮아지는 설문자료를 이용하여 이산선택모형으로 응답자의 간접효용함수나 입찰함수를 추정하고 편익을 산출한다 (Hanemann, 1984; Cameron, 1988). 간접효용함수를 이용한 모형이나 입찰함수 모형이나 동일한 효용이론을 토대로 하고 있으나 입찰함수 모형은 지불의사액을 결정하는 각 변수에 대한 한계가치를 직접 산출할 수 있다는 장점이 있다 (McConell, 1990).

입찰함수(또는 지불의사함수)에 기반을 둔 이산선택모형에 따르면 환경질 수준이 q^0에서 q^1으로 개선되는 것에 대한 입찰함수는 지출함수로부터 다음과 같이 유도된다.

$$B(q^0, q^1, u^0, D) = e(q^1, u^0, D) - e(q^0, u^0, D) \tag{8.56}$$

여기서 u^0는 초기 효용수준, D는 개인특성변수를 나타낸다. 입찰함수 B를 관찰되는 부문($X\beta$)과 관찰되지 않는 확률부문(ϵ)의 합계로 구분하면 다음과 같다.

$$B = X\beta + \epsilon \tag{8.57}$$

X는 개인특성변수와 $\triangle q = q^1 - q^0$를 포함한다. 응답자는 제의액수 C보다 환경질개선의 가치(지불의사액)가 크면 "예"라고 응답할 것이다. 따라서 액수 C에 q^1의 환경질 수준이 제시되었을 때 이를 받아들일 확률은 다음과 같다.

$$p(\text{예}) = p[X\beta + \epsilon \geq C] \tag{8.58}$$

식 (8.58)은 ϵ이 정상분포(normal distribution)하는 것으로 가정하면 프로빗 모형(probit model), 제1형 극값분포(type I extreme value distribution)하는 것으로 가정하면 로짓모형(logit model)으로 나타낼 수 있다. 예를 들어, ϵ이 평균이 0이고 표준편차 σ로 정상분포한다고 가정하면 식 (8.57)은 다음과 같이 쓸 수 있다.

$$B = X\beta + \sigma\eta \tag{8.59}$$

여기서 η은 평균 0, 표준편차 1인 표준정상밀도함수를 나타낸다. 이때 식 (8.58)은 다음과 같이 프로빗 모형의 형태를 갖는다.

$$p(\text{예}) = \Phi\left[X\left(\frac{\beta}{\sigma}\right) - \frac{1}{\sigma}C\right] \tag{8.60}$$

여기서 Φ는 표준정상누적분포(standard normal cumulative distribution)를 나타낸다. 식 (8.60)에 대한 회귀분석으로 β와 σ의 추정치를 얻고 식 (8.59)에 적용하면 응답자들의 평균 지불의사액을 산출할 수 있다.

사람들이 사적 거래에서 제의된 액수에 구매할 것인지 구매하지 않을 것인지를 결정하고 정치적 의사결정에 대한 투표에서와 같이 양자택일의 선택에 익숙하기 때문에 양자택일형은 개방형질문법에 비해 응답거부율을 낮출 수 있다는 장점이 있다. 개방형질문에서 영의 지불의사액 응답자 중에는 실제 지불의사액이 영이기 보다는 정책에 대한 반발 때문에 영으로 응답하는 사람들이 있고 마찬가지로 "아니오" 응답자 중에는 자신의 지불의사액이 제의액수보다 높은데도 불구하고 정책에 대한 반발 때문에 "아니오"로 응답하는 사람들이 있다. 추가적인 질문을 통해 이러한 응답자들은 가려내는 것이 필요하다. 양자택일형의 단점은 개방형질문에 비해 각 응답자로부터 얻는 지불의사액에 대한 정보가 상대적으로 적다는 것이다. 양자택일형에서 얻는 정보는 지불의사액이 제의액수보다 높거나 낮다는 정보뿐이기 때문에 상대적으로 많은 샘플수를 필요로 한다.

양자택일형의 지불의사액 정보 획득에 있어서 단점을 보완하기 위해 제의액수를 한 번 더 제시하는 이중양자택일형(double-bounded discrete choice)이 제시된다. 이중양자택일형에서는 처음 제시된 액수 C에 대해 응답자가 "예"라고 대답하면 임의로 선택된 더 높은 액수 C_H에 대해 다시 응답하도록 하고, "아니오"라고 대답하면 더 낮은 액수 C_L에 대해 다시 응답하도록 한다. 만일 처음과 나중의 제의액수에 대한 대답이 "예-예"로 나타나면 지불의사액(WTP)은 $WTP \geq C_H$로 분류하고, "예-아니오"이면 $C \leq WTP < C_H$, "아니오-예"이면 $C_L \leq WTP < C$, "아니오-아니오"이면 $WTP < C_L$로 분류한다. 이중양자택일형이 단일양자택일형에 비해 지불의사액의 범위를 더 좁혀주기는 하지만 그것이 반드시 유용한

정보를 제공해주는 것은 아니다. 일반적으로 이중양자택일형에 의해 산출한 지불의사액은 처음 C원만 제의된 단일양자택일형에 비해 낮은 지불의사액을 결과하는 편의가 발생하는 것으로 조사되었다(Cameron and Quiggin, 1994).

8.3.2 조건부행동법과 선택실험법

조건부행동법은 응답자에게 정책변화에 대해 어떻게 행동을 변화할 것인지를 질문한다. 예를 들어, 레크리에이션 사이트의 수질이 변화한다면 사이트에 대한 방문행위를 어떻게 바꿀 것인지를 질문한다. 이러한 질문에 대한 응답을 통해 사이트에 대한 방문수요함수가 어떻게 이동하는지를 추정함으로써 수질 개선의 편익을 측정할 수 있다. 실제 사이트 방문의 변화는 관찰되는 사이트의 속성들과 관찰되지 않는 여러 요인들에 복합되어 나타나는데 가상적인 시나리오에 대한 응답이 실제 행동을 정확하게 반영한다면 조건부행동법은 특정 사이트 속성의 변화에 따른 가치를 분리해서 측정할 수 있다는 장점이 있다. 조건부행동법은 여행비용법과 같은 현시선호기법이 환경질 수준이나 환경재의 속성의 변화를 반영하지 못하는 한계를 극복할 수 있다는 점에서 매력적인 가치평가수단이 될 수 있다.

그러나 가상적 시나리오에 대해 응답자가 진실하게 반응할 지는 명확하지 않다. 예를 들어, 어느 지방정부에서 제안된 정책이 사이트에 대한 입장료는 인상하지 않고 중앙정부의 재정 부담으로 이루어진다고 하면 지역 응답자들은 사이트에 대한 예상 방문을 과장해서 응답할 것이다.

선택실험법(choice experiments) 또는 속성기반법(attribute-based method)은 다양한 환경적 속성으로 구성된 가상적 대안들에 대해 가장 선호하는 대안을 응답자가 선택하거나, 순위를 매기거나, 점수를 부여함으로써 간접적으로 화폐가치를 측정한다. 화폐가치의 산출이 용이하도록 대안 중 하나는 가격과 같은 화폐적 속성을 포함한다.

응답자가 선택대안 j로부터 얻는 간접효용을 다음과 같다고 하자.

$$u_j = v(p_j, Z_j, I, K) + \epsilon_j \tag{8.61}$$

여기서 p_j는 대안 j의 가격(또는 지불의사액), Z_j는 가격 외의 대안 j의 속성들의 벡터, K는 개인특성을 나타내며, $v(\cdot)$는 분석자에 의해 관찰되는 효용부문, ϵ_j는 관찰되지 않는 부문을 의미한다.

만일 ϵ_j가 독립적으로 동일하게 제1형 극값분포를 한다고 가정하면 응답자가 J개의 대안으로부터 대안1을 선택하거나 대안1을 1순위로 매길 확률은 다음과 같다.

$$p(u_1 > u_j;\ \text{모든}\ j \neq 1\text{에 대해}) = \frac{e^{v_1}}{\sum_{j=1}^{J} e^{v_j}} \tag{8.62}$$

v에 대한 함수적 형태를 가정하면 식 (8.62)는 다항로짓(multi-nomial logit)모형으로 추정할 수 있다.

조건부가치평가법이 응답자에게 특정 환경재 전체라는 대안 하나에 가격 하나만을 제시하는 반면 선택실험법은 문제의 환경재가 가지고 있는 여러 속성들을 조합해서 2개 이상의 대안을 제시하고 선택하도록 한다. 선택실험법은 조건부가치평가법에 비해 다음과 같은 장점을 갖는다. 첫째, 분석자가 동일한 비용에 더 높은 수준 또는 더 낮은 비용에 동일한 수준의 가치에 대한 정보를 얻을 수 있도록 한다. 둘째, 환경재가 가지고 있는 각 속성에 대한 한계가치를 측정할 수 있는 기회를 제공한다. 셋째, 각 속성의 한계가치를 측정할 수 있기 때문에 유사한 환경재에 대해 별도의 가치평가 작업을 수행하지 않고 기존에 분석된 편익을 이전하여 적용하는 것을 용이하도록 한다.

그러나 선택실험법은 응답자에게 복잡한 선택 집합을 평가하도록 요구하기 때문에 응답자를 피곤하게 함으로써 제공된 정보의 일부를 무시하도록 하거나 응답자가 숙고하지 않고 단순 규칙(heuristic)에 의해 선택하도록 만들 수 있다.

8.3.3 진술선호기법의 타당성 논쟁

진술선호기법은 가상적인 설문 시나리오에 의거하여 가치평가가 이루어지기 때문에 수십 년에 걸쳐 환경재 가치평가에 적용되어 분석기법이 개선되어 왔음에도 불구하고 분석방법과 결과의 타당성에 대한 의문이 지속적으로 제기되어왔다.

분석결과가 경제이론에 부합하지 않는다는 비판은 범위에 대한 비민감성

(insensitivity to scope) 또는 포함효과(embedding effect) 문제로 제기되었다. 소비자 선호에서는 재화의 소비량이 증가하면 편익이 증가하는 것으로 가정된다. 생태계나 동식물 개체수 등의 보전 범위가 증가하면 그에 대한 사람들의 지불의사액도 증가해야한다. 그러나 일부 연구에 의하면 제안된 정책의 범위가 증가하는데도 불구하고 조건부가치평가법에 의한 지불의사액이 별 차이가 없는 것으로 조사되었다. 예를 들어, 미국 오리건 주에서 하나의 산악지점의 가시성을 향상시키는 가치와 주 전체의 가시성을 향상시키는 가치에 별 차이가 없는 것으로 나타났다(Crocker and Shogren, 1991). 캐나다 온타리오의 한 호수를 정화하는 것의 지불의사액과 온타리오 전체 호수를 정화하는 것의 지불의사액에 별 차이가 없었다(Kahneman and Knetsch, 1992). 또한 유전지대에서 2천 마리의 새가 죽는 것을 방지하는 것에 대한 지불의사액이 2만 마리 또는 20만 마리의 새가 죽는 것을 방지하는 것에 대한 지불의사액과 차이가 없었다(Desvousges et al., 1992).

포함효과가 나타나는 것은 응답자들이 설문조사의 가상적인 상황에서 개인들이 예산제약의 효과를 고려하는 것을 실패하거나 문제의 환경재에 대한 선호를 드러내는 것이 아니라 일반적으로 환경보호에 기여한다는 온정주의적(warm glowing) 응답을 하는 경향을 보이기 때문인 것으로 평가된다(Kahneman and Knetsch, 1992). 범위에 대한 비민감성을 근거로 일부 학자들은 진술선호기법의 타당성을 거부한다(Diamond and Hausman, 1994; Hausman, 2012). 진술선호기법을 옹호하는 학자들은 범위 테스트를 통과하지 못하는 것으로 나타난 상기 연구결과들은 설문 설계와 분석기법에 문제가 있다고 비판하면서 범위 테스트를 통과한 분석결과를 제시한다(Kopp and Smith, 1997; Lew and Wallmo, 2011). 나아가 보전 범위의 증가가 부정적 외부효과를 가져올 수도 있기 때문에 반드시 더 선호되는 것은 아니며 범위 테스트를 통과하지 못하는 것이 진술선호기법을 정당화하지 않는 필요조건이나 충분조건이 될 수 없다는 주장도 제기된다(Heberlein et al., 2005).

포함효과를 둘러싼 논란 외에도 진술선호기법이 가상적인 시나리오에 기반하고 있기 때문에 분석결과가 진짜 가치를 드러내지 못한다는 비판을 해소하기 위해 응답자가 진짜 선호를 드러낼 수 있도록 유인일치적(incentive compatible)

설문을 디자인하거나 응답자가 보고한 자신의 답변에 대한 신뢰성 점수를 근거로 사후 보정하는 방안 등의 개선노력이 진행되고 있다.

미국 대기해양국 블루 패널의 조건부가치평가법에 대한 가이드라인

1989년 미국 엑손사의 유조선 Valdez호가 알라스카의 Prince William Sound에서 좌초하여 대규모 기름을 유출하는 사고가 발생하였다. 유조선 소유주인 엑손사에 대해 알라스카 주정부와 미 연방정부는 손해배상 및 징벌적 배상을 위한 법적 소송을 제기하였다. 엑손사의 기름유출 사고로 인한 피해를 산정하는 연구에서 조건부가치평가법으로 산출한 비사용가치가 막대함이 보고되고 법적 소송에서 주요 쟁점으로 부각됨에 따라 엑손사에서는 다른 경제학자에게 연구를 발주하였고 이 연구에서는 조건부가치평가법이 신뢰할 수 있는 분석방법이 아니라는 주장이 제기되었다. 법적 소송과는 별도로 미 의회는 1990년 Oil Pollution Act(OPA)를 입안하였다. OPA에서는 1989년 3월 22일 이후 해양에서 100만 갤런 이상의 기름유출사고를 유발한 유조선사의 Prince William Sound에서의 작업을 금지하였고 미국 대기해양국(National Oceanic and Atmospheric Administration: NOAA)에 기름유출로 인한 자연자원의 훼손이나 피해를 평가하는 절차를 마련하도록 요구하였다. NOAA는 저명한 경제학자, 통계학자 등으로 구성된 블루패널을 구성하고 이들에게 평가절차를 마련하도록 요청하였다. 평가절차에서 핵심 이슈는 다음 3가지였다; (1) 시장에서 거래가 되지 않는 비사용가치를 어떻게 평가할 것인가? (2) 비사용가치의 평가방법으로 널리 이용되는 CVM을 사용하는 것이 타당한가? (3) CVM이 타당하다면 어떤 가이드라인 하에서 사용되어야 하는가? 1년여에 걸친 조사를 거쳐 블루 패널은 조건부가치평가법이 신뢰성이 있는 가치평가방법임을 선언하였으나 동시에 신뢰성을 갖추기 위한 상세 가이드라인을 제시하였다. 주요 가이드라인은 다음과 같다.

① 가능하면 우편조사보다는 전화조사, 전화조사보다는 직접면담방식에 의존할 것.
② 이미 일어난 사고에 요구되는 최소보상수용액(WTA)이 아니라 미래의 사고를 방지하는데 대한 최대지불의사액(WTP)을 드러내도록 할 것
③ 응답자의 WTP 이끌어내는 방법으로 투표형태(양자택일형)를 사용할 것
④ 현재 고려중인 프로그램으로 인해 기대되는 효과를 정확히 이해할 수 있도록 기술한 시나리오를 만들 것
⑤ 응답자들에게 문제의 정책이나 프로그램에 대한 지불의사는 그만큼 다른 것에 대한 소비액수를 감소시킬 것이라는 것을 주지시킬 것
⑥ 문제의 재화에 대한 대체재가 있다는 것을 응답자에게 주지시킬 것
⑦ 응답자들이 선택한 것을 이해하고 있고 응답한 것에 대한 이유가 무엇인지를 확실하게하기 위한 추가적인 질문들을 포함할 것

환경·에너지 경제학

제9장 경제성장, 국제무역과 환경

환경·에너지 경제학

환경·에너지 경제학

CHAPTER 09 경제성장, 국제무역과 환경

9.1 환경적 쿠즈네츠 곡선

9.1.1 기본개념

산업화에 성공하고 경제가 발전해감에 따라 재화 및 서비스의 생산을 위해 에너지와 자연자원의 생산요소로의 투입이 증가하기 때문에 경제성장이 환경에 부정적인 영향을 줄 수 있다. 그러나 다수의 오염물질들에 대해서 개발도상국의 오염수준이 선진국의 오염수준 보다 더 높은 것으로 종종 관찰되기 때문에 경제성장으로 환경질이 나빠진다고 단정하기는 어렵다.

경제성장이 오염수준에 미치는 영향은 크게 3가지로 구분할 수 있다(Grossman and Krueger, 1993). 첫째, 규모효과이다. 다른 조건이 일정할 때 단순히 경제규모가 커지면 오염배출량은 증가한다. 둘째, 구성효과이다. 경제가 성장함에 따라 국내총생산에서 오염산업 대비 클린산업이 차지하는 비중이 높아지면 오염배출량은 낮아질 수 있다. 셋째, 기술효과이다. 경제성장에 따른 기술진보는 생산단위당 오염배출량으로 정의되는 오염밀도(emissions intensity)를 감소함으로써 오염배출량이 줄어들도록 할 수 있다. 만일 두 번째와 세 번째 효과가 첫 번째 효과를 압도하면 경제성장에 따라 오염수준은 감소한다.

환경적 쿠즈네츠 곡선(environmental Kuznets curve: EKC)은 경제 변화가 오염수준에 미치는 영향을 국민 1인당 소득과 오염수준과의 관계로 단순화하여 나타낸 것이다. EKC는 [그림 9.1]과 같이 국민 1인당 소득이 증가함에 따라 오염수준이 증가하다가 감소하는 종 모양(역U자형)의 관계를 가지는 것을 말한다.[26] 그

26) 쿠즈네츠(Kuznets, 1955)는 경제발전에 따라 1인당 소득이 증가하면 소득불균형이 심화되다가 완화되는 종 모양의 관계를 가지는 것을 발견하였는데 1인당 소득과 오염수준과의 관계도 이러

러나 경제성장의 주요 원천이 무엇인지, 소득이 증가함에 따라 환경규제정책이 어떻게 반응할지 등에 따라 규모효과, 구성효과, 기술효과의 정도가 달라지기 때문에 1인당 소득과 오염수준이 환경적 쿠즈네츠 곡선의 형태로 나타난다는 보장은 없다.

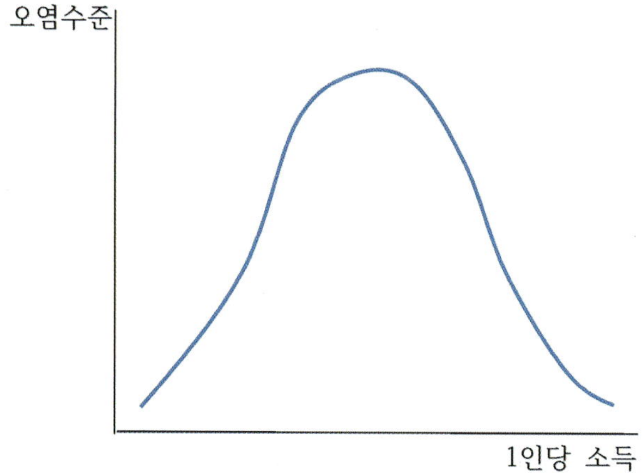

[그림 9.1] 환경적 쿠즈네츠 곡선

소득증가에 따라 궁극적으로 오염수준이 낮아지는 것은 다음과 같은 이유로 가능하다. 첫째, 경제발전 초기에는 오염산업의 주요 생산요소인 물리적 자본의 축적에 의해 경제가 성장하고 어느 정도 경제발전이 이루어진 다음에는 클린산업의 주요 생산요소인 인적 자본의 축적에 의해 성장하기 때문에 EKC 결과로 귀결된다. 여기에서는 규모효과나 기술효과보다는 생산요소 축적에 의한 구성효과가 EKC를 가능하게 하는 핵심요인이 된다.

둘째, 소득이 낮은 경제발전 초기에는 환경질 개선 수요에 대한 소득탄력성이 낮기 때문에 소득증가에 따른 규모효과가 기술효과를 압도하여 오염수준이 높아지다가 소득이 일정 수준에 이르러 소득탄력성이 1을 넘게 되면 기술효과가 규모효과를 압도하여 오염수준이 낮아진다는 것이다. 환경질 개선 수요의 증가에 따라 환경규제정책을 도입하거나 강화하는 것은 오염밀도를 감소하는 기술효과

한 형태를 가진다고 해서 환경적 쿠즈네츠 곡선으로 불린다.

가 발휘되도록 한다.

셋째, 경제발전 초기에는 환경규제가 없거나 규제가 있더라도 미미해서 오염원인자가 이를 무시하기 때문에 소득증가에 따라 오염배출량이 증가하지만 소득이 일정수준에 이르러 문턱(threshold)을 넘게 되면 오염저감 활동이 활성화되기 시작하고 소득증가에 따라 오염배출량이 감소할 수 있다. 환경규제정책의 도입과 오염저감 활동의 수행에 고정비용이 소요되는 경우 이러한 고정비용은 오염저감활동의 수행여부를 결정하는 문턱으로 작용한다.

넷째, 환경규제정책에 변화가 없더라도 오염저감 규모가 증가함에 따라 효율성이 높아져 오염저감의 이득이 증가하면 오염저감활동이 더욱 활발하게 수행되어 오염수준이 감소한다. 환경규제정책이 고정되어 있더라도 생산규모가 증가함에 따라 보다 더 청정한 생산기술로 전환하기 때문에 규모효과는 자체적으로 기술효과를 창출함으로써 EKC를 가능하도록 한다.

9.1.2 실증적 증거

1인당 소득과 오염수준과의 관계가 EKC 형태를 보이는지의 여부를 검증하기 위한 계량모형은 다음과 같다.

$$W = \alpha + \beta_1 Y + \beta_2 Y^2 + \beta_3 Y^3 + \gamma X + \epsilon \tag{9.1}$$

여기서 W는 오염수준(오염배출량 또는 오염농도), Y는 1인당 소득, X는 오염수준에 영향을 미치는 다른 외생변수, ϵ은 오차항, α, β, γ는 추정되어야할 계수를 나타낸다.

추정된 소득 계수의 부호에 따라 W의 형태는 다음과 같이 달라진다.

① 수평의 일직선: $\alpha > 0,\ \beta_1 = \beta_2 = \beta_3 = 0$
② 우상향의 일직선: $\beta_1 > 0,\ \beta_2 = \beta_3 = 0$
③ 역U자형(EKC): $\beta_1 > 0,\ \beta_2 < 0,\ \beta_3 = 0$
④ N자형: $\beta_1 > 0,\ \beta_2 < 0,\ \beta_3 > 0$

수평의 일직선은 1인당 소득이 증가해도 오염수준이 일정수준을 계속 유지하고, 우상향의 일직선은 소득 증가에 따라 오염수준이 비례적으로 증가함을 의미한다. N자형은 1인당 소득 증가에 따라 오염수준이 증가하다가 일정소득 이후에는 감소하고 더 높은 소득수준 이후에는 다시 증가하는 것을 의미한다. EKC 형태의 경우 오염수준이 감소하기 전 최대에 이르는 소득은 Y에 대해 1차미분한 것이 영이 되는 경우로 다음과 같이 산출된다.

$$Y = -\frac{\beta_1}{2\beta_2} \tag{9.2}$$

개별 국가의 오염수준에 대한 자료가 축적된 지 오래되지 않았기 때문에 식 (9.1)을 추정하는 연구의 대부분은 여러 국가의 일정 기간의 자료를 통합한 패널자료(panel data)를 사용한다. 아황산가스, 스모그, 먼지 등의 대기오염물질과 대장균수, 생화학적 산소요구량(biological oxygen demand: BOD), 화학적 산소요구량(chemical oxygen demand: COD) 등의 수질오염물질을 대상으로 실증분석한 결과에 의하면 일부 N자형의 형태를 가지는 것을 제외하고 대부분 EKC 형태를 가지는 것으로 조사되었다.[27] 그러나 식수(drinking water)와 같이 생명을 위협하는 오염에 대해서는 소득증가에 따라 오염량이 계속 감소하며, 이산화탄소와 같이 피해가 불확실하고 미래로 연기되는 오염물질의 경우에는 오염량이 지속적으로 증가하는 것으로 나타나고 있다.[28]

9.1.3 정책적 의미 및 향후 과제

환경적 쿠즈네츠 곡선은 경제성장이 환경질을 악화시킬 것이라는 일반적 인식을 불식하였고 높은 소득수준에서 환경오염에 대해 강한 정책적 대응이 있을 것임을 암시하는 근거를 제공하였다. 나아가 환경적 쿠즈네츠 곡선의 관계로부터 “환경을 개선시키는 확실한 방법은 부자가 되는 것이다”라는 주장도 제기되었다(Beckerman, 1992). 그러나 주요 오염물질들에 대해 1인당 소득과 오염수준과의 관계로 단순화한 EKC에 의존하여 경제성장과 환경에 대한 정책적 시사점

---

27) EKC 형태를 가지는 오염물질에 대해서는 World Bank(1992), Shafik and Bandyopadhyay(1992), Selten and Song(1994), Grossman and Krueger(1995)를 참조하라.

28) EKC 형태를 가지지 않는 오염물질에 대해서는 Shafik and Banyopadhyay(1992), Grossman and Krueger(1995), Holtz-Eakin and Selden(1995), Hill and Magnani(2002), Lindmark(2002)를 참조하라.

을 도출하고자 하는 데에는 여러 문제점이 있다.

첫째, 모든 오염물질이 역U자형의 EKC관계를 가지는 것은 아니며 선진국에서도 새로운 유해물질이 경제에 유입되고 있다는 점을 간과할 수 없다. 특정 오염물질들 뿐만 아니라 전반적 환경질 수준에 대한 지수를 개발하고 이러한 지수와 경제성장과의 관계를 살펴볼 필요가 있다.

둘째, 패널자료를 사용한 분석에서 어느 오염물질이 EKC관계를 보이는 것으로 나타났다고 해서 개별 국가에서도 그러한 관계가 나타난다는 보장이 없다. 또한 전 세계적으로도 오염수준이 감소되는 분기점의 소득보다 더 낮은 소득을 가진 인구가 더 많기 때문에 소득증가가 세계 오염배출량을 감소한다는 보장이 없다.

셋째, 높은 소득수준에 도달하게 되면 추가적인 경제성장에 따라 기술효과(생산효율성 증진)를 계속 유지하기 힘들고 오염규제에 대한 순응비용이 증가함에 따라 오염규제 기준을 더 강화하기 어렵게 되기 때문에 환경적 쿠즈네츠 곡선의 관계가 영속되기 어렵다. 자원투입원단위와 에너지원단위의 감소가 열역학적으로 더 이상 불가능한 지점에 도달한다면 경제성장과 함께 오염배출량은 다시 증가하게 될 것이다.

넷째, 국제무역은 소득이 높은 국가에게 높은 환경규제를 통해 오염산업에서 생산하는 재화를 외국에서 수입하도록 하고 오염산업을 해외의 가난한 국가로 이전하도록 함으로써 오염을 줄일 수 있는 대안적 수단을 제공한다. 대부분의 선진국이 자국의 오염을 저감하기 보다는 국제무역을 통한 대안적 수단을 주요 오염저감수단으로 사용하는 경우 새로 산업화한 국가들은 현재 선진국의 EKC 경험을 복사할 수 없으며 선진국에서는 EKC관계가 영속되더라도 지구 전체적으로는 오염수준이 더 악화될 수 있다.

다섯째, EKC가 소득증가에 따른 오염수준의 변화에 대한 하나의 패턴을 나타내지만 실제 환경적으로 영향을 미치는 것은 누적된 오염배출량으로 최적오염수준은 오염저감의 한계비용과 한계편익에 달려있기 때문에 EKC가 최적오염의 시간경로를 반영하는 것은 아니다. 또한 국가마다 오염수준의 수용능력, 사회적 선호, 할인율이 다르기 때문에 오염배출의 비용과 편익 구조가 다르며 따라서 국가마다 최적 오염수준의 경로도 다르게 된다.

중립적 요소축적에 의한 경제성장으로 구성효과가 영이고 규모효과를 기술효과가 압도하는 것으로 가정하는 경우 소득증가에 따라 오염수준이 낮아질 수 있지만 자본축적에 의한 경제성장은 오히려 오염수준을 증가하는 결과를 가져올 수 있다. 경제성장으로 소득이 증가하고 소득증가가 환경정책을 강화하도록 하는데도 불구하고 실제 자본축적에 의한 경제성장이 평균적 오염수준을 상승시키는 것으로 조사되고 있다(Antweiler et al., 2001). 따라서 경제성장이 환경에 미치는 영향을 1인당 소득과 오염수준과의 단순한 관계로 정립한 EKC에 의존해서는 잘못된 결론에 도달할 수 있기 때문에 환경오염에 영향을 미치는 경제성장의 원천에 보다 더 초점을 맞출 필요가 있으며 구성효과, 기술효과, 규모효과가 구체적으로 어떻게 작용하는지에 대한 면밀한 실증적 검토가 요구된다.

9.2 국제무역과 환경

9.2.1 국제무역 이론의 기초

리카도(Ricardo)의 비교우위 원리에 의하면 각 국가는 비교우위에 있는 재화에 특화하여 생산한 다음 상호 교역을 하면 교역을 하지 않고 자국에서 생산한 것만 가지고 소비할 때에 비해 더 높은 후생을 얻는다. 예를 들어, 치즈와 의복을 생산하는 A와 B 2개의 국가가 있을 때 A국의 치즈 생산의 기회비용(치즈 1단위 생산을 위해 포기해야 하는 의복의 양)이 B국 보다 낮으면 A국은 치즈 생산에서 B국에 비해 비교우위를 갖는다. 이때 B국은 A국에 비해 의복 생산의 기회비용이 낮기 때문에 의복 생산에서 비교우위를 갖는다. A국은 치즈 생산에 특화하고 B국은 의복 생산에 특화하여 상호 교역을 하면 무역을 하지 않을 때에 비해 양 국의 후생은 증가한다.

[그림 9.2]는 A국의 교역 전과 교역 후의 상황을 나타낸다. 교역 전 A국의 의복과 치즈의 상대가격을 나타내는 국내가격선은 $(p_{의복}/p_{치즈})^A$으로 생산가능곡선의 D점에서 생산하여 소비함으로써 u_0의 효용수준을 얻고 있다. 이제 국제가격선이 $(p_{의복}/p_{치즈})^W$가 되어 국제 치즈가격이 국내 치즈가격에 비해 상대적으로 비싸지면 A국은 생산가능곡선의 T점으로 이동해 치즈 생산을 증가하고

의복 생산은 줄인다. 국제시장가격에 T점에서 생산된 치즈의 일부를 수출하고 의복은 수입함으로써 A국은 F점에서 소비가 가능해지기 때문에 교역 전에 비해 더 높은 u_1의 효용수준을 얻게 된다.

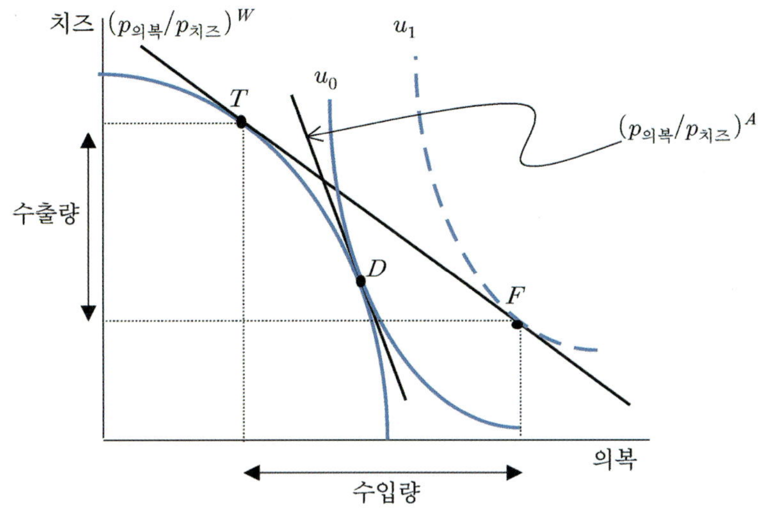

[그림 9.2] 비교우위와 자유무역의 이득

헥셔-오린(Heckscher-Ohlin)정리에 따르면 어느 재화에서 비교우위를 가질 것인지는 국가간 상대적 요소부존량에 달려있다. 예를 들어, 자본과 효율적 노동을 생산요소로 사용하는 경우 A국이 상대적으로 자본이 풍부한 국가이면 자본집약 재화에서 비교우위를 가지고 이를 수출하게 되며 효율적 노동이 상대적으로 풍부한 B국은 효율적 노동집약 재화에서 비교우위를 가지고 이를 수출하게 된다.

[그림 9.3]은 특정 재화시장에 대한 부분균형분석을 통해 무역자유화가 수입국과 수출국의 후생에 미치는 효과를 보여준다. 재화의 생산과 소비과정에서 외부효과는 발생하지 않으며 두 나라간 재화의 교역이 이루어지지 않는 폐쇄경제인 경우 A국에서 재화의 가격 p_A는 B국의 재화의 가격 p_B보다 높다. p_B보다는 높으나 p_A보다는 낮은 수준에서 국제시장 가격 p_f가 형성되고 국제시장 가격에 영향을 미치지 못하는 소국(small country)인 두 나라가 무역자유화가 되면 A국은 이 재화의 수입국이 되고 B국은 수출국이 된다. 교역 전 A국의 소비자잉여는 면적 a, 생산자잉여는 면적 $b+c$, 소비자잉여와 생산자잉여를 합한 총 잉여는

면적 $a+b+c$이다. 교역 후에 A국의 소비자잉여는 면적 $a+b+d$, 생산자잉여는 면적 c, 총 잉여는 면적 $a+b+c+d$가 되어 교역 전보다 면적 d만큼의 후생이 증가한다. 교역 전 B국의 소비자잉여는 면적 $e+f$, 생산자잉여는 면적 g, 총 잉여는 면적 $e+f+g$이다. 교역 후에 B국의 소비자잉여는 면적 e, 생산자잉여는 면적 $f+g+h$, 총 잉여는 면적 $e+f+g+h$가 되어 교역 전에 비해 면적 h만큼의 후생이 증가한다.

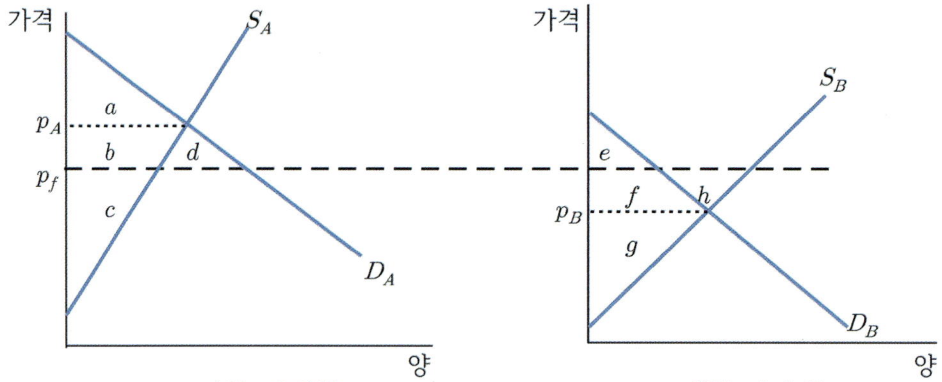

[그림 9.3] 자유무역의 후생효과

9.2.2 무역자유화가 환경에 미치는 영향

경제성장이 규모효과, 구성효과, 기술효과의 3가지 효과로 환경에 영향을 미치는 것과 같이 폐쇄경제에서 개방경제로의 전환이나 무역장벽의 해소는 성장률을 높이고 소득증가로 이끌기 때문에 개방경제로의 전환도 3가지 효과로 환경에 영향을 미친다. 이하에서는 Copeland and Taylor(1994, 2004)의 모형에 의거 환경규제정책에 따라 소국개방경제에서 무역자유화가 환경과 후생에 미치는 영향이 어떻게 달라지는 지를 살펴본다.

1) 경직적 환경규제

(1) 오염밀도 고정 환경규제정책하에서 무역자유화의 효과

오염밀도를 고정시키는 환경규제정책을 사용하는 경우 무역자유화에 따른 기술효과는 영이 된다. 이러한 정책하에서 무역자유화의 규모효과와 구성효과를 평가하기 위해 먼저 클린재화 Y에 비교우위가 있고 오염재화 X를 수입하는 국가를 고려해보자.

[그림 9.4]는 무역자유화에 따른 규모효과와 구성효과를 나타낸다. 그림에서 무역자유화 이전에 이 국가는 생산가능곡선상의 C점에서 X재와 Y재를 생산하고 있으며 오염밀도 규제수준은 e_0로 고정되어 있다. X재와 Y재의 국제 상대가격은 p_X/p_Y이고 국내 상대가격은 p_X^0/p_Y^0으로 X재의 국내 상대가격은 국제 상대가격보다 높다. 이제 무역자유화로 X재는 수입되고 Y재는 수출됨에 따라 두 재화의 국내 상대가격은 p_X^1/p_Y^1으로 하락하여 두 재화는 F점에서 생산되고 오염배출량은 W_0에서 W_2으로 감소한다.

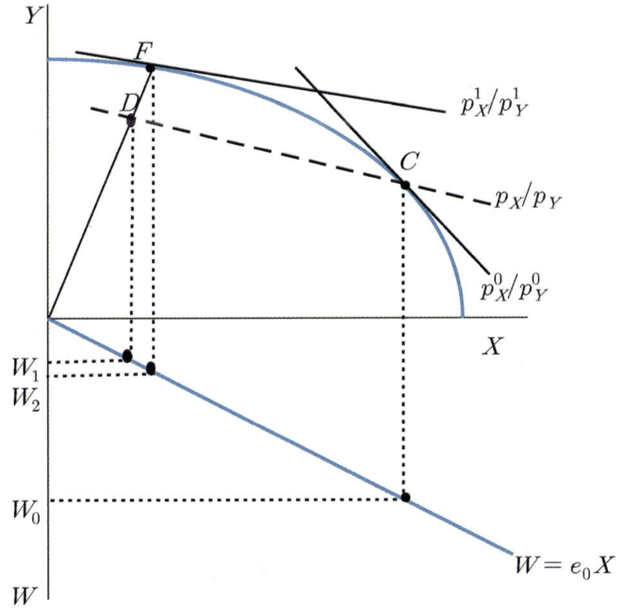

[그림 9.4] 고정 오염밀도 규제와 무역자유화의 효과

오염배출량의 감소효과를 구성효과와 규모효과로 구분하기 위해 가상적으로 원점에서 F점에 그은 직선의 D점과 무역자유화 전의 생산지점 C를 통과하는 국제시장가격비율선을 그리면 국제시장가격으로 평가한 C점과 D점에서의 생

산규모(재화의 생산액)는 동일하다. 따라서 규모효과를 제거한 구성효과는 그림 상단에서 C점에서 D점으로의 이동이 되며 그림 하단에서 오염배출량은 W_0에서 W_1으로 하락한 것이 된다. 규모효과는 무역자유화로 인해 국제시장가격으로 평가한 생산규모가 증가하도록 두 재화의 생산량이 비례적으로 증가한 것으로 그림 상단에서 D에서 F로 이동한 것이며 그림 하단에서는 오염배출량이 W_1에서 W_2로 증가한 것이 된다. 즉, 무역자유화에 따른 규모효과는 오염배출량이 증가하도록 하고, 구성효과는 감소하도록 하지만 구성효과가 규모효과를 압도해서 전체적으로 오염배출량이 감소한다.

오염재화 X에 비교우위가 있는 국가의 경우 무역자유화로 국내 상대가격은 상승하여 생산가능곡선을 따라 X재의 생산량은 증가하고 Y재 생산량은 감소한다. 생산규모가 증가하고 오염재화의 생산비율이 증가하기 때문에 규모효과와 구성효과 모두 오염배출량을 증가하도록 한다.

무역자유화 이전에 무역장벽과 비효율적 환경규제라는 2가지 형태의 왜곡이 존재하였는데 무역자유화로 무역장벽의 왜곡이 사라지고 비효율적 환경규제만 남게 되는 경우의 후생 영향은 X재에 비교우위가 있는지, 아니면 Y재에 비교우위에 있는지에 따라 달라진다. 오염밀도 고정 환경규제 하에서 X재 수입국의 경우 무역자유화는 교역량을 증가하도록 함과 동시에 오염배출량을 감소하로록 함으로써 이중으로 후생이 증가하도록 한다. 반면 X재 수출국의 경우 교역량 증가로 후생이 증가하지만 오염배출량의 증가로 인해 후생이 감소하기 때문에 교역량 증가로 인한 후생효과와 오염배출량 증가로 인한 후생효과의 상대적 크기에 따라 무역자유화가 이득일 수도 있고 손해일 수도 있다.

(2) 배출권총량 고정 환경규제정책하에서 무역자유화의 효과

이제 배출권총량(배출권거래제)을 고정시키는 환경규제정책을 사용하는 경우 클린재화 Y에 비교우위가 있는 국가가 무역자유화로 X재를 수입하는 경우의 효과를 살펴보자. [그림 9.5]에서 무역자유화 전에 이 국가는 생산가능곡선상의 C점에서 생산하고 오염배출량은 W_0수준에 있었다. 무역자유화가 이루어지면 생산가능곡선상의 C점에서 F점으로 생산이 이동함과 동시에 오염배출함수는 $W = e_0X$에서 $W' = e_1X$로 회전하여 X재 생산량은 감소하고 Y재 생산량은 증가한다. X재의 수입으로 오염배출의 유발수요가 감소하지만 배출권총량이 고정되어 있기 때문에 배출권가격이 하락하고 오염배출량은 무역자유화 이전과 변함없이 W_0로 유지된다. 무역자유화가 생산자들이 클린재화 생산으로 이동하도록 함으로써 환경에 긍정적인 영향을 주지만 이러한 효과는 생산자들이 오염밀도를 증가시키는 기술을 사용하도록 하는 부정적 기술효과에 의해 완전 상쇄된다.

X재에 비교우위가 있고 Y재를 수입하는 국가에서 무역자유화는 Y재 생산량을 감소하도록 하고 X재 생산량이 증가하도록 함으로써 오염배출에 대한 유발수요가 증가한다. 그러나 배출권총량이 고정되어 있기 때문에 배출권가격이 상승하고 오염밀도를 감소하는 기술효과가 유발수요증가를 완전 상쇄한다.

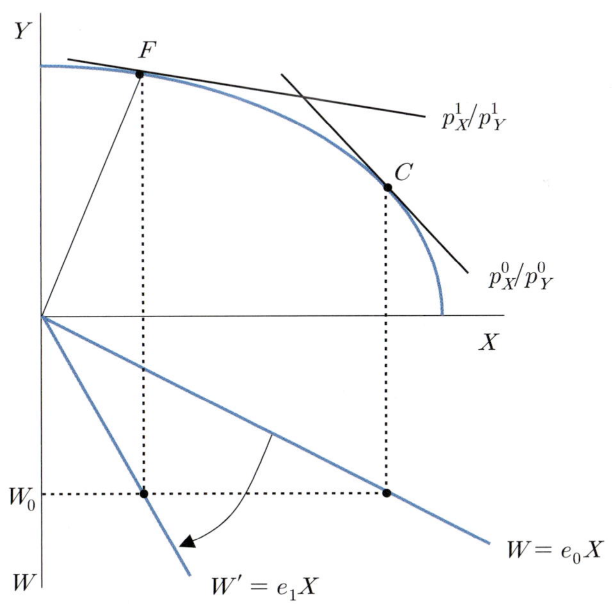

[그림 9.5] 고정 배출권총량 규제와 무역자유화의 효과

배출권총량 고정 환경규제정책 하에서 무역자유화는 오염배출량에 변화를 주지 않기 때문에 오염재화인 X재의 수입국이든 수출국이든 교역증가로 인해 후생이 증가하도록 한다.

2) 신축적 환경규제

무역자유화에 따른 변화에 대응하여 환경규제정책이 오염배출의 한계편익과 한계비용이 일치하도록 신축적으로 조정되는 경우 무역자유화로 두 재화의 국내 상대가격이 변화하면 소득효과와 대체효과를 발생시킨다.

무역자유화가 실질소득을 증가하도록 하고 환경질이 정상재이기 때문에 소득효과는 오염배출의 한계비용(한계외부비용)함수를 왼쪽으로 이동하도록 함으로써 오염재화인 X재의 수입국이든 수출국이든 오염배출량을 감소하도록 한다. 얼마나 오염배출량이 감소할 것인지는 소득에 대해 한계외부비용이 얼마나 민감하게 반응하는지(즉, 소득탄력성의 크기)에 달려있다.

대체효과는 오염재화 X의 수입국과 수출국에 반대방향으로 작용한다. 수출국의 경우 무역자유화로 X재의 상대가격이 상승하면 생산자의 오염배출의 한계편익이 증가하기 때문에 X재 생산량은 증가하고 따라서 오염배출량을 증가하도록 하는 대체효과가 작용한다. X재의 가격상승은 환경질의 기회비용에 비해 전반적인 소비자물가를 상승하도록 하기 때문에 소비자의 환경질에 대한 수요가 증가하여 소비에서는 오염배출량을 줄이도록 하는 대체효과가 작용한다. 선호와 생산기술에 따라 순대체효과의 부호가 달라지겠지만 일반적으로 생산자의 대체효과가 소비자의 대체효과를 압도하여 X재 수출국의 대체효과는 오염배출량이 증가하도록 하고 X재 수입국의 대체효과는 오염배출량을 감소하도록 한다 (Copeland and Taylor, 2004).

대체효과와 소득효과를 종합하면 오염재화의 수입국은 무역자유화의 소득효과와 대체효과 둘 다 오염배출량이 줄어들도록 하기 때문에 오염배출량이 감소한다. 반면 오염재화의 수출국은 대체효과와 소득효과가 반대 방향으로 작용하기 때문에 오염배출량이 증가할지 감소할지 알 수 없다. 만일 한계외부비용에 대한 소득탄력성이 작으면 대체효과가 소득효과를 압도하여 오염재화 수출국의 오염배출량은 증가할 것이다. 그러나 한계외부비용에 대한 소득탄력성이 크면 소득효과가 대체효과를 압도하여 오염재화 수출국의 오염배출량은 감소할 것이다.

신축적 환경규제하에서 무역자유화는 오염배출에 대해 효율적 규제가 작동하도록 하기 때문에 이 부문에서 후생변화는 없고 오로지 교역증가로 인해 소득이 증가하기 때문에 전체적으로 후생이 증가한다.

9.2.3 오염천국가설과 요소부존량가설

소국개방경제에서 무역자유화가 환경에 미치는 영향은 구성효과가 핵심적 역할을 하는 것을 살펴보았는데 구성효과는 국가의 비교우위에 의존하기 때문에 무역자유화로 어느 국가가 오염산업을 유치할 것인지가 중요 관심사가 된다. 이에 대해서는 2개의 경쟁적 가설, 즉 오염천국가설(pollution heaven hypothesis)과 요소부존량가설(factor endowment hypothesis)이 대립한다. 오염천국가설은 저소득 국가가 환경규제기준이 낮고 이러한 낮은 환경규제기준으로 인해 오염산업에 특화한다는 것이다. 요소부존량가설은 환경규제정책이 무역패턴에 영향을 미치지 않고 요소부존량 또는 기술이 무역패턴을 결정한다는 것이다.

이하에서는 Copeland and Taylor(1994, 2004)의 상대적 수요-공급 모형을 토대로 오염천국가설과 요소부존량가설을 비교한다. X/Y에 대한 상대 수요 RD는 상대가격 $rp = p_X/p_Y$의 함수로 rp가 상승(하락)하면 감소(증가)한다. 두 나라의 선호가 동일하다고 가정하면 각 국의 RD는 동일하다. 국가마다 환경규제정책이나 요소부존량이 다르기 때문에 각 국은 서로 다른 상대공급 RS를 갖는다. RS는 다음과 같이 쓸 수 있다.

$$RS = \frac{X(rp, t, K/L)}{Y(rp, t, K/L)} \tag{9.3}$$

여기서 t는 환경세율(또는 배출부과금율), K는 자본, L은 효율적 노동(effective labor)을 나타낸다. RS곡선은 rp에 대해 양의 기울기를 갖으며 RD와 RS가 교차하는 지점에서 각 국의 폐쇄경제(autarky)일 때의 균형 상대가격이 결정된다.

1) 오염천국가설

선진국(North)은 개발도상국(South)에 비해 근로자의 숙련도가 높지만(즉, L의 규모가 상대적으로 크지만) K/L의 비율은 선진국과 개발도상국이 동일하다고 가정하자. K/L가 동일하기 때문에 요소부존량의 차이에 의한 무역은 발생하지 않는다. L의 규모가 상대적으로 큰 선진국은 개발도상국에 비해 소득이 높기 때문에 주어진 재화의 가격에 대해 더 높은 환경세율을 부과한다. 환경규제기관은 환경규제정책을 소득변화에 따라 내생적으로 조정하지만 환경규제정책을 교역조건을 변경하기 위한 전략적 수단으로 사용하지는 않는다고 가정한다.

[그림 9.6]에서 rq는 X/Y, RS^N은 선진국의 RS곡선, RS^S는 개발도상국의 RS곡선을 나타낸다. 선진국의 환경세 t^N이 개발도상국의 환경세 t^S보다 높기 때문에 모든 rp에 대해 RS^N이 RS^S의 좌측에 위치하며 폐쇄경제에서 선진국의 상대가격 rp_A^N이 개발도상국의 상대가격 rp_A^S보다 높다. 선진국의 높은 소득은 클린재화에 비교우위를 가지게 하고 후진국의 낮은 소득은 오염재화에 비교우위를 가지게 한다. 세계 RS^W와 RD가 교차하는 지점에서 국제시장가격이 rp_T가 되고 무역자유화로 교역이 시작되면 개발도상국은 오염재화를 수출하고 클린재화를 수입하며 선진국은 클린재화를 수출하고 오염재화를 수입함으로써 개발도상국은 오염천국이 된다.

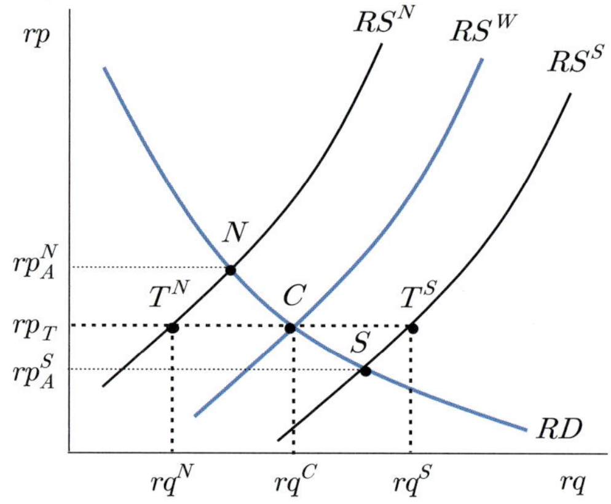

[그림 9.6] 오염천국가설하의 무역자유화의 효과

무역자유화로 선진국의 오염산업은 개발도상국으로 이전하고 소득증가에 따라 환경규제는 더욱 강화되기 때문에 선진국의 오염배출량은 감소한다. 무역자유화로 인한 소득효과가 강하지 않으면 소득효과보다 대체효과가 더 크기 때문에 개발도상국의 오염배출량은 증가할 것이다. 또한 소득효과가 강하지 않으면 오염산업이 환경규제정책이 약한 개발도상국으로 이동하기 때문에 무역자유화로 인해 세계 오염배출량도 증가할 수 있다. 그러나 소득변화에 따라 선진국과 개발도상국의 환경규제정책은 오염으로 인한 외부효과를 완전히 내재화하기 때

문에 무역자유화에 따라 양국 모두 후생이 증가한다.

2) 요소부존량가설

오염천국가설의 약점은 국제무역이 단지 환경규제기준의 차이에 의해서만 발생한다고 가정하는 것이다. 요소부존량가설은 전통적 무역이론에서와 같이 상대적으로 풍부한 요소로 만든 재화에 특화한다는 것이다. 요소부존량에 초점을 맞추기 위해 선진국과 개발도상국 양국의 환경세율은 동일하고 내생적으로 변화하지 않으며 $(K/L)^N > (K/L)^S$로 선진국이 개발도상국에 비해 상대적으로 자본이 풍부한 것으로 가정하자.

[그림 9.7]에서 X재는 자본집약적이기 때문에 RS^N가 RS^S보다 우측에 위치한다. 폐쇄경제에서 선진국의 상대가격 rp_A^N은 개발도상국의 상대가격 rp_A^S보다 낮다. 무역자유화로 교역이 시작되면 자본이 풍부한 선진국은 오염재화에 특화하여 개발도상국에 이를 수출한다. 선진국의 오염배출량은 증가하고 자본이 희소한 개발도상국의 오염배출량은 감소한다.

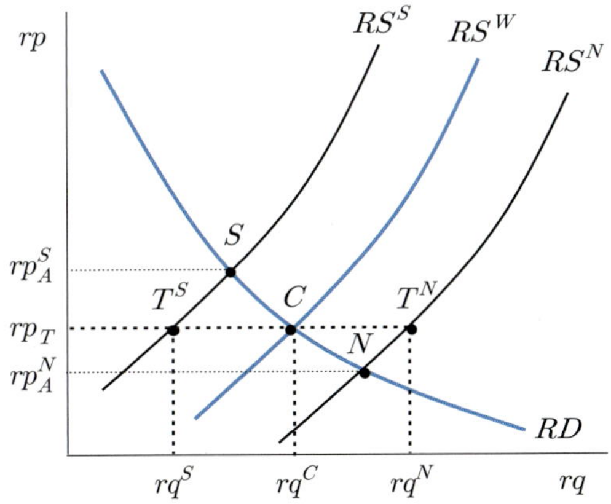

[그림 9.7] 요소부존량가설하의 무역자유화의 효과

요소부존량가설은 결국 상대적으로 자본이 풍부한 국가는 무역자유화로 오염배출량이 증가하고 효율적 노동이 풍부한 국가는 무역자유화로 오염배출량이 감소한다는 것을 시사한다.

3) 오염천국가설과 요소부존량가설의 결합

국가간에 요소부존량도 다르고 환경규제정책도 다를 수 있다. 일반적으로 선진국이 개발도상국에 비해 상대적으로 자본이 풍부하고 더 엄격한 환경규제기준을 가지는 경향이 있다. 선진국의 보다 더 엄격한 환경규제정책은 오염재화의 수입국이 되도록 할 것이지만 자본의 상대적 풍부성은 오염재화의 수출국이 되도록 할 것이기 때문에 2개의 영향 중 어느 것이 더 강한지에 따라 무역패턴도 달라진다.

만일 상대적 요소부존량은 동일하지만 선진국이 개발도상국보다 더 소득이 높으면 오염천국가설의 효과가 지배적이게 되어 선진국은 오염재화의 수입국이 되고 개발도상국은 수출국이 된다. 그러나 상대적 소득격차를 상대적 요소부존량이 압도하는 경우에는 선진국이 더 엄격한 환경규제정책을 가지더라도 오염재화의 수출국이 되고 개발도상국은 수입국이 된다. 따라서 만일 선진국이 상대적으로 자본을 풍부하게 보유하고 있고 오염배출의 한계피해에 대한 소득탄력성이 높지 않으면 무역자유화는 선진국의 오염배출량을 증가하고 개발도상국의 오염배출량이 감소하도록 한다는 것을 의미한다. 그러나 만일 선진국에서 소득탄력성이 충분히 높으면 무역자유화는 개발도상국뿐만 아니라 선진국도 오염배출량이 감소하도록 한다. 오염산업이 환경규제가 약한 개발도상국에서 규제가 강한 선진국으로 이동하기 때문에 세계적 구성효과로 인해 세계 오염배출량은 감소한다.

4) 실증적 증거

오염천국가설이 맞는지를 보려면 환경규제정책의 차이가 무역자유화에 의한 재화의 흐름이나 기업의 공장입지결정에 영향을 미치는지를 검증하거나 무역자유화가 개발도상국의 오염수준을 증가하고 선진국의 오염수준을 감소하도록 하는지에 대한 검증이 요구된다. 요소부존량가설은 무역자유화가 자본이 부족한 국가로부터 자본이 풍부한 국가로 오염재화의 생산이 재배치되는지를 검증하거나 오염수준이 자본이 부족한 국가에서 감소하고 자본이 풍부한 국가에서 증가하는지에 대한 검증이 요구된다.

이러한 실증분석을 수행하는 데 있어서 직면하는 주요 문제 중의 하나가 오염 관련 자료가 부족하다는 것이다. 완전하지는 않지만 대안적인 방법으로 미국의 제조업 분야별로 오염밀도, 유독성 밀도, 또는 부가가치 대비 오염저감비용을 산출하여 오염순위를 매긴 자료를 가지고 오염산업의 이동과 오염배출량 추이를 평가한다.[29] 이 자료에 의하면 5대 오염산업은 철강, 비철금속, 공업용 화학물질, 펄프종이, 비금속광물이고 5대 클린산업은 섬유, 비전기식 기계, 전기식 기계, 수송 장비, 기기산업이다.

실증분석에서는 이러한 오염 및 클린 산업분류에 따라 여러 국가의 횡단면 자료를 수집하여 소득격차, 소득증가율, 개방화정도가 오염산업의 산출량에 어떻게 영향을 미치는지를 조사하였으며 일단 오염천국가설을 지지하는 결과를 제시하였다.[30] 그러나 오염수준이 아닌 오염산업의 산출량을 종속변수로 사용하는 실증분석은 어느 국가의 산출량 구성의 변화가 환경질 변화에 반응하는 것으로 가정한다는 점에서 문제가 있다. 단기적으로 오염밀도가 고정되는 경우를 제외하고 산출량 구성의 변화는 오염수준의 결과하고는 아무런 관련이 없다. 오염산업의 산출량을 종속변수로 사용하는 방식의 또 다른 문제점은 국가의 산출량 구성이 여러 요인에 의해 영향을 받는데 산출량 구성의 변화가 다른 국내적 요인보다는 오염천국가설에 의한 무역자유화의 효과인 것으로 해석하게 되는 오류를 범할 수 있다는 점이다.

세계 오염재화 생산에서 OECD 국가들이 차지하는 비중이 90%가 넘고, 오염천국가설에 의하면 선진국에서 오염재화의 가격이 상승해야 하는데 그렇지 않다는 점, 개방화한 개발도상국이 폐쇄경제인 개발도상국에 비해 클린산업의 비중이 더 높다는 점 등을 고려할 때 요소부존량가설에 보다 더 관심을 기울일 필요가 있다.[31]

29) 오염순위자료는 Mani and Wheeler(1997)가 제시하였다.

30) 오염천국가설을 지지하는 실증분석결과로는 Lucas, Wheeler, and Hettige(1992), Ratnayake(1998), Xu(1999)가 있다.

31) Low and Yeats(1992), Birdsall and Wheeler(1992), Copeland and Taylor(2004)는 요소부존량가설에 보다 더 초점을 맞추어야한다고 주장한다.

9.2.4 환경규제의 강화와 국제경쟁력

오염천국가설과 밀접한 관련이 있는 주제 중의 하나는 환경규제정책의 강화가 오염산업의 국제경쟁력을 약화시키고 환경규제가 약한 국가로 이동하도록 할 것인가의 문제이다. 즉, 환경규제정책이 국제무역 패턴, 해외투자, 공장입지결정에 영향을 미칠 것인가에 관한 것이다.

포터(Porter, 1991)는 환경규제의 강화가 오히려 오염재화의 생산기업에 강한 경제적 유인을 제공하여 기업의 생산성을 향상시키고 규제에 의한 단기 사적비용의 증가를 뛰어넘는 혁신을 조장함으로써 오염산업의 국제경쟁력을 더욱 강화하고 오염산업의 순수출을 증가하도록 한다는 이른바 "포터의 가설"을 발표하였다. 포터의 가설은 강한 환경규제를 받는 기업들의 성공사례를 제시하는 것에 의해 주로 지지되었으며, 환경규제가 강화됨에 따라 기업들이 그동안 인식하지 못하고 있는 새로운 기회를 찾아내 긍정적으로 반응하는 것을 윈-윈 상황이 가능한 주요 요인으로 제시하였다. 즉, 환경규제를 통한 외부충격이 기업의 비효율성을 제거하고 생산가능곡선의 내부에서 생산가능곡선상으로 이동해서 생산할 수 있도록 해준다는 것이다.

포터의 가설을 비판하는 쪽에서는 합리적인 의사결정을 하는 기업들이 만일 비효율성이 있었다면 이를 스스로 제거하여 이득을 보았을 것이기 때문에 합리적 경제모형 하에서 환경규제가 비효율성을 제거하는 충격을 준다는 것을 설명할 수 없다고 주장한다. 또한 합리적인 기업들이 환경기술이 많은 이득을 줄 것이라는 것을 알았다면 환경규제가 강화되기 이전에 미리 이러한 기술을 개발하지 않았을 이유가 없다고 주장한다. 이에 대해 포터의 가설을 옹호하는 사람들은 상당한 비용을 지불하면서 기업들이 외부 컨설팅을 받아들이는 것에서 볼 때 기업들이 항상 합리적이고 효율적인가에 대해 의문을 제기한다.

포터의 가설에 대한 찬반의 논쟁 중에서 환경규제의 강화가 국제경쟁력을 악화시키지도 않지만 포터의 가설과 같은 윈-윈 상황도 되지 않는다는 중립적인 주장도 제기된다(Xepapadeas and Zeeuw, 1999). 환경규제의 강화로 인한 조세부담과 투자와 생산의 감소가 기업에 이득이 되지는 않지만 이러한 부정적인 효과는 생산 감소로 인한 가격상승, 자본 현대화에 따른 자본스톡의 생산성 향상, 그리고 오염배출량의 감소에 따른 조세부담의 경감에 의해 상쇄된다는 것이다.

1990년대 후반까지의 실증분석 결과들에 의하면 환경규제의 차이가 순수출에 영향을 미치지 않았으며 기업들의 공장입지를 결정하는 데도 유의한 영향을 주지 않는 것으로 조사되고 있다.[32] 환경규제의 강화가 순수출, 공장입지 결정에 영향을 미치지 않는 것으로 나타나는 것은 기업의 전체 생산비용에서 차지하는 오염저감비용의 비중이 미미하거나, 국제무역이 국가간의 한계오염저감비용의 격차를 완화하도록 함으로써 환경규제정책이 무역패턴에 미치는 영향을 확인하기 어렵도록 하기 때문인 것으로 평가된다.

그러나 이후 연구에서는 이전 연구들이 오염저감비용과 측정되지 않은 산업특성과의 내생성 문제를 간과했기 때문에 실증분석결과가 왜곡되었음을 밝히고 있다.

첫째, 자본이 상대적으로 풍부한 국가의 산출량 규모가 증가하면 오염재화에 대한 수입이 감소하는 동시에 오염배출의 한계편익(한계오염저감비용)의 증가로 환경오염압력이 강화되기 때문에 환경세가 상승하게 된다. 즉, 오염저감비용과 오염재화의 수입 간에 역의 상관관계가 발생한다는 것이다.

둘째, 오염산업이 자연자원(예를 들어, 화석연료) 집약산업이라는 점이다. 자연자원 집약적이라는 것은 오염재화의 생산에 따른 오염배출의 한계편익이 일반적인 경우보다 더 크기 때문에 더 높은 환경규제를 요구하며 동시에 일반적인 경우보다 국내 오염재화 생산에서 비교우위가 더 크기 때문에 수입을 더욱 감소하도록 한다.

셋째, 시멘트 산업과 같이 수송비용이 상대적으로 높은 오염재화 산업은 수송비용이 외국으로부터 재화의 수입을 억제하는 자연적인 무역장벽으로 기능한다. 이 재화의 국내 가격이 수입되는 재화의 국제가격보다 높기 때문에 수송비용은 오염배출의 한계편익을 증가하도록 함으로써 환경규제를 강화하도록 하는 한편 높은 수송비용으로 인해 재화의 수입이 억제되기 때문에 오염저감비용과 오염재화의 수입 간에 역의 상관관계가 발생한다는 것이다.

넷째, 정부가 정치적 동기에 의해 관세인하 등의 무역자유화로 인해 피해를

---

32) Kalt(1988), McConnell and Schwab(1990), Tobey(1990), Friedman et al.(1992), Grossman and Krueger(1993), Jaffe, Peterson, Portney, and Stavins(1995) 등 다수의 실증분석결과가 이를 지지한다.

볼 수 있는 오염산업의 국제경쟁력을 유지하기 위해 환경규제를 완화하는 정책, 즉 무역과 환경규제를 연계시키는 정책을 사용할 수 있다는 것이다.

산업규모, 산업특성, 자연자원집약도, 정치적 동기와 같이 내생성 문제를 일으키는 요인들을 통제하고 실증분석한 결과에서는 오염저감비용의 상승이 통계적으로 유의하게 순수출을 감소시키는 것으로 나타났다.[33] 즉, 환경규제의 강화는 국제경쟁력을 악화시키는 것으로 조사되었다.

9.2.5 국제무역과 비월경성 오염의 규제

제6장에서는 폐쇄경제에서 최적 오염수준을 달성하기 위한 환경규제정책에 대해 살펴봤다. 여기에서는 개방경제에서 자국의 생산과정에서 배출되는 오염이 국내에만 피해를 주고 외국에는 영향을 주지 않는 경우의 환경규제에 대해 살펴본다.[34]

1) 수출국

오염재화의 수출국에서 자국에서 발생하는 외부효과를 내재화하기 위해 환경세를 부과하는 경우를 살펴보자. [그림 9.8]에서 MPC는 기업의 사적 한계비용곡선, MSC는 외부비용을 포함한 사회적 한계비용곡선이다. 환경세 부과 전의 초기 국제가격은 p_f로 국내 생산자의 재화 생산량은 q_0이다. 외부효과를 내재화하기 위해 재화 한 단위당 t만큼의 환경세가 부과되었을 때 이 나라가 소국이면 국제가격은 p_f로 유지되고, 국내 생산자의 재화 생산량은 q_1으로 감소하며, 생산자가 받는 가격은 $p_p = p_f - t$가 된다. 소비자는 환경세 부과 전이나 후나 p_f를 지불하고 소비량에 변화가 없기 때문에 소비자잉여의 변화는 없다. 환경세 부과 전에 p_f가격에 q_0를 판매하던 생산자는 환경세 부과 후 p_p가격에 q_1을 판매해서 생산자잉여는 면적 $b+c+e+f+g+h+j+k+n$만큼 감소한다. 환경세 부과

---

33) Levinson(1996), Kahn(1997), Becker and Henderson(2000), Greenstone(2002), Levinson and Taylor(2002), Ederington and Minier(2003)은 내생성 문제를 통제했을 때 환경규제의 강화가 순수출을 감소시키거나 공장입지결정에 부정적인 영향을 준다는 실증분석 결과를 제시하였다.

34) 비월경성 오염의 규제에 대해 상세한 것은 Krutilla(1999)를 참조하라.

로 인한 조세수입은 면적 $b+c+e+f+g+h$이며 생산량 감소로 인한 외부비용 감소의 편익은 면적 $i+j+k+l+m+n$이 된다. 따라서 환경세 부과로 면적 $i+l+m$만큼의 후생이 증가한다. t는 사회적 후생을 극대화하는 최적의 조세 수준이 된다.

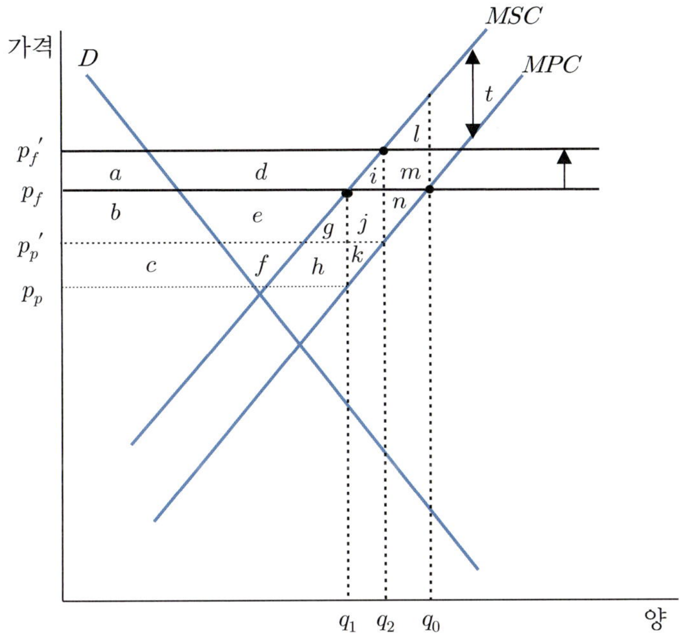

[그림 9.8] 비월경성 오염에 대한 환경세 부과의 효과(수출국)

이제 수출국이 국제시장가격에 영향을 미칠 수 있는 대국이라고 가정하자. 이 경우 환경세 부과로 생산량(수출량)이 감소하면 국제시장에서 공급 감소로 국제가격이 p_f에서 p_f'로 상승한다. 국내 생산자의 재화 생산량은 q_0에서 q_2로 감소하고 생산자가 받는 가격은 $p_p' = p_f' - t$가 된다. 환경세부과로 소비자는 더 높은 가격에 더 적게 소비함으로써 면적 a만큼의 소비자잉여가 감소한다. 생산자잉여는 면적 $b+e+g+j+n$만큼 감소한다. 환경세 부과에 따른 정부의 조세수입은 면적 $a+b+d+e+g+i+j$이며 외부비용감소의 편익은 면적 $l+m+n$이다. 따라서 환경세 부과로 면적 $d+i+l+m$만큼의 후생이 증가한다. t보다 더 높은 환경세의 부과는 국제가격을 p_f' 이상으로 올릴 수 있고 d의 면적을 더 크게 할 수 있기 때문에 사회적 후생을 극대화하는 최적 조세수준은 t보다 더 높아야한다.

2) 수입국

오염재화의 수입국에서 자국의 생산과정에서 발생하는 외부효과를 내재화하기 위해 환경세를 부과하는 경우를 살펴보자. [그림 9.9]에서 수입국이 소국일 때 t만큼의 환경세를 부과하면 국제가격은 p_f로 유지되고, 국내생산자의 재화 생산량은 q_0에서 q_1으로 감소하며, 생산자가 받는 가격은 $p_p = p_f - t$가 된다. 소비자잉여는 변화가 없고 생산자잉여는 면적 $b+c+e+f+i$만큼 감소한다. 국가의 조세수입은 면적 $b+c$이며 외부비용감소의 편익은 면적 $d+e+f+g+h+i$이다. 따라서 환경세 부과로 면적 $d+g+h$만큼의 후생이 증가하며 t는 최적의 조세수준이 된다.

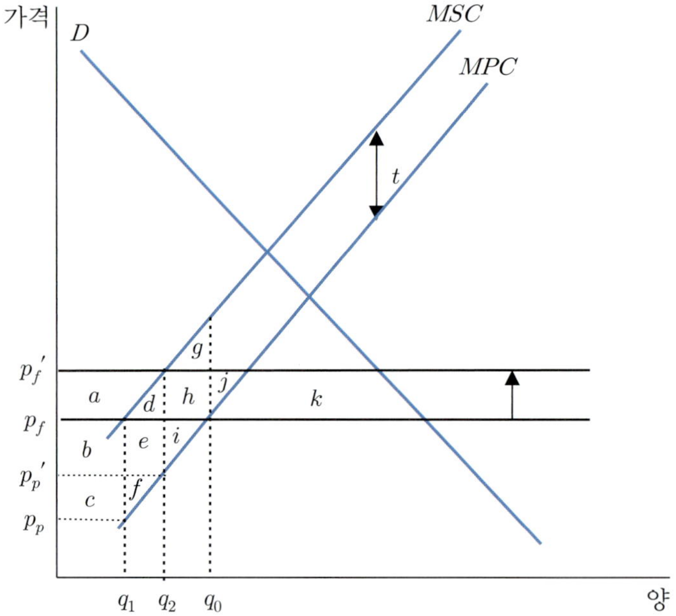

[그림 9.9] 비월경성 오염에 대한 환경세 부과의 효과(수입국)

수입국이 대국인 경우 환경세를 부과하면 국내 생산량이 감소하고 수입량이 증가하기 때문에 국제시장에서 수요 증가로 국제가격이 상승한다. [그림 9.9]에서 t만큼의 환경세가 부과되면 국제가격은 p_f에서 $p_f{}'$로 상승하고 국내 생산량은 q_0에서 q_2로 감소하며 생산자가 받는 가격은 $p_p{}' = p_f{}' - t$가 된다. 환경세 부과로 소비자잉여는 면적 $a+d+h+j+k$만큼 감소하고 생산자잉여는 면적 $b+e+i$만큼 감소한다. 정부의 조세수입은 면적 $a+b+d+e$이고 외부비용감소의 편익은 면적 $g+h+i$이다. 따라서 환경세 부과로 인해 면적 $g-(j+k)$만큼의 후생손실이 발생한다. t보다 낮은 환경세를 부과하면 국제가격이 $p_f{}'$보다 적게 상승하고 $g-(j+k)$의 크기가 감소하기 때문에 최적 조세액은 t보다 낮은 수준이 되어야한다.

환경·에너지 경제학

제10장 기후변화와 국제협력

환경·에너지 경제학

CHAPTER

10 기후변화와 국제협력

10.1 인간활동과 지구온난화

10.1.1 산업혁명과 온실가스 배출

건조 상태의 대기는 질소 78.08%, 산소 20.95%, 아르곤 0.93%, 수증기와 이산화탄소, 메탄, 오존 등의 미세한 온실가스로 구성되어있다. 태양에서 가시광선의 형태로 지구에 도달하는 복사에너지는 1제곱미터 당 235와트로 이 중 28.5%인 67와트는 대기로 즉각 방출되고 나머지 71.5%인 168와트는 지표면에 도달한다. 지구에 흡수되는 에너지의 양과 균형을 이루기 위해 지표면의 모든 것들은 390와트의 장파복사를 방출한다. 유리로 덮인 온실이 태양광선의 투과 후 내부에서 방출되는 복사에너지가 밖으로 빠져나가는 것을 일부 차단하여 내부를 따뜻하게 하는 것처럼 대기 중의 온실가스가 장파복사의 대부분인 350와트를 흡수하여 대기와 지표면으로 재방출을 함으로써 지표면과 대기를 따뜻하게 하여 지구에서 인간과 생물이 살아가기 적합한 기온을 유지할 수 있도록 해준다. 지구온난화(global warming)는 인간의 경제활동으로 배출된 온실가스가 자연 상태 이상으로 온실가스층을 두터워지게 함으로써 지구 기온을 정상보다 높게 만들고 해수면 상승과 기상이변 등의 피해를 유발시키는 현상을 의미한다.

인구론에서 맬서스의 매우 비관적인 전망에도 불구하고 18세기 중반부터 시작된 산업혁명은 농업생산성을 급속히 증가시켜 인류가 기아와 빈곤에서 벗어나도록 하였다. [그림 10.1]은 기원 후부터 현재와 2050년에 이르는 인구추이와 전망을 나타낸다. 서기 1년 세계 인구는 약 3억명이었으며 2배인 6억명이 되는 데는 1,500년 이상이 소요되었다. 그러나 산업혁명 초기인 1750년의 7.9억명의 인구에서 2배인 16억명의 인구가 되는 데는 150년이 채 걸리지 않았다. 세계 인구는 더욱 가파르게 증가하여 2000년에는 61.5억명, 2015년에는 73.8억명이 되었으며, 2050년에는 98억명에 이를 것으로 전망된다. 의료기술의 발달, 의료시설의 확충, 위생관리의 증대 등의 요인을 감안하더라도 산업혁명 이후 이렇게 세계인구가 급속히 증가하게 된 배경에는 식량생산의 대폭적인 증대가 있다.

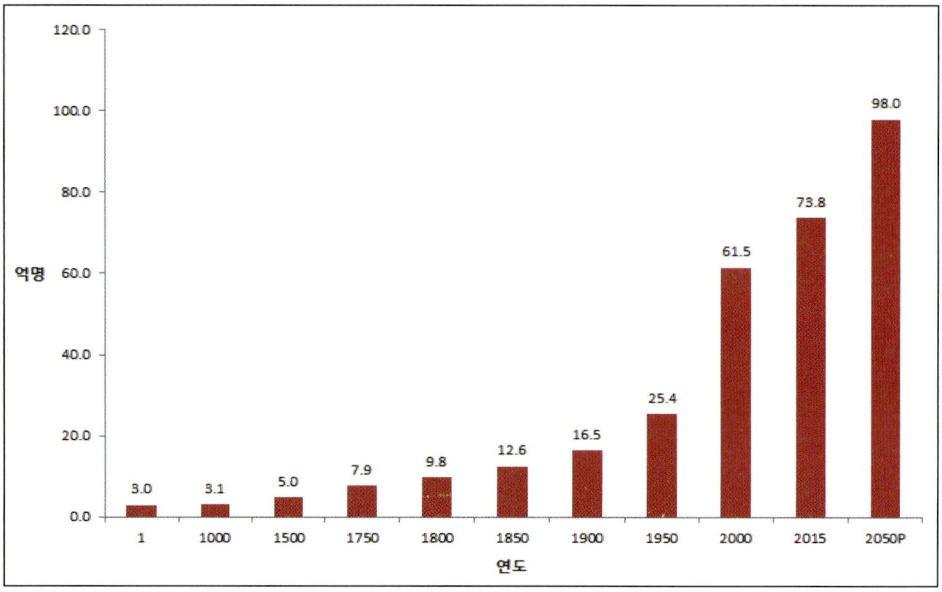

[그림 10.1] 세계인구 추이

자료: 서기 1~1900년은 유엔(1999년), 1950이후는 유엔(2017년)의 예측치 임

산업혁명은 중심 산업이 농업에서 제조업으로 옮겨가도록 하고 산업화에 성공한 국가와 그렇지 않은 국가 간에 소득격차를 심화시키는 혁명적인 변화를 가져왔다. 과학과 기술의 발전으로 사회간접자본시설이 대폭 확충되었으나 자연재해에 취약한 지역에 사람들이 이주해 살도록 허용하고 도시슬럼가에 사람들이 거주하도록 함으로써 기상이변에 많은 생명과 재산이 노출되도록 하는 등 부정적인 영향도 확대되었다.

산업혁명은 환경에 많은 부정적인 영향을 미쳤다. 벌목과 무분별한 개발로 환경훼손이 심화되었으며 석탄, 석유 등 화석연료의 생산요소로의 이용과 난방, 수송, 전력생산을 위한 에너지원으로의 활용이 본격화되고 소, 돼지 등의 축산 사육두수가 급증하면서 이산화탄소, 메탄 등의 온실가스 배출량이 급속히 증가하였다. [그림 10.2]에서 보는 바와 같이 세계 이산화탄소배출량은 1751년 300만 톤에서 2014년 98.6억톤으로 수천 배가 증가하였다.

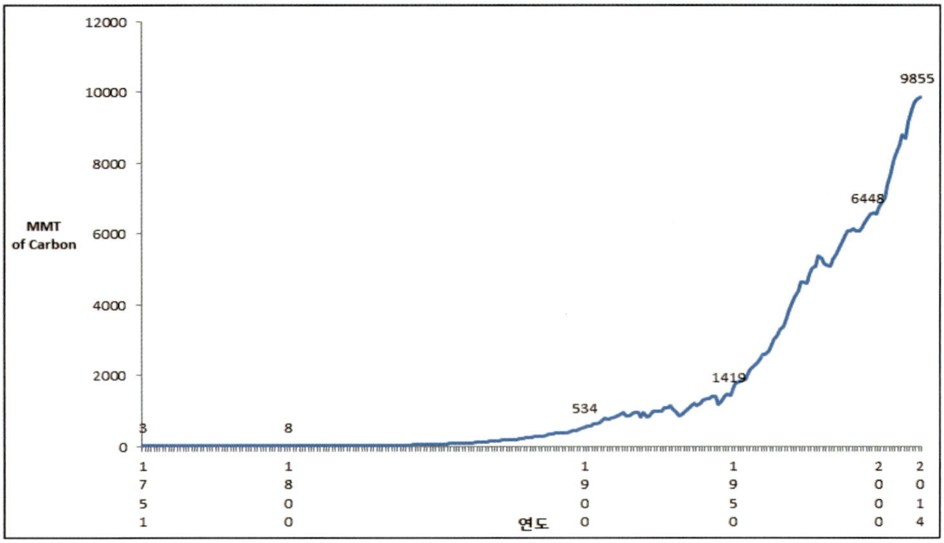

주: 화석연료, 시멘트생산, 가스분출과 관련된 것만 포함하며 토지이용과 벙커유 사용에 따른 이산화탄소 배출량은 배제되었고 탄소 배출량에 3.67을 곱하면 이산화탄소 배출량으로 전환할 수 있음.

[그림 10.2] 세계 이산화탄소 배출량 추이

자료: 미국 에너지부 이산화탄소 정보분석센터(CDIAC)

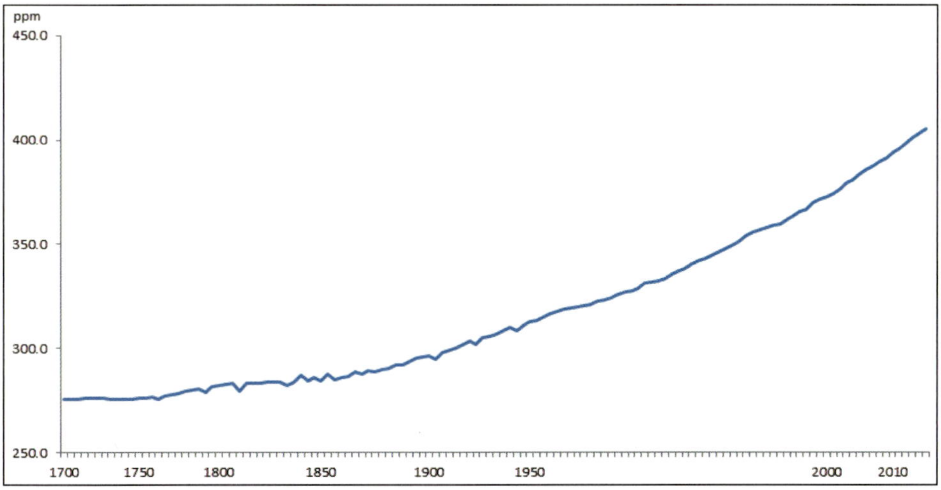

주: 1959년 이전에는 얼음 핵(ice core) 연구 자료이고 1959년부터는 실제 관측치 임

[그림 10.3] 대기 이산화탄소 농도 추이

자료: 미국환경청(USEPA)

이산화탄소배출량의 급증과 함께 대기 이산화탄소 농도는 같은 기간 280ppm에서 397ppm으로 약 42%가 증가하였다(그림 10.3). 대기 이산화탄소 농도는 이후에도 계속 증가하여 2019년 2월 현재에는 412ppm에 이르는 것으로 조사되고 있다(NOAA-ESRL). 메탄의 대기농도는 산업혁명 전 700ppb에서 2015년에는 1,800ppb로 157%, 아산화질소의 대기농도는 같은 기간 270ppb에서 328ppb로 21.5%가 증가하였다.[35)]

그 외에도 산업혁명 이후에는 자연적 상태에서는 존재하지 않았던 염화불화탄소(CFC), 수소화염화불화탄소(HCFC), 할론(Halon) 등과 같은 새로운 화학물질이 등장하였다. 이들 물질은 지구온난화에 기여할 뿐만 아니라 성층권의 오존층을 파괴하는 것으로 알려졌다. 특히, 냉매제로 주로 사용되었던 CFC가 오존층 파괴의 주요물질로 밝혀짐에 따라 1987년 9월 '오존층 파괴물질에 관한 몬트리올의정서'(이하에서는 몬트리올의정서)가 채택되어 CFC 사용은 중단되었으며 CFC는 대체물질인 수소화불화탄소(HFC)로 대체되었다. 그러나 HFC도 오존층 파괴물질로 밝혀지면서 2016년 몬트리올의정서의 수정안이 합의되고 HFC도 단계적으로 사용을 감축하기로 하였다.

10.1.2 인간활동과 기후변화와의 인과관계

산업혁명 이후 세계 기후변화는 평균기온의 상승, 해수면 상승, 빙하 손실, 잦은 기상이변으로 요약된다. 특히, 20세기 후반부터 이러한 현상은 심화된 것으로 평가되고 있다.

[그림 10.4]는 20세기(1901~2000년)의 세계평균기온 대비 각 연도의 세계평균기온의 변화추이를 나타낸다. 1901년부터 1930년대 후반까지는 20세기 평균비온보다 낮았고, 이후 1970년대 후반까지는 20세기 평균기온보다 높기도 하고 낮기도 하는 등의 변동성을 보였으나, 1970년대 후반부터는 20세기 평균기온을 상회하고 있으며 그 정도가 더욱 심화되고 있다.

IPCC의 5차 평가보고서(2013년)에 의하면 1850~1900년 기간 동안과 비교할 때 1951~2010년 기간 동안의 세계평균기온은 섭씨 0.6도~0.7도 상승하였으며

---

35) ppm은 parts per million, ppb는 parts per billion을 나타낸다.

2003~2012년 기간 동안에는 0.72~0.85도가 상승하였다.[36] 또한 해수면은 1901~2010년 기간 동안 0.17~0.21미터 상승하였으며 1971~2009년 기간 동안 세계 빙하 평균 손실률은 연간 91~361Gt에 이르는 것으로 나타났다.

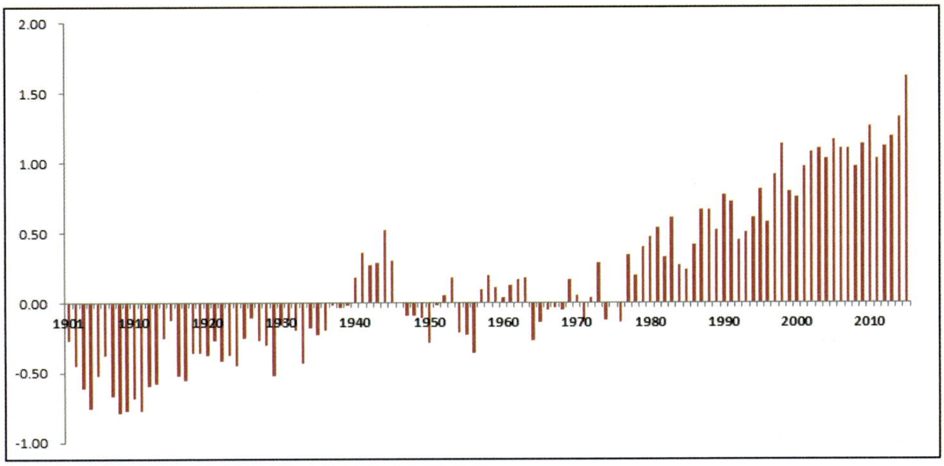

[그림 10.4] 1901~2000년 기간의 평균기온 대비 세계 연평균기온 추이
자료: 미국 해양대기국(NOAA)

산업혁명 이후 인간의 경제활동이 급속히 증가한 것과 동반해서 온실가스배출량이 크게 증가하고 세계평균기온이 상승하고 있기 때문에 인간활동이 지구온난화 또는 기후변화의 원인이라고 생각할 수 있다. 그러나 동반적으로 나타나는 두 가지 현상은 정의 상관관계가 있다는 것이지 인간활동이 기후변화를 야기하고 있다는 인과관계를 입증하고 있는 것은 아니다. 인과관계를 입증하기 위해서는 기후시스템에 영향을 미치는 다른 주요 요인들을 통제하고 인간활동이 기후변화에 영향을 미치고 있는지를 평가해야한다.

과학자들은 인과관계를 규명하기 위해 두 가지 방면으로 연구를 수행하였다. 첫 번째는 산업혁명 이전의 세계평균기온을 복원하여 산업혁명 이후의 기온변화와 비교하는 것이다. 산업혁명 이전에는 인간의 경제활동이 미미하였기 때문에 기온변화가 태양복사 강도와 같은 자연적 현상에 의해 일어난 것으로 볼 수 있

---

36) IPCC는 유엔환경계획과 세계기상학회에 의해 설립된 기후변화 평가를 위한 기관으로 기후변화의 이해와 관련하여 세계에서 발표된 최근의 과학적, 기술적, 사회경제적 정보를 수집하여 평가한다. 스스로 연구를 수행하거나 기상관련 자료를 모니터하지는 않는다.

다. 따라서 산업혁명 이전에도 오늘날의 기온변화와 유사한 형태가 나타났었다면 지구의 긴 역사과정에서 자연적으로 온난화기가 현재 진행되고 있는 것으로 평가할 수 있다. 만일 산업혁명 이전에는 오늘날과 같은 온난화 현상이 없었다면 인간활동이 기후변화에 영향을 미치고 있는 것으로 평가할 수 있다.

산업혁명 이전의 기온에 대한 복원이 필요한 것은 기온이 정상적으로 측정되기 시작한 것은 약 170년 전인 1850년부터이기 때문이다. 과학자들은 빙하에 있는 얼음 핵, 나무 나이테, 산호 등의 관찰자료를 이용하여 과거 기온을 복원한다. 1990년에 발간된 IPCC 1차 평가보고서의 기온 복원에 의하면 서기 1000~1400년대 중반 기간의 중세시대에 지구온난화기가 존재했고 1500~1900년 기간의 시기에는 소빙하기가 존재하는 것으로 평가되고 있어 최근의 온난화가 자연적 과정에 의한 것일 수 있음을 시사하고 있다. 그러나 2001년에 발간된 IPCC 3차 평가보고서의 기온 복원에 의하면 중세시대의 온난화기가 존재하지 않았고 1000~1800년 기간 동안 세계평균기온의 변동성이 매우 약한 것으로 평가되어 최근의 온난화가 인간활동에 의한 것임을 시사하였다.

2007년에 발간된 IPCC 4차 평가보고서에서는 14개의 복원 연구 중 10개가 20세기 동안 북반구의 기온이 과거 1,300년 동안의 어느 시기보다 높은 것으로 평가하고 있다. 또한 최근 연구에 의하면 산업혁명 이전에 세계평균기온의 변동성이 상당히 있었으나 중세 온난화기의 세계평균기온은 20세기 전 기간의 세계평균기온과 비슷하고 1990년 이후의 세계평균기온은 이전 어느 시기보다 높았던 것으로 평가된다(Moberg et al., 2005).

두 번째는 기후시스템에 대한 연구를 통해 인간활동에 의한 기후변화의 크기와 자연적 과정에 의한 기후변화의 크기를 분리해서 비교하는 것이다. 기후변화에 영향을 미치는 각 요인들이 기후변화의 원동력인 에너지 균형에 미치는 크기를 수량적으로 비교하기 위한 지표로는 복사강제력(radiative forcing)을 사용한다. 복사강제력은 성층권의 기온이 복사균형에 재조정되도록 허용한 후에 대류권과 성층권의 경계인 권계면에서의 단위면적당 에너지 변화(W/m^2)로 산출한다. 1750년의 복사강제력을 영으로 설정하고 이후 기간 동안 어느 요인의 복사강제력이 양(+)으로 나타나면 이것은 세계평균기온을 상승시키는 요인으로 평가하고 음(-)으로 나타나면 기온을 하락시키는 요인으로 평가한다.

<표 10.1>은 산업혁명 이후 인간활동에 의한 지구 복사강제력의 변화를 보여주는데 태양복사 강도의 자연적 요인을 제외하고도 인간활동에 의해 복사강제력이 크게 증가한 것을 알 수 있다. 1750년에 비해 1950년에는 복사강제력이 단위면적당(1m^2) 평균 0.57와트가 증가했고 1980년에는 1.25와트, 2011년에는 2.29와트가 증가하여 시간이 경과함에 따라 복사강제력이 더욱 크게 증가하고 있는 것으로 나타났다. 인간활동에 의한 평균 복사강제력 증가의 가장 큰 부분을 차지하는 것은 이산화탄소, 메탄, 아산화질소, 할로카본의 장기잔존 온실가스이며 그 중에서도 이산화탄소에 의한 복사강제력 증가가 1.68로 가장 높다.

〈표 10.1〉 산업혁명 이후 인간활동에 의한 지구 복사강제력의 변화

구분	변화 요인		평균 복사력	신뢰성 수준
자연적과정	태양복사 강도		0.05 (0.00~0.10)	중간
인간활동	장기잔존 온실가스	이산화탄소(CO_2)	1.68 (1.33~2.03)	매우 높음
		메탄(CH_4)	0.97 (0.74~1.20)	높음
		아산화질소(N_2O)	0.17 (0.13~0.21)	매우 높음
		할로카본(CFC 등)	0.18 (0.01~0.35)	높음
	단기잔존 온실가스	일산화탄소(CO)	0.23 (0.16~0.30)	중간
		비메탄휘발성유기물질(NMVOC)	0.10 (0.05~0.15)	중간
		질소산화물(NOx)	-0.15 (-0.34~0.03)	중간
	에어로졸/전구체	광물성먼지, 황산염, 질산염 등	-0.27 (-0.77~0.23)	높음
		에어로졸에 의한 구름조정	-0.55 (-1.33~-0.06)	낮음
	토지사용에 따른 알베도 변화		-0.15 (-0.25~-0.05)	중간
인간활동에 의한 1750년 대비 복사강제력 변화			2011년 2.29 (1.13~3.33) 1980년 1.25 (0.64~1.86) 1950년 0.57 (0.29~0.85)	높음 높음 중간

자료; IPCC, 5차 평가보고서, 2013년

복사강제력 외에도 기후시스템에 영향을 미치는 여러 요인을 비교하는 단순화된 지표로 지구온난화잠재력(global warming potentials: GWP)이 사용된다. GWP는 각 온실가스의 배출이 미래 기후시스템에 미치는 잠재적 영향을 이산화탄소를 기준으로 상대적으로 비교하는 지표로 각 온실가스가 다른 온실가스들에 비해 상대적으로 대기에서 열을 흡수하는 능력을 평가한다.

<표 10.2>는 20년과 100년을 기준으로 주요 온실가스에 대한 GWP를 보여준

다. 100년 기준으로 이산화탄소에 비해 메탄은 34배, 아산화질소는 298배, 수소화불화탄소는 1,550배, 염화불화탄소는 5,350배, 사불화탄소는 7,350배의 GWP를 가지고 있다. 전체적인 방열효과는 GWP뿐만 아니라 전체 배출량수준에도 달려있기 때문에 다른 온실가스들에 비해 GWP가 낮지만 배출량이 압도적으로 많은 이산화탄소가 지구온난화에 대한 기여도가 가장 높다.

〈표 10.2〉 주요 온실가스의 지구온난화잠재력

구분	잔존기간(년)	온난화잠재력(GWP)	
		20년	100년
이산화탄소(CO2)	변동	1	1
메탄(CH4)	12.4	86	34
아산화질소(N2O)	121.0	268	298
수소화불화탄소(HFC-134a)	13.4	3,790	1,550
염화불화탄소(CFC-11)	45.0	7,020	5,350
사불화탄소(CF4)	50,000	4,950	7,350

자료: IPCC, 5차 평가보고서, 2013년

10.1.3 기후변화의 영향과 향후 전망

[그림 10.5]는 지구온난화의 파급 경로를 나타낸다. 토지이용의 변화와 온실가스의 배출은 대기온실가스 농도를 증가시키고 이는 다시 에너지균형에 변화를 일으켜 복사강제력을 증가시킨다. 복사강제력 증가는 대기와 해양의 기온을 상승시킨다. 이러한 기온 상승은 세계 평균기온의 상승과 해수면의 상승으로 이끌고, 강우를 변화시키며, 육지와 해양의 빙하를 녹게 하는 등의 물리적인 기후변화를 야기한다. 물리적인 기후변화는 침수피해, 건물파손, 사회간접자본의 파손, 농작물 생산량 감소 등의 물리적 피해, 생태계 파괴, 동식물의 멸종 등의 생물적 피해, 그리고 질병유발, 심미적 편익의 상실 등의 인간에 대한 직접적인 피해를 야기한다. 물리적 기후변화는 복사강제력를 강화하는 피드백 요인으로도 작용한다.

<표 10.3>은 기후변화가 부문별로 미치는 영향을 정리한 것이다. 기후변화는 생태계의 생물다양성과 재화 및 서비스의 제공기능을 손상시키며 동식물 종의 20~30%를 멸종위기의 위험에 빠트린다. 1~3도 정도의 기온상승은 중위도 및 고

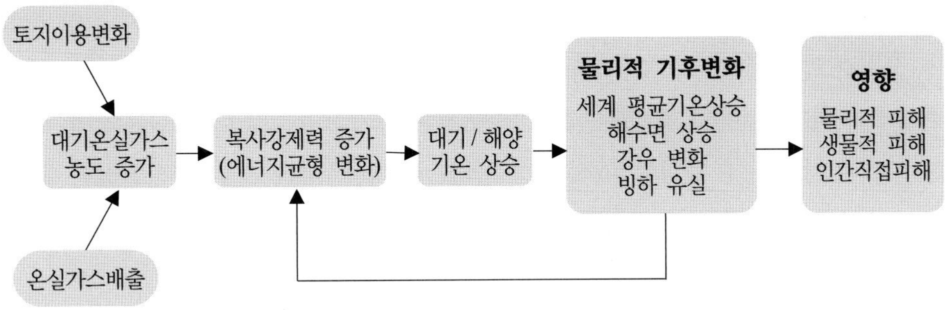

[그림 10.5] 지구온난화의 파급 경로

〈표 10.3〉 지구온난화에 따른 부문별 영향

부문	주요 영향	신뢰도
생태계	• 20~30%의 식물과 동물종의 멸종위기 위험 증가 • 생물다양성과 생태계의 재화/서비스 제공기능 손상	중 상
식량	• 중·고위도 지역에서 1~3도 기온상승은 식량생산증가, 그 이상의 기온상승은 식량 생산 감소 • 저위도 지역에서는 낮은 온도상승에도 식량생산 감소 • 전체적으로 1~3도 온도상승은 식량생산증가 그 이상에서는 감소	중 중 중
해안	• 해안침식위험 증가 • 홍수위험 증가: 현재보다도 수백만 명이 더 홍수를 경험하게 됨	상 상
산업과 지역사회	• 기후민감형 경제, 해변과 강변지역 주거지와 산업이 가장 취약 • 가난한 커뮤니티, 특히 슬럼가가 기후온난화에 취약	중상 중상
건강	• 극한 기후 사상, 전염병, 영양실조에 의한 수백만명의 건강위험 증가 • 한랭지역은 건강에 일부 도움이 되지만 부정적 효과가 더 큼	중상 중상
수자원	• 2050년까지 고위도와 일부 습한 열대지역에서 10~40% 빗물 감소하고 중위도와 건조 열대지역에서는 10~30% 감소 • 준건조지역(지중해연안, 미국서부, 남부 아프리카, 북동 브라질)의 수자원감소 • 담수 시스템의 부정적 영향이 긍정적 영향 압도 • 폭우증가와 가뭄지역 증가	상 상 상 중상

자료: IPCC 4차 평가보고서, 2007년

위도 지역의 식량생산을 증가하지만 그 이상의 기온상승은 이들 지역의 식량생산을 감소하도록 하며 저위도 지역에서는 약간의 기온상승만으로도 식량생산을 감소하도록 한다. 해안의 침식위험과 홍수위험이 증가하며 이러한 위험지역에 위치한 주거지와 산업에 물리적 피해를 증가하도록 한다. 극한 기후로 전염병이 창궐하고 영양실조로 많은 사람이 건강위험에 직면한다. 세계 많은 지역에서 수자원이 부족해지고 폭우와 가뭄을 겪는 지역이 증가한다.

2013년에 발간된 IPCC 5차 평가보고서는 1750년에 비해 복사강제력이 얼마나 변화할 것인지를 기준으로 설정한 RCP2.6, RCP4.5, RCP6.0, RCP8.5의 4개 기후변화 시나리오를 제시하였다. RCP2.6은 산업혁명 전에 비해 복사강제력이 1m^2당 2.6와트, RCP4.5는 4.5와트, RCP6.0은 6.0와트, RCP8.5는 8.5와트가 증가되는 것으로 가정한다.

<표 10.4>는 4개의 시나리오 하에서 2046~2065년 기간과 2081~2100년 기간의 세계 기온과 해수면의 상승 범위와 평균을 보여준다. 2046~2065년 기간에 세계평균기온은 섭씨 1.0~2.0도가 상승하고 세계평균해수면은 0.24~0.30미터가 상승할 것으로 전망된다. 또한 2081~2100년 기간에는 세계평균기온은 섭씨 1.0~3.7도가 상승하고 세계평균해수면은 0.40~0.63미터가 상승할 것으로 전망된다.

〈표 10.4〉 시나리오별 세계평균기온과 해수면의 변화

구분	시나리오	2046~2065년		2081~2100년	
		평균	가능범위	평균	가능범위
기온상승 (℃)	RCP2.6	1.0	0.4~1.6	1.0	0.3~1.7
	RCP4.5	1.4	0.9~2.0	1.8	1.1~2.6
	RCP6.0	1,3	0.8~1.8	2.2	1.4~3.1
	RCP8.5	2.0	1.4~2.6	3.7	2.6~4.8
해수면상승 (m)	RCP2.6	0.24	0.17~0.32	0.40	0.26~0.55
	RCP4.5	0.26	0.19~0.33	0.47	0.32~0.63
	RCP6.0	0.25	0.18~0.32	0.48	0.33~0.63
	RCP8.5	0.30	0.22~0.38	0.63	0.45~0.82

주: RCP는 Representative Concentration Pathways의 약자임
자료: IPCC 5차 평가보고서, 2013년

10.2 기후변화의 후생 영향과 대응

10.2.1 후생 영향

기후변화에 따른 후생 영향을 분석하기 위해서는 온실가스 배출과 기후시스템(복사강제력)과의 관계에 대한 이해가 우선적으로 필요하고 향후 온실가스 배출량 및 대기농도에 대한 정보가 필요하다. 기후변화에 의한 편익과 비용은 여러 기간에 걸쳐 나타나고 시간적으로 불균등하게 배분되기 때문에 동태적인 분석도 요구된다. 기후변화가 지역적, 세계적으로 후생에 미치는 영향을 평가하는 방법으로는 인구, 기술수준, 성장률 등 사회경제적 변수의 변화, 온실가스배출 및 농도의 변화, 기후변화, 부문별 피해에 대한 과학적 및 경제적 연결고리를 동태적으로 분석하는 통합평가모형(integrated assessment model)이 사용된다.[37)]

통합평가모형에 의한 후생 영향의 평가는 먼저 미래 온실가스배출량, 지구온난화의 규모와 패턴, 해수면 상승 규모, 강수량의 변화 등의 기후변화에 대한 가정을 한 다음에 기후변화를 경제적 결과로 전환하는 방식으로 이루어진다. 통합평가모형에서 후생 영향을 산출하는 방식으로는 열거식과 통계적 방식이 있다(Tol, 2009).

열거식은 기후변화가 미치는 물리적 영향에 대한 각각의 자연과학적 분석결과를 시장가격으로 환산하여 합산하는 방식이다. 예를 들어, 기후변화가 농산물 생산량에 미치는 영향에 농산물 가격을 곱하여 액수로 환산한다. 해수면 상승으로 인한 해안침식의 손실을 화폐액수로 환산하며, 건강과 같은 비시장부문에 미치는 영향에 대해서는 기존의 비시장재화에 대한 가치평가에서 얻어진 편익을 이전하는 방식으로 화폐액수로 산출한다. 열거식 방식의 단점은 농산물 재배방식의 변경 등 기후변화에 대해 사람들이 적응하는 것을 반영할 수 없다는 것이다.

통계적 방식은 특정 국가의 구분된 공간에 대해 관찰된 기후와 경제관련 자료를 사용하여 기후변화와 후생 영향과의 관계를 직접적으로 도출하고 이러한

---

37) 주요 통합평가모형으로는 노드하우스(Nordhaus)가 개발한 기후와 경제의 동태적 통합모형(Dynamic Integrated Model of Climate and The Economy: DICE), 톨(Tol)이 개발한 불확실성, 협상, 분배에 관한 기후체제 모형(Climate Framework for Uncertainty, Negotiation, and Distribution: FUND), 호프(Hope)가 개발한 온실효과의 정책적 분석 모형(Policy Analysis of the Greenhouse Effect: PAGE)이 있다.

추세를 연장하여 미래 기후변화에 따른 후생 영향을 평가하는 방식이다. 통계적 방식은 실제 세계에서의 기후와 소득의 차이를 반영하기 때문에 사람들의 기후변화에 대한 적응을 반영하지만 각 지역적 공간의 경제적 차이가 모두 기후변화에 기인하는 것으로 취급하게 되는 문제가 있다. 더구나 해수면 상승이나 이산화탄소의 비료화와 같은 기후변화의 속성은 모든 지역적 공간에 공통적으로 작용한다.

통합평가모형에 의한 주요 후생 영향의 평가결과는 <표 10.5>에 제시된다. 기온상승 시나리오는 일반적으로 1900년보다 대기온실가스 농도가 2배가 되는 시점(2050~2100년)의 세계평균기온의 상승도를 기준으로 한다. 후생에 미치는 영향은 미래 시점에서 총생산(또는 소득) 대비 비율로 측정되는데 −2.95% ~ +2.3%의 범위 내에 있어 극단적인 추정값은 나타나지 않고 있으며 상대적으로 미래 경제에 미치는 영향이 크지 않음을 알 수 있다. 온도상승이 낮은 경우에는 지구온난화가 후생에 긍정적인 영향을 미치며 온도상승이 높아짐에 따라 후생에 부정적인 영향을 미치는 것으로 나타난다. 지구온난화로 최악의 후생영향을 받는 지역은 아프리카, 중국, 인도 등의 개발도상국이고 최상의 후생영향을 받는 지역은 고위도의 동유럽, 러시아와 선진국으로 나타나고 있다.

〈표 10.5〉 통합평가모형에 의한 주요 후생 영향 평가결과

구분	시나리오 (기온상승, ℃)	세계 총생산 (%)	최악의 후생 영향지역(%)	최상의 후생 영향지역(%)
Nordhaus(1994)	3.0	-1.3		
Fankhauser(1995)	2.5	-1.4	중국 (-4.7)	동유럽 (-0.7)
Tol(1995)	2.5	-1.9	아프리카 (-8.7)	동유럽 (-0.3)
Nordhaus & Boyer(2000)	2.5	-1.5	인도 (-4.9)	러시아 (+0.7)
Tol(2002)	1.0	+2.3	아프리카 (-4.1)	서유럽 (+3.7)
Mendelsohn, Dinar & Williams(2006)	2.5 4.0 5.2	0.03 ~ 0.10 -0.01 ~ -0.04 -0.01 ~ -0.13	하위 25% 최빈국 (-8.0)	상위 25% 최부국 (+0.9)
Hope(2006)	2.5	0.9	중국 제외 아시아(-2.6)	동유럽(+0.3)
Nordhaus(2006)	3.0	-0.72 ~ -2.95	아프리카	러시아

<표 10.5>의 연구결과와는 달리 스턴 리뷰(Stern, 2006)는 지구온난화에 의한 기후변화의 장기 영향이 매우 클 것으로 전망하고 있다. 저감대책 없이 현재의 온실가스 배출 추세가 지속되면 시장부문과 비시장부문에서 세계 1인당 소비액의 5~11%가 감소하며 기후변화가 악화되고 있는 최근의 과학적 증거를 감안하면 1인당 소비액은 7~14% 감소할 것으로 전망한다. 이렇게 분석결과의 차이가 큰 이유는 7.2절에서 논의된 바와 같이 기본적으로 후생 영향을 현재가치화 하는 데 있어서 적용하는 사회적 할인율이 다르기 때문이며 이 문제에 대해서는 기후변화에 대한 정책적 대응에서 보다 자세히 다루게 될 것이다.

10.2.2 물리적 대응수단

1) 온실가스 배출량의 감축

기후변화에 대한 물리적 대응수단으로는 크게 온실가스 배출량의 감축, 기후변화에 대한 적응력의 강화, 기후공학의 3가지 형태로 구분할 수 있다. 온실가스 배출량의 감축은 대기온실가스 농도와 복사강제력을 줄이기 위해 연간 세계에서 배출되는 온실가스의 양을 감축해나가자는 것이다. 장기잔존온실가스 특히, 이산화탄소 배출량의 급격한 증가가 인간활동에 의한 복사강제력 증가 및 기후변화의 주요 요인이기 때문에 이산화탄소(또는 탄소) 배출량의 감축에 초점이 맞춰지고 있다. 카야(Kaya) 분해법에 의하면 에너지관련 총탄소배출량(C)을 경제활동과 연계하여 다음과 같이 분해할 수 있다.

$$C = \frac{C}{E} \cdot \frac{E}{GDP} \cdot \frac{GDP}{POP} \cdot POP \tag{10.1}$$

여기서 E는 에너지소비량, GDP는 국내총생산(경제활동수준), POP는 인구를 나타낸다. C/E는 배출된 이산화탄소의 양을 에너지소비량으로 나눈 값인 탄소집약도, E/GDP는 GDP 1단위를 생산하기 위해 사용되는 에너지 사용량의 비율인 에너지원단위, GDP/POP는 1인당 GDP를 의미한다.

정책적으로 인구나 1인당 소득의 감소를 추진할 수는 없기 때문에 총탄소배출량의 저감을 위해서는 탄소집약도와 에너지원단위에 초점을 맞출 수밖에 없다. 탄소집약도를 낮추기 위해서는 원자력과 풍력, 태양광 등의 재생에너지로 화석연료를 대체하고 탄소저감기술을 확대하며 온실가스 흡수원을 강화하는 것이 필요하다. 에너지원단위를 감소하기 위해서는 에너지 효율적 기술의 개발 및 확산과 에너지다소비 산업구조에서 에너지저소비 산업구조로 전환하는 것이 필요하다.

2) 기후변화에 대한 적응력의 강화

인류의 역사는 거대한 자연의 힘에 맞서 적응하고 생존할 수 있는 기반을 구축해온 과정이라고 할 수 있다. 과학기술의 발전과 새로운 재화의 개발을 통해 혹서나 혹한의 극심한 기상조건 하에서도 생존하고 문명을 발전시킬 수 있었다. 지구에서 가장 추운 지역 중의 하나인 남극에도 기지를 만들고 전기를 생산하고 식재료를 공급하여 거주할 수 있게 되었다.

어느 지역이 기후변화로 열대화가 진행되면 이러한 기후에 적합한 농작물을 재배하고 토양침식을 억제할 수 있도록 나무를 식재하는 방법 등으로 대응할 수 있다. 수자원 확보가 취약해지는 경우에는 빗물 이용시설과 저수시설을 확대하고, 물의 재이용, 바닷물의 식수이용, 물 절약기술의 확대 등으로 대응한다. 기후변화로 인한 건강 위협에 대해서는 긴급의료시스템을 정비하고 기후에 민감한 질병을 감시하고 통제하는 시스템과 공중위생을 개선함으로써 대응할 수 있다. 해수면 상승과 홍수 등으로 피해가 예상되는 지역에 대해서는 도로, 항만, 철도, 방파제 등의 사회간접자본시설의 안정성 강화와 철저한 관리로 적응력을 키울 수 있다.

3) 기후공학

기후공학(geo-engineering)은 기후변화의 영향을 상쇄하기 위해 지구의 기후를 의도적으로 조작하는 공학적 수단을 의미한다. 쿨-루프(cool roof)의 설치, 바다에서 철의 비옥화(iron fertilization), 성층권의 알베도효과(albedo)의 강화 등을 들 수 있다.

쿨-루프는 건물옥상이나 주택의 지붕을 열방사율이 높은 성분으로 코팅하여 태양의 복사에너지를 반사시키는 수단을 나타낸다. 실제 일부 실용화가 이루어져 적용되고 있지만 대규모로 활용하기 어렵다는 점이 한계이다.

바다의 철 성분은 광합성 작용을 활성화시켜 대기 중에 배출된 이산화탄소를 흡수하여 바다 속으로 격리시키는 역할을 한다. 바다는 대기 중의 이산화탄소를

25% 이상 흡수하는 가장 활동적인 카본싱크(이산화탄소 흡수계)로 알려져 있다. 철의 비옥화는 바다에 철 성분을 증가시켜 바다의 카본싱크로서의 역할을 증대하고자 하는 기후공학적 방법의 하나이다. 일부 해역에서 시범적으로 철을 뿌려 바다를 비옥화하는 작업을 시행하였으나 이산화탄소를 격리시키는 효과가 크지 않고 철의 비옥화가 적조를 발생시킨다는 비판도 제기되고 있다.

화산 폭발로 방출되는 황산화물이 대기의 성층권에 도달하면 햇빛을 차단하는 역할을 함으로써 지구기온을 냉각시키는 역할을 하는데 이를 알베도효과라 한다. 반면 지구와 가까운 대류권에 배출되는 황산화물은 잔존기간이 1주일에 불과하지만 사람들을 조기사망에 이르게 하고 비와 섞여 산성비가 내리도록 함으로써 생태계에도 나쁜 영향을 준다. 성층권의 알베도효과를 강화시키는 기후공학적 방법은 석탄발전소 등에서 배출되는 황산화물을 포집하여 대류권으로 배출되는 것을 줄이는 한편 포집된 황산화물을 성층권에 뿌림으로써 온난화를 완화하자는 것이다. 이산화황을 대형 풍선에 실어서 올려 보내거나 대포로 쏘아 올리는 방법이 고안되었으며 최근에는 긴 비닐 호스를 높이 연결해서 펌프로 액화된 이산화황을 품어 올리는 방법이 고안되고 있다. 연간 전 세계에서 배출되는 이산화황의 일부를 성층권에 살포하면 북반구의 온난화 대부분을 감소하고 북극지역의 온난화를 효과적으로 차단 할 수 있다는 주장도 제기된다(Levitt and Dubner, 2009).

10.2.3 정책적 대응수단

당장 기후변화가 인류에게 심각한 위협으로 다가올 경우에는 성층권 알베도 효과의 강화와 같은 기후공학적 방법을 사용하는 것도 적극 모색할 필요가 있다. 그러나 기후변화에 대한 과학적 연구결과들은 현재 세대보다는 향후 50년 또는 100년 뒤의 미래세대에게 심각한 위협이 될 것으로 전망하고 있다. 따라서 대부분의 국가와 기후변화협약에서 기후변화에 대한 정책적 대응은 장기잔존 온실가스의 감축과 적응력 강화에 초점을 맞추고 있다.

1) 급진적 정책 대 점진적 정책

기후변화와 관련하여 급진적 정책을 추진해야한다는 주장과 점진적 정책을 추진해야한다는 주장이 대립한다. 급진적 정책은 신속하고 과감하게 온실가스배출량을 감축하자는 것이고 점진적 정책은 초기에는 느슨하게 시작하여 점차적으로 온실가스배출량의 감축을 증대시켜 나가자는 것이다. 급진적 정책과 점진적 정책이 대립하는 것은 기후변화에 따른 후생 영향의 평가결과에 대한 차이로부터 비롯되며 평가결과의 차이는 기후변화의 비용과 편익을 현재가치화 하는데 적용하는 사회적 할인율의 차이에서 비롯된다.

대표적으로 급진적 정책의 사용을 주장하는 스턴 리뷰의 통합분석모형에서는 1.4%의 사회적 할인율을 적용하며, 대표적으로 점진적 정책의 사용을 주장하는 노드하우스의 2010 - 통합분석모형에서는 상대적으로 높은 5.5%의 사회적 할인율을 적용한다. [그림 10.6]은 미래시점에 발생하는 1단위의 후생의 크기를 할인율 1.4%와 5.5%를 적용해서 현재가치화 하는 경우 현재 시점의 가치로 얼마가 되는지를 나타내는 할인계수$(1/(1+r)^t$, r은 할인율, t는 시간)를 보여준다. 높은 할인율을 적용했을 경우에는 급격하게 할인계수가 하락하는 반면 낮은 할인율을 적용했을 경우에는 완만하게 할인계수가 하락한다.

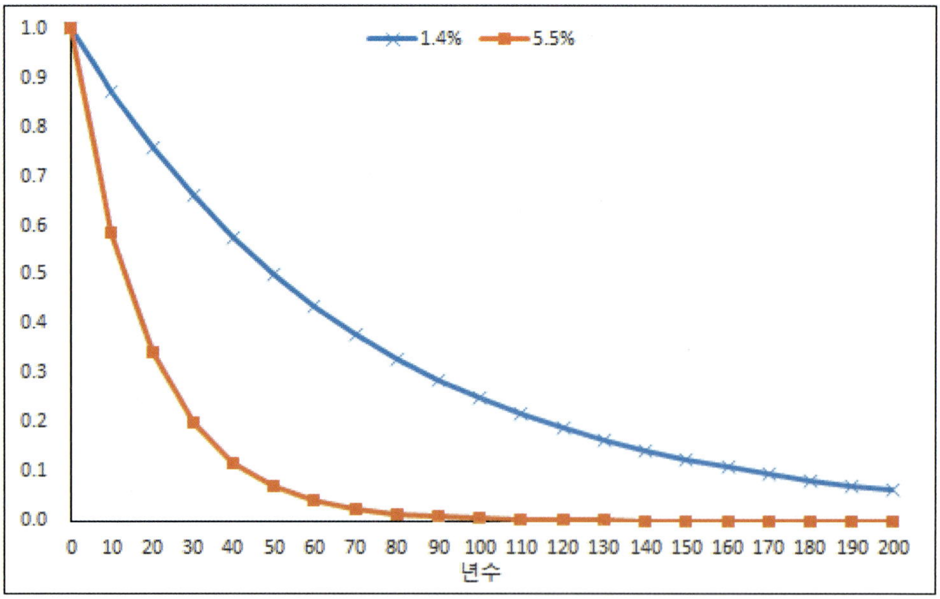

[그림 10.6] 할인율별 시간경과에 따른 할인계수의 변화추이

따라서 스턴 리뷰와 같이 낮은 사회적 할인율을 적용하는 경우에는 기후변화로 인한 미래의 피해가 높게 현재가치로 산출되어 반영된다. 스턴 리뷰는 기후변화로 인한 미래세대의 막대한 후생손실을 줄이기 위해 매년 세계 총생산의 1%를 온실가스저감을 위한 비용으로 투자할 것을 권고한다. 현재세대의 윤리적 책임을 중시하는 스턴 리뷰의 사회적 할인율 적용기준에 동의하지 않지만 기후변화가 미래에 파멸적 결과를 가져올 가능성에 주목하는 사람들은 급진정책의 시행에 동의한다.[38] 스턴 리뷰는 온실가스감축을 위한 최적 탄소세로 톤당 350달러(2005년 불변가격 기준)를 부과해야할 것으로 추정한다.

점진적 정책의 시행을 옹호하는 학자들은 초기에는 생산기반을 확충할 수 있는 재생산가능 자본과 인적자본에 투자하고 지금부터 수십년이 지난 이후부터 점차 온실가스 억제를 위해 증가된 노력을 하는 것이 보다 더 형평성이 있고 효율적이라고 주장한다. 노드하우스(2010)는 2005년 불변가격 기준으로 2010년에는 톤당 35달러, 2050년에는 85달러, 2100년에는 206달러가 최적 탄소세가 되어야하는 것으로 추정함으로써 스턴 리뷰보다 낮은 탄소세 부과를 제안한다.

2) 정책 목표

기후변화에 대한 불확실성이 크기 때문에 여러 시나리오를 만들어 정책 목표를 설정한다. IPCC는 세계평균기온, 온실가스 배출량, 대기온실가스 농도의 세 가지 기준을 사용하여 정책목표를 제시한다. 각 기준은 설정하는 방식의 고유한 특성으로 인해 어느 방식을 사용하느냐에 따라 성취하고자하는 목표가 달라 보일 수 있으나 온실가스 배출량의 변화, 대기온실가스 농도 변화, 복사강제력, 기후민감도로 이어지는 기후변화 체제에 대한 이해를 통해 세 개의 기준을 연계시킬 수 있다.

초기 기후변화협약에서는 대기온실가스 농도를 450ppm 수준에서 안정화하는 것을 정책목표로 설정하였는데 이는 세계평균기온을 산업혁명이 시작된 1750년

---

38) Weitzman(2007)은 스턴리뷰의 극단적 가정과 낮은 사회적 할인율의 적용에 대해 비판하지만 기후변화로 인한 극단적 피해가능성을 고려할 때 스턴 리뷰가 "잘못된 이유로 옳다"면서 급진적 정책을 사용하는 것을 지지한다.

에 비해 섭씨 2도 상승 이내에서 통제하는 목표와 같다. 이 경우 세계 온실가스 배출량은 2050년까지 2000년 수준 대비 50%가 감축되어야 할 것으로 추정되었다. 그러나 즉각적인 온실가스감축 정책을 주창하고 있는 스턴 리뷰조차 대기온실가스 농도를 450ppm 이하로 억제하는 목표는 달성가능성이 희박할 뿐만 아니라 비용도 많이 소요되는 것으로 평가하고 있다. 즉, 현재 430ppm 수준인 대기온실가스 농도가 매년 2.5ppm씩 상승하고 있는 추세를 감안할 때 450ppm의 목표를 달성하는 것은 값비싼 대가를 치루지 않고는 가능하지 않다는 것이며 따라서 대안으로 450~550ppm 범위에서 대기온실가스 농도를 안정화할 것을 제안하였다. 2013년 파리협정에서는 IPCC 5차보고서에 따라 세계평균기온을 산업혁명 이전시기에 비해 섭씨 2도보다 훨씬 낮은 상승 수준에서 안정화할 것을 제안하고 있다.

3) 온실가스감축을 위한 정책수단

향후 경제성장률 전망, 경제활동이 기후변화에 미치는 효과, 기후변화에 의한 후생 영향에 대한 정보가 완전하지 않기 때문에 최적 오염저감 경로를 추구하는 것이 가능하지 않다. 따라서 기후변화에 대한 정책목표를 최소비용으로 달성하는 것이 대안으로 제시된다. 정책목표를 최소비용으로 달성하기 위해서는 공간적 효율성과 동태적 효율성의 두 가지 조건을 충족하는 것이 필요하다. 공간적 효율성은 모든 국가와 모든 산업분야에 동일한 탄소세 또는 탄소가격이 부과되는 것을 요구하며, 동태적 효율성은 장기 정책목표를 향한 경로를 따라 탄소저감의 한계편익과 탄소저감의 한계비용이 같아지도록 탄소저감의 타이밍이 효율적으로 디자인될 것을 요구한다.

[그림 10.7]은 탄소저감의 한계비용에 대한 정보가 불완전한 경우 양적규제수단인 탄소배출권거래제와 가격규제수단인 탄소세를 비교한다. 그림에서 MB는 탄소저감의 한계편익곡선, MC_T는 진짜 탄소저감의 한계비용곡선, MC_F는 잘못 추정한 탄소저감의 한계비용곡선을 나타낸다. 탄소저감의 편익은 누적 탄소총량과 관련되어 있기 때문에 현재의 탄소배출량에 편익이 민감하게 반응하지 않는다. 탄소저감의 비용은 현재 배출되는 탄소의 양과 관련되어 있기 때문에 비용은 탄소배출량에 민감하게 반응한다. 따라서 탄소저감량

이 증가함에 따라 한계비용은 가파르게 상승하고 한계편익은 완만하게 줄어들어 상대적으로 한계비용의 기울기가 한계편익의 기울기보다 가파르다. 이때 규제기관이 양적규제를 하는 경우 탄소저감총량은 실제 최적 수준인 C^*보다 많은 C_q에 설정되고 삼각형 AEB의 면적만큼 후생손실이 발생한다. 가격규제를 하는 경우에는 탄소세를 t로 설정하며 탄소저감량은 C^*보다 적은 C_t가 되고 양적규제의 경우보다 적은 삼각형 EFG의 면적만큼 후생손실이 발생한다. 따라서 이론적으로 온실가스 저감정책으로 탄소세가 배출권거래제보다 우월하다고 할 수 있다.

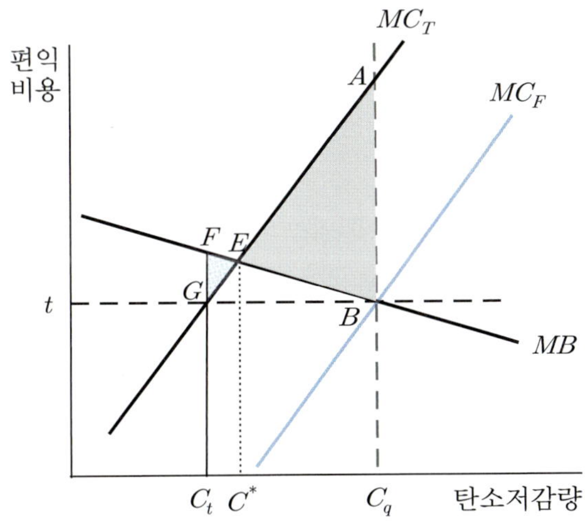

[그림 10.7] 탄소배출권거래제와 탄소세의 비교

그 외에도 모든 국가에 단일 탄소세를 부과하는 정책은 배출권거래제에 비해 다음과 같은 장점을 갖는다(Nordhaus, 2010).

첫째, 배출권거래제에서는 임의로 기준 배출량을 산출한 다음 그것에 비해 얼마나 탄소저감 노력을 했는지를 평가하는 반면 탄소세는 별도로 기준 배출량을 산출할 필요가 없이 현재 부과되는 탄소세 수준이 자연스럽게 기준이 되며 탄소저감 노력은 그러한 기준에 대비하여 평가된다.

둘째, 배출권거래제에서는 초기참여자와 후기참여자 사이에 비대칭적 대우 문제가 발생하지만 탄소세에서는 그러한 비대칭성 문제가 발생하지 않는다.

셋째, 배출권거래제에서 형성되는 탄소가격은 배출권의 수요와 공급, 규제조건 등에 따라 변동하는데 공급곡선이 수직이고 수요가 단기적으로 매우 비탄력적이기 때문에 외생적 변화에 따른 가격변동성이 심하다. 탄소가격이 급격하게 변동하는 상황에서는 자본이 많이 소요되는 탄소저감과 대체에너지 관련 투자에 따른 위험이 크기 때문에 기업들은 이러한 활동에 대한 투자를 기피하게 된다.

넷째, 배출권거래제는 탄소세에 비해 부패에 더 취약한 구조를 가지고 있다. 배출권을 부여받은 국가의 지도자가 독재자인 경우 사적 이득을 위해 배출권을 마음대로 처분할 수 있다.

다섯째, 탄소세와 배출권거래제 모두 정부의 재정수입의 증대나 공공기금을 마련하는데 사용될 수 있지만 탄소세는 자동적으로 수입을 증가시키는 반면 배출권거래제는 기업들이 배출권을 경매를 통해서 구입하도록 할 때에만 수입을 증가시킬 수 있다.

탄소세의 장점에도 불구하고 온실가스의 실제적 감축을 목표로 탄소세를 도입한 국가들은 스위스, 노르웨이, 덴마크 등 일부 국가에 불과한 실정이다. 특히, 세계적으로 단일탄소세를 부과하는 것에 대해 많은 국가들이 거부하고 있는데 그 이유는 다음과 같다.

첫째, 정책담당자와 많은 사람들이 가격유인에 온실가스 배출량이 반응할 것인지에 대해 의구심을 가지며, 탄소세 부과정책은 온실가스 배출량을 명시적으로 통제하지 않기 때문에 목표 이상으로 온실가스가 배출되지 않도록 억제하는 것을 보장할 수 없다고 생각한다.

둘째, 탄소세 부과로 새로운 재정충당을 할 수 있는 재원이 확보되면 부정적 유인을 주는 소득세 등의 인하를 통해 이중배당가설이 가능하도록 해야 하는데 사람들은 다른 조세의 감면 없이 또 하나의 조세가 부과된다고 생각하기 때문에 탄소세 부과에 대해 거부적인 태도를 보인다.

셋째, 개발도상국은 산업화에 성공하여 장기잔존 온실가스를 많이 배출해왔던 선진국이 기후변화에 많은 책임이 있는 만큼 선진국과 동일한 탄소세를 부과받는 것은 공정하지 않다고 여긴다.

넷째, 특정 재화에 다목적으로 부과되고 있는 조세와 직간접적인 보조금 수준을 분해하여 순탄소세가 얼마나 부과되고 있는지를 산출하고 국가 간 적절 환율이 적용되고 있는지를 평가하기가 쉽지 않다.

다섯째, 단일탄소세를 수용하는 경우 각국은 자국의 경제사회적 상황에 맞게 고안된 온실가스 및 에너지 관련 자주적인 조세정책을 포기해야 하는데 정치적으로 그런 결정을 내리기가 쉽지 않다.

10.3 국제협력

10.3.1 기후변화협약

기후변화에 대한 과학자들의 경고의 목소리가 커짐에 따라 1992년 브라질 수도 리우데자네이루에서 개최된 지구정상회의에서 기후변화에 관한 유엔 기본협약(또는 기후변화협약, UNFCCC)이 채택되었다. 기후변화협약은 1994년 2월 21일에 효력이 발효되었고 한국은 2002년에 이를 비준하였다. 협약에서는 선진국들이 우선 2000년까지 1990년 수준으로 온실가스 배출량을 줄이도록 목표를 설정하였으나 각국에게 온실가스배출에 대한 제약이나 강제이행조항을 부과하지 않고 있기 때문에 법적 구속력은 없다.

기후변화협약 당사국은 부속서 I 국가, 부속서 II 국가, 개발도상국의 3그룹으로 구분되었다. 부속서 I 국가는 산업화국가로 선진국과 과거 동구권의 시장경제전환국가로 구성되었으며, 부속서 II 국가는 부속서 I의 하위 그룹으로 시장경제전환국가를 제외한 24개 선진국과 EU로 구성되었다.

협약의 당사국들은 기후변화 문제를 다루기 위해 1995년부터 매년 당사국회의를 개최해왔다. 일본 교토에서 개최된 제3차 당사국회의에서는 그동안 법적 구속력이 없는 협약으로 인해 온실가스 배출량의 감축에 효과가 없음을 공감하고 부속서 I 국가들에게 의무적 감축 비율을 할당하는 교토의정서를 채택하였다. 교토의정서에 따라 터키를 제외한 부속서 I 국가들은 2012년까지 세계 온실가스 배출량을 1990년 수준 대비 5.2%를 감축하는 것을 목표로 의무적 감축비율을 확약하였다. 국가별 온실가스의 의무감축 비율은 <표 10.6>에서 보는 바와 같다.

〈표 10.6〉 교토의정서의 국가별 온실가스 의무감축 비율

국 가	감축률(%)
오스트리아, 핀란드, 프랑스, 독일, 리히텐슈타인, 리투아니아, 슬로바키아, 벨기에, 불가리아, 체코, 덴마크, 에스토니아, 그리스, 아일랜드, 이태리, 라티비아, 룩셈부르크, 모나코, 네덜란드, 포르투갈, 루마니아, 슬로베니아, 스페인, 스웨덴, 스위스, 영국	-8
미국	-7
일본, 캐나다, 헝가리, 폴란드	-6
크로아티아, 벨로루시*	-5
러시아, 우크라이나, 뉴질랜드	0
노르웨이	+1
호주	+8
아이슬란드	+10

* 벨로루시는 2006년에 의무감축비율을 제시하였으나 당사국들의 동의를 받지 못한 상태임

교토의정서는 최소한 55개국이 비준을 해야 하고 비준에 동의한 부속서 I 소속 국가들의 이산화탄소 배출량의 합계가 1990년 기준으로 55%를 넘어야 발효되도록 하였다. 7% 감축을 약속했던 미국이 교토의정서에 대한 지지를 철회함으로써 기준 충족에 어려움을 겪었으나 러시아를 우호적인 조건으로 끌어들여 기준을 충족함에 따라 2005년 2월 16일에 의정서가 발효되었다.

교토의정서는 배출권거래제, 청정개발체제, 공동이행제도의 3개의 신축적인 이행 체제를 채택하고 있다. 청정개발체제는 부속서 I 국가가 개발도상국에 투자하여 확보한 온실가스 감축량을 자국의 온실가스 감축실적에 반영할 수 있도록 허용하는 제도이다. 공동이행제도는 다른 부속서 I 국가에 공동으로 투자하여 확보한 온실가스 감축량을 자국의 온실가스 감축실적으로 인정하는 제도이다. EU는 교토의정서에서 정한 의무감축비율을 달성하기 위해 배출권거래제를 도입하였으나 자국의 온실가스 배출량을 감축하기보다는 청정개발체제와 공동이행제도를 활용하여 타국에서 인정받은 실적으로 대체함으로써 EU 전체적으로 온실가스 감축실적은 미미한 수준에 그쳤다. 또한 세계 2위의 온실가스 배출국인 미국이 교토의정서의 비준을 거부하고, 세계 1위의 온실가스배출국인 중국과

개발도상국이 참여하지 않았으며, 러시아의 탄소 흡수원을 과대 계상해줌으로써 교토의정서는 온실가스감축에 별 기여를 하지 못했다. 노드하우스(2010)에 의하면 초기에는 교토의정서가 세계 산업부문 이산화탄소 배출량의 66%에 해당하는 양에 대한 규제를 포괄할 것으로 추산되었지만 2010년 현재 22%만 포괄하는 것으로 추산되고 있다.

교토의정서 이행기간이 만료되는 2012년 이후의 기후변화에 대한 후속협상을 목표로 당사국 회의가 계속 진행되었으나 의미가 있는 합의를 보지 못하다가 2009년 덴마크 코펜하겐에서 많은 국가의 정상들이 참석한 가운데 제15차 당사국회의가 개최되었다. 그러나 온실가스감축량의 배분과 비용에 대한 의견대립으로 인해 의무감축에 대한 합의에는 실패하고 세계평균기온의 상승을 산업혁명 이전 대비 섭씨 2도 이내로 억제하는 것을 공유한다는 정치적 선언문 성격의 코펜하겐 협정에 합의하였다. 코펜하겐 협정에 의해 부속서 I 국가는 2010년 1월 말까지 2020년의 계량화된 온실가스 감축목표를 제시해야 하며 나머지 국가(개발도상국)는 온실가스 감축계획 보고서를 제출해야한다.

2015년 파리에서 개최된 제21차 당사국회의에서 채택된 파리협정은 21세기 동안의 세계평균기온의 상승을 산업화 이전 대비 섭씨 2도보다 상당히 낮은 수준으로 유지하고, 섭씨 1.5도로 제한하기 위해 노력한다는 장기목표를 달성하기 위해 온실가스 감축을 추진하기로 하였다. 파리협정에서는 감축, 적응, 재원, 기술, 역량배양, 투명성의 6개 분야를 신 기후체제의 중심축으로 채택하였다. 온실가스의 감축은 각국이 스스로 설정한 감축목표(nationally determined contribution: NDC)를 설정하여 5년 단위로 제출하고 국내적으로 이행토록 하였으며 개발도상국도 자국의 감축 기여(contribution)를 자발적으로 제출하도록 하였다. 197개국 중 157개국이 파리협정을 비준하여 기준을 넘게 됨에 따라 2016년 11월 4일에 협정이 발효되었다.

<표 10.7>은 주요 국가의 감축목표를 보여준다. 미국을 제외하고 목표연도는 2030년으로 같지만 기준년도, 목표유형, 국제 탄소시장 활용여부, 감축목표는 국가마다 다르게 설정되고 있다.

〈표 10.7〉 주요 국가의 감축목표

국가	감축목표(%)	목표년도	기준년도	목표유형	국제탄소시장 활용여부
한 국	37	2030	-	BAU	O
멕시코	25/40	2030	-	BAU	O
중 국	60~65	2030	2005	집약도	-
인 도	33~35	2030	2005	집약도	O
일 본	26	2030	2013	절대량	O
EU	40	2030	1990	절대량	X
러시아	25~30	2030	1990	절대량	X
호 주	26~28	2030	2005	절대량	-
스위스	50	2030	1990	절대량	O
미 국	26~28	2025	2005	절대량	X

주: BAU: 감축 없을시 목표연도 배출량전망치, 집약도: GDP 1단위당 배출량 기준 멕시코의 감축목표는 무조건 25, 조건부 40임

감축목표의 이행을 위한 법적인 구속력은 부과하지 않았기 때문에 목표를 달성하지 못한 국가들이 공표되고 수치심을 가지도록 하는 것이 각국의 목표 이행을 위한 유일한 유인책이 되고 있다. 그러나 미국의 트럼프 대통령이 전임 오바마 대통령 때에 합의한 파리협정이 미국에 불공평하고 미국인들에게 손해를 준다고 주장하면서 파리협정에서의 탈퇴를 공식 선포하는 것에서 보듯이 강제성이 없는 감축목표가 잘 지켜질 것으로 기대하기는 어렵다.

온실가스 감축목표의 제출뿐만 아니라 각국은 기후변화에 대한 적응 활동도 보고해야한다. 적응 목표는 적응력의 강화, 회복력 증가, 취약성 완화에 초점을 맞추고 있다. 선진국은 개발도상국에 재원을 지원하고 기술을 이전하는 등의 추가적인 의무를 부담해야 하는데 개발도상국의 기후변화에 대한 적응력 강화를 위해 선진국은 2020년까지 연간 1,000억 달러의 재원을 마련하기 위해 더욱 강화된 노력을 할 것을 요구받고 있다. 또한 2020년 이후에도 2025년 이전에 연간 1,000억 달러의 새로운 기금을 조성하는 것을 목표로 설정하였다. 그러나 목표를 달성하더라도 개발도상국의 기후변화로 인한 피해 복구와 적응능력을 확대하는 데 충분한 액수가 아니라는 주장이 제기되고 있고 미국의 파리협정에서의 탈퇴 등으로 인해 목표를 달성하기도 쉽지 않은 것으로 전망되고 있다(Nature, 2017).

10.3.2 국제협력의 어려움

기후변화협약의 진행과정에서 나타난 바와 같이 많은 국가들이 기후변화의 심각성을 공유하고 온실가스 배출량을 감축하자는 대의에 대해서는 동의하고 있으나 실제 감축을 실행하기 위한 구속력이 있는 합의에는 이르지 못하고 있다. 국제협력이 어려운 것은 국지적 오염문제와는 차별되는 기후변화의 특성들에 기인한다.

첫째, 기후변화는 외부효과의 범위가 범지구적이며 어느 한 국가에서의 온실가스 저감 노력은 다른 국가의 국민들에게도 이득을 주는 공공재의 성격을 가지고 있기 때문에 각국은 무임승차하려는 동기를 갖는다. 무임승차는 국제협약의 비준을 거부하거나, 비준을 하더라도 감축약속을 이행하지 않는 방식으로 이루어질 수 있다. 교토의정서의 경우 미국은 비준을 거부하였고 캐나다, 호주, 뉴질랜드, 스페인 등도 온실가스 배출량의 감축에 소극적으로 대응하였다.[39)]

둘째, 기후변화의 영향은 시간이 지나면서 발달되고 지속적으로 나타난다. 따라서 온실가스감축 노력은 현재세대에게 막대한 온실가스 저감비용을 부담하도록 하는 데 반해 편익의 대부분은 미래세대가 누리게 된다. 코펜하겐 협정에서 목표치로 제시된 산업혁명 전에 비해 세계평균기온을 2도 상승 이내로의 억제 목표를 달성하는 데에는 2055년까지 2005년 기준 현재가치로 온실가스 저감비용이 2조 600억달러 소요되는 반면 피해감소는 4,130달러에 불과해 1조 6,470억 달러의 순손실이 발생할 것으로 전망된다(Nordhaus, 2011). 현재세대는 더 잘살게 될 미래세대를 위해 이렇게 막대한 비용을 부담하지 않으려 할 것이며 가능한 한 온실가스 감축을 뒤로 미루고자 할 것이다.

셋째, 기후변화의 영향이 공간적으로 다르게 나타나고 기후시스템에 대한 이해가 완전하지 않기 때문에 21세기 동안에 일어나게 되는 기후변화로 인한 악영향에 대해 어느 국가가 얼마의 책임을 져야하는지를 산출하기 쉽지 않고 앞에 서술한 문제들로 인해 경제적 이해관계가 충돌할 수밖에 없다는 점이다. 각국에

---

39) 캐나다는 교토의정서에서 1990년 대비 온실가스 배출량을 6% 감축하기로 목표를 정했지만 2005년에 이르러 목표보다 30%를 초과하여 온실가스를 배출하는 것으로 나타나자 교토의정서의 목표를 달성하는 것 자체를 포기하고 대신 배출량의 증가율을 감소하는 것으로 목표를 수정하였다 (Barrett, 2009).

동일한 탄소세가 부과되지 않을 경우 온실가스 감축을 위한 비용부담에 있어서 큰 편차가 발생할 수 있다. 노드하우스(2010)에 의하면 코펜하겐 협정에서 선언된 감축목표와 감축행동계획을 따를 경우 기준 배출량전망치에 비해 2020년에 가장 많이 온실가스를 감축해야하는 국가는 EU, 미국, 중국이며 러시아와 벨로루시는 오히려 온실가스 배출량이 증가하게 된다. 이로 인해 EU, 미국, 중국이 2055년까지 지불하게 되는 총비용은 현재가치로 1조 달러에 이르는 반면 러시아를 포함한 일부 국가들은 탄소배출권 거래로 순이득을 얻게 될 것으로 전망된다. 각국에 단일탄소세를 부과하는 것이 이러한 불평등 문제를 해결할 수 있으나 앞에서 언급된 이유들로 인해 실제 실행하기 어렵다.

국제협력에 관한 비협조 게임이론에 의하면 협약을 준수하도록 강제할 수 있는 세계 정부가 없는 경우 효과적인 국제협력이 되기 위해서는 어느 국가가 다른 국가들이 협약을 준수하는 것으로 기대하면 그 나라도 협약을 준수하는 것이 이익이 되는 자체이행력(self-enforcing)의 협약이 되어야한다. 소그룹에서는 안정적인 협력이 가능하지만 기후변화협약과 같이 많은 국가가 참여하는 경우에는 협약을 이행하지 않는 국가에 대한 제재수단이나 이전지출과 같은 유인이 없으면 실질적으로 협조의 결과를 이끌어낼 여지가 별로 없는 것으로 밝혀지고 있다(Carraro, 1999; Barrett, 2005).

자체이행력의 협약을 위한 제재수단으로는 국제협약에 참여하지 않는 국가에 대해 탄소함유량을 기준으로 수입관세를 부과하거나 다른 수입제재조치를 취함으로써 참여와 무역제재를 연계시키는 방안이 제시된다(Barrett, 2001 & 2005). 그러나 이러한 제제방안은 탄소배출이 거의 모든 경제활동에 관련되어 있기 때문에 탄소집약적 재화와 서비스의 거래를 확실하게 제한하는 것이 쉽지 않고 상호 무역보복으로 이어져 무역관계를 손상시킬 수 있다는 문제가 있다. 또한 세계무역기구(WTO) 체제 하에서 환경문제가 비록 예외로 분류되어 있다고 하더라도 국제협약에의 참여거부에 대한 무역제재는 세계무역기구가 금지한 불공정한 차별행위에 포함될 수 있다.

자체이행력의 협약을 위한 유인책으로는 국제협력에 참여하는 국가들이 기술혁신을 공유하도록 하는 방안이 제시된다. 특히, 기술개발에 막대한 비용이 소요되고 공공재적 성격이 강한 기초연구 분야에서의 국제협력을 확대하는 것은 가능할 것이다. 그러나 저탄소 기술, 에너지 효율적 기술, 신재생에너지 관련 기술 개발을 통해 녹색산업을 새로운 성장동력으로 삼기 위해 세계 각국이 각축을 벌이고 있는 상황이기 때문에 응용 분야에서 기술혁신의 공유를 통한 국제협력의 가능성은 크지 않을 것이다.

또 다른 유인책으로는 국제협력에 참여하는 것에 연계하여 보상을 하는 방안이 거론된다. 보상 또는 이전지출은 무임승차의 유인을 극복하는 데 도움이 되며 국가 간에 온실가스 저감의 비용과 편익의 차이가 크기 때문에 보상을 통해 협력을 획득하는 것도 용이하다. 국제 탄소배출권 거래시장에 참여하는 대가로 개발도상국 특히, 기후변화에 취약하고 적응능력이 떨어지는 적도 인근의 개발도상국들에게는 현재의 온실가스 배출량을 초과해서 배출권을 할당하는 것도 하나의 보상방식이 될 수 있다. 개발도상국이 표준화된 기술을 받아들이도록 하는 대신 기술확산을 위한 재원부담은 선진국이나 선진국의 기여로 설립하는 국제환경은행이 지원하도록 하는 방안도 거론된다. 또한 개별 국가가 탄소세를 부과하여 모은 기금을 매년 회원국의 온실가스 저감 실적에 비례해서 반환을 받도록 하는 방안도 제시된다.

환경·에너지 경제학

제11장 한국의 에너지와 환경규제 정책

환경·에너지 경제학

CHAPTER

11 한국의 에너지와 환경규제 정책

11.1 에너지 소비구조 및 특성

11.1.1 에너지 소비 현황

1) 에너지 수입과 1차에너지 공급

한국은 에너지의 대부분을 수입에 의존한다. 2017년 에너지수입액은 1,095억달러로 전체수입액 4,785억달러의 23%를 차지한다. 에너지의 수입의존도는 원자력발전을 포함하는 경우 83.5%이고 원자력발전을 제외하는 경우에는 94.0%에 이른다. 2017년 현재 에너지수입액 중 석유가 71.0%를 차지하고, 천연가스가 14.3%, 석탄은 13.9%, 우라늄은 0.4%를 차지한다. 천연가스는 1986년부터 수입되기 시작했으나 수량의 연평균증가율에 있어서는 20.0%로 석유의 7.4%, 석탄의 5.7%를 압도하고 있다.

1차에너지 공급량은 1981년 45.7백만toe에서 2017년까지 302.1백만toe로 36년간 6.6배가 증가하였으며 1998년의 외환위기로 인한 경기불황 시기를 제외하고는 경제성장과 소득증가에 따라 지속적으로 증가하여왔다. 1981년에서 2017년까지 1차에너지 공급의 연평균증가율은 5.4%에 이른다.

1차에너지원별 구성 비율은 2017년 현재 석유가 39.5%로 가장 높고, 다음은 석탄 28.5%, 천연가스 15.7%, 원자력 10.5%, 신재생에너지 5.2%, 수력 0.5% 순으로 되어 있다(그림 11.1). 우리나라는 원유를 100% 수입하고 있기 때문에 1차에너지에서 차지하는 석유의 비중은 유가와 반대로 움직이고 있다. 유가가 낮은 수준에서 안정적으로 유지되던 1990년대 중반에는 석유의 비중이 60%수준에 있었으나 이후 유가가 급등하기 시작하면서 석유의 비중은 하락하는 추세를 보이고 있다. 1차에너지 공급에서 석탄은 석유의 대체재로서 석유의 비중과는 정

반대로 움직인다. 원자력의 비중은 2005년 16%로 정점에 도달한 이후 점차 하락하는 추세를 보이고 있다. 천연가스의 비중은 2013년 이후에 주춤하고 있으나 1986년 이후 계속 증가하는 추세를 보여 왔으며 2007년 원자력을 추월한 이후에는 석유, 석탄에 이어 3위의 점유율을 보이고 있다. 신재생에너지의 비중은 1990년대 후반이후 완만하게 증가하는 추세를 나타내고 있다.[40]

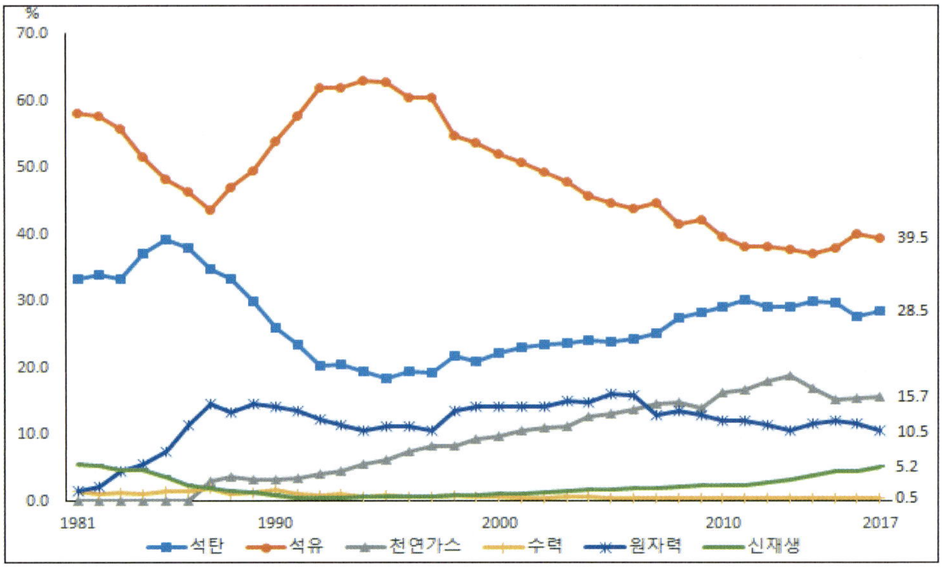

주: 수력에는 양수발전 포함, 신재생은 수력 제외

[그림 11.1] 1차에너지원별 구성비(한국)

자료: 2018에너지통계연보, 에너지경제연구원

2) 최종에너지 소비

최종에너지 소비는 1990년 75Mtoe에서 2017년 234Mtoe로 7년간 3배가 증가하였다. 같은 기간 최종에너지 소비의 연평균증가율은 4.3%이나 1990년대에는 7.2%, 2000년대에는 2.7%, 2010년에서 2017년 기간에는 2.6%로 2000년 이후에 증가율이 크게 감소하였다(표 11.1). 1990년에서 2017년 기간 동안 산업용 최종

---

40) 신재생에너지는 신에너지와 재생에너지를 포괄하는 개념으로 기존의 화석연료를 변환시켜 이용하거나 햇빛 · 물 · 지열 · 강수 · 생물유기체 등 재생 가능한 에너지를 변환시켜 이용하는 에너지로 태양에너지, 바이오에너지, 풍력, 수력, 연료전지, 석탄을 액화 · 가스화한 에너지 및 중질잔사유를 가스화한 에너지, 해양에너지, 폐기물에너지, 지열에너지, 수소에너지를 포함한다.

에너지소비의 연평균증가율은 5.3%, 가정용・상업용은 2.3%, 수송용은 4.2%, 공공용은 3.4%로 산업용 에너지소비가 가장 많이 증가하였다.

〈표 11.1〉 부문별 최종에너지의 연평균증가율

(단위: %)

	1990~2000년	2000~2010년	2010~2017년	1990~2017년
산업용	8.8	3.3	3.1	5.3
가정용・상업용	4.1	1.5	0.9	2.3
수송	8.1	1.8	2.1	4.2
공공	-0.7	5.5	6.4	3.4
합계	7.2	2.7	2.6	4.3

자료: 통계청, kosis

결과적으로 최종에너지의 산업용 소비 비중은 1990년 48%에서 2017년에는 62%로 14%포인트가 증가하였다(그림 11.2). 반면 가정용・수송용상업용의 소비 비중은 1990년 29%에서 2017년에는 17%로 12%포인트가 감소하였다. 같은 기간 수송용 소비 비중은 19%에서 18%로, 공공용 소비 비중은 4%에서 3%로 소폭 감소하였다.

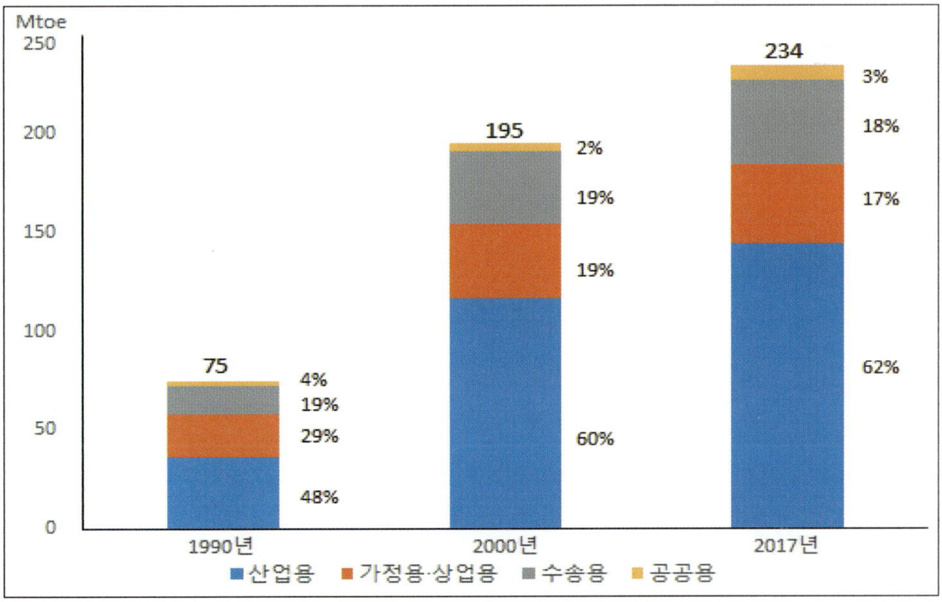

[그림 11.2] 부문별 최종에너지의 구성비 추이(한국)

자료: 통계청, kosis

3) 전력 생산 및 소비

최종에너지 소비에서 전력 부문이 차지하는 비중은 1981년 7.8%에서 꾸준히 증가하여 2013년에는 19.5%로 정점에 이르렀다가 이후에는 다소 감소하는 추세를 보이고 있다(그림 11.3). 2017년 현재 전력이 최종에너지 소비에서 차지하는 비중은 18.7%이다.

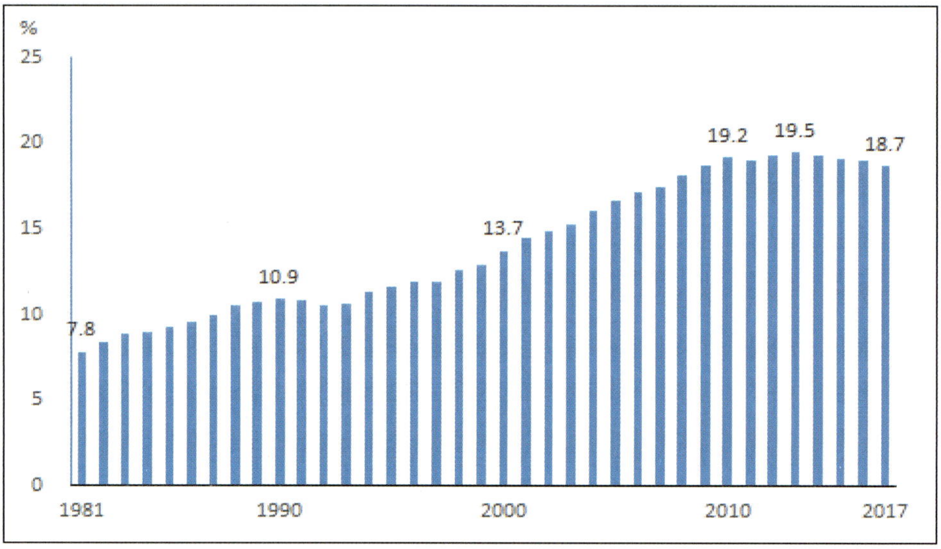

[그림 11.3] 최종에너지 소비에서의 전력 구성비

자료: 통계청, kosis

상용자가발전을 제외한 우리나라 발전설비용량은 1981년 9.8GW에서 2017년 116.9GW로 36년간 약 12배가 증가하였으며 연평균증가율은 7.15%를 보이고 있다.[41] 전원구성 현황을 보면 원자력은 2002년 29%에서 2012년에는 25%, 2017년에는 19%로 낮아지고 있다(그림 11.4). 석탄의 비중은 2012년 30%에서 2017년 32%로 약간 높아졌고, LNG의 비중은 같은 기간 25%에서 32%로 7%포인트가 증가하였다. 신재생에너지의 비중은 2002년 3%, 2012년 5%, 2017년 10%로 점차 증가하고 있다.

---

41) 상용자가발전은 전기를 생산해 판매할 목적이 아닌 자가용으로 이용하기 위한 발전으로 대부분 제조업체에 발전기가 설치되어 있다. 2000년에 10.2% 점유율에 달했으나 2015년에는 3.9%, 2017년에는 3.3%로 점유율이 하락하고 있다.

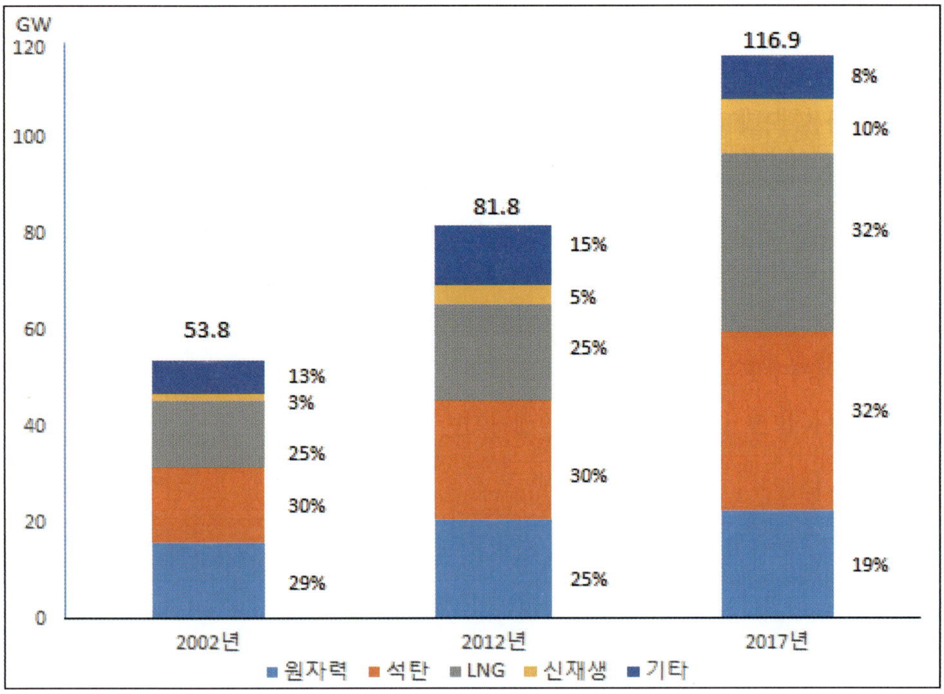

[그림 11.4] 전원별 설비용량 구성비 추이(한국)

자료: 산업통상자원부, 제6차-제8차 전력수급계획

한국의 총발전량은 1981년 40,207Gwh에서 2017년 553,530Gwh로 36년간 13.8배가 증가하였으며 연평균증가율은 7.6%에 이른다. 전원별 발전량 구성 현황을 보면 1980년대 초반에서 1990년대 후반까지는 전원별 구성비에 있어서 큰 변동성을 보였다. 이후에는 원자력과 석유의 발전비중은 하락하고 석탄과 천연가스 발전비중은 상승하는 추세를 나타내고 있다(그림 11.5).

석유는 1980년대 초반에는 발전량의 80%를 차지할 정도로 발전연료로 압도적으로 많이 사용되었으나 1982~1987년 기간에는 발전에서 차지하는 비중이 급격히 하락하고 이를 원자력, 석탄, 천연가스가 대체하였다. 석유의 발전비중은 이후 1990년대 초반까지 다소 회복되었으나 1992년 이후 지속적으로 감소하여 석유는 발전용도로 거의 사용되지 않는 상황에 이르고 있다.

1970년대 오일쇼크를 겪으면서 석유의존도를 줄이기 위한 노력의 일환으로 원자력발전소 건설을 시작하여 1987년에는 전체 발전량에서 원자력발전이 차지하는 비중은 53%까지 이르렀다. 그러나 1987년 이후에는 원자력발전 비중이 점차 하락하는 추세를 보여 2017년에는 26.8%에 그치고 있다. 1990년대 초반까지는 석탄과 원자력 발전의 비중은 같은 방향으로 움직였으나 이후부터는 원자력 발전 비중은 하락 추세를 지속한 반면 석탄발전은 전반적으로 비중이 증가하는 추세를 나타내고 있다. 1987년부터 시작한 LNG발전은 꾸준히 증가하는 추세를 보여 2017년에는 22.2%까지 발전비중이 높아졌다.

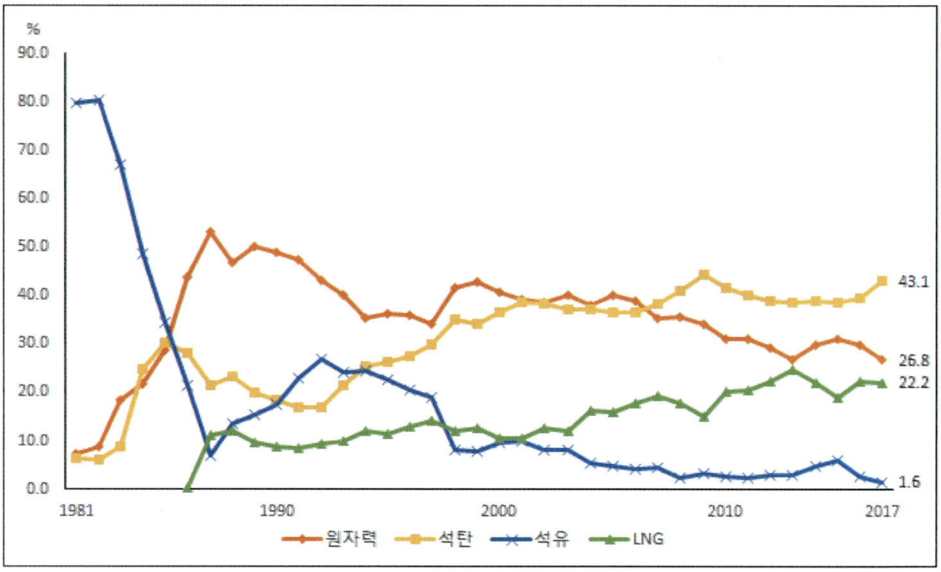

주: 수력발전, 신재생에너지, 집단에너지는 제외

[그림 11.5] 전원별 발전량 구성비 추이(한국)

자료: 2018에너지통계연보, 에너지경제연구원

전력 소비는 1981년 35.4TWh에서 2017년 507.7TWh로 36년간 14배가 증가하였다. 전력소비증가율은 1980년대에는 연평균 11.5%, 1990년대는 9.8%, 2000년대에는 6.1%, 2010년에서 2017년까지는 2.3%로 점차 감소하고 있다(표 11.2). 가정용 전력소비 점유율은 1981년 16.8%에서 1990년에는 18.8%로 2%포인트가 증가하였으나 이후에는 감소하여 2017년에는 13.1%에 그치고 있다. 상업용 전력소비 점유율은 1981년 9,7%에서 계속 증가하여 2017년에는 27.2%에 이르고 있다. 산업용 전력소비 점유율은 하락하는 추세를 보이고 있으나 2017년에도 여전히 50%이상의 높은 점유율을 보이고 있다.

〈표 11.2〉 용도별 전력 소비 추이

(단위: TWh, %)

	1981년	1990년	2000년	2010년	2017년
가정용	5.9 (16.8)	17.7 (18.8)	37.1 (15.5)	61.2 (14.1)	66.5 (13.1)
상업용	3.4 (9.7)	13.1 (13.9)	59.5 (24.8)	127.7 (29.4)	138.1 (27.2)
산업용	24.3 (68.6)	59.2 (62.8)	132.3 (55.2)	223.2 (51.4)	276.7 (54.5)
공공용	1.3 (3.7)	3.3 (3.5)	8.7 (3.6)	19.9 (4.6)	(23.6) (4.6)
수송(전철)	0.5 (1.3)	1.0 (1.1)	2.0 (0.9)	2.2 (0.5)	2.8 (0.6)
합계	35.4 (100.0)	94.4 (100.0)	239.5 (100.0)	434.2 (100.0)	507.7 (100.0)

자료: 에너지통계연보 2018

11.1.2 에너지 소비 특성

2017년 한국의 경제규모(GDP)는 1조 5,308억 달러로 세계 12위이고 수출은 5,737억 달러로 세계 6위이다. 이러한 경제대국에 걸맞게 한국의 1차에너지 소비량은 295.9Mtoe로 세계 8위의 에너지소비 국가에 위치하고 있다(표 11.3).[42] 2006~2016년 기간 동안 에너지소비의 연평균증가율은 2.5%로 인도, 중국, 브라질, 이란의 개발도상국에 비해서는 낮지만 에너지소비량이 감소한 미국, 일본, 독일에 비교하면 상당히 높은 증가율을 보였음을 알 수 있다. 2017년에도 전년도에 비해 1.6%가 증가하였다.

2017년 한국의 이산화탄소 배출량은 679.7Mt으로 세계 1위 중국의 9,232.6Mt에 비하면 7.4%에 불과한 수준이지만 순위로는 세계 7위로 인구나 경제 규모에 비하면 상당히 높은 순위에 있다(표 11.4). 2006~2016년 기간 동안 이산화탄소 배출량의 연평균증가율은 2.5%로 10대 국가 중 인도, 사우디아라이비아, 중국, 이란 다음으로 높은 증가율을 보였다. 같은 기간 미국, 러시아, 일본, 독일은 이산화탄소 배출량이 감소하였고 캐나다는 0.3%의 연평균증가율을 나타냈다.

---

42) 한국의 전력소비량은 2016년 544TWh로 세계 7위의 순위를 나타내고 있다.

〈표 11.3〉 세계 10대 1차에너지 소비 국가(2017년)

	2017년			2006~2016년
	소비량(Mtoe)	점유율((%)	증가율(%)	연평균증가율(%)
중 국	3132.2	23.2	3.1	4.4
미 국	2234.9	16.5	0.6	-0.3
인 도	753.7	5.6	4.6	5.7
러시아	698.3	5.2	1.5	0.3
일 본	456.4	3.4	1.4	-1.6
캐나다	348.7	2.6	3.2	0.9
독 일	335.1	2.5	2.4	-0.5
한 국	295.9	2.2	1.6	2.5
브라질	294.4	2.2	0.8	3.1
이 란	275.4	2.0	6.3	3.2
10개국 합계	8824.857	65.3		

자료: BP statistical review of world energy 2018

〈표 11.4〉 세계 10대 이산화탄소 배출 국가(2017년)

	2017년			2006~2016년
	배출량(Mt)	점유율((%)	증가율(%)	연평균증가율(%)
중국	9,232.6	27.6	1.6	3.2
미국	5,087.7	15.2	-0.5	-1.2
인도	2,344.2	7.0	4.4	6.0
러시아	1,525.3	4.6	1.3	-0.2
일본	1,176.6	3.5	-0.1	-0.6
독일	763.8	2.3	0.1	-0.9
한국	679.7	2.0	2.5	2.5
이란	633.7	1.9	6.1	2.7
사우디아라비아	594.7	1.8	0.9	4.7
캐나다	560.0	1.7	3.4	0.3
10개국 합계	22,598.3	67.6		

자료: BP statistical review of world energy 2018

2016년 한국의 국민 1인당 1차에너지 공급량은 5.51toe로 OECE 평균 4.11toe

보다 높았고 1인당 이산화탄소 배출량은 11.5tCO2(이산화탄소상당톤)으로 역시 OECD 평균 9.02톤보다 높았다(표 11.5). 에너지공급의 대부분을 수입에 의존하고 있는 한국은 주요 에너지소비 및 이산화탄소배출 국가 중에서 자원부국인 미국, 사우디아라비아, 캐나다 다음으로 국민 1인당 에너지공급 및 이산화탄소 배출량이 높은 국가에 위치해있다. 한국은 1인당 전기소비량이 10.6MWh로 OECD 평균 8.0MWh보다 높고 주요 국가 중에서 캐나다(14.8MWh)와 미국(12.8MWh) 다음으로 전기를 많이 소비하고 있다.

한국의 탄소집약도는 에너지소비 1toe당 2.09톤으로 OECD 평균 2.20톤보다 약간 낮지만 에너지원단위는 GDP 1천달러당(2010년 불변 구매력지수 기준) 0.16toe로 OECD 평균 0.11toe보다 약 1.5배 높으며 주요 국가 중 에너지 부국인 러시아, 캐나다, 이란 다음으로 높다. 결과적으로 한국의 GDP 1달러당 이산화탄소 배출량은 0.33kg으로 OECD 평균 0.24kg보다 약 1.4배가 높고 주요 국가 중에서 중국, 러시아, 이란, 캐나다 다음으로 높다.

〈표 11.5〉 주요 국가의 에너지 관련 지표(2016년)

2016년	1인당TPES (toe)	에너지원단위 (toe/천달러)	1인당전기소비(kWh)	탄소집약도 (tCO_2/toe)	1인당CO_2 (tCO_2)	GDP당CO_2 (kg/달러)
세 계	1.85	0.13	3,110	2.35	4.35	0.30
OECD	4.11	0.11	8,048	2.20	9.02	0.24
중 국	2.14	0.15	4,290	3.06	6.57	0.46
미 국	6.70	0.13	12,825	2.23	14.95	0.29
인 도	0.65	0.11	918	2.41	1.57	0.26
러시아	5.07	0.23	6,715	1.96	9.97	0.45
일 본	3.35	0.09	7,974	2.70	9.04	0.19
독 일	3.77	0.09	6,956	2.36	8.88	0.21
한 국	5.51	0.16	10,618	2.09	11.50	0.33
이 란	3.09	0.17	3,153	2.27	7.02	0.39
사우디	6.52	0.13	9,818	2.51	16.34	0.33
캐나다	7.72	0.18	14,844	1.93	14.91	0.35
브라질	1.37	0.10	2,504	1.46	2.01	0.15
프랑스	3.65	0.10	7,148	1.20	4.38	0.12
영 국	2.73	0.07	5,033	2.07	5.65	0.15

주: toe = ton of oil equivalent, GDP는 2010년 불변 구매력지수(PPP)기준
자료: Key world energy statistics 2018

11.2 에너지정책

11.2.1 에너지정책의 기본방향

한국의 장기 에너지정책의 기본목표는 2009년의 코펜하겐협정에 따라 행동계획으로 제출한 2020년까지의 기준배출량전망치(BAU) 대비 30%의 온실가스 감축, 2015년의 파리협정에 따라 감축목표로 제시한 2030년까지 기준배출량전망치 대비 37%의 온실가스 감축으로 되어 있다. 이러한 기본목표를 달성하기 위한 방안으로 2008년부터 5년 주기로 20년을 계획기간으로 하는 에너지 기본계획을 수립하여 에너지 관련 정책을 추진하고 있다. 최종에너지 소비의 약 19%를 점유하고 있고 신재생에너지 이용의 주요 기반인 전력부문은 2002년부터 2년 주기로 15년을 계획기간으로 하는 전력수급기본계획을 수립하고 있다.

에너지기본계획과 전력수급기본계획은 미래 경제성장, 산업구조, 국제에너지 가격, 에너지수요, 전력수요 등에 대한 전망을 토대로 수립되지만 기본방향과 세부계획을 설정하는 데 있어서 최고 정책담당자의 가치판단이 크게 영향을 미치는 경향을 보인다. 이러한 경향은 다른 국가에서도 관찰된다. 예를 들면, 미국은 오바마 행정부 때 파리협정에 동의하고 풍력, 태양광 등의 재생에너지 프로젝트에 대해 적극적인 재정지원을 해왔으나 트럼프 행정부가 들어선 뒤에는 파리협정을 철회하고 화석연료의 생산 확대와 수출 증대에 나서고 있다.

<표 11.6>은 1차에서 3차까지의 에너지기본계획과 5차에서 8차까지의 전력수급기본계획에서 제시하고 있는 정책방향을 요약하고 있다. 2008년에 수립된 제1차 에너지기본계획과 그에 상응하는 제4차 및 제5차 전력수급기본계획은 장기목표로 2020년까지 온실가스를 기준배출량전망치 대비 30% 감축하는 것으로 설정하고 녹색기술과 청정에너지 분야를 중심으로 '저탄소, 녹색성장'의 추진을 에너지정책의 기본방향으로 제시하였다. 녹색성장을 추진하기 위해 저탄소 녹색기술 개발을 위한 연구개발투자를 확대하고 신재생에너지 사용증대를 위한 다양한 정책방안이 강구되었으나 경제성장을 지지하기 위해 저렴하고 안정적인 에너지 공급의 본원적 기능에 정책의 초점이 맞춰졌다. 석유와 가스의 자주개발률 확대를 위해 해외자원투자가 적극 추진되었고 전력부문에서는 원자력발전 비중(설비용량 기준)을 2006년 26%에서 2030년에는 41% 수준까지 획기적으로 증대하

기 위해 11기의 신규 원전을 건설하는 계획을 확정하였다.

〈표 11.6〉 에너지기본계획과 전력수급기본계획의 정책방향

에너지기본계획	전력수급기본계획	정책방향
제1차 (2008~2030)	제4차(2008~2022) 제5차(2010~2024)	• 저탄소, 녹색성장 추진 • 값싸고 안정적인 에너지 공급 - 해외자원개발, 자주개발률 확대 - 원전 대폭 확대(신규 11기 추가)
제2차 (2013~2035)	제6차(2013~2027) 제7차(2015~2029)	• 공급중심에서 수요관리정책으로 전환 • 전기요금 현실화 및 분산형 전원확대 추진 • 원전확대 계획 축소(신규 2기 추가) • 해외자원개발의 질적 성장으로 전환
제3차 (2018~2040)	제8차(2017~2031)	• 부문별 수요관리 강화 • 탈원전(노후 11기 중단, 신규 6기 백지화) • 태양광, 풍력 등 재생에너지 대폭 확대 • 석탄 발전 감소, LNG 발전 증대 • 분산형 전원 확대

2013년에 수립된 제2차 에너지기본계획과 그에 상응하는 제6차 및 제7차 전력수급기본계획에서는 전력공급관련 사회적비용을 반영하여 전기요금을 현실화함으로써 에너지 소비의 전기화를 억제하고 공급위주에서 수요관리중심으로 에너지정책을 전환하는 것을 기본방향으로 설정하였다. 2011년 후쿠시마 원전사고의 여파로 원자력발전의 안정성에 대한 국민적 요구가 높아짐에 따라 발전부문에서 차지하는 원자력발전 비중을 완화하기로 방침을 정하고 2기의 신규 원전을 건설할 계획을 확정하였다. 분산형 전원확대를 추진하고 해외자원개발은 양적 성장에서 질적 성장으로 전환하기로 하였다. 2035년까지 1차에너지 대비 신재생에너지의 비중을 11% 달성하는 것을 목표로 제시하고 특히, 신재생에너지에서 차지하는 폐기물의 비중을 감소하고 태양광과 풍력비중을 높이도록 계획하였다.

제3차 에너지기본계획은 안이 마련되고 현재 의견수렴 및 최종확정 절차를 남겨두고 있다. 3차 계획은 소비구조 혁신 중심으로 에너지정책을 전환하여 산

업, 건물, 수송 등 부문별 수요관리를 강화하고 수요관리 시장 활성화, 비전력 에너지 활용 확대 등을 통해 고효율-저소비의 소비구조 달성을 목표로 하고 있다. 2017년에 확정된 제8차 전력수급기본계획은 노후화된 원전 11기의 수명을 연장하기 않고 중단하기로 하였으며 이전에 계획되었던 신규 원전 6기의 건설을 백지화함으로써 탈원전을 표방하고 있다. 석탄발전과 원자력발전은 감축하고 태양광, 풍력 등의 재생에너지 발전시설은 대폭 증가하는 것으로 정책방향을 설정하였다. 석탄발전은 LNG발전으로 대체하며 분산형 전원은 더욱 확대하는 것으로 계획하였다.

<표 11.7>은 전력수급기본계획별 전원믹스의 2027년 목표를 비교하고 있다. 제6차와 제7차 기본계획 간에는 전원별 설치용량과 구성비에 별 차이가 없으나 <표 11.6>의 에너지 정책의 기본방향에서의 차별성과 마찬가지로 제8차 기본계획과 이전 계획 간에는 전원믹스에서 큰 차이가 나타난다. 전체 설치용량은 차이가 없으나 제8차에서는 원자력발전의 비중이 대폭 감소하고 LNG와 신재생에너지의 발전비중이 크게 증가하는 것으로 계획되었다. 제8차 기본계획에서 2030년의 설비용량 전원믹스 목표는 재생에너지의 비중이 더욱 증가하여 33.7%로 구성비 1위로 올라서고 원자력발전은 더욱 감소하여 11.7% 수준으로 떨어지도록 계획하고 있다. 발전량에서 차지하는 신재생에너지의 비중은 2030년에 20.0%를 달성하는 것으로 설정되었다.

〈표 11.7〉 전력수급기본계획별 전원믹스 목표(설치용량 기준, 단위: GW)

		원자력	석탄	LNG	신재생	합계
2027년 목표	제6차	35.9 (22.7)	45.4 (28.7)	31.8 (20.1)	32.0 (20.2)	158.5 (100.0)
	제7차	35.3 (22.4)	44.0 (28.0)	33.8 (21.4)	29.5 (18.7)	157.4 (100.0)
	제8차	22.1 (14.0)	39.9 (25.3)	46.1 (29.3)	43.3 (27.5)	157.5 (100.0)
2030년 목표	제8차	20.4 (11.7)	39.9 (23.0)	44.3 (27.3)	58.5 (33.7)	173.7 (100.0)

주; 석유 및 양수 발전은 제외하였으며 괄호 안은 비중(%)

11.2.2 에너지 관련 조세와 가격정책

1) 다른 국가와의 에너지조세 및 전력요금 비교

에너지 사용과정에서 배출되는 오염물질로 인한 부정적 외부효과나 수송용 석유제품의 사용과 관련된 교통혼잡 유발의 부정적 외부효과를 내재화하기 위해서는 에너지 원료, 석유제품, 에너지를 사용하는 최종재화 등에 대해 조세가 부과될 수 있다. 그러나 한국의 에너지 관련 조세는 외부효과를 내재화하기 위한 수단이기 보다는 재정수입 확보와 기금마련의 성격이 강하다. 예를 들어, 자동차 연료인 휘발유, 경유, LPG 부탄원료에 대해 부과되는 유류세에는 교통에너지환경세, 개별소비세, 교육세, 주행세, 부가세, 수입판매부과금 등 여러 명목의 세금이 포함되어있다.

[그림 11.6]은 2015년의 국가별 에너지 사용에 대한 조세를 비교하고 있다. 탄소세와 종량세를 합한 에너지 조세가 가장 높은 국가는 스위스로 이산화탄소 상당 톤당 33.73유로가 부과되고 있다. 스위스 다음으로는 노르웨이, 네덜란드, 덴마크, 핀란드의 북부유럽 국가들이 높은 에너지 조세를 부과하고 있다. 스위스, 노르웨이, 덴마크, 핀란드, 프랑스, 아일랜드, 일본, 스웨덴, 멕시코는 온실가

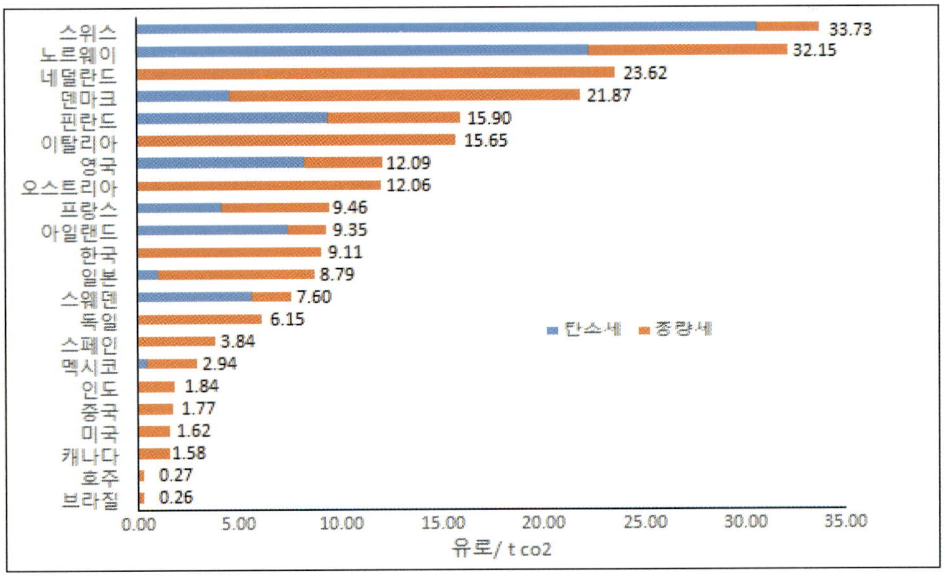

[그림 11.6] 국가별 에너지 사용에 대한 조세

자료: Taxing energy use 2018 (2015년)

스 감축을 직접적인 목표로 하는 탄소세를 부과하고 있으며 특히, 스위스와 노르웨이는 톤당 20유로가 넘는 탄소세를 부과하고 있다. 한국은 톤당 9.11유로의 종량세만으로 구성된 에너지 조세를 부과하고 있는데 대부분의 유럽국가들에 비해서는 조세수준이 낮지만 독일, 북미의 미국 및 캐나다, 아시아의 일본, 중국, 인도보다는 조세수준이 높다.

[그림 11.7]은 2018년 국가별 주택용 전기요금을 보여준다. 전기요금에는 전기의 배전비용, 에너지비용, 연료비용, 환경비용과 조세가 모두 포함되어있다. 재생에너지의 발전비중이 높고 탈원전을 추진하고 있는 독일의 전기요금은 kWh당 0.33달러로 가장 비싸다. 원자력발전 비중이 70%가 넘는 프랑스의 전기요금은 독일의 58% 수준인 0.19달러이다. 에너지의 대부분을 수입에 의존하고 있는 한국의 전기요금은 0.12달러로 에너지자원이 풍부하고 전력 다소비국인 미국의 0.13달러보다도 낮고, 에너지의 수입의존도가 한국과 비슷한 처지인 일본의 0.22달러보다도 상당히 낮으며, 독일 전기요금의 36%수준에 불과한 수준에 있다.

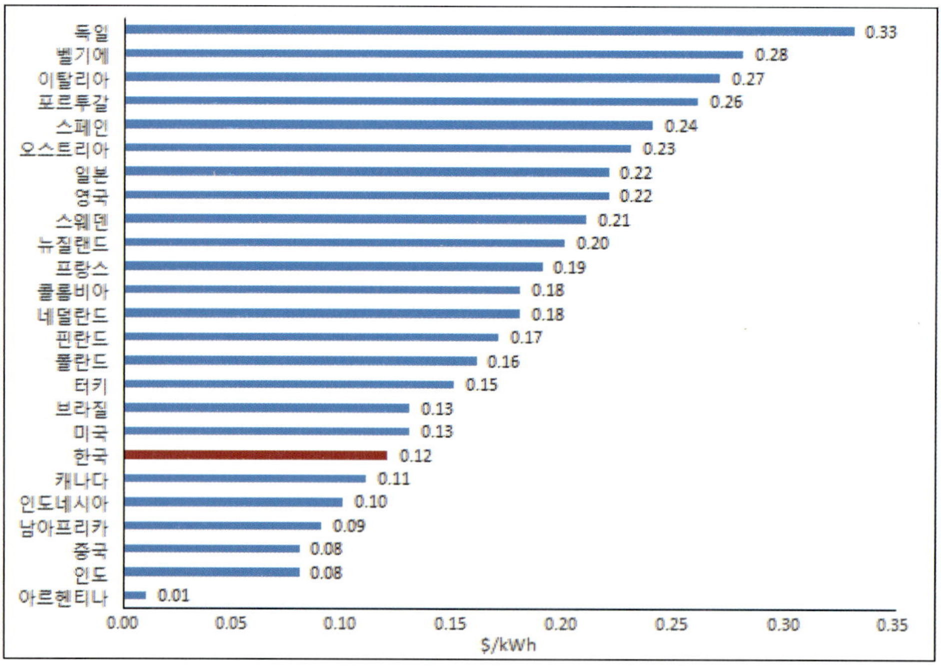

[그림 11.7] 국가별 주택용 전기요금

자료: Statista, global electricity prices in 2018

이렇게 상대적으로 값싼 전기요금이 에너지 소비에서의 전기화를 유발하는 핵심 요인으로 작용하고 있기 때문에 전기요금의 현실화를 전력수급기본계획의 중요 의제로 채택하고 있다.

2) 전기요금 구조와 변동 추이

주택용 전기요금은 이부가격제와 블록가격제를 혼용한 형태를 사용하고 있다. [그림 11.8]에서 보는 바와 같이 처음 200kWh까지 사용한 전기에 대해서는 kWh당 93.3원의 요금을 부과하고, 200kWh를 초과하여 400kWh까지 사용한 전기에 대해서는 kWh당 187.9원, 400kWh를 초과하여 사용한 전기에 대해서는 kWh당 280.6원의 요금을 부과한다.[43] 그러나 여기에 추가하여 200kWh이하의 전기를 사용한 주택은 910원의 기본요금, 201~400kWh의 전기를 사용한 주택은 1,600원의 기본요금, 400kWh를 초과하여 전기를 사용한 주택은 7,300만원의 기본요금을 부과하고 있다.

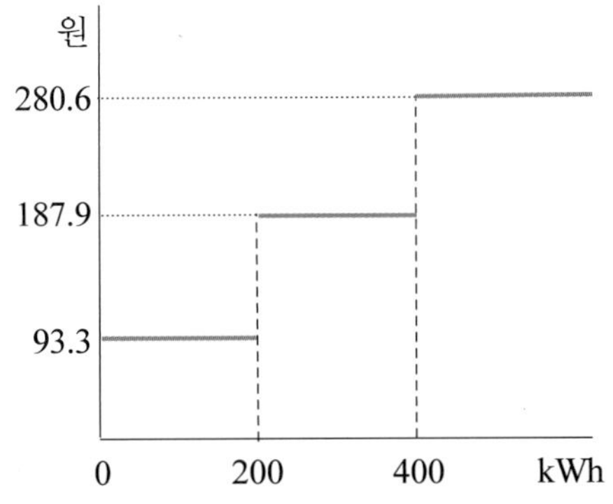

[그림 11.8] 주택용 전기요금 구조

일반용 및 산업용 전력에 대해서는 시간별, 계절별로 수요 또는 부하에 따라 가격을 다르게 하는 피크 로드 가격제(또는 차등요금제)가 적용된다. 계절은 여

43) 여기에 제시된 주택용 전기요금은 220~380V로 공급되는 저압전기를 사용하는 경우이고 22,900V로 공급되는 고압전기를 사용하는 경우에는 요금부과구조는 같지만 기본요금과 전력량요금이 저압전기보다 싸다. 대부분의 주택은 저압으로 전기를 공급받고 있고 고압설비를 갖춘 일부 대단지 아파트만 고압용으로 전기가 공급된다.

름철(6~8월), 봄 · 가을철(3~5, 9~10월), 겨울철(11~2월)로 구분하고 시간대는 경부하, 중간부하, 최대부하로 구분한다. 또한 낮 시간에 집중되는 수요를 전기사용이 적은 심야(23~9시)로 분산시키기 위해 심야기기를 설치한 소비자에게 값싼 요금을 적용하는 심야전력 요금제를 채택하고 있다.

[그림 11.9]는 전기 판매액을 사용량으로 나누어 산출한 평균 전기요금, 전기요금의 변화율, 전력공급예비율의 추이를 나타낸다. 2008년 평균 전기요금은 kWh당 78.8원으로 2001년의 77.1원과 별 차이가 없으며 2001년에서 2008년까지 연평균 전기요금 인상률은 0.7%에 불과했다. 물가상승률에도 미치지 못하는 이러한 낮은 전기요금 인상률은 전력공급능력의 확대를 저해하고 전력수요를 증가시킴으로써 2003년 이후 전력공급예비율이 지속적으로 하락하게 하고 2010년대 초반에는 5%대 수준까지 추락하게 한 주요 원인이 되었다.44)

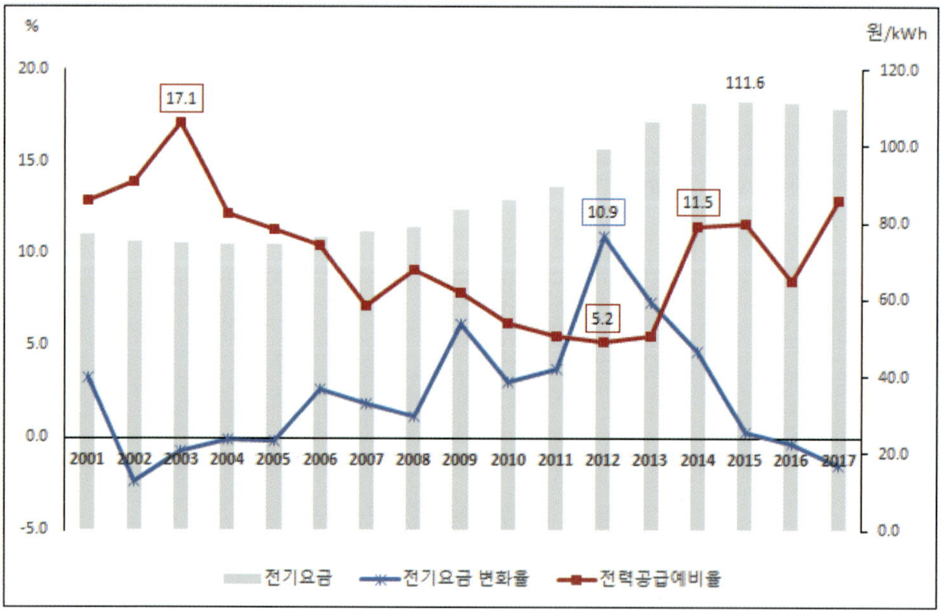

[그림 11.9] 전기요금, 전기요금 변화율, 전력공급예비율의 추이

자료: 전력통계정보시스템

44) 전력공급예비율은 전력공급능력에서 최대전력을 뺀 공급예비력을 최대전력으로 나누어 산출하며, 전력공급예비율은 날씨 등의 비경제적 요인에 의해서도 영향을 받을 수 있다.

2009~2014년 기간에는 전기요금의 연평균 상승률이 6.0%로 비교적 큰 폭의 전기요금 인상이 있었으며 이에 따라 2015년에는 평균 전기요금이 111.6원에 이르렀다. 전기요금 인상의 결과를 반영하듯 2014년에 전력공급예비율은 11.5%로 높아졌고 이후에도 비교적 안정적인 전력공급예비율을 나타내고 있다. 그러나 2015년 이후에는 평균 전기요금이 오히려 인하되었고 [그림 11.7]에서 보는 바와 같이 다른 국가들에 비해 상대적으로 낮은 전기요금 수준에 머무르고 있다.

〈표 11.8〉 용도별 평균 전기요금 추이

(단위: 원/kWh)

년도	주택용(A)	일반용	교육용	산업용(B)	B/A(%)
2001	111.7	108.0	92.7	61.6	55.1
2002	110.3	104.4	90.8	60.1	54.5
2003	108.0	100.6	90.2	60.3	55.9
2004	110.4	96.9	89.1	60.2	54.6
2005	110.8	95.2	89.0	60.3	54.4
2006	114.3	97.9	77.5	61.9	54.2
2007	114.3	97.7	77.2	64.6	56.5
2008	115.0	95.3	78.6	66.2	57.6
2009	114.5	98.5	83.6	73.7	64.4
2010	119.9	98.9	87.2	76.6	63.9
2011	120.0	101.7	94.2	81.2	67.7
2012	123.7	112.5	108.8	92.8	75.1
2013	127.0	122.0	116.0	100.7	79.3
2014	125.1	129.8	114.2	106.8	85.4
2015	123.7	130.5	113.2	107.4	86.8
2016	121.5	130.4	111.5	107.1	88.1
2017	108.5	130.4	103.1	107.4	99.0

자료: 전력통계정보시스템

<표 11.8>은 용도별 평균 전기요금 추이를 나타내는데 일반용, 주택용, 교육용, 산업용 순으로 전기요금이 높다. 그러나 시간이 경과할수록 산업용 전기요금이 다른 것보다 더 높은 인상률을 보여 산업용 전기요금은 2001년 주택용 전기요금의 55.1%수준에서 2017년에는 99.0%수준으로 주택용과 비슷하게 되었다. 또한 2017년에 처음으로 산업용 전기요금이 교육용 전기요금을 추월하였다.

주택용 전기요금은 2001년 이후 증가추세를 보이다가 2013년 이후에는 감소하고 있으며 특히, 2017년부터 6단계로 되어있던 블록가격제를 3단계로 축소하여 적용하면서 주택용 평균 전기요금은 2016년 121.5원에서 2017년 108.5원으로 10.7%가 감소하였다. 주택용에만 누진요금을 적용하는 것에 대해 형평성 차원에서 문제가 있다는 지적이 제기되고 있으나 용도별 전력서비스의 가치, 배전비용, 수요관리 측면 등 여러 요소를 종합적으로 고려해서 전력요금제도가 평가되어야 할 것이다.

11.2.3 재생에너지 지원정책

1) 발전차액지원제도

한국은 발전차액지원제도(FIT)를 2002년에 도입하여 2011년 말에 종료하였다. 신재생에너지로 공급한 전기의 전력거래가격(계통한계가격)이 지식경제부장관이 고시한 기준가격보다 낮으면 그 차액을 지원해줌으로써 최소 기준가격은 받을 수 있도록 보장해준다. 적용대상 전원은 태양광, 풍력, 수력, 폐기물, 바이오에너지, 조력, 연료전지이며 적용 상한용량, 기간, 기준가격 등은 수차례에 걸쳐 변경되었다. 수력, 바이오에너지 폐기물에 대해서는 고정요금제와 kWh당 계통한계가격(system marginal price: SMP)에 일정액을 더하여 지급하는 변동요금제 중에서 발전사업자가 선택할 수 있도록 하였다.

풍력, 태양광, 연료전지에 대해서는 기준가격이 적용될 수 있는 용량의 한도가 설정되었다. 누적 설비용량으로 풍력은 1,000MW까지, 태양광은 2007년까지는 100MW, 이후에는 500MW까지로 지원한도가 설정되었으며, 연료전지는 50MW까지로 발전차액 지원 한도가 정해졌다. 기준가격 적용기간은 FIT가 처음 도입된 2002년은 발전차액지원개시일로부터 5년으로 한정하였으나, 2003년부터는 태양광과 풍력에 대해서 적용기간을 15년으로 연장하였고, 2006년부터는 다른 전원도 15년으로 연장하였다. 태양광은 2008년 10월부터 15년과 20년 적용기간 중에서 선택할 수 있도록 하였다.

<표 11.9>는 태양광의 기준가격 추이를 나타낸다. 태양광 발전은 타 전원에 비해 높은 생산비용이 소요되기 때문에 기준가격이 매우 높게 설정되었으나 발전원가가 하락하는 추세를 반영하여 2007년부터 기준가격이 하락하였다. 20년 적용

기간을 선택하는 경우에는 15년 적용기간을 선택하는 것에 비해 약 10%의 할인된 기준가격을 적용하며 2010년부터는 건축물을 활용하여 태양광 시설을 설치하는 경우에는 일반부지에 설치하는 것에 비해 더 높은 기준단가를 설정하였다.

〈표 11.9〉 태양광 기준가격 추이

적용시점	설치장소	적용기간	30kW미만	30kW이상			
2002		5년	716.40	716.40			
2003~2006		15년	716.40	716.40			
2007~2008		15년	677.38	711.25			
적용시점	설치장소	적용기간	30kW이하	30kW초과 200kW이하	200kW초과 1MW 이하	1MW초과 3MW이하	3MW초과
2009 (2008.10)		15년	646.96	620.41	590.87	561.33	472.7
		20년	589.64	562.84	536.04	509.24	428.83
2010	일반부지	15년	566.95	541.42	510.77	485.23	408.62
		20년	514.34	491.17	463.37	440.2	370.7
	건축물활용	15년	606.64	579.32	546.52	-	-
		20년	550.34	525.55	495.81	-	-
2011	일반부지	15년	484.52	462.69	436.5	414.68	349.2
		20년	439.56	419.76	396	376.2	316.8
	건축물활용	15년	532.97	508.96	480.15	-	-
		20년	483.52	461.74	435.6	-	-

자료: 신재생에너지이용 발전전력의 기준가격 지침

[그림 11.10]은 2002~2011년 기간의 SMP와 풍력의 기준단가 추이를 나타낸다. 2008년부터 풍력의 기준단가는 SMP를 하회하고 있어 육상해상풍력은 다른 전원과의 경쟁력을 충분히 확보한 것으로 추정된다.

[그림 11.11]은 시장참여 태양광과 풍력의 설비용량 추이를 나타낸다. 2001년 0.7MW에 불과했던 풍력발전은 FIT가 도입되면서 설비용량이 크게 증가하여 FIT가 종료된 2011년에는 설비용량이 421.7MW가 되었다. 태양광은 2001년에는 시장참여 설비용량이 전무하였고 FIT 도입 이후 2007년까지는 별로 증가하지 않았으나 2008년 설비용량 상한이 100MW에서 500MW로 증가하고 풍력발전의 기준가격이 SMP를 하회하면서 시장참여 물량이 태양광에 집중됨에 따라 2011년에 시설용량이 358.4MW가 되었다.

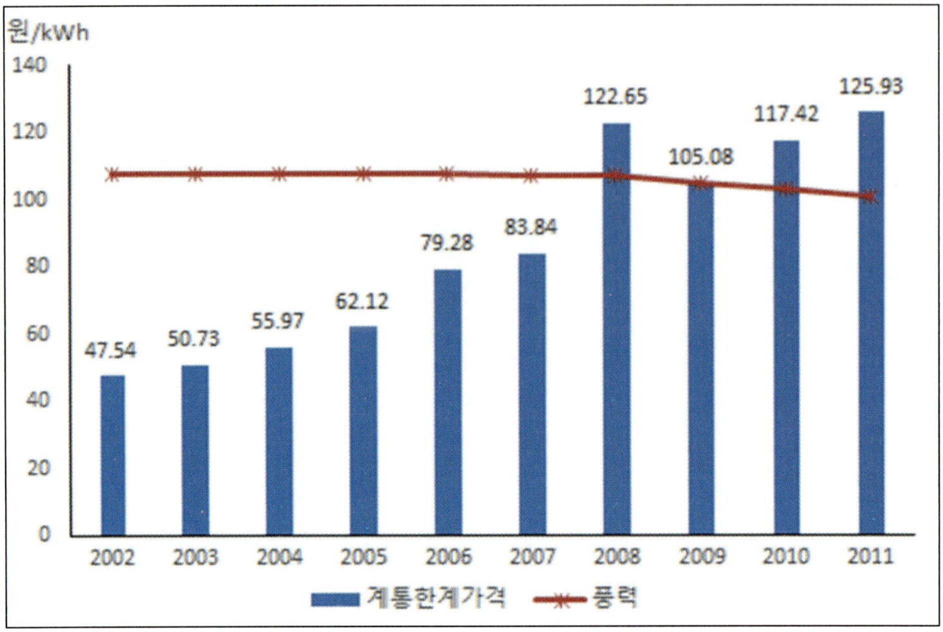

[그림 11.10] 계통한계가격과 풍력 기준가격 추이

자료: 신재생에너지이용 발전전력의 기준가격 지침

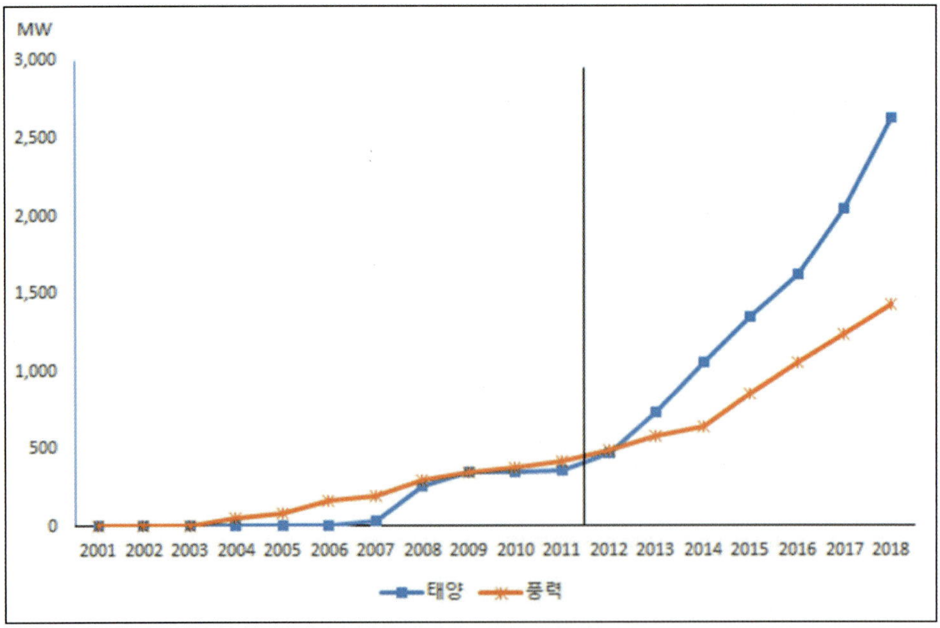

[그림 11.11] 시장참여 태양광과 풍력의 설비용량 추이

자료: 전력통계정보시스템

발전차액은 전기사용자의 전기요금에 3,7%의 종가세 형태로 부과되는 재원으로 마련되는 전력산업기반조성기금에서 지원된다. 시장참여물량과 발전차액이 태양광에 집중됨에 따라 신재생에너지 발전차액지원금은 2008년부터 빠르게 증가하기 시작하였다. 발전차액지원금은 2002년 33억원에서 2010년에는 3,318억원으로 100배가 증가하였으며 전체 전력산업기반조성기금에서 차지하는 발전차액지원금의 비중도 같은 기간 0.5%에서 22.5%로 증가하였다. 발전차액지원금의 급증에 따른 과도한 재정부담 우려와 함께 태양광 공급증가의 과실이 주로 외국기업에게 돌아가고 국내 산업의 육성효과가 크지 않은 것으로 평가되면서 2009년부터 2011년까지 태양광에 연간 상한용량이 설정되었으며 2012년부터 발전차액지원제도는 폐지되고 대신 신재생에너지의무할당제가 도입되었다.[45)]

2) 신재생에너지의무할당제

한국의 신재생에너지의무할당제(RPS)는 500MW 이상의 발전설비를 보유한 발전사업자(의무공급자)에게 총전력생산량의 일정비율을 곱한 발전량을 신재생에너지로 공급하도록 의무화하는 제도이다.[46)] 공급의무는 자체건설 또는 외부구매를 통해 이행할 수 있으며 공급의무자의 의무이행에 드는 추가비용은 전기요금에 반영하여 회수할 수 있도록 하고 있다. 신재생에너지 발전설비를 건설하여 RPS제도에 참여하면 공급인증서(REC)를 발급하는데 전원별로 공급인증서의 가중치가 다르게 부여된다.[47)]

신재생에너지 공급의무량은 2012년 2%에서 시작해서 점차 상향조정하여 2023년부터는 10% 수준에 이르도록 하였다(표 11.10). 연도별로 확정된 공급의무량은 2012년 642만REC에서 2018년에는 2,200만REC로 6년간 3.4배가 증가하

---

45) 지식경제부(2010)에 의하면 2008년 현재 국내 모듈생산능력은 450MW이나 실제 생산량은 100.5MW에 불과하고 사업용 태양광설비의 외산제품 사용비중이 모듈은 78%, 인버터는 86%에 달한다.

46) 2018년 현재 공급의무자는 한국수력원자력, 남동발전, 중부발전, 서부발전, 남부발전, 동서발전의 한수원 6개 자회사와 지역난방공사, 수자원공사, SK E&S, GS EPS, GS 파워, 포스크에너지, 씨지앤율촌전력, 평택에너지서비스, 대륜발전, 에스파워, 포천파워, 동두천드림파워, 파주에너지서비스, GS동해전력, 포천민자발전을 합해 총 21개사이다.

47) 신재생에너지 공급인증서 가중치에 대한 자세한 것은 한국에너지공단 신재생에너지센터 홈페이지(www.knrec.or.kr/business/rps_guide.aspx)를 참조하라.

였다. FIT의 폐지로 태양광의 이용과 보급이 줄어들 것을 우려하여 총의무공급량의 일부를 태양광으로 공급하도록 하였으며 연도별 태양광 의무공급량은 2012년 276GWh, 2013년 723GWh, 2014년 1,353GWh, 2015년 이후 1,971GWh로 설정되었다. 총발전량 대비 태양광 의무공급량의 비중은 2012년은 0.05%, 2013년은 0.14%, 2014년은 0.26%, 2015년은 0.37%에 해당한다.

〈표 11.10〉 연도별 신재생에너지 공급의무량

연도	2012	2013	2014	2015	2016	2017
비율(%)	2.0	2.5	3.0	3.0	3.5	4.0
공급의무량(천REC)	6,420	9,210	11,577	12,375	15,081	17,039
연도	2018	2019	2020	2021	2022	2023이후
비율(%)	5.0	6.0	7.0	8.0	9.0	10.0
공급의무량(천REC)	21,999					

자료: 한국에너지공단, 신재생에너지공급센터

2012년의 신재쟁에너지의무공급제의 도입, 태양광의 의무공급량 지정, 매년 의무공급 비율의 증가에 따라 [그림 11.11]에서 보는 바와 같이 2012년 이후 태양광 시설용량은 풍력을 추월하여 급속히 증가하고 있으며 풍력도 2014년부터는 이전에 비해 빠르게 시설용량이 증가하고 있다.

11.3 환경규제정책

11.3.1 환경 관련 법규

한국 최초의 환경 관련 법규는 공해방지법으로 1963년에 제정되었다. 공해방지법은 전문 21개조에 불과하고 시행령과 시행규칙의 제정이나 전담기관 및 예산 조치마련 등의 후속조치가 이루어지지 않아 거의 역할을 하지 못하였다. 경제개발이 본격화되고 울산, 온산 등에서 발생한 환경오염이 사회적 이슈로 대두되면서 이에 대응하기 위해 1977년에는 공해방지법의 대체입법으로 환경보전법이 제정되었다. 환경보전법에는 환경영향평가제도, 환경기준, 총량규제제도, 방지시설설치 의무화 등이 포함되었다. 1980년에는 헌법 35조에 "모든 국민은 건강하고 쾌적한 환경에서 생활할 권리를 가지며, 국가와 국민은 환경보전을 위하여 노력하여야 한다"는 환경권이 처음으로 명시되었으며 환경관리 전담기관으로 정부에 환경청이 설치되었다.

1990년에 환경청은 환경처로 승격되었고 환경법 체계가 헌법-환경정책기본법-개별법의 형태로 정비되었다. 환경보전법은 환경정책기본법, 대기환경보전법, 수질환경보전법, 소음·진동규제법, 유해화학물질관리법, 환경오염피해분쟁조정법의 6개법으로 분화되었다. 환경정책기본법은 오염원인자 책임원칙(제7조)과 환경오염의 피해에 대한 무과실책임(제44조)을 명시함으로써 법적으로는 환경오염피해자에 대한 권리가 강화되었다. 또한 환경정책기본법에서는 대기, 소음, 수질 및 생태계에 대한 환경기준을 설정하도록 명시하였다. 1994년 환경처는 환경부로 승격되었으며 환경보전법이 6개법으로 분화한 1990년 이후에 많은 환경관련 법률이 새로 제정되었고 2018년 현재 환경부 소관 법률만 61개에 이른다.

한국은 기후변화협약, 교토의정서, 파리협정, 오존층 보호를 위한 비엔나 협약, 오존층파괴물질에 관한 몬트리올의정서, 런던 개정서, 코펜하겐 개정서, 몬트리올개정서, 베이징개정서의 대기 및 기후변화에 관한 9개 협약과 해양·어업관련 국제협약 23개, 유해물질·폐기물 관련 국제협약 3개, 자연·생물보호 관련 국제협약 9개, 기타 6개를 포함해서 2018년 현재 총50개의 국제협약에 가입해있다.

11.3.2 환경규제수단

한국의 환경규제정책은 직접규제방식이 주조를 이루고 있으며 일부 경제적 유인제도도 도입되어있다. 그러나 도입된 경제적 유인제도의 대부분도 오염원인자에게 오염저감의 유인을 제공하기보다는 기금마련의 목적이 크다.

1) 직접규제

직접규제는 <표 11.11>에 정리되어 있는 바와 같이 환경기준, 배출허용기준, 기술기준, 행위제한 등 여러 방식들이 적용되고 있다. 대기, 수질, 소음·진동 공통적으로 환경기준, 배출허용기준, 배출시설 및 방지시설의 설치 허가 및 신고 제도를 운영하고 있다. 대기오염물질의 경우 이동오염원인 자동차에 대해 제작차와 운행차에 대한 배출허용기준을 설정하고 있고 자동차 온실가스의 배출허용기준도 설정하고 있다, 수질오염물질의 경우 공유수면, 하천, 호수, 상수원을 보호하기 위해 오염물질의 배출, 자동차 세차, 통행, 특정 농작물의 재배, 낚시행위 등을

〈표 11.11〉 직접규제

구분	규제내용
대기 (대기환경 보전법)	• 대기환경기준 • 배출허용기준 • 총량규제 • 배출시설의 설치 허가 및 신고 • 방지시설의 설치, 가동개시신고, 측정기부착 • 비산먼지와 휘발성유기화합물의 규제 • 제작차, 운행차, 자동차 온실가스의 배출허용기준
수질 (물환경 보전법)	• 수질환경기준(하천, 호수, 지하수, 해역) • 오염총량관리지역 지정·고시, 오염총량초과과징금 부과 • 행위제한(공공수역, 호소, 상수원) - 유해물질 및 폐기물의 배출, 자동차 세차, 토사유출 금지 - 통행, 특정 농작물의 경작, 낚시행위 제한 • 점오염원의 관리 - 산업폐수 배출허용기준, 배출시설의 설치 허가 및 신고, 측정기기 부착 - 공공폐수처리시설의 설치(설치부담금, 사용료 징수) • 비점오염원의 규제 - 비점오염원의 설치신고, 농약잔류허용기준, 고랭지 경작방법 권고
소음·진동 (소음·진동관리법)	• 소음 환경기준 • 공장 소음·진동배출허용기준 • 배출시설, 방지시설의 설치 신고 및 허가 • 방음·방진시설의 설치 • 제작차, 운행차의 소음허용기준
폐기물 (폐기물관리법/ 자원재활용법)	• 폐기물처리시설 설치 기준, 허가·신고, 검사 • 폐기물 투기금지 • 포장재질·포장방법 기준(포장폐기물 발생억제) • 1회용품의 사용억제 • 제조업자 등의 재활용의무, 재활용의무생산자의 재활용의무율

제한하고 있다. 비점오염원에 의한 오염을 방지하기 위해 농약잔류허용기준도 설정되었다. 소음·진동의 경우 공장으로부터의 소음·진동을 규제하기 위해 배출허용기준을 설정하고 있고 제작차와 운행차에 대해 소음허용기준을 설정하고 있다. 폐기물의 배출량 억제를 위해 1회용품 사용과 포장재질 및 포장방식에 대해 규제하며 재활용활성화를 위해 제조업자 등에게 재활용의무를 부과한다.

2) 경제적 유인제도

(1) 배출부과금

외부효과를 내재화하기 위해 종량세 형태로 오염배출 단위당 일정액을 부과하는 배출부과금과는 달리 한국의 대기오염물질과 수질오염물질에 부과하는 배출부과금은 매우 복잡한 구조로 되어 있다. 대기오염물질에 대한 배출부과금은 배출허용기준 이하로 배출하는 대기오염물질에 대해 부과하는 기본부과금과 배출허용기준을 초과하여 배출하는 경우에 대해 부과하는 초과부과금으로 구분된다. 대기오염물질의 기본부과금 대상 오염물질은 황산화물과 먼지 2종류이며 초과부과금 대상 오염물질은 황산화물과 먼지를 포함하여 총10종류이다.

기본부과금은 다음과 같이 산출된다.

$$\text{기본부과금} = \text{1kg당 부과금액} \times \text{연도별 부과금산정지수} \times \text{지역별부과계수} \times \text{농도별 부과계수}$$

황산화물의 1kg당 부과금액은 500원, 먼지는 770원이다. 연도별 부과금산정지수는 처음 배출부과금제가 도입된 1997년을 1로 하고, 그 다음 년도부터는 전년도계수에 전년도 물가상승률을 감안한 가격변동계수를 곱하여 산정한다. 지역별부과계수는 국토의 계획 및 이용에 관한 법률에서 지정한 용도지역 및 용도지구에 따라 3개 지역으로 구분하여 I지역은 1.5, II지역은 0.5, III지역은 1.0의 부과계수를 적용한다. 농도별 부과계수는 연료의 황함유량이 0.5%이하이면 0.5, 1.0%이하이면 0.4, 1.0%초과하면 1.0의 계수를 부과한다.

초과부과금은 개선계획서를 제출하고 개선하는 경우에는 다음과 같이 산출된다.

초과부과금 = 1kg당 부과금액 × 배출허용기준초과 오염물질배출량
× 지역별부과계수 × 연도별 부과금산정지수

그러나 개선계획서의 미제출 및 개선이 없는 경우에는 다음과 같이 산출된다.

초과부과금 = 1kg당 부과금액 × 배출허용기준초과 오염물질배출량
× 배출허용기준 초과율별 부과계수 × 지역별부과계수
× 연도별 부과금산정지수 × 위반횟수별 부과계수

한국의 배출부과금제는 [그림 11.12]에서 보는 바와 같이 배출허용기준과 함께 사용된다. 그림에서 MB는 기업의 오염배출의 한계편익곡선이며 $\overline{w}$는 기업에게 부과되는 배출허용기준을 나타낸다. [그림 11.12]의 (가)는 황산화물과 먼지와 같이 기본부과금과 초과부과금이 함께 부과되는 경우이고, (나)는 그 외의 8개 대기오염물질과 같이 초과부과금만 부과되는 경우이다. 오염원인자가 배출허용기준을 무시할 때 (가)에서 기본부과금이 t'보다 높게 설정되지 않는 이상 $\overline{w}$보다 적게 오염량을 배출할 유인은 존재하지 않는다. 또한 초과부과금이 경제적 유인수단으로 의미가 있으려면 배출허용기준을 지키지 않았을 때 처벌이 어렵거나 처벌의 효력이 발생하지 않아야한다. 초과부과금은 (가)에서 w_1수준, (나)에서 w_2로 오염량을 억제하는 유인을 제공한다.

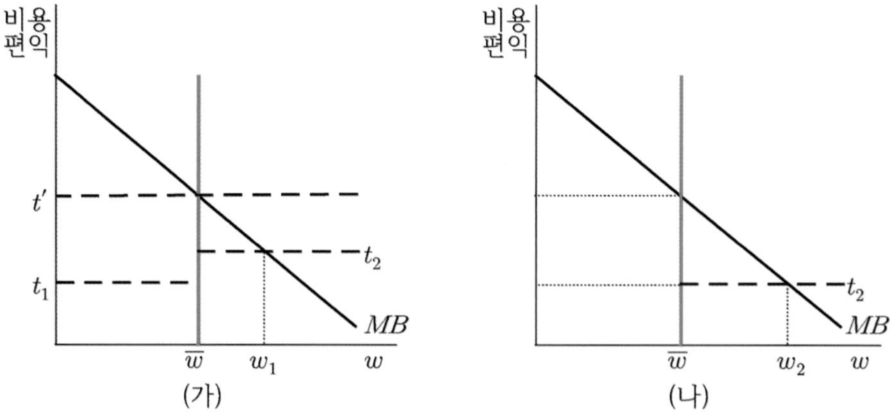

[그림 11.12] 대기오염물질에 대한 배출부과금제의 효과

대기환경보전법에서는 배출허용기준을 준수하지 않을 경우 개선명령과 조업

정지명령을 내릴 수 있도록 규정하고 있다. 그러나 조업정지를 명하여야 하는 경우로서 조업정지가 주민의 생활, 국민경제, 공익에 현저한 지장을 줄 우려가 있다고 인정되는 경우에는 조업정지처분을 갈음하여 2억원 이하의 과징금을 부과할 수 있도록 하고 있다. 따라서 이러한 처벌조항이 배출허용기준을 준수하도록 하는 유인으로 작용하지 않는 경우에만 초과부과금이 일정 한도 내에서의 유인수단으로 작용할 수 있다. 결과적으로 한국의 배출부과금제는 외부효과의 내재화를 위한 경제적 유인수단이기보다는 기금마련(환경개선특별회계의 세입)의 성격이 강하다고 볼 수 있다.

수질오염물질에 대한 배출부과금도 대기오염물질에 부과되는 것과 유사하게 운영되고 있다. 기본부과금 대상은 유기물질과 부유물질 2종류이며 초과부과금 대상은 유기물질과 부유물질을 포함하여 총 18종류이다. 기본부과금은 배출시설(폐수무방류배출시설은 제외)에서 배출되는 폐수 중 배출허용기준 이하로 배출되나 방류수 수질기준을 초과하는 경우와 공공폐수처리시설 또는 공공하수처리시설에서 배출되는 폐수 중 방류수 수질기준을 초과하는 경우에 부과한다. 초과배출부과금은 수질오염물질이 배출허용기준을 초과하여 배출되는 경우나 공공수역에 배출되는 경우(폐수무방류배출시설로 한정)에 부과한다.

수질오염물질에 대한 기본부과금은 다음과 같이 산출된다.

기본부과금 = 기준 이내 배출량 × 수질오염물질 1kg당 부과금액
× 연도별 부과금산정지수 × 사업장별 부과계수
× 지역별 부과계수 × 방류수수질기준초과율별 부과계수

초과부과금은 다음과 같이 산출된다.

초과부과금 = 기준초과배출량 × 수질오염물질 1kg당 부과금액
× 연도별 부과금산정지수 × 지역별 부과계수
× 배출허용기준초과율별 부과계수 × 배출허용기준 위반횟수별 부과계수

(2) 환경개선부담금

환경개선부담금은 환경오염의 원인자로 하여금 환경개선에 필요한 비용을 부담하게 하여 환경개선을 위한 투자재원을 조성하기 위해 1993년에 도입되었다.

시설물과 경유 자동차 소유자에게 환경개선부담금이 부과되었으나 2015년부터 시설물에 대한 부과는 폐지되었다. 경유를 연료로 사용하는 자동차의 소유자에게 부과하는 환경개선부담금의 산정방식은 다음과 같다.

환경개선부담금 = 대당 기본 부과금액 × 오염유발계수 × 차령계수 × 지역계수

대당 기본 부과금액은 반기에 20.250원이며 EU배기가스 규제기준인 유로5와 유로6을 만족하는 차량은 면제하고 유로4를 만족하는 차량은 3년간 50%를 감면한다. 엔진 총배기량(cc)에 따라 오염유발계수가 달라지며 지역의 인구규모에 따라 지역계수를 다르게 적용한다.

휘발유차와 LPG차는 제외하고 경유차에만 환경개선부담금을 부과하는 이유는 경유차가 다른 차에 비해 대기오염물질을 더 많이 배출하기 때문인 것으로 알려져 있다. 그러나 경유차 소유자에게 부과하는 환경개선부담금은 경유차 대신 다른 자동차를 구매하도록 하지 않는 이상 경유 사용량의 감소를 통해 대기오염물질의 배출량을 감소하도록 하는 유인으로 작용하지 않는다. 연간 기본요금이 40,500원에 불과한 환경개선부담금은 경유차와 다른 차 중에서의 구매선택에 별 영향을 미치지 않을 것이다.

차종 선택에서 중요한 변수로 작용할 수 있는 연료비의 경우 한국에서는 오히려 휘발유보다 경유가 더 저렴하다. 경유 생산비용이 휘발유 생산비용보다 더 큰데도 불구하고 경유 판매가격이 휘발유 판매가격보다 저렴한 이유는 <표 11.12>에서 보는 바와 같이 경유보다 휘발유에 더 높은 유류세가 부과되기 때문이다. 추가적으로 판매부과금이 고급휘발유에는 리터당 36원, LPG에는 36.37원이 부과되고 종가세로 10%의 부가가치세가 부과되기 때문에 휘발유와 경유의 판매가격의 격차는 더욱 확대된다.

결과적으로 경유차 소유자에게 부과되는 환경개선부담금은 경유에서 배출되는 대기오염물질의 감소를 위한 유인책으로 작동하지 않으며 기금마련 수단으로서의 기능만 가지고 있다고 볼 수 있다. 경유에서 배출되는 대기오염물질의 감축을 위해서는 경유에 부과되는 유류세를 인상하거나 경유차를 대체할 수 있는 친환경자동차의 구매를 장려하는 수단이 동원될 필요가 있다.

〈표 11.12〉 유류세

(단위: 원/리터)

구 분	휘발유	경유	LPG
교통에너지환경세	529.00	375.00	-
개별소비세	-	-	160.60
교육세*	79.35	56.25	24.09
주행세**	137.54	97.50	-
합계	745.89	528.75	184.69

주: *는 교통에너지환경세/개별소비세의 15%, **는 교통에너지환경세의 26%

(3) 폐기물부담금 및 빈용기보증금

폐기물부담금은 특정대기유해물질, 특정수질유해물질, 유독물을 함유하고 있거나, 재활용이 어렵고 폐기물관리상의 문제를 일으킬 수 있는 제품, 재료, 용기의 제조업자 또는 수입업자에게 그 폐기물 처리에 드는 비용을 부담하도록 하는 제도이다. 폐기물부담금 대상 품목은 살충제, 유독물제품의 용기, 부동액, 껌, 1회용 기저귀, 담배, 플라스틱제품으로 껌은 종가세, 플라스틱제품은 요소세, 다른 제품은 상품세 형태로 부과된다.[48)]

빈용기보증금은 제품에 사용된 용기의 회수 및 재사용을 촉진하기 위하여 출고가격이나 수입가격과는 별도의 금액을 제품 가격에 포함시키는 제도이다. 한국의 빈용기보증금 부과대상은 발효주류, 증류주류, 음료류, 먹는 물 제품을 반복 사용해서 담을 수 있는 유리용기이다.[49)] 제품의 제조업자나 수입업자(빈용기재사용생산자)는 조합과 함께 빈용기의 재사용을 촉진하기 위하여 재활용가능자원 유통지원센터를 공동으로 설립할 수 있도록 하고 있다.

빈용기보증금제의 운영절차는 [그림 11.13]에서 보는 바와 같다. 소비자가 제품소비 후에 빈 용기를 소매업자나 도매업자에게 반환하면 이들은 보증금을 소비자에게 돌려주고 수거한 빈 용기를 재활용가능자원 유통지원센터에 반환한다.

---

48) 폐기물부담금의 산출기준은 「자원의 절약과 재활용촉진에 관한 법률 시행령」의 제11조 관련 별표 2를 참조하라.

49) 빈용기보증금은 폐기물예치금제의 일종으로 외국에서는 유리용기뿐만 아니라 알루미늄캔, 타이어, 배터리, 자동차 등에도 부과된다.

유통지원센터는 보증금과 함께 빈용기의 보관과 운반에 드는 비용(취급수수료)을 소매업자와 도매업자에게 지불하며 이를 확인한 다음 빈용기재사용생산자는 유통지원센터에 보증금과 취급수수료를 지불한다. 미반환보증금은 유통지원센터가 빈 용기의 회수율 향상을 위한 홍보, 빈 용기의 효율적 회수와 재활용 방안에 대한 연구개발 활동, 전년도에 빈용기보증금제 운영과 관련하여 적자가 발생했을 경우의 보전 등의 목적으로 사용한다.

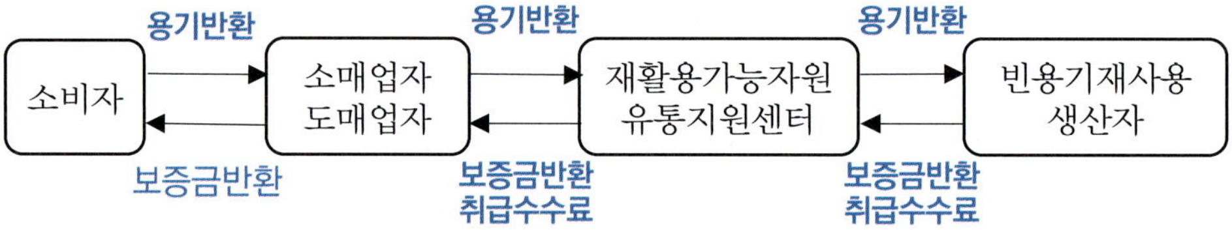

[그림 11.13] 빈용기보증금제 운영절차

빈용기보증금제는 용기제작에 필요한 생원료의 투입량을 감축하도록 함으로써 자원을 절약할 수 있으며 빈 용기를 여러 번 사용하기 때문에 폐기물 배출량을 감축하는 편익을 제공한다. 반면 빈 용기의 수거 및 재처리 과정에서의 소비자의 비효용, 빈 용기의 보관 및 운반비용, 2차오염의 발생에 따른 비용이 발생한다. 따라서 빈 용기의 최적 재활용 수준은 재활용의 한계편익과 한계비용이 일치하는 지점에서 결정되어야 한다.

(4) 생활폐기물종량제

생활폐기물종량제는 폐기물의 수거료를 배출하는 폐기물의 양에 따라 금액을 부과하는 것으로 1995년에 도입되었다. 종량제 이전에는 건물 면적, 재산세 등을 기준으로 폐기물의 배출량과 관계없이 가구당 일정액을 부과했기 때문에 폐기물 감축의 유인이 없었다.

종량제 실시 첫해인 1995년의 1인당 생활폐기물 배출량은 1.04kg으로 1994년에 비해 0.24kg이 감소하였으며 종량제 실시 이후 1인당 배출량은 약 1kg의 안정적인 수준을 유지하고 있다.

생활폐기물종량제에서 분리수거된 재활용품은 무료로 수거가 되고 나머지는

지자체에서 승인한 규격봉투를 구입해서 처리해야하기 때문에 재활용품의 분리수거를 활성화하고 종량제에 담아서 처리하는 생활폐기물의 양을 줄이도록 하는 경제적 유인을 제공한다. 그러나 생활폐기물종량제는 규격봉투에 담아버리는 폐기물의 양을 줄이기 위해 규격봉투를 사용하지 않고 불법투기나 소각에 의해 처리하도록 하는 부정적 유인도 제공한다. 또한 부피로 부과되어 꽉 눌러서 생활폐기물을 규격봉투에 수거하도록 하는 유인을 제공하기 때문에 부피는 감소하지만 무게로 측정한 폐기물의 양은 줄어들지 않을 수 있다. 더구나 무료로 재활용품을 처리할 수 있기 때문에 각 가정에서는 원천적으로 생활폐기물 발생량을 감소하지 않고도 규격봉투의 사용량을 줄일 수 있다. 2005년부터는 음식물쓰레기의 직매립이 금지되고 분리배출이 가능하게 됨에 따라 생활폐기물 발생량의 원천적 감축에 관심을 가지지 않아도 되는 유인이 추가되었다.

기존의 실증분석결과들에 의하면 종량제 가격의 상승이 생활폐기물 수거서비스수요(배출량)를 감소하도록 하고 재활용품 배출량은 증가하도록 하지만 가격탄력성은 비탄력적인 것으로 조사되고 있다.[50] 한편 한국자료를 이용하여 규격봉투가격이 원천적인 생활폐기물 발생량에 미치는 영향을 분석한 결과에 의하면 가격상승이 원천적인 생활폐기물 발생량을 증가하도록 하는 것으로 나타나고 있다(Hong, 1999; 홍성훈 2015). 규격봉투가격의 상승이 원천적 발생량을 증가시키고 불법투기와 소각의 유인도 제공할 수 있다는 점에서 종량제 봉투가격의 추가적인 인상을 통한 생활폐기물 관리정책은 주의가 요구된다.

(5) 온실가스 배출권거래제

한국의 온실가스 배출권거래제는 2012년 5월에 제정된 「온실가스 배출권의 할당 및 거래에 관한 법률」에 의거 2015년부터 도입되었다. 국가온실가스감축목표를 달성하기 위하여 5년 단위로 ‘계획기간’이 설정되고 온실가스 배출업체에 배출권을 할당한다. 단, 1차 계획기간은 2015~2017년까지 3년, 2차 계획기간은 2018~2020년까지 3년으로 설정되었으며, 2021년부터 5년 단위로 계획기간이 설

---

50) 기존 연구에서 생활폐기물 수거서비스에 대한 수요의 가격탄력성은 −0.01 ∼ −0.50의 범위에 있는 것으로 조사되고 있다(Bel and Gradus, 2016; 홍성훈, 2015).

정된다. 또한 각 계획기간별로 1년 단위로 배출권이 할당되고 그 이행실적이 관리되는 '이행연도'가 설정된다. 할당된 배출권은 할당배출권(korean allowance unit: KAU)이라 한다.

배출권 할당은 최근 3년간 온실가스 배출량의 연평균 총량이 125,000tCO_2 이상인 업체이거나 25,000tCO_2 이상인 사업장의 해당 업체를 대상으로 하며 자발적으로 신청한 업체도 할당대상업체에 포함된다. 1차 계획기간에는 252개 업체에 16억 8,558만 톤의 배출권이 모두 무상으로 할당되었다. 2차 계획기간에는 17억 7,713만 톤의 배출권이 할당되는데 이 중 97%는 무상으로 할당되고 나머지 3%와 예비분 1,900만 톤은 경매 등 시장기능을 활용하여 할당된다. 3차 계획기간부터는 배출권이 90% 이내에서 무상으로 할당된다. 그러나 무역집약도가 30%이상인 업종, 생산비용발생도가 30%이상인 업종, 무역집약도가 10%이상이고 생산비용발생도가 5%이상인 업종에 대해서는 무상으로 할당된다.

KAU는 계획기간 내의 다음 이행년도나 다음 계획기간의 최초 이행연도로 이월하여 사용할 수 있다. 할당대상업체는 국제적 기준에 부합하는 방식으로 외부사업에서 발생한 온실가스 감축량을 보유하거나 취득한 것을 상쇄배출권(korean credit unit: KCU)으로 전환하여 KAU와 동일하게 사용할 수 있다. KAU와 KCU는 한국거래소의 배출권시장에서 거래되며 장외에서도 거래된다.

1차 계획기간 중 8,515만톤(1조 7,120억원)의 배출권이 거래되었는데 이는 전체 할당된 배출권의 5% 정도에 해당된다. 82개의 외부사업을 통해 2,247만톤이 감축실적으로 인정을 받았으며 454개 업체, 3,701만톤의 배출권이 2차 계획기간으로 이월되었다(환경부, 2018).

[그림 11.14~11.17]의 배출권 가격동향을 보면 이행연도별로 시간이 경과함에 따라 가격이 급등하는 현상이 발생하고 시장 불안정성을 해소하기 위해 정부가 시장에 개입하여 안정화 조치를 시행하는 일이 반복되고 있다. 배출권거래시장이 불안정한 주요 요인으로는 배출권 여유업체가 배출권 보유전략을 사용함으로써 수급불균형이 발생하기 때문인 것으로 평가되고 있다.

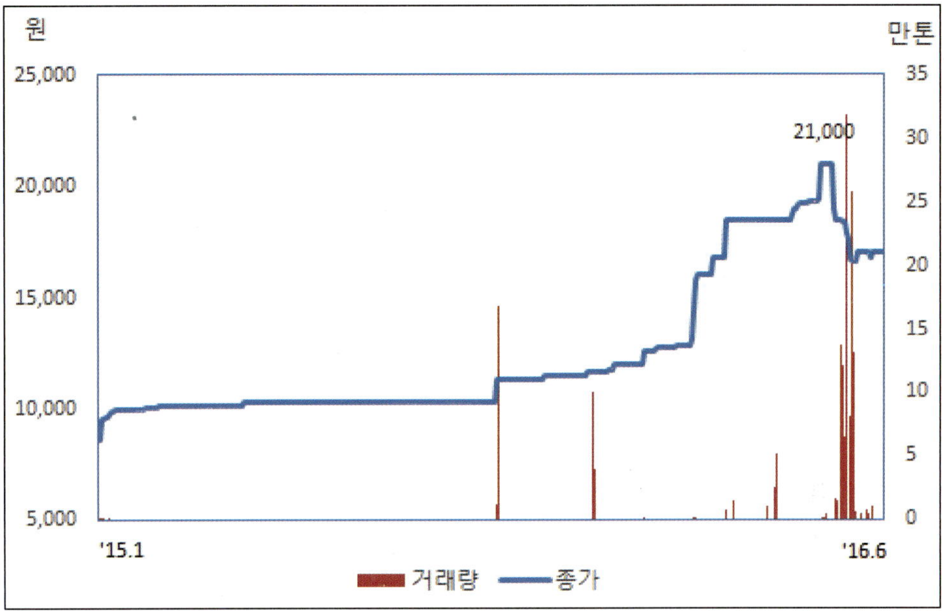

[그림 11.14] KAU-15의 가격과 거래량 추이

자료: 한국거래소

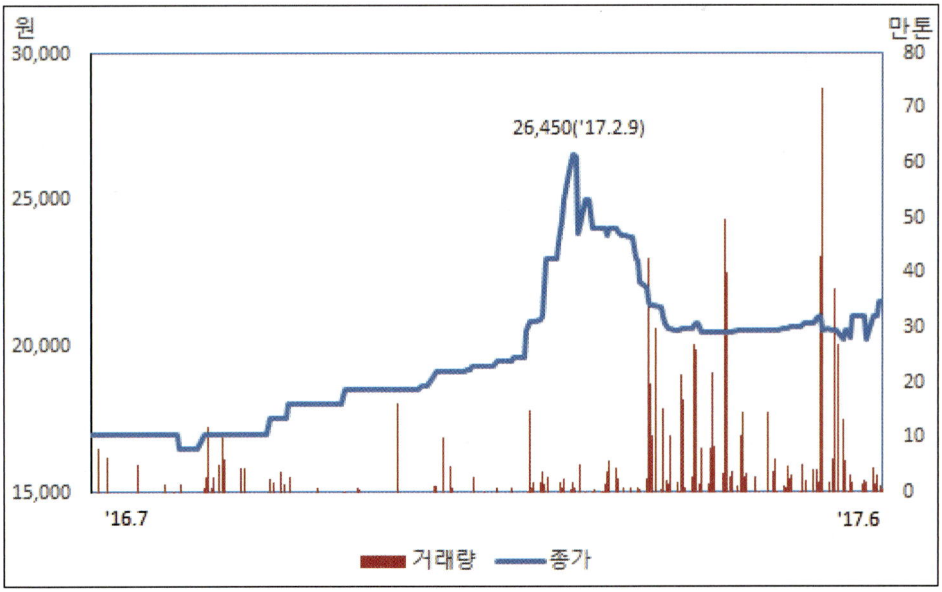

[그림 11.15] KAU-16의 가격과 거래량 추이

자료: 한국거래소

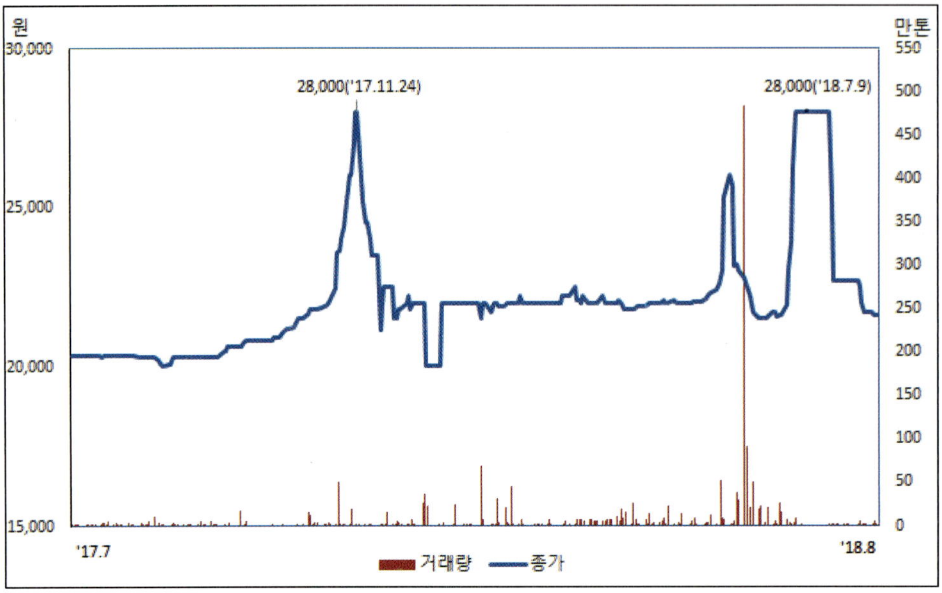

[그림 11.16] KAU-17의 가격과 거래량 추이

자료: 한국거래소

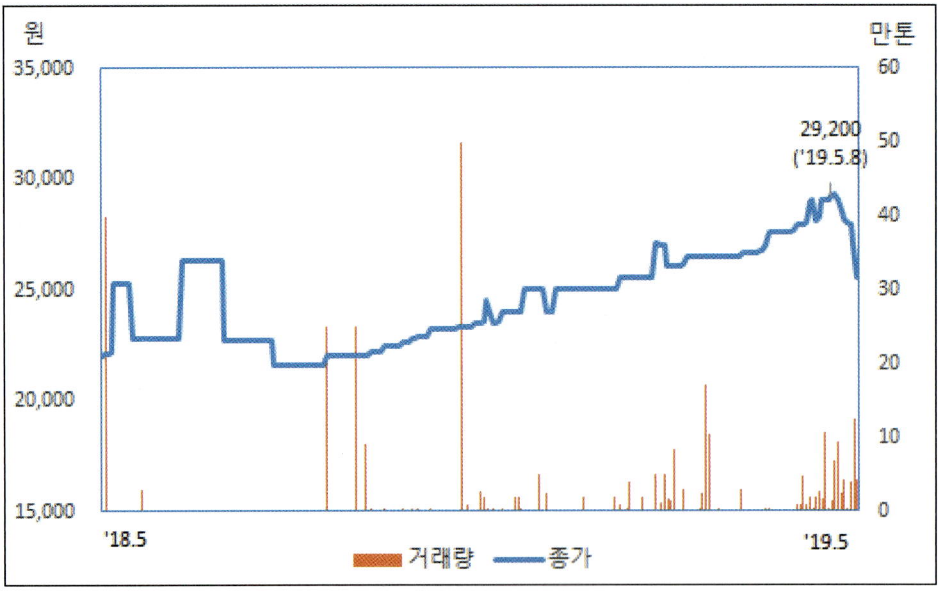

[그림 11.17] KAU-18의 가격과 거래량 추이

자료: 한국거래소

CHAPTER 환경·에너지 경제학

참고문헌

국가에너지위원회 (2008),「제1차 국가에너지기본계획」.

산업자원부 (2004),「제2차 전력수급기본계획」.

산업통상자원부 (2014),「제2차 에너지기본계획」.

산업통상자원부 (2015)「제7차 전력수급기본계획」.

에너지경제연구원 (2018),「2018 에너지통계연보」.

지식경제부 (2010),「제5차 전력수급기본계획」.

지식경제부 (2010), 2015년까지 총 40조원 투자, 세계 5대 신재생에너지 강국 도약.

지식경제부 (2013),「제6차 전력수급기본계획」

홍성훈 (2015), "종량제 가격이 생활폐기물, 음식물쓰레기, 재활용품 수거서비스 수요에 미치는 영향," 자원・환경경제연구, 24(4), pp. 747-761.

환경부 (2018. 9. 20), 배출권거래제 1기, 배출권 부족 없이 안정적으로 운영, 보도자료.

Antweiler, Copeland, and Taylor (2001), "Is Free Trade Good for the Environment?" *American Economic Review*, 91(4), pp. 877-908.

Arrow, K. J. (1951), *Social Choice and Individual Values*, John Wiley and Sons, Inc., New York.

Arrow, K. J. (2000), "A Comment on Cooper", *The World bank Research Observer*, 15(2), pp. 173-175.

Arrow, K. J. (2007), "Global Climate Change: A Challenge to Policy," *Economist's Voice*, www.bepress.com/ev.

Arrow, K. J. and A. C. Fisher (1974), "Environmental Preservation, Uncertainty, and Irreversibility," *The Quarterly Journal of Economics*, 88(2), pp. 312-319.

Arrow, K. J., M. L. Cropper, G. C. Eads, R. W. Hahn, L. B. Lave, R. G. Noll, P. R. Portney, M. Russell, r. Schmalensee, V. K. Smith, R. N. Stavins, "Is There a Role for Benefit-Cost Analysis in Environmental, Health, and Safety

Regulation?" *Science*, 272(5259), pp. 221-222.

Bailey, E. E. and L. J. White (1974), "Reversals in Peak and Offpeak Prices," *The Bell Journal of Economics and Management Science*, 5(1), pp. 75-92.

Barboza, T. and J. H. Lange (2018), California Hit Its Climate Goal Early-But Its Biggest Source of Pollution Keeps Rising, *The Los Angeles Times* (July 23).

Barrett, S. (2001), *Towards a Better Climate Treaty. Policy Matters*, 01-29, Washington DC: AEI-Brookings Joint Center for Regulatory Studies, Reprinted in World Economics, 3(2): pp. 35-45.

Barrett, S. (2005), *Environment and Statecraft: The Strategy of Environmental Treaty-Making*, Oxford: Oxford University Press.

Barrett, S. (2009), "Rethinking Global Climate Change Governance," *Economics: The Open-Access, Open-Assessment E-Journal*, 3.

Becker, G. S. (1965), "A Theory of Allocation of Time," *The Economic Journal*, 75(299), pp. 493-517

Becker, R. A. and J. V. Henderson (2000), "Effects of Air Quality Regulations on Polluting Industries," *Journal of Political Economy*, 108, pp 379-421.

Beckerman, W. (1992), "Economic Growth and the Environment: Whose Growth? Whose Environment?" *World Development*, 20(4), pp. 481-496.

Bel, G. and R. Gradus (2016), "Effects of Unit-based Pricing on Household Waste Collection Demand: A Meta-regression Analysis," *Resource and Energy Economics*, 44, pp. 169-182.

Bellas, A. S. and I. Lange (2011), "Evidence of Innovation and Diffusion under Tradable Permit Programs," *International Review of Environmental and Resource Economics*, 5(1), pp. 1-22.

Betz, A. (1966), *Introduction to the Theory of Flow Machines*, (Randall, D. G. Translator), Pergamon Press, Oxford.

Bhattacharya, S. C. (2011), *Energy Economics: Concepts, Issues, Markets and Governance*, Springer, New York.

Birdsall, N. and D. Wheeler (1992), "Trade Policy and Industrial Pollution in Latin America: Where Are the Pollution Heavens?" in *International Trade and the Environment*, P. Low edited, World Bank, Washington DC.

Bishop, R. C. (1982), "Option Value: An Exposition and Extension," *Land Economics,* 58(1), pp. 1-15.

BP (2019), *BP Statistical Review of World Energy 2018.*

BP (2019), *BP Energy Outlook 2019.*

Bromley, D. W. (1991), *Environment and Economy: Property Rights and Public Policy,* Blackwell

Burtraw, D., a. Krupnick, E. Mansur, D. Austin, and D. Farrell (1998), "Costs and Benefits of Reducing Air Pollutants Related to Acid Rain," *Contemporary Economic Policy,* 16, pp. 379-400.

Cameron, T. A. (1988), "A New Paradigm for Valuing Non-Market Goods Using Referendum Data: Maximum Likelihood Estimation by Censored Logistic Regression," *Journal of Environmental Economics and Management,* 15, pp. 355-379.

Cameron, T. A. and J. Quiggin (1994), "Estimating Using Contingent Valuation Data from a Dichotomous Choice with Follow-Up Questionnaire," *Journal of Environmental Economics and Management,* 27(3), pp. 218-234.

Carlson, C., D. Burtraw, M. Cropper and K. Palmer (2000), "SO2 Control by Electric Utilities: What are the Gains from Trade?" *Journal of Political Economy,* 108(6), pp. 1292-1326.

Carraro, C. (1999), "The Structure of International Agreements on Climate Change," in C. Carraro, ed., *International Environmental agreements on Climate Change,* Kluwer Academic Publication, Dordrecht, pp 9-26.

Carson, R. T., R. C. Mitchell, M. Hanemann, R. J. Kopp, S. Presser and P. A. Ruud, "Contingent Valuation and Lost Passive Use: Damages from the Exxson Valdez Oil Spill," *Environmental and Resource Economics,* 25, pp. 257-286.

Chestnut, L. G. and D. M. Mills, "A Fresh Look at the Benefits and Costs of the US Acid Rain Program," *Journal of Environmental Management,* 77(3), pp. 252-266.

Cline, W. R. (1992), *The Economics of Global Warming,* Washington DC: Institute for International Economics.

Coase, R. H. (1960), "The Problem of Social Cost," *The Journal of Law and Economics,* 3, pp. 1-44.

Copeland, B. R. and M. S. Taylor (1994), "North-South Trade and the Environment," *The Quarterly Journal of Economics*, 109(3), pp. 755-787.

Copeland, B. R. and M. S. Taylor (2004), "Trade, Growth, and the Environment," *Journal of Economic Literature*, 42(1), pp. 7-71.

Couture, T. and Y. Gagnon (2010), "An Analysis of Feed-in Tariff Remuneration Models: Implications for Renewable Energy Investment," *Energy Policy*, 38(2), pp. 955-965.

Crocker, T. and J. Shogren (1991), "Preference Learning and Contingent Valuation Methods," In *Environmental Policy and the Economy*, eds. F. Dietz, F. van der Ploeg, and J. van der Straaten, Elsevier Science, New York.

Dasgupta, P. (2007), "Commentary: The Stern Review's Economics of Climate Change," *National Institute Economic Review*, 199. pp. 4-7.

Dasgupta, P. (2008), "Discounting climate change," *Journal of Risk and Uncertainty*, 37, pp. 141-169.

Dasgupta, P., S. A. Marglin, and A. Sen (1972), *Guidelines for Project Evaluation*, New York: United Nations.

Deschenes, O. and M. Greenstone (2007), "The Economic Impacts of Climate Change: Evidence from Agricultural Output and Random Fluctuations in Weather," *The American Economic Review*, 97(1), pp. 354-385.

Desvousges, W. H., A. R. Gable, R. W. Dunford, and S. P. Hudson (1993), "Contingent Valuation: The Wrong Tool for Damage Assessment," *Choices*, 2, pp. 9-11.

Diamond, P. A. and J. A. Hausman (1994), "Contingent Valuation: Is Some Number Better than No Number?" *Journal of Economic Perspectives*, 8(4), pp. 45-64.

Easterly, W. and R. Levine (2001), "What Have We Learned from a Decade of Empirical Research on Growth? It's Not Factor Accumulation: Stylized Facts and Growth Models," *World Bank Economic Review*, 15(2), pp. 177-219.

ECOFYS (2011), *Evaluation of the Copenhagen Accord: Chances and Risks of the 2oC Climate Goal*, Netherlands Environmental Assessment Agency.

Ederington, J. and J. Minier, "Is Environmental Policy a Secondary Trade Barrier? An Empirical Analysis," *Canadian Journal of Economics*, 36, pp. 137-154.

Ekeland, I., J. J. Heckman, L. Nesheim (2004), "Identification and Estimation of Hedonic Models," *Journal of Political Economy*, 111(S1), pp. 1-50.

Ekins P. and T. Barker (2001), "Carbon Taxes and Carbon Emissions Trading?" *Journal of Economic Surveys*, 15(3), pp. 325-376.

Ellerman, A. D., P. Joskow, R. Schmalensee, J. Montero and E. M。Bailey (2000), *Markets for Clean Air*, Cambridge University Press, Cambridge, New York.

European Commission (2018), *The EU Emissions Trading System* (EU ETS).

Farell, J. (1987), "Information and the Coase Theorem," *Journal of Economic Perspective*, 1(2), pp. 113-129.

Frankhauser, S. (1995), *Valuing Climate Change-The Economics of the Greenhouse*, EarthScan, London.

Freeman III, A. M., J. A. Herriges, and C. L. Kling (2014), *The Measurement of Environmental and Resource values*, 3rd Edition, RFF Press, Routledge, New York.

Friedman, J., D. A. Gerlowski, and J. Silberman (1992), "What Attracts Foreign Multinatioal Corporations? Evidence from Branch Plant Location in the United States," *Journal of Regional Science*, 32, pp. 403-418.

Greenstone, M. (2002), "The Impacts of Environmental Regulations on Industrial Activity: Evidence from the 1970 and 1977 Clean Air Acts and the Census of Manufactures," *Journal of Political Economy*, 110, pp. 1175-1219.

Grossman, G. M. and A. B. Krueger (1993), "Environment Impacts of a North American Free Trade Agreement," In Garber, P. M. edited, *The Mexican-US Free Agreement*, MIT Press, Cambridge.

Grossman, G. M. and A. B. Krueger (1995), "Economic Growth and the Environment," *The Quarterly Journal of Economics*, 110(2), pp. 353-377.

Gorman, W. M. (1955), "The Intransitivity of Certain Criteria Used in Welfare Economics," *Oxford Economic Review*, 7(1), pp. 25-34.

Hanemann, M. (1984), "Welfare Evaluations in Contingent Valuation Experiments with Discrete Responses," *American Journal of Agricultural Economics*, 66(3), pp. 332-341.

Hanley, N., J. F. Shogren, and B. White (1997), *Environmental Economics: In Theory and Practice*, Oxford University Press, Inc., New York.

Hausman, J. (2012), "Contingent Valuation: From Dubious to Hopeless," *Journal of Economic Perspectives*, 26(4), pp 43-56.

Heal, G. (2009), "The Economics of Climate Change: a Post-Stern Perspective," *Climate Change*, 96, pp. 275-297.

Heberlein, T. A., M. A. Wilson, R. C. Bishop and N. C. Schaeffer (2005), "Rethinking the Scope Test as a Criterion for Validity in Contingent Valuation," *Journal of Environmental Economics and Management*, 50(1), pp. 1-22.

Herring, H. (2006), "Energy Efficiency-a critical view," *Energy*, 31, pp. 10-20.

Hicks, J. R. (1939), *Value and Capital*, 2nd Edition, Oxford University Press, London.

Hill, R. and E. Magnani (2002), "An Exploration of the Conceptual and Empirical Basis of the Environmental Kuznets Curve," *Australian Economic Papers*, 41(2), pp. 239-254.

Holtz-Eakin, D. and T. Selden (1995), "Stoking the Fires? CO2 Emissions and Economic Growth," *Journal of Public Economics*, 57(1), pp. 85-101.

Hong, S. (1999), "The Effects of Unit Pricing System upon Household Solid Waste Management: The Korean Experience," *Journal of Environmental Management*, 57, pp. 1-10.

Hope, C. (2006), "The Marginal Impact of CO2 form PAGE2002: An Integrated Assessment Model Incorporating the IPCC's Five Reasons for Concern," *Integrated Assessment Journal*, 6(1), pp. 19-56.

Horowitz, J. and K. McConnell (2002) "A Review of WTA/WTP Studies," *Journal of Environmental Economics and Management*, 44(3), pp. 426-447.

Hotelling, H.(1931), "The Economics of Exhaustible Resources," *The Journal of Political Economy*, 3992), pp. 1-39.

International Atomic Energy Agency (2012), *Operating Experience with Nuclear Power Stations in Member States in 2011*, www.iaea.org/publications/10359.

International Atomic Energy Agency (2019), *Power Reactor Information System*.

International Energy Agency (2019), *World Energy Outlook 2018*.

International Energy Agency (2019), *Key World Energy Statistics 2018*.

International Energy Agency, Nuclear Energy agency, and Organization for Economic Cooperation and Development (2015), *Projected Costs of Generating Electricity*, 2015 edition, www.oecd-nea.org/ndd/pubs/2015/7057-proj-costs-electricity-2015.pdf.

International Environmental Science Center (2011), *EU ETS: An Introduction*, www.internationalprofs.org.

International Monetary Fund (2017), *IMF Statistical Appendix.*

Jaffe, A. B., S. R. Peterson, P. R. Portney, and R. N. Stavins (1995), "Environmental Regulations and the Competitiveness of U.S. Manufacturing: What Does the Evidence Tell Us?" *Journal of Economic Literature*, pp. 132-163.

Just, R. E., D. L. Hueth, and A. Schmitz (2004), *The Welfare Economics of Public Policy*, Edward Elgar, Northampton, Massachusettes.

Kahneman, D. and J. Knetsch (1992), "Valuing Public Goods: The Purchase of Moral Satisfaction," *Journal of Environmental Economics and Management*, 22(1), pp. 57-70.

Kahneman, D. and A. Tversky (1979), "Prospect Theory: An Analysis of Decision under Risk," *Econometrica*, 47(2), pp. 263-291.

Kalt, J. (1988), "The Political Economy of Protectionism: Tariffs and Retaliation in the Timber Industry," in R. Baldwin edited, *Trade Policy Issues and Empirical Analysis*, University of Chicago Press, Chicago.

Keohane, R. O. (2003), "The Concept of accountability in World Politics and the Use of Force," *Michigan Journal of International Law*, 24(4), pp. 1-21.

Kopp, R. J. and V. K. Smith (1997), "Constructing Measures of Economic Value," in *Determining the Value of Non-Marketed Goods: Economic, Psychological, and Policy Relevant Aspects of Contingent Valuation Methods*, edited by R. J. Kopp, W. W. Pommerehne and N. Schwarz, Kluwer Academic Press, Massachusettes.

Krutilla, K. (1999), "Partial Equilibrium Models of Trade and the Environment," in *Handbook of Environmental and Resource Economics,* edited by Jeroen C.J.M. von den Bergh, Edward Elgar Publishing, Massachusetts

Kuznets, S. (1955), "Economic Growth and Income Inequality," *The American Economic Review*, 45(1), pp. 1-28.

Levinson, A. (1996), "Environmental Regulations and Industry Location Choices: Evidence from the Census of Manufactures," *Journal of Public Economics*, 62, pp. 5-29.

Levinson, A. and M. S. Taylor (2008), "Unmasking the Pollution Haven Effect,"

International Economic Review, 49(1), pp. 223-254.

Levitt S. D. and S.J . Dubner (2009). *Super Freakonomics*, New York: HarperCollins Publishers.

Lew, D. K. and K. Wallmo (2011), "External Tests of Embedding and Scope in Stated Preference Choice Experiments: An Application to Endangered Species Valuation," *Environmental and Resource Economics*, 48(1), pp. 1-23.

Lindmark, M. (2002), "An EKC-pattern in Historical Perspective: Carbon Dioxide Emissions, Technology, Fuel Prices and Growth in Sweden 1870-1997," *Ecological Economics*, 42(10, pp. 333-347.

Low, P. and A. Yeats (1992), "Do Dirty Industries Migrate?" in P. Low edited, *International Trade and the Environment*, World Bank, Washington DC.

Lucus, R., D. Wheeler and H. Hettige (1992), "Economic Development, Environmental Regulation and the International Migration of Toxic Industrial Pollution: 1960-1988," in P. Low edited, *International Trade and the Environment*, World Bank, Washington DC.

Mani, M. and D. Wheeler (1997), "Is Search of Pollution Havens? Dirty Industry in the World Economy, 1960-1995," *OECD Conference on FDI and the Environment*.

McConnell, K. E. (1990), "Models for Referendum Data: the Structure of Discrete Choice Models for Contingent Valuation," *Journal of Environmental Economics and Management*, 18, pp. 19-34.

McConnell, V. and R. M. Schwab (1990), "The Impact of Environmental Regulation on Industry Location Decisions: The Motor Vehicle Industry," *Land Economics*, 66(1), pp. 67-81.

Mendelsohn, R. O., A. Dinar, and L. Williams (2006), "The Distributional Impact of Climate Change on Rich and Poor Countries," *Environment and Development Economics*, 11, pp. 159-178.

Narbel, P. A., J. P. Hansen, and J. R. Lien (2014), *Energy Technologies and Economics*, Springer International Publishing, Switzerland.

Nature, "Money for climate," *Climate Change* 7, 455 (2017). www.nature.com/nature Climate change.

Nordhaus, W. (1994), *Managing the Global Commons: The Economics of Climate*

Change, MIT Press, Cambridge, Massachusettes.

Nordhaus, W.(2006), "Geography and Macroeconomics: New Data and New Findings," *Proceedings of the National Academy of Science,* 103(10), pp. 3510-3517.

Nordhaus, W. (2007), "A Review of the Stern Review on the Economics of Climate change," *Journal of Economic Literature*, 45, pp. 686-701

Nordhaus, W. (2010) "Economic Aspects of Global Warming in a Post- Copenhagen Environment," *Proceedings of the National Academy of Science*, 107(26), pp. 11721-11726.

Nordhaus, W. (2011), *Integrated Economic and Climate Modeling*, Cowles Foundation Discussion Paper No, 1839, Yale University, cowles.econ.yale.edu.

Nordhaus, W. and J. Boyer (2000), *Warming the World: Economic Modeling of Global Warming*, Cambridge, Mass: MIT Press.

Pindyck, R. S. and D. L. Rubinfeld (2018), *Microeconomics*, Pearson Education Limited, Edinburgh Gate, England.

Porter M. E. (1991), "America's Green Strategy," *Scientific American*, 264(4), pp. 168.

Ramsey, F. P. (1928), "A Mathematical Theory of Saving", *Economics Journal*, 38, pp. 543-559.

Ratnayake, R. (1998), "Do Stringent Environmental Regulation Reduce the International Competitiveness? Evidence from an Inter-Industry Analysis," *International Journal of Economics and Business*, 5(1), pp. 77-96

Rosen, S. (1974), "Hedonic Prices and Implicit Markets: Product Differentiation in Pure Competition," *Journal of Political Economy*, 82(1), pp. 34-55.

Sandbag (2019), *EUA Price*, sandbag.org.uk/carbon-price-viewer.

Schmalensee, R. and R. N. Stavins (2015), "Lessons Learned from Three Decades of Experience with Cap and Trade," *Review of Environmental Economics and Policy*, 1191), pp. 59-79.

Scitovszky, T. (1941), "A Note on Welfare Propositions in Economics," *The Review of Economic Studies* 9(1), pp. 77-88.

Selten, T. and D. Song (1994), "Environmental Quality and Development: Is There a Kuznets Curve for Air Pollution Emissions?" *Journal of Environmental*

Economics and Management, 27, pp. 147-162.

Shafik, N. and S. Bandyopadhyay (1992), "Economic Growth and Environmental Qualtiy: Time-Series and Cross-Country Evidence," *World Development Report*, Working Papers 904.

Slovic, P., J. (1987), "Perception of Risk," *Science*, 236, pp. 280-285.

Snyder, C. and W. Nicholson, *Microeonomic Theory: Basic Principles and Extensions*, 11th Edition, South-Western Cengage Learning.

Statista (2019), *Global Electricity Prices in 2018, by Select Country*, www.statista.com/statistics/263492/electricity-prices-in-selected-countries.

Stern, N. (2006), *The Economics of Climate Change: The Stern Review*, Cambridge University Press.

Thaler, R. (1980). "Toward a Positive Theory of Consumer Choice," *Journal of Economic Behavior and Organization*, 1, pp. 39-60.

The Wall Street Journal (2016. 4. 15), *Cost of producing a barrel of oil and gas.*

Tobey, J. A. (1990), "The Effects of Domestic Environmental Policies on Patterns of World Trade: An Empirical Test," *Kyklos*, 43(2), pp. 191-209.

Tol, Richard S. J. (1995), "The Damage Costs of Climate Change Toward More Comprehensive Calculations," *Environmental and Resource Economics*, 5(4), pp. 353-374.

Tol, Richard S. J. (2002), "Estimates of the Damage Costs of Climate Change-Part I: Benchmark Estimates," *Environmental and Resource Economics*, 21(1), pp. 47-73.

Tol, Richard S. J.(2005), "Emission abatement versus Development as Strategies to Reduce Vulnerability to Climate Change: An Application of FUND," *Environment and Development Economics*, 10(5), pp. 615-629.

Tol, Richard S. J.(2008), "The Social Cost of Carbon: Trends, Outliers and Catastrophes, Economics: *The open-Access, Open- assessment E-Journal*, 2, pp. 1-21.

Tol, Richard S. J.(2009), "The Economic Effects of Climate Change, *Journal of Economics Perspectives,* 23(2), pp. 29-51.

Trabish, H. K. (2018), "Is Cap and Trade the Climate Solution? The Jury's Still Out," *Utilitydive* (January 19).

United States Energy Information Administration (2019), *CO2 Emissions by Fuel.*

United States Environmental Protection Agency (2009), *Acid Rain and Related Programs: 2009 Highlights- 15 Years of Results 1995 to 2009.*

United States Government (2010), *Interagency Working Group on Social Cost of Carbon, Technical Support Document: - Social Cost of Carbon for Regulatory Impact Analysis* Under Executive Order 12866.

Van Meurs P. (2008), *Government Take and Petroleum Fiscal Regimes, Reports for Kurdistan Regional Government of Iraq,* www.krg.org.

Weisbrod, B. A. (1964), "Collective-Consumption Services of Individual-Consumption Goods," *The Quarterly Journal of Economics,* 78(3), pp. 471-477.

Weitzman, M. J.(2001) "Gamma Discounting," *The American Economic Review,* 91(1), pp. 260-271.

Weitzman, M. J.(2007), "A Review of The Stern Review on the Economics of Climate Change," *Journal of Economic Literature,* 45, pp. 703-724.

Wenders, J. T. (1976), "Peak Load Pricing in the Electric Utility Industry," *The Bell Journal of Economics,* 7(1), pp. 232-241.

World Bank (1992), *World Development Report 1992: Development and the Environment.*

World Bank (2015), *Reforming Infrastructure: Privatization, Regulation and Competition.*

World Bank (2019), *World Bank Commodities Price Data,* www.worldbank.org/en/research/commodity-markets.

World Nuclear Association (2011), *The Economics of Nuclear Power,* www.world-nuclear.org/ifo/if02.html.

Xepapadeas, A. and A. D. Zeeuw (1999), "Environmental Policy and Competitiveness: The Porter Hypothesis and the Composition of Capital," *Journal of Environmental Economics and Management,* 37(2), pp. 165-182.

Xu, X. (1999), "Do Stringent Environmental Regulation Reduce the International Competitiveness of Environmentally Sensitive Goods? A Global Perspective," *World Development,* 27(7), pp. 1215-1226.

환경·에너지 경제학

CHAPTER 환경·에너지 경제학

찾아보기

(ㄱ)

(ㄴ)

(ㄷ)

(ㄹ)

(ㅁ)

(ㅈ)

(ㅊ)

홍성훈

서울대학교를 졸업하고 미국 오리건주립대학에서 경제학 박사 학위를 취득했으며, 현재 전북대학교 경제학부 교수로 재직하고 있다.

논문

「담배가격이 담배수요에 미치는 영향」(『보건경제와 정책연구』, 2017)
「종량제 가격이 생활폐기물, 음식물쓰레기, 재활용품 수거서비스 수요에 미치는 영향」(『자원・환경경제연구』, 2015)
「경제충격과 지역의 생활만족도」(『한국지역경제연구』, 2013)
"The Impact of Antismoking Policies in Korea on Quit Success and Smoking Intentions"
(*Contemporary Economic Policy*, 2010)
"Societal Responses to Familiar Versus Unfamiliar Risk: Comparisons of Influenza and SARS in Korea"(*Risk Analysis*, 2006)외 다수

저서

『경영경제수학』(2인 공저), 전북대학교출판문화원, 2015

환경·에너지 **경제학**

지은이 홍성훈
펴낸이 김동원
펴낸곳 전북대학교출판문화원

초판 1쇄 발행 2019. 8. 30.
초판 2쇄 발행 2020. 8. 15.

전북대학교출판문화원 전라북도 전주시 완산구 어진길 32 (풍남동2가)
전화 (063) 219-5321~2
FAX (063) 219-5323
출판등록 2012년 8월 20일 제465-2012-000021호

값 25,000원

ISBN 979-11-6372-042-3 93320

이 도서의 국립중앙도서관 출판예정도서목록(CIP)은 서지정보유통지원시스템
홈페이지(http://seoji.nl.go.kr)와 국가자료공동목록시스템(http://www.nl.go.kr/kolisnet)에서
이용하실 수 있습니다. (CIP제어번호 : CIP2019032856)